U0929605

广播电视学实务系列教材

电视策划实务

Dianshi Cehua Shiwu

冉光泽 / 编著

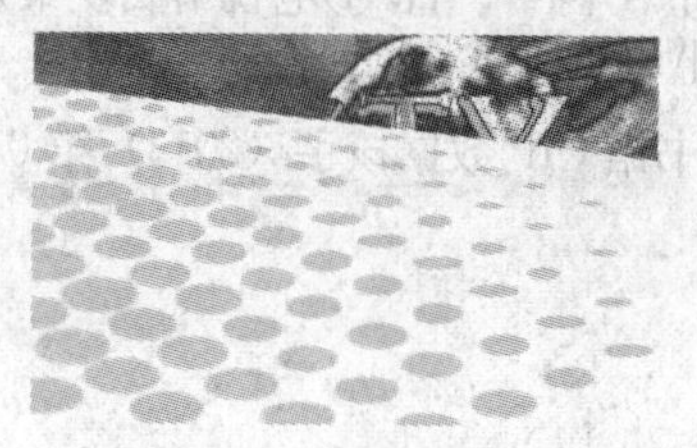

四川大学出版社

责任编辑：王　冰
责任校对：罗　丹
封面设计：墨创文化
责任印制：王　炜

图书在版编目(CIP)数据

电视策划实务 / 冉光泽编著. —成都：四川大学出版社，2013.2
广播电视学实务系列教材
ISBN 978-7-5614-6520-2

Ⅰ.①电…　Ⅱ.①冉…　Ⅲ.①电视节目-策划-高等学校-教材　Ⅳ.G222.3

中国版本图书馆 CIP 数据核字（2013）第 035429 号

书名　电视策划实务

编　著	冉光泽
出　版	四川大学出版社
地　址	成都市一环路南一段 24 号 (610065)
发　行	四川大学出版社
书　号	ISBN 978-7-5614-6520-2
印　刷	郫县犀浦印刷厂
成品尺寸	148 mm×210 mm
印　张	13.75
字　数	419 千字
版　次	2013 年 2 月第 1 版
印　次	2013 年 2 月第 1 次印刷
定　价	35.00 元

◆读者邮购本书，请与本社发行科联系。电 话：85408408/85401670/85408023　邮政编码：610065
◆本社图书如有印装质量问题，请寄回出版社调换。
◆网址：http://www.scup.cn

总 序

进入 21 世纪，作为国内传统媒体主要组成部分的广播电视继续保持发展势头；同时，又面临着传播环境的急剧变化。

新媒体的广泛应用在向传统的广播电视发起挑战的同时，又为广播电视的信息传播提供了新的渠道、新的载体，并赋予其新的形式。数字电视提供了更多的频道和更丰富的节目服务；网络音频和网络视频、手机广播和手机电视，不但使广播电视节目的传播渠道更为多元，更以互动性颠覆了传统的视音频节目传播模式；移动电视、大型户外显示屏则把视频节目送到城市的每一个注意力聚集的角落；至于环绕立体声广播、高清电视、3D 视频，则对广播节目和电视节目的生产提出了更高、更新的要求。

以 BBS（网络论坛）、博客、SNS（社会化网络服务）、微博等为代表的依托有线、无线互联网的“自媒体”的诞生，冲击着新闻从业人员的专业地位，促使各类社会主体不依靠新闻媒体而大量从事“自主传播”。这一方面对包括广播电视工作者在内的专业传播人员提出了新的业务要求，同时又在更广阔的范围内创造了广泛的对传播专门人才的需求。

不但如此，受政策利好的刺激，文化产业的发展也以强劲的势头展开。这也对广播电视产生了深刻的影响。表现在：

一方面，属于公益部分的广播电视新闻传播和公益信息服务被纳入文化大发展的总体部署，继续受到重视；

另一方面，具有赢利功能的影视产业、视听产品出版业、动漫游戏产业、演艺产业等作为文化产业的具体支撑门类步入蓬勃发展的快车道，为广播电视节目的制作和传播开拓了新的领域，提供了新的机遇。

受上述两类变化直接影响，广播电视的制播主体、制播方式、节目形态、传播模式等，发生了显著变化。

这种巨大变化促使广播电视从业人员深深思考，我们将怎么适应？怎么应对？而作为广播电视领域的高等院校教育者，我们也在思考同样的问题。

教育部于1998年颁布的本科专业目录中有“广播电视新闻学”、“广播电视编导”等专业；2012年，“广播电视新闻学”调整为“广播电视学”。多年来，我们一直在上述专业领域从事教学。根据我们掌握的信息，我们的毕业生有在中央、省一级新闻机构工作的，但更多的是在市、区、县新闻机构和社会文化企业，以及政府机构、大型企业的宣传推广部门从事传播工作。从我们广泛收集的来自不同层面的反馈信息可以发现，针对毕业生的能力素质，用人单位有一个共同要求，即学生必须具备一定的理论功底，具备较高的文化素养，尤其需要具备很强的动手能力。只有这样的毕业生才能受到用人单位的欢迎。

但目前我们高等教育的现状与来自用人单位的要求相比，还有一定的差距。正因为如此，教育部《关于全面提高高等教育质量的若干意见》（教高［2012］4号文）才就优化学科专业和人才培养结构提出“加大应用型、复合型、技能型人才培养力度”的要求，针对创新人才培养模式提出“探索科学基础、实践能力和人文素养融合发展的人才培养模式”的要求。从广播电视领域和新媒体音视频信息传播领域的实际情况来看，主要为这些领域提供高级专门人才的“广播电视学”、“广播电视编导”等专业，无疑应该按照教育部要求的精神积极推进教育教学改革。

改革涉及多个方面，但教材改革显然居于重要地位。这套“广播电视学实务系列教材”，就是作者按照上述精神而编撰的。在这套教材中，《实用传播学简明教程》是传播学教材的实用缩略版，它将传播学的基本理论与传播学的若干重要实际应用结合起来，形成了针对应用性、复合型人才培养的传播学课程体系。《媒体通论简明教程》则体现着这样的尝试：把原来分开讲授的平面媒体基本原理、广播电视概论、新媒体概论等课程进行整合，形成一门涵盖传统媒体与新媒体的概论性课程。这两本教材所对应的课程均属于专业基础课的范畴。另外 6 本教材则分别从不同的角度构建了有特色的核心专业课程。《全媒体写作实用教程》顺应传播环境的变化，根据社会对人才能力的需求，将报刊文稿、广播文稿、电视文稿、网络文稿、手机媒体文稿等不同种类文稿的写作教学重新结构、科学安排，吸取最新研究成果，遴选最新成功案例，构建出培养学生具备全媒体写作能力的实用课程体系。《新闻采访实务》在现有新闻采访教材的基础上，权衡利弊、取长补短，融入新媒体传播平台的采访等内容，结构出具有与时俱进意义的采访教学课程体系。《电视策划实务》从培养学生具备电视领域的一般策划能力出发，对应电视界的工作现状结构教学内容，按照突出针对性和实用性的要求设计教学程序，具有明显不同于国内现有电视策划教材的特点。《纪实节目叙事实用教程》，旨在顺应电视领域和网络视频领域纪实（非虚构）节目故事化叙事的国际潮流和市场需求，综合经典叙事学、后经典叙事学和好莱坞实用叙事教学的理论菁华与成功经验，结合国内电视（视频）节目生产实际，结构出培训学生既掌握必要的叙事基础理论、又掌握纪实节目故事化讲述基本技能的实用课程体系。《新媒体应用实务》则从“深入认识新媒体”、“熟练掌握新媒体”、“综合运用新媒体”三个层面结构教学内容，重点培养学生在传播应用、商务应用、危机处理等方面的新媒体应用能力。《新编摄像实用教程》在传统摄像教材的基础上，增加了高清数字摄像、3D 摄像等内容，以及“模拟项目”摄像教学和练习等部分，具有针对性、实用性和前沿性。

从上面的简介可以看出，这套教材体现着编撰者培养应用性、实用性、复合型人才的理念和追求。由于这套教材的主要作者都曾经在电台、电视台、报社从事过数十年的新闻采编或节目制作工作，从事过广播电视和报纸的管理工作，又在广播电视本科教学领域从事过多年教学工作，所以他们对传媒业界和广播电视教育界都非常熟悉，对广播电视领域究竟需要什么样的人才非常清楚，对培养出能满足有关职业和岗位要求的合格毕业生需要采用什么方式、使用什么样的教材非常清楚。多年来，他们一直在寻求能够完全符合自身教学理念的理想教材，但暂时未能如愿。于是，经过反复研究磋商，最后决定自己编写一套合意的读本，于是就有了这套“广播电视学实务系列教材”。这套教材虽然有着现在这个名称，但并不意味着它只适合广播电视学专业；其实，广播电视编导、新闻学等本科专业，新闻采编与制作等高职高专专业，也完全可以采用。甚至，各类传媒机构、社会文化公司、政府机构和大型企事业单位的宣传推广部门，也可以利用这套教材进行在职培训。总之，这套教材的针对性、实用性、可操作性、前沿性保证了它可以满足上述种种方面的需要。

虽然编撰者们非常认真地对待自己的工作，力求在撰写过程中精益求精，但出于水平、能力、视野等种种因素的限制，这套教材一定还存在不少疏漏和错讹，诚望各位读者不吝赐教，给予批评指正。

最后，我要对四川大学出版社表示衷心感谢，对语言与教育编辑室的徐燕主任和各位责任编辑表示衷心感谢。没有他们的辛勤付出，这套教材是难以顺利出版的。

编撰出版各类能够满足应用性、实用性、复合型高级人才培养需求的教材，是我国高等教育领域一项非常有意义的工作。如果我们的努力能够对这项工作有所贡献，我们将感到非常荣幸；如果我们的努力能够引起更多的同道与我们共同关注、共同投入到这项工作中来，则幸之甚也。

是为序。

冉光泽

2013 年 1 月于成都

这是一本什么样的教材

（代自序）

电视策划课程是广播电视学、广播电视编导等大学本科专业和新闻采编与制作等广播电视类高职高专专业的核心课程。但遴选什么内容进入电视策划课程，却有着不同的看法。在种种不同看法的影响下，现行的策划教材呈现出不同的面貌。

例如，有的教材偏重于“电视策划学”的学理建设，旨在通过教学，传授关于电视策划方面的基本原理、基本理论，重点让学生系统掌握电视策划理论知识，提高学生在策划方面的理论水平。

有的教材策划与编导并重，将“策划”的外延拓展到电视节目编导和制作的层面，使电视策划课承担了一些节目编导与制作方面的任务。

有的教材旁及相邻领域，在与其他专业领域的重叠中求得自身的定位。例如，将电视策划纳入已经自成体系的广告策划中，形成“电视广告策划”课程内容；或纳入已经高度市场化、已经相对独立的业务领域，形成“电视剧策划”的课程内容，等等。

上面这些教材中的不同侧重，恰恰说明在重要而又年轻的电视策划教学领域，探索、完善仍然是没有过时的课题。

在这个问题上，我们结合多年广播电视的从业经历和广播电视高等教育的教学经验，从广义的广播电视领域对毕业生需求的实际状况出发，经过思考、研讨，形成了自己的一套思路。这些思路的要点是：

第一，电视策划课程主要应培养学生从事电视策划工作的实际能力。电视策划是实践性、操作性非常强的一种能力。固然，这种能力需要扎实的功底，但这个扎实功底的形成并不取决于对策划学理论的学习，而取决于当事人在文学艺术素养、创新意识和创新能力、开阔视野和开放胸襟、观察生活的站位、对新事物新信息的态度、思维方式活跃与否，甚至人生姿态积极还是消极等一系列问题上的努力程度和所达到的高度。显然，这一切是不可能通过一门课程的教学来完成的。至于策划能力本身，我们可以给予一个明确的界定，那就是：策划始于创意的形成，经历具体的策划过程，终于策划方案的诞生；策划能力就是独立地完成这整个过程的能力。至于按照策划方案的要求去具体地组织实施，尽管其中也充满创造性的劳动，但其毕竟属于后续阶段的工作，不宜将其纳入策划的范畴。基于这样的看法，我们认为，电视策划课程应主要致力于对学生形成创意、展开策划、最后完成特定策划方案的能力的培养。这门课程的教材应该与这个要求相协调。

第二，对目前大多数普通高等院校的广播电视学、广播电视编导、新闻采编与制作等专业的毕业生来说，未来从事具体工作的几率远远大于从事研究工作的几率，这是对传媒类人才市场需求的基本判断；所以，针对这些专业毕业生的电视策划课程，应该鲜明地体现注重实际操作的特色。由于这个课程所面对的是毫无电视从业经验的学生，什么样的内容、体例能满足这一特定对象群体的要求而又体现出注重实际操作的特色呢？我们认为，“实务”类的教学是策划课程较为适当的教学定位；与此相适应，“实务”性教材是电视策划课程比较理想的教材类型。我们构想的实务性电视策划教材应包括这样一些特点：具备培养学生电视策划实际能力的主要内容，包含电视策划实践活动的关键环节，体例、结构的设计要与实际工作密切契合，具有体现培养意图的教学程序设计，等等。而策划理论本身是否完备地得到反映，教材中所涵括的学科体系是否缜密谨严，倒是其次的考虑。

第三，电视策划课程所涉及的教学内容，要与当前电视（视频）传播领域策划工作的实际合拍。例如，电视节目领域近年来产生的新品类的策划，如民生新闻（专题）节目、法制节目、情感节目、探秘节目、真人秀节目的策划，以及电视节目表现手法的新发展所带来的讲述方式的策划，如纪实类电视节目运用故事化叙事方式的策划，等等，都应进入我们的课程，在教材中得到反映。因为教学内容被学生掌握进而转化为学生的实际能力有一个周期；要避免学成之后就过时，必须尽可能地保持教学内容与实际工作的同步。

按照上述思路，我们多方找寻，但截至目前，还没有寻找到一本完全符合我们上述意图的教材。于是，我们不揣陋昧，决定自己动手编写这本《电视策划实务》。我们相信，这本教材能够基本满足广播电视学、广播电视编导、新闻学、新闻采编与制作等专业的电视策划课程教学的需求；同时，教材中包含的关于媒体策划的一般性智慧，则可以通过学生的“举一反三”，转化为在更广阔的传媒领域从事策划工作的能力。

毋庸讳言，限于水平、囿于视野，本教材错讹纰缪在所难免，诚望各位读者不吝赐教，批评指正。

作者

2012年12月

目　录

绪论

一

电视策划是高等院校新闻学、广播电视学、广播电视编导等专业的专业核心课程，通常也是文化产业管理、广告学等专业的重要专业课程。之所以这门课程具有这样的地位，是与电视策划本身的重要性分不开的。

电视策划的重要性首先来源于电视媒体和电视节目的重要性。从20世纪90年代开始，电视逐步取代报刊，成为受众面最为广泛的传统媒体。可以说，读报刊是识字者生活的一部分，而每天晚上看电视节目则是识字者和文盲共同的日常生活习惯。尤其是20世纪90年代有线电视的兴起，一般家庭都能收看到三四十乃至五十多个电视频道。在这种情况下，观众的选择多了，各家电视台或各个频道对节目质量的要求高了，与此相适应，粗制滥造的电视节目渐渐地无人问津，提高节目质量、树立精品意识，成为对电视从业人员的一般要求。这样，电视节目策划作为业界内在的工作需求开始萌芽。

接着，市场化的改革开始在电视界启动，各电视台、各频道之间出现了激烈的竞争；一些非新闻性节目，例如电视剧，开始主要由社会公司制作，这些社会公司也参与到竞争中来。竞争表现在增强机构实力、大力构建品牌、提高栏目和节目质量、争夺收入份额等诸多领域。竞争遵行的是狭路相逢强者胜的规则，而要做强者，就必须在机构运营、品牌打造、节目制作和收入营销诸方面集中智慧、正确运作。于是，包括电视媒体策划、电视品牌策划、电视节目策划和电视营销策划等在内的“电视策划”正式出现，竞争日趋激烈。因此人们通常认为，“中国电视媒体激烈竞争的现实需要，催生、呼唤着电视策划”①，“市场是电视策划之母”②。电视策划是市场竞争的产物，成为研究者和业界人士的共识。

进入21世纪之后，电视所面临的环境发生了深刻的变化，竞争以新的形式表现出来。一方面，电视与电视之间、电视与报刊等其他传统媒体之间的竞争继续存在；另一方面，互联网视频、手机视频、交互式电视和户外数字媒体等新媒体形式的问世，极大地改变了传播环境，增添了新的竞争元素。新媒体的发展，丰富着广播电视的内涵，拓展着其传播领域，改变着其传播模式，提升着其技术水准。视听节目的传播渠道不再是稀缺资源，自产自销的传统电视节目生产模式越来越不适应新形势的要求，有吸引力的、有特色的视频节目才能在“全媒体传播”中胜出。这一切，使所有试图在竞争中获胜的电视经营者或者视频节目运营主体，必须借助策划来实现目标。

来自传播领域的新变化必然对从业人员提出新的要求，而正视这些要求并及时地反映在教学体系上，是高等教育合乎逻辑的选择。从人才需求的角度可以发现，竞争拒绝平庸，市场青睐创造，新媒体的冲击则要求眼界开阔、与时俱进。而要满足这些要求，离不开对人才策划能力的培养。正是在这样的背景下，策划成为新闻学、传播学专业的重要课程，而电视策划成为广播电视高等教育体系中的核心专业课程。

二

电视策划是电视人应该具备的基本能力，也是电视人综合素质的

① 胡智锋主编：《电视节目策划学》，复旦大学出版社2009年版，第3页。
② 詹成大编著：《电视媒体策划》，中国广播电视出版社2002年版，第14页。

一种体现。电视策划实务课程，目的是培养学生具备这方面的能力和素质。因此，在正式学习之前，大家对这门课程的有关信息应该做一些了解。

学习电视策划实务课程，到底有些什么意义和价值呢？

首先，有助于提高我们对电视节目总体把握、创意设计、综合规划的能力。

高等教育的新闻学、广播电视学和广播电视编导等专业的课程体系中，通常包括一些专业基础课，如“新闻理论”、“广播电视概论”等等；一些专业方向课，如“电视摄像”、“视听语言”、“非线性编辑”、“新闻写作”、“新闻采访”等。这些课程的目标在于培养学生掌握有关的基本理论和基本知识，具备从事新闻工作和广播电视工作的基本技能。而仅有这些是不够的。在它们之上，还需要有对电视工作或电视节目进行创造性综合设计、规划、筹谋的能力，这方面的能力，实际上可以划归为电视策划能力。

电视策划实务课程从电视实际工作的要求出发，按照策划学的原理，主要结合电视领域的实际情况，适当兼顾新媒体领域的需求，致力于培养学生在电视节目、电视包装、电视活动、电视品牌等领域创意设计、综合把握、综合规划及撰写策划文案的能力。这是一种比较高端的能力，它与学生掌握的专业理论、专业知识和专业技能结合，形成学生毕业后在相关领域从事工作的完整能力。

其次，有助于开阔我们的视野，激发我们的创造智慧。

电视领域的工作大都与观众心灵发生联系，是充满创造精神、包含创造智慧的劳动。很难设想这个领域的工作人员可以在孤陋寡闻、思想贫乏、碌碌无为的状态下拍摄制作出观众喜爱的节目。电视策划实务课程吸收策划领域的理论精华，分门别类地介绍一些电视策划项目的基本策划知识，分析电视策划案例，强调电视策划要点，为我们打开眺望电视策划这个充满智慧的神秘王国的窗口，让我们从学习中逐渐激发自己的创造潜能，从而成为一个智慧的电视工作者。

最后，有助于培养我们创意策划的实际工作能力。

本教材以“策划”为基本内容，以“实务”为课程特色，十分注重学生策划实际能力的培养。例如，在电视节目的策划中，我们只把在基层电视机构最容易遇到的节目品类列入教学内容，在策划要点的教学中，不但介绍基本知识，还分门别类地介绍如何进行选题策划、如何进行叙述方式的策划等，这些内容来自于对电视策划实际工作的概括和提炼，具有很强的针对性、实用性和可操作性。通过本课程的教学和实践，学生应该懂得一般的策划规律，掌握电视领域主要工作项目的策划要点，能够独立地从事一般的电视策划活动，并学会撰写规范的策划文案。学生通过学习，具备了这些基础的能力和素质，就为今后在策划领域进一步提高打下了基础。今后在工作中，通过不断地实践、砥砺，同学们水平会日臻提高，最终成为优秀的电视策划人才。

三

电视策划实务课程包含什么具体的学习内容呢？我们认为，通过这门课程的学习，学生应该掌握如下知识，具备以下能力：

理解、掌握策划方面的基本规律和基本知识；

熟悉电视策划所涵盖的范围，理解范围内各策划项目的基本特点、构成和要求；

掌握针对具体策划对象的策划要点，包括创意着力点、策划步骤、策划内容、策划成果形态等；

通过观摩、研究、学习、借鉴电视策划的经典案例，学习策划技巧，提升策划智慧，培养策划能力；

掌握策划文案的写作。

总的要求是，通过学习，能够运用创意思维，激荡头脑风暴，激活心灵智慧，综合运用所学知识和实际技能，完成具体的电视策划任务，形成符合要求的策划文案。在此基础上，能够胜任毕业后与电视策划有关的工作，并能举一反三，在既有基础上继续自学、提高，有能力从事其他相邻领域的策划工作。

需要强调的是，本课程所培养的能力，包括电视策划开始阶段的创意能力，中间阶段的规划能力，结束阶段的策划文案写作能力。至于策划文案形成之后付诸实施，如具体的采访、摄像、编辑、编导等能力，不属于本课程关注的范畴。

四

我们应当怎样来学习电视策划实务课程呢？本课程是一门理论和实践、智慧和操作并重的课程。在学习的过程中，需要注意以下几个方面：

对策划与电视策划方面的基本知识和基本规律，要用心理解；

对策划所需要的智慧，对电视策划所需要的创造性思维能力，要特别关注，并细心揣摩，尽量朝着让自己具备同样智慧和能力的方向努力；

对策划的经典案例，要认真分析、思考，从中寻找有利于提高自己水平的基本信息；

重视实践环节，看重动手能力，通过学习和课余自觉地练习，培养自己针对具体对象的策划能力，以及撰写合格策划文案的能力。

需要特别强调的是，电视策划是一项充满创造性、挑战性的工作，培养策划能力是一个系统工程，是一项长期努力的结果。除了在课堂上学习以外，课外的实践，经验的积累与梳理，文学阅读、艺术鉴赏和百科知识的积累，都是影响能力提高的重要因素。而这一切，显然不仅仅是一门课程所能够承担的，甚至不是单纯的大学教学所能完全承担的。电视策划能力的提高，实际工作能力的完善，需要持续不断地努力，这应该为每一位同学所了解。

第一章　策划与电视策划

第一节　什么是策划

一、一个古老故事包含的信息

什么是策划？在回答这个问题之前，我们来读一个古老而经典的策划故事：

《史记》卷六十五《孙子吴起列传第五》记载，齐国大将田忌与齐国诸公子赌赛马，孙膑出主意说：你用上等马与对手中等马比赛，用中等马与对手下等马比赛，用下等马与对手上等马比赛。结果，田忌两胜一负，取得最终胜利。

上面这个故事，就是关于策划的最古老的故事之一。策划可以非常复杂，也可以非常简单。不管是复杂还是简单，成功的策划往往可以简化为一些基本的原理。上面这个故事就包含了这样的原理，其中透露着足以作为今天人们理解策划的一些基本的信息。这些信息是：

第一，策划是事前行为。

凡是被称作“策划”的活动，都是一种事前行为，例如在上面的“赛马”故事中，孙膑的建议就是在赛马比赛举行之前提出的。

第二，策划是为了寻求最佳结果的充满创意的精神活动过程。

在人类的活动中，事前打算、事先规划是非常普遍的。例如，上街买东西得规划路线、预测花销；参加约会得计算时间、考虑服装穿着；销售商品得考虑进货渠道、预测成本、落实运输工具、决定销售价格等等。这些每天在人们生活中不断发生的对未来事情的打算、规划，严格说来都不能被包括在我们所说的“策划”之内。为什么呢？因为一般的打算、规划，如果不包含创造性的精神活动，没有形成具有创意的结果，就不能被算作策划。

策划有两个特征：一是要包含寻求最佳结果的动机，二是要产生出具有创意价值的结果。策划一定伴随充满创造精神的活跃的思维活动。前面那个故事里，孙膑的建议是为了让田忌获胜，这包含了寻求最佳结果的动机；他关于马匹对阵的建议，看似平常却充满排列组合上的智慧，是一个令人拍案叫绝的创意成果。因此，孙膑的建议，就是一次策划。

第三，策划是对未来行动的打算、规划。

现代意义上的策划，不仅仅是创意或精神活动。单纯的创意或闪光的意念，一般被人称为“好点子”，还不是策划。策划不但要有创意成果或者点子，同时还需要通过筹谋、规划等活动，形成把创意成果或者点子变为现实的行动方案。尽管由于古代文献记载的简略，我们没有在上面那个故事的字里行间读到，但完全可以设想，孙膑关于赛马的创意或点子，一定要与具体的马匹抵达行程安排、参赛管理人员的落实、马匹饲喂保健等一系列具体工作结合，才能导致最后目标的实现。策划应该包含对这些具体工作的安排和规划。

现代意义上的策划，就更需要在创意和精神活动的基础上进行周密规划，例如，一次大型活动的策划，一个商贸营销项目的策划，一个电视节目的策划，无不如此（这方面的例证在后面的内容中将大量出现）。

第四，策划最终表现为指导行动的“策划方案”文本。

在当代社会，任何真正意义上的策划都不会像田忌赛马那样简单，通常是一项比较复杂的系统工作，所以，策划的结果不可能以三言两语的建议形式表现出来。作为当代策划的必要步骤和最后环节，是拟定一份被叫做“策划方案”的文本。这份文本，是将策划付诸实施的书面表达，是把创意变为行动的指导蓝本，是指导未来工作的行动计划。

透过对一个古老故事所包含信息的梳理，我们有了对策划的初步了解。下面，我们来进一步学习关于策划的基本知识。

二、策划的定义

我们目前所使用的“策划”一词，是 20 世纪 90 年代逐步在国内兴起的概念。但如果追根溯源的话，这个词很早就产生了。在古代，“策划”写做“策画”，例如，《后汉书·隗嚣传》里“是以终申，策画复得”，《晋纪》里“魏武帝为丞相，命高祖（司马懿）为文学掾，每与谋策画，多善”，都出现了“策画”一词。其中，“划”与“画”相通，意思一样，“策划”、“策画”都是《辞海》所解释的“计划”、“打算”的意思。

与策划有关的还有一个词“企划”。据说“企划”一词 1965 年在日本发明，发明者把英语中的“Plan”（计划）添加了很多新的内容和含义，变成一个与 Plan 不尽相同的新概念，写作“企画”。[①] 20 世纪 90 年代，国内有人将“企画”从国外引进，将“策画”从古代复活，写作“企划”、“策划”，用来指称今天被命名为“策划”的创造性活动。经过一段时间的使用、选择，目前人们放弃了“企划”一词，而统一使用“策划”一词。

同古代的涵义相比，今天人们使用的策划一词，在原有词义基础上增加了新的涵义。需要指出的是，目前对于策划一词的定义，存在不同的表述。

著名策划人王志纲认为：“什么叫策划？我有一种说法——条条道路通罗马，最近的毕竟只有一条，策划就是找出这条路。”[②]

胡智锋则这样定义：“现代意义的‘策划’可以理解为借助一定的信息素材，为达到特定的目的、目标而进行设计、筹划，以为具体

① 见任金州主编：《电视策划新论》，中国广播电视出版社 2002 年版，第 11 页。
② 转引自张静民：《电视节目策划与编导》，暨南大学出版社 2007 年版，第 21 页。

的可操作性行为提供创意、思路、方法与对策。”①

李道平在为“策划家丛书”作的总序中写道：“根据已掌握的相关信息，推测事物发展的趋势，分析需要解决的问题和主客观条件，在行动之前，对指导思想、目标、对象、方针、政策、战略、策略、途径、步骤、人员安排、时空利用、经费开支、方式方法等作出构思和设计，并形成系统、完整的方案，这就叫做策划。简言之，策划就是行动的谋划方案。”②

美国一些管理丛书认为策划是一种思考的程序，它的本质是一种运用脑力的理性行为。基本上所有的策划都是关于未来的事情，也就是说，策划是对未来要发生的事情作当前的决策。③

纵观各类定义，论者们大都把对策划定义的注意力集中在事前谋划、决策方面。策划固然离不开谋划和决策，但如果仅仅是谋划决策，那么，汉语中已经有“谋划”、“筹划”、“规划”、“计划”等词语可供使用，为什么还要使用策划一词呢？

如果我们从文字意义的纠缠上移开，考察近二十年来被称为策划的经典案例，我们就会发现，严格意义上的策划活动，包括如下与一般“谋划”、“筹划”、“规划”、“计划”不同的涵义：

策划以创意为核心。没有创意的规划或计划不是策划，就如同田忌赛马，只有比赛计划包含了“上对中、中对下、下对上”这样充满智慧和闪光的创意点，才配被称做策划。

策划以寻求最合理的结果为目标。一般而言，策划的目标通常是寻求最优办法、最佳途径，以求得最佳效应和最佳结果。但在具体的策划活动中，最优、最佳的不一定是最合理的。最合理的策划往往是次优、较佳等因素的组合。因此，强调这一点，对于“实务”性策划课程，是非常必要的。

策划以寻求特色为重要追求。由于在绝大多数情况下，最优、最

---

① 胡志锋主编：《电视节目策划学》，复旦大学出版社 2009 年版，第 1 页。

② 转引自张静民：《电视节目策划与编导》，暨南大学出版社 2007 年版，第 21 页。

③ 参见项仲平编著：《电视节目策划》，中国广播电视出版社 2002 年版，第 5 页。

佳难以企及，而最合理又涉及复杂的评估过程，这足以令初学者望而生畏。而寻求特色，是保证策划具有价值而又比较容易把握的一个指标。经验告诉我们，特色并不会导致最佳，但却能够保证策划具有基本的价值。而在大量经典的策划案例中，很大一部分是靠特色来获得它们的经典地位的。对于初学者来说，寻求策划的特色，这是比较容易做到的。

策划把规划、谋划作为基本的工作内容之一。创意也好，特色也罢，最终目的都要通过行动去实现策划目标。于是，根据策划对象的特点，锁定行动要实现的目标，去对行动本身和行动所涉及的各要素进行安排、分配、筹谋、计划，就成为策划的基本工作内容之一。当然，这种工作内容是紧紧围绕创意核心与对特色的追求来进行的。

策划以形成文案为主要成果形态。任何策划都不可能是口头说说而已，而要以书面的形式进行表述，这个书面表述策划成果的文本，就是策划文案。

综上所述，我们不赞成将策划等同于一般的工作规划或计划，也不主张将策划的过程延伸到整个项目的最后完成。我们所界定的策划，应该是：开始于调研，发端于创意，贯穿对最合理结果和对特色的追求，完善于筹谋、规划，成形于文案，这样一个创造性精神活动过程。于是，策划的定义就可以这样表述：

所谓策划，是策划主体在搜集信息素材的基础上，调动经验和智力，根据策划对象的特点、性质，按照策划目标的要求，围绕创意这一核心，以追求最合理结果和寻求特色、差异、个性为基本诉求，进行设计、筹谋和规划，形成文案，从而为导向目标的操作行为提供思路、方法、对策、行动步骤等方面指导的活动。

三、策划的价值

为什么需要策划？每一个学习策划的人首先会问这个问题。对策划价值的探讨，就是对这个问题的回答。

简单地讲，策划就是对即将展开的行动进行具有创意的筹谋和规划。在古代，“策画”往往与战争有关，而在当代，策划与竞争紧密相连。在市场经济成为我们社会基本形态的大背景下，任何以寻求效益为目标的行动，不管是商品生产、商业营销，还是电视频道经营、节目制作，都面临着激烈的竞争。而竞争的不变规则是“优胜劣汰”。要想在竞争的环境中生存、发展，就得使自己朝着“优”的目标努力；否则，就会堕入“劣”的境地而被淘汰。

策划的价值，就在于当我们处在竞争的环境中，准备去从事某个活动之前，通过具有创意的精神活动，以寻找最合理的途径、手段、方式等为目标，去筹谋、规划，在此基础上形成有特色的行动方案，最后用这个方案去指导我们的行动，从而实现最理想的结果。这就是策划的基本价值。如果我们把这个基本价值细化到具体环节，可以发现如下具体的价值体现：

其一，策划可以使追求目标的行动在精神创造的智慧指导下进行，这是在激烈竞争中胜出的基础性保证。策划的核心是创意，也就是说，创造性的思维智慧在策划中居于统辖地位。这样，经过策划的行动，往往能因创意的价值而不同凡响。这不但能使这样的行动与大量平庸的、未经策划的行动保持领先距离，更重要的是，只有这样的行动才能有在竞争中获胜的可能。同样是选秀节目，《超级女声》由于节目组的成功创意而光芒四射，由此激起巨大反响，获得巨大回报；而一些了无新意的平庸的选秀节目，却使工作人员在枯燥乏味的庸常工作中白白耗费心智和体力，他们的节目无人问津、生命短暂，很快就被淹没在市场竞争的海洋之中。

其二，策划可以使策划对象具备特色从而能够在众多竞争对手中脱颖而出。特色和差异化，是策划过程需要重点考虑的问题。市场竞争的基本生态，是对手如云、强者如林。策划可以使策划对象（例如某个项目）因为具备差异化特征，而在众多对手中一枝独秀、引起关注，从而争取到属于自己的生存发展空间。例如，集成了上网功能的智能化手机终端或者简化了电脑功能的移动终端，种类繁多，但苹果 iphone 智能手机和 ipad 上网笔记本电脑，却凭着更独特的软件功能和更炫的界面，以及与 App store 内容服务绑定所提供的独特服务，脱颖而出，在竞争激烈的终端市场获得明显优势。

其三，策划可以为行动提供理性的指导。策划作为一种事前的创造性精神活动，通常会按照策划原则将策划对象纳入整体考虑，对即将实施的行动，从宗旨、目标、对象、定位、战略、策略、方式方法等方面进行创造性地通盘谋划，并在策划方案中给出指导性建议。这对于行动的实施，可以提供提纲挈领、眼界宏阔的理性指导，保证行动按照预订方案有条不紊地推进。对于一些复杂的行动，例如举办大型活动，策划的这个价值表现得尤其明显。

其四，策划可以为资源配置提供具体方案。任何策划要变成最后的行动，都要涉及人力、财力、物力、关系等资源的配置，一份完善的策划方案必然包含为未来行动提供资源配置方面的建议和指导，这对于保障行动目标的实现、减少失误，具有非常重要的价值。

综上所述，在今天的环境下，策划是保证各类行动在竞争中取得成功的重要条件，这构成了策划不可替代的重要价值。

四、策划的步骤

策划是充满创造性精神活动的过程，一般而言，难以对它用一个僵化的程序描述来涵括。但策划可以归纳为一些主要的步骤，这种归纳对于认识策划的规律和特点，对于策划的学习，是有意义的。

通常，策划包含以下基本步骤：

第一步：确定策划对象。

这一步骤所要做的，是锁定策划的对象，回答“就什么策划”的问题。这是启动策划过程的基础性步骤。例如，本次策划的对象，是关于一次活动，还是一个品牌，或者是一个企业的公众形象，或者是一个具体的电视节目。

第二步：确立策划目标。

这一步的任务，是在对象锁定的前提下，明确策划所要达成的最终目标，回答“策划出什么来”的问题。例如，本次策划的目标，是为一次活动拟定有特色的实施方案，还是为打造品牌设计实现措施，或是为树立企业良好的公众形象拟定有特色的公关推广方案，或者是为某一期电视节目构拟最佳的叙述方式，等等。

第三步：多方收集信息。

策划对象和目标确定以后，就需要收集对象本身的信息和与对象有关的信息。这一步的意义在于，任何策划都不是凭空产生的臆想，策划必须建立在完全掌握对象本身及与之有关的信息的基础之上。唯有这样，策划人才能做到对整个工作心中有数，后续步骤的展开才有翔实、准确的信息基础，策划结果才能符合实际。例如，策划一次活动，就需要了解：这将是一次什么性质的活动？由谁主办？可能涉及哪些因素？活动的平台和环境是什么？现有什么人、财、物的硬条件和经验、政策方面的软条件？基本要求是什么？主要困难是什么？以前类似的活动是一个什么情况？等等。诸如此类信息的收集，将使策划对象和策划目标变得明晰起来，策划过程中的有利、不利因素也能清晰显现。

在收集信息的时候，可以借助一些方法，来提高效率、理清思路。例如，可以查阅相关图文资料，借助互联网查询背景资料，对相关人士进行访问咨询，收集同类活动的信息等。

信息收集以后，要进行大致的整理分类，以便消化、吸收、分析、比较。

第四步：展开创意激荡。

所谓创意激荡，是指策划者个人和策划小组成员通过充满激情的思维活动，来获得闪烁着智慧火花、包含着创造价值的点子、意念、想法的过程。这是策划的关键一步。这个步骤如果卓有成效，则策划的成功就有了基础性保障；这个步骤如果差强人意，则策划将流于平庸。甚至可以这样讲，策划之所以成为策划而不是一般意义上的计划，关键在于是否有创意的成果在里面。在策划实务能力的培养中，强调这一点，是使教学沿着正确方向进行的保证。在很大程度上，策划能力的培养，开始于创意能力的培养；策划能力的高低，首先表现在创意能力的高低上。

第五步：比较整合完善。

这一步，主要是将创意过程中产生的各种不同的“点子”、念头、想法、方案的萌芽、措施的亮点等，彼此比较，以选择出最合理者；

将各种合理的元素加以整合，形成未来方案的轮廓或者雏形；然后进一步创意完善，形成一个综合了各种有利因素的，最合理、有特色的方案框架。

第六步：形成策划方案。

这一步是策划工作的成果诞生阶段。此前的全部工作，都在这一步通过文字表述而获得表达。策划方案，凝结着前面所提到的各个工作环节的心血，沉淀了全部策划活动中的思想精华，是对未来工作进行指导的纲领性文本，是实现策划目标的蓝图。

方案产生之后，往往有一个征求意见、多次修改的过程。经过这个过程，定稿之后，即交付实施，策划工作就此告一段落。这以后，进入“策划方案的实施”阶段。

第七步：收集反馈调整。

在方案付诸实施的过程中，往往会有各类信息不断反馈回来。这时，通常需要根据反馈信息的性质，分别地对方案作出调整。调整的原则是，对实施过程中的不足和缺陷，要采取补救措施；对新的情况出现之后所引起的条件、环境变化，做出适应性调整；对优势点位进行优势最大化的强化，等等。当然，所有的调整都必须围绕策划目标，根据既有条件来进行。

上面简述了策划的几个主要步骤。接下来，我们要学习电视策划方面的一些基本知识。

第二节　什么是电视策划

电视策划是目前电视界非常热门的工作。在实际工作中，小到一个具体节目的构思，大到一个频道或一个台的品牌塑造，都离不开策划。这反映了在激烈竞争的基本环境下，策划在电视工作中的地位和价值。

一、电视策划的定义

与电视策划相联系的概念，有电视节目策划、电视媒体策划、电视策划等多种表述。

电视节目策划，是电视策划中的一个类别，以节目为对象。根据胡智锋先生的观点，“从节目客体形态来看，可分为节目策划、栏目策划、频道策划直至媒体整体形象策划几个层次……从电视节目类型来看，可分为电视新闻节目策划、电视剧策划、电视纪录片策划、电视专题节目策划、电视综艺节目策划等；从电视节目样式来看，可分为电视谈话节目策划、电视直播节目策划、电视演播室节目策划、电视游戏节目策划、电视竞技节目策划等”。①

电视媒体策划，有两种含义：其一，是指广告商通过使用电视这种媒体来从事广告传播的策划；其二，是指针对电视媒体、以电视媒体为对象的策划。电视媒体策划既包括电视节目策划，也包括电视管理、电视形象、电视广告方面的策划。

电视策划的涵义最为宽泛，包括了上述两种类型的策划。在本教材中，我们使用“电视策划”的概念。电视策划的定义，可以参照前面对策划的定义进行表述。

所谓电视策划，是策划主体在搜集信息素材的基础上，调动经验和智力，根据电视领域策划对象的特点、性质，按照策划目标的要求，围绕创意这一核心，以追求最合理结果和寻求特色、差异、个性为基本诉求，进行设计、筹谋和规划，形成文案，从而为导向目标的操作行为提供思路、方法、对策、行动步骤等方面指导的活动。

二、电视策划的范畴

电视策划的范畴可以从两个角度来界定。

从层次上看，可以分为宏观策划，如电视台、电视机构、频道等层面的策划；中观策划，如栏目的策划；微观策划，如具体某一期、某一个节目的策划。

从构成上看，可以分为电视管理策划、电视形象策划、电视节目策划、电视广告策划、电视活动策划等。

---

① 胡智锋主编：《电视节目策划学》，复旦大学出版社 2009 年版，第 1 页。

本教材紧密结合电视领域实际工作需要，结合电视领域最新发展，将电视策划实务的范畴限定在广播电视新闻学、广播电视编导、媒体创意等专业毕业生最可能接触的电视策划工作领域。具体包括：电视节目策划（分类上充分考虑了当前电视节目的实际状况），电视包装策划，电视活动策划，电视现场直播策划等；同时，将目前应用非常广泛的表现方式——故事化叙事，也纳入电视策划范畴。采用这样的体例，主要是基于我们对“实务”性教学的理解，由此而来，教材本身的理论性、系统性反倒不在我们考虑的重点范围内。在这样的基础上，形成了本教材的特色。

我们相信，鉴于策划活动本身具备的触类旁通的特性，学生通过对本课程的学习，完全能够举一反三，进而具备在其他非电视领域的策划能力。

三、电视策划人的素质

电视策划人应该具备一些基本的素质，对素质的描述旨在为年轻学子确立努力的方向。我们不赞成将这种素质过分渲染以至于让其演变为初学者不可企及的目标。例如，有的策划专书过分强调“具备丰富的工作经验”的素质，这几乎等于取消没有工作经验的学生们的策划资格。

我们认为，策划是有高低深浅之分的；幼稚的策划只要具备策划的要素，也是策划；策划能力是可以通过实践的砥砺而不断增强的；策划的水平也是可以逐步提高的。基于这样的看法，我们认为，策划并不神秘，只要具备或注意培养如下素质，就可以学习并从事电视策划：

第一，需要有基本的电视方面的业务知识。电视策划以电视为策划对象，所涉及的具体项目都与电视密切相关，具备相应的业务知识，是策划得以进行的基础和前提。

第二，需要有理清自己思路的能力。在策划过程中，往往交织着创造性思维的爆发和逻辑性谋划的双重思维过程，这就需要具备把握和理清自己思路的能力。这种能力将保证整个策划在严格的理性控制下进行，并沿着适当的方向去获得预期结果。

第三，需要有耐心收集信息的能力。在策划的前期，都需要进行信息的收集，这个过程是细致的、琐碎的，需要耐心。

第四，需要有想象力。策划的核心是创意，而创意的获得需要想象力。无数优秀的创意和所谓“金点子”的产生，无不与想象力密切相连。毋庸讳言，想象力因人而异，但刻意的培养有助于增强想象力也是事实。增强想象力最有效的途径，是对文学艺术作品的浏览和鉴赏。所以，要提高电视策划能力，请关注和热爱文学艺术。

第五，需要眼界开阔、知识丰富。要获得这方面的素质，最好的办法是多听、多看、多观察、多阅读，兴趣广泛、热爱生活，善于思考、勤于实践。这方面的素质表现为不同的层次。在互联网等新媒体中成长起来的年轻一代往往具备不错的基本素养，这是他们优于前辈的地方；但要达到很高境界，则需要付出大量努力。

一般说来，只要具备上述素质，就可以进行电视策划了。当然，策划素质的上限严格说是没有止境的，例如，对政策的把握能力，创新与决策能力，与合作伙伴的协调能力，丰富的阅历和经验，等等，都是成熟的策划人所需要具备的。不过，那只是“电视策划实务”课程学习者需要在未来不断追寻的目标。

第三节 电视策划经典案例赏析

这里，我们选择 2005 年的《超级女声》作为第一个成功的案例来进行赏析，以深化大家对策划活动价值的认识。

（请学生在课前观看 2005 年《超级女声》海选、进阶赛、总决赛节目片断）

赏析：

《超级女声》在 2005 年掀起了收视和社会反响的热潮，取得巨大成功，大家对此记忆犹新。对于《超级女声》的成功，可以从不同角度进行有价值的总结。而从策划的角度来观察，显然，那是一次成功策划的结果。选秀节目年年有，为什么 2005 年的《超级女声》能够取得那样大的成功呢？下面我们将《超级女声》的一些节目元素进行分析，从中寻找其在策划环节的成功原因。

（一）比赛项目：唱歌

分析：尽管选择唱歌作为比赛项目并非《超级女声》原创，但这一形式的价值仍然值得一提。首先，唱歌是一个很普通、能够为大多数人所参与的项目，它使得“零门槛”的参与规则显得有意义；其次，唱歌具有可看性，这意味着在比赛的同时，参与比赛的形式本身也可供观赏；最后，唱歌这种形式与一个广阔的市场相联系，这个市场拥有关于歌星的无数成功神话，因此，选择这个形式可以为胜出选手的后续发展提供无限可能，这种“高强度”、“高回报”的结局大大提高了最后结果的悬念性，大大增强了对参赛者和对观众的吸引力。可以想见，选择唱歌作为比赛项目这一创意，一定包含着上述智慧的激荡。

（二）“零门槛”报名规则

《超级女声》采取“零门槛”报名策略，提倡“想唱就唱”，这与传统歌唱类选秀节目有所不同。通常，传统歌唱类选秀节目有较高的参与门槛，即便是业余组也需要具备相当水准和一定的资质才能报名。

分析：表面上看，“零门槛”的报名策略仅仅是消除了一点点报名的限制，但就是这一点点改变，却包含了极高的智慧，以至于可以将其看做是对《超级女声》的成功贡献最大的创意闪光点之一。因为，“零门槛”规则至少发挥了如下作用：(1) 吸引众多参赛者的同时，也在制造着广泛的关注度。许许多多狂热的粉丝，正是在海选中被淘汰的选手。这一大批从参与者转化而来的粉丝和纯粹冷漠观看电视比赛的观众，其对选秀活动及节目的关注程度完全不可同日而语。她们转化为粉丝之后，积极鼓动、大力造势，激情澎湃、推波助澜，影响迅速扩散，形成强大气场，让人无法不受感染。(2) 从零门槛中一路拼杀最后崛起的李宇春、周笔畅、张靓颖等选手，是同样起自于零门槛的“我们”中的一员，是千千万万电视观众心目中的“邻家女孩”，是人们身边真实的“灰姑娘”。由于“零门槛”，于是没有疏离感；由于没有疏离感，于是人们全身心地投入到对几位普通女孩的命运关注之中。因为，她们太像我们普通人了，因而她们的成功太像我们的成功了。(3) 娱乐心理学原理告诉我们，对于那些在海选中被淘汰的选手来说，李宇春、周笔畅、张靓颖这些幸运者还包含着心理层面的深刻意义。随着赛程的进展，经过艰苦的冲杀，这些幸运者的最终胜出，寄寓着失败者的期待，她们成为实现失败者弥补心理失落的"替代补偿"对象，甚至经过心理上的反复强化，最后会分别成为不同情况的前期失败者心中的偶像。人们根据自己的喜好、偏爱，甚至自身与对方的相似点来进行选择，每个人都寻找到了自己的偶像。一旦成为偶像，便成为心灵深处强大的力量。于是，为了关注偶像命运，人们不漏过一期节目；为了偶像胜出，15 条短信支持显然太少。"零门槛"规则的一点点改变，竟衍生出如此丰富的后续效应，其创意价值显然绝不仅仅如有人所说，它为青年人的另类成功提供了机会。

（三）评委与选手的关系

传统选秀节目的评委是高高在上的仲裁者，选手捉对厮杀，评委负责裁判；而《超级女声》的评委既是裁判，更像是选手的对手——实力悬殊的对手，尤其是负责挖苦、讽刺、打击选手的"毒舌"评委。

分析：虽然《超级女声》关于评委角色定位的创意借鉴于《美国偶像》，但在节目中具体运用的效果丝毫不亚于原创节目。传统的选秀节目一般只包含选手与选手之间的对抗，但《超级女声》部分转变了评委的角色，将其变为另一重与选手对抗的因素。这样一来，选手从海选阶段开始，便被置于四面受敌的重压之下。而来自评委的压力尤其巨大，因为评委是绝对强势一方，选手是绝对弱势一方。这样一来，观众同情的天平自然会向选手无保留地倾斜。这个创意的应用，大大强化了观众对选手命运的关注程度。

（四）观众参与的特殊途径

在传统选秀节目中，选手的命运基本上由评委、专家决定，至多加上一点数量、代表性和影响力都极其有限的观众因素作为点缀。

《超级女声》则不同，在活动的后期阶段，观众对选手命运的影响程度越来越大，尤其是短信投票支持所喜爱选手的规则设计，堪称最成功的创意闪光点之一。这一创意的价值在于，当活动进行到后期，当诸种因素交互作用，不同粉丝对所钟爱选手的狂热即将达到顶点的时候，赋予观众短信支持的权力，一方面保证了观众的广泛介入，另一方面将选手之间的对抗情绪延伸到粉丝群体之间，这直接导致狂热氛围的蔓延。撇去对这种状况的价值判断，从纯学术的角度，不能不说这是非常成功的。这激起了在活动（节目）后期人们更大的关注热情。这种持续的热情促进了节目的收视率，有助于形成良好的口碑和打造品牌；当然，巨大的短信发送量所带来的效益也相当可观。

（五）Logo 设计

《超级女声》的 Logo 采用粉红色的标准色和秀美飘逸的艺术字体的组合，令人难忘。

分析：把与女孩意象最为接近的粉红色作为标准色，配上与时尚意象合拍的艺术字体，组合并固化而成《超级女声》活动及节目的 Logo。这个 Logo 在各种场合的频繁应用，形成了强烈而广泛的视觉冲击波，不但为《超级女声》的活动和节目起到了视觉识别、信息突围、推波助澜的作用，也为赞助商“蒙牛酸酸乳”带来了可观的收益。在这一点上，视觉识别符号系统（CIS）的理论原理在创意过程中得到了成功的应用。

（六）播出安排

传统选秀节目一般只在 1/4 决赛、半决赛、决赛阶段才开始播出节目的实况，而《超级女声》从海选阶段就每天播出实况剪辑。

分析：海选场景的持续展示，与赛程后期集中比赛实况的播出，组合而成真实的人生活剧，它让观众全程目睹李宇春、周笔畅、张靓颖等默默无闻的邻家女孩，怎样从绝大多数选手惨遭淘汰的逆境中，一步步成长、崛起。真实版的“灰姑娘”故事因为这样的播出安排而具有了电视连续剧的魅力。电视剧般的吸引力、感染力、冲击力在这里出现了，这一方面转化为持续的收看动力，一方面转化为对人物命运的关注热情。这样的播出安排成了前面所提及的创意潜能超值发挥的催化措施。

除了上面分析到的因素以外，还有其他一些导致成功的因素，例如，全国分区赛的设计延长了赛程、延续了热度；对互联网等新媒体的综合运用不但拓展了传播覆盖面，也赢得年轻人群的广泛关注；各类粉丝后援团的造势、支持活动等，显示出整合社会资源为娱乐活动（节目）增值的成功尝试。

通过上面的分析，我们可以发现，《超级女声》在2005年的成功不是偶然的。在每一项主要的成功后面，我们都能发现创意所起的作用。而这种创意既来自对国外同类节目创意成果的虚心借鉴，更来自于一种拒绝平庸、追求卓越的明确意识。创造了《超级女声》成功的湖南广电团队领军人物魏文彬，具有这样的理念："要想与众不同，就只有两种途径，一是做别人没有做过的事，二是做别人不愿做的事。做这两件事的前提只有一个：想人之所未想。由此可见，成功的根本不是执行力而是思想力。"①《超级女声》现象正是其策划人通过创意让思想力转化为现实成功的一个经典"战例"。

策划由于竞争而产生，策划的成功意味着竞争的优势。《超级女声》给了我们一个形象的诠释。

但愿这样的意识伴随我们学完"电视策划实务"课程。

思考和练习

1. 什么是策划？什么是电视策划？
2. 请结合你的实际体验，说明你曾经遇到过的策划现象。
3. 谈谈你怎样结合自己的实际，去培养自己的策划素质？

① 黄晓阳：《魏文彬和他的电视湘军》，新华出版社2006年版，第238页。

第二章　创意与思维

第一节　创意是策划的核心

创意在策划中的地位非常重要，又是策划开始阶段的主要活动，所以，我们在本章深入探讨策划中的创意问题。

一、什么是创意

创意是在策划过程中使用得很频繁的一个概念，但许多策划书籍又不对它作出解释，似乎这是一个一望即知、无需解释的名词。而作为教学中出现的重要概念，我们不能回避对它的阐释。

"创意"的概念与英语单词"creative"（创造的、创造性的）关系密切。1994 年，澳大利亚公布的一份文化政策报告提出了"Creative Nation"的概念，其汉语含义通常被翻译为"创意的国度"。1998 年英国出台的《英国创意工业路径文件》中提出了"Creative Industries"的概念，被翻译为"创意产业"。从上述文本中 Creative 的含义和所处语境可以发现，"创意"的汉语含义与创造和精神活动有关。①

有人对创意做了如下阐释：

---

① 整理自佟贺丰：《英国文化创意产业发展概况及其启示》，见《科技与管理》，2005 年第 1 期。

"什么是创意？创意就是与众不同的想法，它靠的是你那颗活蹦乱跳的心。……创意是策划人想象力的发挥、创造欲的冲动、灵感的迸发，以及对项目目标的好奇探索的行动。创意是知识的升华、经验的变形；它的基本要求是标新立异，破旧立新。"① 这段阐释对创意做了比较精辟的归纳。

综合起来，如果我们要给创意一个定义的话，似乎可以这样表述：

所谓创意，是指策划主体有意识地利用想象力、灵感等精神因素，在创造欲和强烈情感的驱动下，利用多种特殊的思维方法，将既有的知识经验进行升华，所进行的具有求新求异特点的创造性精神活动；创意是一种积极的、动态的精神活动过程，它以具有特色和智慧的点子的产生为结果。

二、创意的特点

创意这种精神活动，有着自己的特点。掌握这种特点，有助于我们掌握创意的规律，体察创意的精妙，学会创意的技巧，具备创意的能力。这些特点主要有：

（一）创意是对旧有思维定势的突破

这是由创意的本质决定的。创意的本质是求新求异，这只有在突破旧观念或旧有思维定势的过程中才能实现。

思维定势，广泛地存在于人们的思维过程中，它与人们对外界的适应性心理活动有关。例如，人们一接触到"科学家"三个字，脑海里往往就会浮现实验室、白大褂、烧瓶试管显微镜的情景，以及在内心把这三个字与为真理献身等价值评价联系起来；一见到帅哥，立刻就联想到正直、值得信赖；一见到靓女，就认为其性格温柔、心地善良，等等。这就是思维定势。其实在生活中，思维定势与实际情形常常是有出入的。科学家的工作也可能不与白大褂或烧瓶试管显微镜发生联系，例如从事野外勘查工作，他们中也有弄虚作假、唯利是图的

---

① 任金州主编：《电视策划新论》，中国广播电视出版社 2002 年版，第 89 页。

败类；某些帅哥靓女也可能内心很邪恶，等等。思维定势有助于人们以简化的心理方式去把握周围世界，是人类应付信息泛滥的一种保护性心理机制。但从创意的角度来看，它却是一种不利的思维惯性。很多时候，策划人进行创意的时候，最主要的障碍就是自己的思维定势，一旦突破了这个障碍，往往就能获得具有创造价值、有特色的点子或想法。

举一个成功的例子。轿车是汽车的一种，人们的传统思维定势表现在轿车广告上，总是在驾乘舒适、装饰豪华、外形新潮、动力强劲等运输工具的特性上兜圈子。但德国广告设计师赛拉盖却在一则以雪铁龙为内容的广告中，把轿车与人类需求的最高层次“价值的自我实现”联系起来。在这条电视广告里，雪铁龙轿车和一架喷气式歼击机在克莱蒙梭号航空母舰上进行速度比赛，轿车开足马力追逐高速飞行的歼击机，突然腾空而起超越歼击机一大截，接着一头栽进大海，几秒钟后，一艘核潜艇载着这辆轿车在进行曲的乐声中破浪而起，以胜利者的姿态浮出水面。大气磅礴的广告片刺激了消费者张扬自我的心理需求，获得极大成功。赛拉盖也因此一举成名。这则广告成功的关键，就在于它的创意实现了对旧有思维定势的突破。[①]

（二）创意是想象力的激活

每个人都有想象力，有的人显得活跃一些，有的人则表现得贫弱一些。形成这种差别的原因，当然与先天的禀赋有关，也与对想象力有意识运用的能力有关。后者是可以通过培养而改善的。创意的思维特点与文学艺术有共通之处。文学艺术运用形象思维，其创作过程需要激活想象力；因此，一般认为，创意能力的增强与接受文学艺术的熏陶关系密切。创意过程中，想象力的激活往往伴随着具体、生动、鲜活的心理意象，通常很少有基于抽象概念之上的创意。即便是田忌赛马这样与数字排列有关的创意，其萌生之时也一定与创意主体脑海里骏马奔驰的情景有关。

---

① 整理自李巍编著：《广告策略妙招》，广东旅游出版社 1993 年版，第 244 页。

（三）创意通常伴随着激越的情感或激动的情绪

创意是想象力的激活，驱动想象力激活的因素是情感和情绪。当创意主体在强烈的追求创造的心理欲望驱动，进入创意构思阶段，就会出现激越的情感和激动的情绪，这时，想象力被激活，开始迸发出巨大的创造能量。这是创意思维过程中的一个特点。任何策划人，不管他多么富于想象力，一旦他处于情绪低落、心绪不宁的状态，便很难展开创意想象。只有情绪佳、心情好、感情亢奋的时候，创意才会顺利进行。奇思妙想常常来自于思如泉涌，而思如泉涌与激动的情绪状态直接有关。

（四）创意与开阔的视野、丰富的知识、掌握全面的信息关系密切

事实证明，成功的创意往往与开阔的视野有关。目光浅狭、孤陋寡闻，很难想象能很好地从事创意工作。前面曾经提到的塞拉盖的雪铁龙汽车广告，如果作者没有关于航空母舰、舰载机和核潜艇的知识，是无法把这些元素融合进自己的创意构思中的。

成功的创意还与丰富的知识有关。例如，像《超级女声》这样的成功创意，就离不开对选秀类真人秀节目规律的熟悉，离不开对电视现场直播节目的熟悉，离不开运作大型社会活动的经验，离不开有关品牌塑造和影响力扩展方面的知识积累，离不开电视节目制作者与赞助商合作的有关基本运作规则模式方面的知识。在酝酿创意的时候，策划主体思绪往往海阔天空地驰骋，其间除了想象力的激发，也伴随着大量知识点的云集、交汇、碰撞，最后，创意成果从中跃然而出。

成功的创意还需要掌握全面的信息。在策划的最初阶段，创意展开之前，都有一个信息收集环节。这个环节的主要目标，就是为后续的创意和谋划提供基础信息资料。通过图文资料收集、网络信息收集、当事人访谈、座谈会研讨等多种方式收集各类信息，能够让创意在宏阔的视野中展开，能够使创意主体超越孤陋寡闻、浅薄粗率，最终为创意成果实现“特色、差异化”的目标奠定基础。

创意的种种特点，可以从另一个角度加深我们对创意能力内涵的理解，并进而引起我们注重对相关能力的培养。

三、创意在策划中居于核心地位

不管是从古代的“策画”到今天“策划”的词义演变来看，还是从目前策划活动在实践中的具体情况来看，如果要探究到底是什么因素导致了策划不同于传统意义上的“计划”、“规划”，我们的回答无疑是“创意”。正是创意，赋予了策划的主要价值，所以我们说，创意在策划中居于核心地位。具体地讲，有如下理由：

首先，策划追求最合理结果的基本诉求，是通过创意来实现的。创意过程中策划主体经由积极的创造性思维活动，面对纷繁复杂的各种因素，在分析比较的基础上，完成对最佳结果或者是最合理结果的筛选甚至构拟。可以说，寻求最合理结果本身就是创造性思维活动的基本要求。

其次，凡是可以称为策划的活动，无不把寻求策划结果的特色、差异、个性放在非常重要的地位。特色、差异、个性的获得，与创意的联系更为紧密。无数成功者的策划经验告诉我们，神游四海、心鹜八极，智慧激荡、殚精竭虑，是策划方案获得特色、差异、个性必须经过的心灵路程。

再次，策划过程中的规划、筹谋，通常是围绕着创意的成果来进行的。创意过程中形成的想法、念头、点子，作为策划的灵魂，贯穿在整个策划过程中，决定着策划方案的质量。在实际工作中，人们评判一个策划方案是否成功，很多时候首先看它是否包含有价值的创意亮点，然后才对其他部分进行评价。

最后，策划过程中涉及的资源配置设计，也与创意联系紧密。因为策划是在竞争的环境中产生的，所以策划所涉及的资源配置，无不以最佳、最合理配置为其原则，以求在竞争中以最小的投入换取最大的效益，其间必然大量涉及对资源的创造性发掘、发现、组合、运用，这也需要运用创意精神加以处理。

我们强调创意是策划的核心，既反映了创意在策划中的实际地位，也对策划学习者作了提示：要提高策划能力，首先要从创意能力的培养开始。

第二节 创意的若干思维方法

创意是策划的核心，创意的成果直接决定策划活动的性质和走向。创意活动在进行的时候，通常牵涉一些特殊的思维方法。我们可以把这些思维方法归纳为两大类：创意思维法则、创意思维技巧。下面分别阐述。

一、创意思维法则

所谓创意思维法则，是指在策划的创意过程中，为使策划具备特色，实现差异化的目标，而遵循的一些思维过程中的法度、规则。

一般来说，创意思维遵循如下法则：①

（一）争第一法则

在各类事物中，具备“第一”元素的事物，一定是具备特色和差异性的；争第一法则要求沿着争取第一的思路去创意。例如，选秀节目中第一次采用“零门槛”报名规则，电视节目中第一次采用虚拟主持人，建筑中的世界（亚洲、本省）第一高楼，语言表述中的某些第一次使用情形，如网络语言使用中的“贾君鹏，你妈妈喊你回家吃饭”、“神马都是浮云”等等，都具备无法替代的特色和差异。因而，在创意过程中，尽可能地为创意内容寻求“第一”的特质，便成为创意思维需要遵循的一种思维法则。

由于在现实生活中，真正的“第一”是很罕见的，于是，创意过程中往往采取一些措施来调整参照系以使对象获得“第一”的地位。

例如，成都考古发掘发现了水井坊酒窖，成都电视台的编辑记者需要为这条消息的报道做一个策划。通过收集信息，得知这个酒窖年代很早却迟于某些名酒的酒窖；但遗址格局表明，水井坊酒窖采取的是“前店后坊”经营模式，在这一点上它是已知同类酒窖中年代最早

① 以下论述参考了任金州主编：《电视策划新论》，中国广播电视出版社 2002 年版，第 113~123 页的文字。

的。于是，这条消息在发布时使用了“年代最早的前店后坊式白酒酒窖水井坊露出真容”的提法，这个提法就来源于调整参照系以使对象具备“第一”特质的创意。

又如，20 世纪 90 年代“太阳神”口服液曾经策划过一个公关活动，其核心创意是在活动的最后阶段，组织千名儿童同时在一面巨幅白布上作主题为“我心中的太阳”的绘画，主办方承诺把这个布幅寄达联合国秘书长手中，以转达孩子们对太阳温暖的渴望。这个活动的创意包含两个“第一”：千名儿童同时在一块画幅上作画，以及将巨幅作品寄达联合国秘书长，都是当年的国内第一。后来受到这个创意的启发，“千人拉手风琴”、“千人拉小提琴”等创意也产生了，其核心都是通过调整参照系来让创意内容具备“第一”的特质。

由此可见，只要明确了思维法则的基本原理，通过创造性运用，创意的空间是无限广阔的。

（二）创新法则

创新法则实际上是“争第一法则”的普泛化。在很多情形下，创意时所追寻的特色、差异化内容，并不一定以“第一”的形式表现出来，而仅仅以新面目出现，这个时候所遵循的，就是创新法则了。

例如，《超级女声》的规则，国外的《美国偶像》、《流行偶像》等节目早就具备了，但这个节目在国内之前不曾见过，其创意在国内仍有“创新”的价值，把这个节目的规则引进到国内并应用在《超级女声》之中，遵循的就是思维的“创新法则”。

又如，以年轻人为表现对象的真人秀节目，湖南卫视早已有了《变形计》，而深圳卫视的《饭没了秀》将表现对象从少年降低到低龄儿童，也具有了“创新”的价值。

“新”与“旧”是相对概念，“创新”比“争第一”更容易实现。因此，在日常创意活动中，运用“创新法则”的情况似乎更为常见。

（三）注重实效的法则

创意不是海阔天空的玄想，而是策划展开之际的基础性、前提性工作；创意的最终目标，是要通过筹谋、规划，将创意的思维成果转化为可操作的策划方案。因此，在创意的思维过程中，还需要注重实际效能，即遵循“注重实效的法则”。这一法则包含几个具体要求：

其一，不做无根的玄想。例如，地方电视台“在 20 个国家建立记者站”，“把××产品的商标放上月球”，“用核武器在喜马拉雅山炸开一个缺口，让印度洋的暖湿气流进入青藏高原，把西藏变成江南鱼米乡”等等，就属于这样的玄想。

其二，讲求效益。所谓讲求效益，就是在创意过程中，注重创意成果带来的效益。例如，广告创意要考虑为商品销售或商品品牌打造带来效益；节目创意要为增强节目吸引力、促进品牌成长带来效益。

其三，有所取舍。创意的目标当然是追求最佳的结果，但在很多情况下，最佳目标是难以获得的，那么，这个时候创意所追求的就是“最合理目标”。所谓最合理目标，就是利弊并存时，利大于弊的那个目标。例如，与中央电视台的《青年歌手大奖赛》、《星光大道》等相比，《超级女声》舍弃了很多东西，如男选手参赛、唱歌以外的其他才艺展示等等。这种舍弃的弊端是降低了参与面，减弱了可视性，但好处是保证了“超女”的低门槛、大众性、单纯性，保证了“大众娱乐文化大餐”主要利益目标的实现。利弊相较，利大于弊，事实证明《超级女声》主办者在注重实效创意思维法则的支配下所作的选择，是完全成功的。

（四）整体法则

整体法则是从整体性方面对创意思维提出基本要求。具体说来，有如下内涵：

其一，具备整体意识。整体意识包含两方面的含义。一方面，创意虽然是个性极强的行为，但个人的能力是有限的，因而创意往往需要众人智慧的激荡。在创意阶段，多人之间进行名为“头脑风暴”的无限制观点碰撞，召开有各路精英参加的讨论会，等等，是非常常见的做法。其主要目的，就是将创意看做一种整体活动，力图通过这些措施集中起众人的智慧来获取更好的创意成果。另一方面，创意、策划的对象往往是一个整体，例如，一个电视栏目，就是由节目、主持人、包装、宗旨、定位、风格等分属于不同范畴的“部件”组合融汇而成。因此，在创意的时候，就要将其作为一个由部分组成的整体、由整体统合的部分来看待。

其二，具备资源整合意识。创意思维通常不会只指向单一的目标，而常常涉及多方面资源优化配置的诉求。例如，为新办一个电视节目创意，为开展一次社会活动创意，都会涉及人力、物力、财力、政策、环境等多种资源。这样，创意的思维过程，必然包含针对这些资源进行优化配置所作的创造性构想和设计。资源整合意识要求创意者在展开创意思维的时候，应尽量将资源整合起来进行最优化考虑。

（五）开放法则

创意的开放法则有两层含义：

其一，创意不是个人的冥想，其思维成果是需要面向公众的，因此，创意是面向公众的开放性精神活动（电视策划尤其如此）。开放法则的这一层意思，要求创意主体在展开创意思维的时候，应时时把公众可能的反应和接纳状况作为重要的参照系，引入到创意的过程中。

其二，创意的过程需要开放。从创意成果的诞生，到策划方案的形成，其间会不断有信息反馈回来，这时创意主体往往会根据反馈信息进行新的创意，以充实和完善策划方案；甚至这项工作还会延伸到方案形成之后。开放法则的这一层含义，要求创意主体始终保持一种开放的姿态，随时准备接纳、整理、消化来自外部的新的信息。

以上，就是创意所遵循的一些主要的思维法则。这些法则主要是从创意思维的宏观角度对思维指向提出规范和要求。遵循这些法则，可以让我们在从事创意的时候，少走弯路，提高效率。

二、创意思维的技巧

如果说，创意思维的法则主要是从宏观的角度对创意的思维过程进行规范、提出要求，那么，创意思维的技巧主要是就思维的微观层面，对创意思维活动所选择的有效方式和创意思维过程中一些行之有效的窍门所作的归纳和概括。需要说明的是，成功的创意都开始于想象力的激活，我们特别强调想象在创意思维技巧中的基础性作用。

对创意思维的技巧，人们做了很多归纳、总结。这里从实务能力培养的角度列举若干种以供了解。[①]

（一）联想法

创意的过程是想象的过程，而想象通常借助联想进行。联想有“再造联想”和“创造联想”。再造联想是头脑里的表象在想象过程中由此及彼的思维过程，创造想象是融合表象创造出新的表象的过程。联想可以用在创意的过程中。具体来说，联想有如下类型可以用于创意思维：

1. 类比联想：因为一个表象与另外的表象类型相同或相似而发生联想。在创意过程中，可以根据一个创意与另外创意的类型相同或相似而萌生出新的创意。例如，陈汉元先生在为《话说运河》序篇撰稿时，由运河与长城都是古代文明的杰作而将二者联系在一起，由从地图上看到长城和运河彼此的走向很像一个“人”字，从而将长城运河与人联系在一起，于是从“人”字着笔，提及长城是阳刚的一撇，运河像阴柔的一捺，留下了广为人们称颂的创意佳例。

2. 对比联想：因为一个表象与另外的表象相反或相对而发生联想。应用在创意过程中，可以从一个创意与另外创意的相反、相对而萌发新的创意。例如，过去有一个电视相声系列节目《洛桑学艺》，传统的思路是师傅教徒弟，而这个节目沿着相反的思路，以“徒弟教老师”为基本线索创作节目，就是采用对比联想的创意技巧。

3. 推理联想：从一个表象推理获得另一个表象。例如，尽管你没有去过非洲，但一提到非洲，脑海里就浮现出黑人，炎热的草原，长颈鹿和犀牛，这就是推理联想。应用在创意上，就是由一个创意经过推理获得另一个创意。美国著名广告大师大卫·奥格尔威（David Ogilvy）提出的广告插图准则有“要引起女性的注目，就要使用婴孩与女性的插图”，就涉及推理联想创意技巧的应用。因为，由推理得知，女性对本身和对婴儿的关注，超过对其他事物的关注，于是，要

① 以下部分内容参考了任金州主编：《电视策划新论》，中国广播电视出版社 2002 年版，第 92～95 页的文字和张静民：《电视节目策划与编导》，暨南大学出版社 2007 年版，第 50～53 页的文字。

吸引女性的注意，就应该在广告创作中广泛运用这个推理结果。推理联想常常能够使以想象为主要形式的创意思维具备理性的力量。

4. 创造联想：综合若干表象创造新的表象。例如，由烈火想到战斗的炮火硝烟，想到起义，想到革命，想到对旧制度的埋葬。起义、革命、埋葬旧制度就是在前面表象的基础上创造的新的表象。应用在创意上，可以通过激荡若干创意点获得新的创意点。具体说来，可以通过“组合”、“改变”、“改良”、“多维”、“迂回”等方式激荡创造联想。

(1) 组合式创造联想：通过对既有形象元素的组合，获得新的创意点。例如，将主持人、嘉宾、歌舞、曲艺、小品、插片、现场观众、炫彩的舞美置景、现场接打热线电话等业已存在的形象元素，通过创意思维的组合激荡，而创制电视“春节文艺晚会”的新型节目形态。

(2) 改变式创造联想：改变传统思维定势，朝着出新求异的方向进行创意想象。例如，砖块是用来砌房屋的，这是传统思维定势；但砖头也可以用来砸歹徒，摆“多米诺骨牌”，后者就是应用改变式创造联想朝着出新求异的方向创意。前面提到的塞拉盖的雪铁龙汽车广告的创意，就运用了“改变式创造联想”。

(3) 改良式创造联想：在已有对象的基础上，通过变性、变形、延伸、增添、加减等，来激荡起旨在使对象升华的创意想象。例如，主持人通常是端庄严肃的，但把他们想象得张扬一些，活泼一点，会怎么样？现场观众通常是拘谨的，把他们想象得活跃一些，并让他们在节目中发挥重要作用，效果如何？嘉宾出场通常是呆坐在座椅上等待介绍，想象一下，让其边表演节目边上场可以吗？舞美置景通常是端庄严肃的，想象着把它们做成卡通画风格，会是什么场景氛围？——正是通过这样的“改良”联想，原来不曾有过的电视综艺节目就产生了。

(4) 多维式创造联想：从一个对象出发，沿着多个维度（方向）去激荡想象从而萌生出新的创意。例如，当《喜羊羊与灰太狼》的动漫电视片获得成功之后，沿着电影的维度萌生出拍摄《喜羊羊与灰太狼之牛气冲天》贺岁电影的创意，沿着玩具生产的维度萌生出生产角色绒毛玩具和角色手办的创意，沿着图书出版的维度萌生出版同名图书的创意，沿着戏剧的维度萌生出排演动漫人偶剧《喜羊羊与灰太狼之记忆大盗》的创意，等等，就属于运用“多维式创造联想”。

(5) 迂回式创造联想：放弃正面表现，从侧面激荡想象接近创意目标。例如，用电视新闻直接表现“改革开放对人们生活的影响”这个选题，往往只能做成新闻综述，比较枯燥，但成都电视台 20 世纪 80 年代的一条消息《脚下世界》却受到人们好评。这条消息从回忆过去人们穿什么鞋入手，组合进大量街头抓拍的人们脚下穿鞋的特写镜头，通过“鞋”的今昔变迁来迂回表现生活的变化，进而折射改革开放对时代的影响。这就是运用的“迂回式创造联想”较为成功的案例。

需要说明的是，上面所介绍的种种联想方法，在创意过程中并不是分门别类地被机械地运用，而是处于综合运用的状态；其间，通常伴随着沸腾的思绪、充溢的激情，伴随着智慧的激荡、灵感的闪现。那是一个充满活力的精神创造过程。

(二) 切入方式

俗话说，“万事开头难”，创意尤其如此。无数成功的策划经验告诉我们，面对新的策划对象，最难的是找到创意的切入点从而启动创意思维。一旦这个切入点找到了，思维就会被激活，创意随之展开。所以，在创意技巧的训练中，除了需要把握一些基本的思维技巧外，切入方式也是一个足以影响创意成败的关键环节。

在创意切入方式方面，有如下有价值的经验之谈可供借鉴。

1. 从广泛的观察中找创意的切入点：台湾地区著名广告教育家樊志育先生说：“记得几年前电通企划中心一位次长曾讲过：创意是用‘脚’想出来的。‘脚’为什么能想出创意呢？他的意思是说，创意并不是困难的事，只要多走路就会有创意，多走路可遇到很多人，可以看到很多东西，可以摸到很多东西，把这些见闻综合起来，就可有创意。”① 其实，这段话的含义就是广泛的观察出创意。湖南卫视《超级女声》是受湖南电视台《超级男声》的启发而创办的，而《超级男声》的策划人夏青是在2002年阅读了《南方周末》刊载的一篇中国留学生写的文章以后而做的这个策划。在那篇文章里，作者回忆了在美国看到的一档电视节目，大概就是《美国偶像》，作者还介绍了节目的一些流程以及特点，包括评委人数、观众参与模式等。夏青受这篇文章的启发后完成了《超级男声》的策划方案。②

从电视策划的角度来说，多观察的要求包括多观看相关的电视节目。例如，策划纪录片需要多观看纪录片，策划法制栏目需要多观看法制栏目，等等。多观察可以开阔眼界、启迪思路，一些好的点子、想法常常在观察过程中不经意地在脑海里冒出来。

2. 从最不显眼处找切入点：最不显眼处也是别人最容易忽略之处，如果在这里找到切入点，往往能找到具有差异化的创意元素。例如，对选秀节目进行创意，关注重点容易集中在赛程设计、半决赛和决赛晚会的构想等环节上，而报名环节由于通常只是一个不怎么起眼的程序，而常常不容易引起关注。但《超级女声》策划人却在报名这个不起眼的环节大做文章，创设了“零门槛”的报名规则，这对节目的火爆起到了至关重要的作用。

3. 从最简单处找切入点：开始进行创意的时候，脑海里往往信息交汇、表象杂沓，一时难以理出头绪。这时，从最简单处切入展开创意想象，容易很快理清思路，进入正轨；并且，正因为其简单，容易被大多数人忽略，说不定因此反而成为实现差异化的一条捷径。美国有一家叫阿维斯的出租汽车公司，生意一直落后于另一家汽车公司。对方订车柜台前排起长队，而自家前面门可罗雀。公司准备推出广告语扭转局势，一直苦无良策。后来，从最简单处找创意，他们推出这样的广告语：“请来租阿维斯的车，我们柜台前排的队短些。”生意兴隆竟然成为对手的弱点，门可罗雀反而成了自己的优势。这句广

① 樊志育：《广告创意、设计与制作技巧》，中国友谊出版公司1994年版。

② 黄晓阳：《魏文彬和他的电视湘军》，新华出版社2006年版，第242页。

告语的创意从一个简单的判断切入：找出租车的人们，最关心的就是“快”，否则他们就去挤巴士或等地铁了。

4. 从最不可能处找切入点：所谓最不可能，并不是真的不可能，而是常人认为不可能。在这里，由于别人认为不可能，如果你能由此切入展开创意并获得突破，则你很可能是第一。在1978年，美国的电视台都是播放各类节目的综合台，特纳宣布将创办一个24小时播新闻的电视台CNN，别人认为不可能，但他坚持由此切入进行策划，最后他成功了；通常认为，电视节目是严肃的，很难和饭局直接挂上钩，但李咏在《咏乐汇》中把饭局搬进演播现场，搭建一种特殊的沟通平台，他也在别人认为的不可能领域取得了成功。生活中有许多常理意义上的不可能，创意者要善于在其中发现可能性、找到切入点，一旦在这些点上取得突破，就有可能成功。

5. 从其他领域借鉴：在进行策划的时候，创意人容易将思维投向局限在对象领域本身而难于在短时间内获得的突破。其实，如果将视野放宽到其他领域，许多问题就会迎刃而解。例如，电视栏目的创意，就借鉴了平面媒体的专栏和广播电台的专栏节目等形态；《春节文艺晚会》上广受欢迎的“小品”这种节目品类，则受到电影学院课堂教学手段的启发。电视“真人秀”节目中的许多元素，都来自于其他领域，例如，纪实原则从纪录片借鉴，冲突原则从戏剧领域借鉴，等等。

（三）头脑风暴

近年来，“头脑风暴”这个词语频频出现在创意活动中。什么是头脑风暴？头脑风暴是指召开有众多策划人参加的会议，会议借助无限制的自由联想和率性的讨论，实现参与者强烈的智力激荡、智慧互补。

许多策划人都有这样的体验：当创意陷入一筹莫展的困境而无计可施的时候，及时地展开“头脑风暴”可以有效地摆脱困境；有时候，当个人创意因思维定势的影响而难以获得重大突破时，“头脑风暴”可以促使“柳暗花明又一村”情景的出现。总而言之，头脑风暴是汇聚众人智力提高创意质量的有效途径。

需要说明的是，上面所列举的创意思维的种种技巧，并没有穷尽所有的思维技巧元素；何况，创意思维是充满创造性的非常复杂的精神活动，绝不是简单的技巧、方法所能涵括的。本章的价值，在于为初学者提供一些入门性质的学习内容，但任何从事创意、策划的人士都应该明白，真正的创意没有定法，没有思维的边界；心灵创造的本性决定了创意思维是一个无垠的领域。

第三节　创意案例赏析

自从创意策划在国内广泛出现之后，应该说，创意方面的经典案例非常之多。例如，在电视领域，几乎每一个成功节目的起步阶段，都包含一个成功的创意。这里，我们随机选择中央电视台2套的《交换空间》作为经典案例来赏析。

（请学生在课前观看《交换空间》2011年任意一期节目）

赏析：

《交换空间》是一个生活服务性的真人秀节目。在这个节目的创意环节，有如下值得关注和学习的地方。

1. 遵循创新法则，运用“改变式创造联想”，对服务节目进行脱胎换骨的改造。在传统思维定势中，服务类节目通常由“主持人+单个服务小节目”构成，节目内容以单纯的生活知识传授为主，节目主角是主持人或专家嘉宾，例如当年中央电视台的《为您服务》栏目就是这类节目的代表。《交换空间》栏目突破了服务节目的思维定势，以普通人参赛者作为节目主角，以“冲突”这一戏剧性元素作为节目发展的基本动力，将节目做成带有双方比拼意味的真人秀节目，大幅度突破了传统意义上服务性节目的机制、形态和结构。

2. 题材方面，从不起眼的“装修”上找创意切入点，开辟了一个非常容易操作、观众比较熟悉的栏目题材领域。这为该栏目的可持续制作打下了深厚的基础。

3. 运用组合式创造联想的技巧，将双方比拼的二元冲突戏剧因素、交换装修限时揭晓的悬念设置、房屋主人蒙眼进入新环境的细节处理、亲人互赠礼物环节的煽情处理等不同的元素组合在一个节目中，形成一档完整的可视性很强的新节目。

4. 按照注重实效法则，制定了既包含一定强度和难度又能够实现的规则，为参赛家庭配置设计师，给定适宜的时限，使操作的难易程度处在适当的范围内；拟出了能够为参赛选手和赞助商双方所接受的经费方案，为参赛家庭提供适当经费；使参赛者付出之后能够得到好处，等等。这些来自于创意思维的成果，保证了装修比赛的顺利进行和节目持续不断地拍摄制作。

5.《交换空间》显然借鉴了在英国 BBC、澳大利亚 9 频道和美国学习频道都播出过的，诞生于 2000 年前后的《交换房间》(*Changing Room*)。这再次说明，广泛的观察，开阔的视野，以及多方收集信息等等，对于创意的成功具有非常重要的意义。

思考和练习

1. 为什么说创意是策划的核心?

2. 试运用组合式创造联想，围绕一个反映大学生生活的电视节目，自选角度，进行创意。写出创意的提纲。

3. 以五至七人为一组，自选话题，召开“头脑风暴”会议，做好记录，并整理成讨论提纲。

第三章　策划文案写作

第一节　策划文案的基本要求和结构格式

策划以创意为核心，以策划文案的形成为工作成果，因此，策划文案的写作是策划的重要能力，需要认真培养。本章通过对策划文案的基本要求、结构格式和写作要点等进行系统介绍，力图使同学们对其有一个全面了解，从而为训练自己撰写策划文案的能力打下基础。

一、策划文案的基本要求

我们首先通过一个历史故事来找寻关于策划文案的基本信息。

公元 207 年冬至 208 年春，当时驻军新野的刘备在徐庶的建议下，三次到隆中（今南阳卧龙岗或襄阳古隆中）拜访诸葛亮。前两次都没见到诸葛亮，第三次终于得见。诸葛亮对刘备作了一番关于未来战略的谈话。这次谈话被记录在《三国志·蜀志·诸葛亮传》中，形成原名《草庐对》、后称《隆中对》的文本。根据《隆中对》的记载，诸葛亮为刘备分析了天下形势，提出先取荆州为家，再取益州成鼎足之势，继而图取中原的战略构想。三顾茅庐之后，诸葛亮出山成为刘备的军师，此后刘备的种种攻略皆基于此。

用今天的观点来看，《隆中对》是一个出色的政治军事策划案，我们可以从中发现策划案应该具备的一些要素。

首先，《隆中对》的策划对象，是刘备下一步在政治军事方面应

该采取什么行动。

其次，《隆中对》的策划目标，是为帮助刘备实现匡扶汉室、图取中原的政治诉求提供战略指导。

再次，《隆中对》的策划内容，是进行了如下筹谋、规划：先据有荆州，取得立足之地；接着进军益州，占有天府之国的资源；然后促成三足鼎立政治格局的形成；最后在条件成熟的时候，出兵北伐，实现匡扶汉室、图取中原的政治目标。其间，设想了行动的步骤、阶段等。其中，最有特色和差异性的创意是“三分天下打基础，东结孙权为盟友，北伐曹魏图中原”的政治格局及行动步骤构想。这构成了整个文案的核心。

第四，为了说明第三项内容的可操作性，《隆中对》还对荆州、益州的各项条件，海内各竞争对手的现状，未来可能出现的机会，刘备一方的优势等，作了分析。

最后，《隆中对》的行文采用了极具煽情魅力的说服式语体，因为那是作为项目受托人的诸葛亮对作为项目委托人的刘备进行的第一次策划要点说明。这次说明不但将决定项目的命运，也将影响项目受托人的命运。

上面所归纳的要素，对我们今天写作策划文案很有借鉴意义。综合起来，策划文案的写作有如下基本要求：[①]

（一）主题单一，紧扣策划目标

策划活动是功利性很强的工作活动，策划文案是一种工作文体，具有极强的实际应用价值。这要求其写作必须主题单一，线索单纯，思路明晰，避免芜杂和枝蔓。具体说来，就是要紧扣策划对象，围绕策划目标，展开创意、进行谋划，形成基本的思路和大致的框架，然后落实在书面上。

策划对象可以千差万别，策划目标可以林林总总，例如，对象可以是牙膏，目标是增加市场份额；对象可以是法制栏目，目标是三个

① 徐帆、徐舫州：本节内容参考了《电视策划与写作十讲》，浙江大学出版社 2009 年版。

月内进入本地收视率排名前三位等；但围绕目标创意策划然后书面化的基本写作模式是不变的。

有时候，在一个总目标下，可能会有几个从属目标，例如，在栏目收视率提高的同时，增加广告收入、增强品牌效应，等等，这需要将对象纳入同一个系统予以分别处理，但这不意味着可以在一个策划文案中同时实现两个完全不同的目标、出现两个完全不同的主题。

一般文章是边写边想，而策划文案需要大致想明白了、讨论清楚了，甚至拟出提纲之后，再形成完整文本。

（二）对竞争环境、实力格局进行分析，并得出结论

策划是竞争的产物。这个基本定位注定了策划文案所指导的行动必然与竞争格局下的条件、自己与竞争对手实力的对比、可能存在的困难和未来面临的机遇等因素发生联系。因此，策划的时候，必然要对这些因素进行分析、比较、判断，然后做出最佳、最优或最合理的行动设计。上述分析的要点应该反映在文案中，以便策划文案的精髓能够被实施者领会，从而保证文案的顺利实施。

进行上面提到的分析有各种途径和方式，这里，我们介绍一种应用比较普遍的分析模型，这就是“SWOT”模型。

什么是SWOT呢？SWOT是一组英文单词的缩写，其对应的英语单词分别是Strength（优势）、Weakness（劣势）、Opportunity（机会）和Threat（威胁）。进行SWOT分析，就是分析策划对象的竞争优势、竞争劣势、面临的机会和面对的威胁。我们以策划一档新的电视栏目为例，来说明SWOT模型的具体运用。

竞争优势（S）：可以考虑的因素包括开办栏目的人才、经费、设备设施、信息获取、政策支持等方面的优势，本地频道中没有同类节目的独创性优势，作为播出平台的频道本身的品牌优势，等等。

竞争劣势（W）：可以考虑的因素包括本地可观看频道数量众多稀释了观众注意力资源，对该栏目的制作和经营经验比较缺乏，观众认知度在栏目题材刚开始时可能不太高，等等。

机会（O）：可以考虑的因素包括，类似栏目如果在叙事方式和主持人方面采取新的做法，就可能引起广泛关注；如果与栏目推出同

步进行市场推广，就可能激起轰动效应；新栏目一旦形成稳定的目标观众群，对广告商将产生吸引力；栏目存在未来开展多维度延伸开发的可能性，等等。

威胁（T）：可以考虑的因素包括卫视中已有的强势栏目可能对新栏目形成冲击，新栏目的观众认可度是一个未知数，栏目推出期间无法规避的全国范围的大规模活动可能使栏目成长遭遇困难，等等。

在进行了上面的罗列之后，接着要进行分析比对。具体做法是，将S分别与O、T组合，W分别与O、T组合，就可以发现“优势与机会”、“优势与威胁”、“劣势与机会”、“劣势与威胁”等不同可能；然后，沿着强化优势、把握机会并规避威胁，或者弥补劣势、利用机会并规避威胁的思路，选择一个最合理的操作路径，并设计出行动蓝图。

通过这个分析，优势劣势一目了然，机会威胁清晰呈现，然后可以据此提出扬长避短的措施来。

显然，要进行上面所提及的分析，在策划开始的时候，首先要进行的就是对各类资料信息的收集。SWOT的分析建立在对资料的充分收集上，这也就是为什么在第一章所阐述的策划步骤里，在确定了策划对象和目标之后，要着手进行资料收集。

（三）突出创意亮点，对特色和差异予以充分说明

创意是策划的核心，在实际工作中，许多策划的委托人评判一个策划案优劣的首要标准，是这个策划案有没有令人眼睛一亮的创意，是否具备特色和差异性。因此，一个好的策划文案一定要非常充分地表述其创意亮点和差异特色。这在开始阶段有助于让人认可和接纳文案，在实施阶段有利于策划的精髓被完整理解从而得到完美实施。

例如，湖南卫视的身份置换真人秀节目《变形计》，其创意亮点是：身份迥异的少年按照节目组给定的规则，互换生活空间生活一周，其间发生许多出人意料的真实故事；节目采用故事叙事的方式予以记录表达，其间大量采用悬念设置和强化内心及行动冲突的技巧，从而使真实的事件具有戏剧般的吸引力；在这个栏目诞生的时候，内地没有同类的节目，它具有内容形式上的唯一性，等等。撰写策划文

案时，就应该将这些亮点、特点，以简明的语言、单列的类目，清晰地表述出来。

（四）清晰说明策划内容所能带来的效益

策划是为了在竞争中胜出，具有鲜明的功利特点。整个策划从创意到文案完成到付诸实施，最基本的诉求是获取效益。可以说，每一个策划案都以基本的效益诉求为最终指向。即便是公益性的策划案，也有公益意义上的效益诉求，例如，一场慈善募捐晚会的策划，其效益诉求就是募集到尽可能多的善款和捐赠物；一次再就业大型活动的策划，是为了帮助尽可能多的下岗工人找到满意的工作，等等。因此，在策划文案里进行效益说明是必不可少的。

以大型选秀型真人秀节目（活动）来说，其策划案所需要说明的利益至少包括：节目播出时对收视率的贡献，节目对频道和电视台品牌的贡献，节目对广告收入的贡献；作为节目有机组成部分的大型活动获得赞助的收益；短信互动产生的分成收益；选手一举成名对签约公司的后续贡献；活动或节目通过互联网传播所促成的点击率贡献，以及引入微博互动造成的广泛影响；决赛期间粉丝云集对酒店业的贡献；节目一旦成功，进行电影、电视剧后续开发的收益；甚至，以节目为核心的综合项目借壳进入股市的收益，等等。可以设想一下，如果能够将策划项目可能获得的这些效益实事求是地列出并陈述获得效益的无可辩驳的理由、依据，那还有谁能不动心呢？

（五）策划文案是未来行动的指导性文本，所以要考虑可操作性

由于策划文案是用来指导未来行动的，所以，所有策划文案都需要包括根据策划对象和策划目标而创意、谋划出的可执行项目的具体内容，包括“做什么”、“由谁来做”、“怎样做”、“靠什么条件来做”、“在什么时间期限内做”、“做了可以获得什么”，以及“对不可预知因素的处置预案”等。对这些具体内容，要一一按照“可操作性”的原则进行设计、构想，然后准确地表述。

可操作性的要求还包括，在行文上要适当把握详略程度，既不能啰嗦琐碎，又要保证实施者能够按照文案的表述去具体实施。

（六）叙述话语使用科学语言，文风应自信、严谨、稳重

话语是对语言的具体运用。撰写策划文案所运用的话语，应该归属科学语言的范畴。

语言分为三种类型，即口头语言、科学语言、文学语言。

语言有四种功能，即表音、表意、表象、表情功能。例如，“火”，它表示一个读音“huo”，表示一个意义“一种发光发热的剧烈的氧化反应”，表现火焰燃烧时跳荡着黄红色火苗的形象，表达激越、热烈等情绪。

口头语言是芜杂、生动，既重视表音，也重视表意的语言类型；科学语言是注重表意的语言类型；文学语言是特别注重表音、表象和表情的语言类型。

策划文案拒绝口语的率性芜杂，不需要文学的渲染夸张，所以应该采用严谨、准确的科学语言。

在文风方面，首要的要求是自信。策划文案的传播目标之一，是说服实施者信赖你的策划，接纳你的策划方案，并且愿意按照你的要求去实施。那么，你首先应该对自己的策划成果抱有信心，这需要在行文中传达出来。即便在陈述劣势和威胁时，也要注意分寸，不要渲染，以免干扰决策者的决心。

其次，需要严谨稳重。策划文案的实施，动辄需要动用不少的人、财、物资源，往往涉及比较大的决策，同策划项目所属者利益关系密切，甚至关乎其在竞争中的成败，总而言之，不是一件小事。因此，策划文案的文风就需要严谨、稳重，尽量以数据、案例等说话，不要在关键问题上，如收益描述、威胁描述方面，采用主观色彩很浓的话语。这样做，既是策划文案本身的要求，也是取信于人的必要姿态。

二、策划文案的结构格式

针对不同策划项目的策划文案，其结构格式既有共同的部分，也有差异部分，例如，营销活动的策划文案与电视节目的策划文案，就既有共同点，也有差异点。从这个意义上讲，策划文案没有一个一成

不变的结构格式。但是，策划文案又具有一些共同的格式要素，这些要素可以以不同的形式出现在不同的策划文案中。作为学习者，我们可以先从掌握较为固定的结构格式入手，在熟练掌握之后，再逐步尝试针对不同策划项目进行创造性变化。

鉴于本课程的内容主要覆盖电视策划，所以这里选择电视策划文案的结构、格式进行介绍。电视策划文案通常具备如下主要结构、格式：

（一）封面

封面的文字包括策划方案的名称，第几稿的标注，策划者，策划文案形成的日期，编号。

（二）序文

序文相当于摘要，是对策划对象、目标和内容的提纲挈领的简要介绍。

（三）目录

对于篇幅比较长的策划文案，应该有目录；如果篇幅短，往往就省去了。

（四）宗旨

宗旨相当于文案的灵魂和主题，主要陈述为什么进行策划？目标是什么？要解决的核心问题是什么？

（五）内容

这一部分是策划文案的主体结构，其功能是对策划的内容进行简明而完备的陈述。陈述的内容包括：策划的创意成果，项目的基本构想、实施步骤，需要的人、财、物和各种内外部条件，实施周期，等等。

（六）社会—受众—媒体环境分析

这一部分分析所策划的项目一旦付诸实施，将面临什么样的社会环境、媒体环境、竞争环境，面对什么样的受众格局；对于比较复杂的项目，需要进行 SWOT 分析并反映在这一部分。

（七）预算

任何策划方案的实施都需要经费投入。这一部分是对策划方案一旦付诸实施将花费多少经费的一个概略估算。

（八）收益分析

任何策划方案的实施都需要花钱，更需要赢得收益，没有人会接纳只赔不赚的策划方案。这一部分是对策划方案一旦付诸实施，策划项目可能带来的收益的概略预期。需要说明的是，收益具有宽泛的含义，对于公益性项目来说，它可以表现为公益性效益。这一部分是影响决策者是否决定采纳方案的重要因素。

（九）实施进度表

任何策划项目，从文案形成到付诸实施、到实施完成，把构想变成现实，都会经历一个时间过程。标准的策划文案不但要告诉人们做什么、怎么做，还需要告诉实施者将花多长时间才能做成。这个实施进度表，就是将策划内容中的各个环节按实施时间的顺序逐一排列，而形成的表格式文本。

（十）备案事宜

有的策划项目，可能涉及一些难以预料的情况，对这些变数，需要在策划案里面列出预案，以备不测。

在具体的策划文案中，根据情况，上面所列举的类目不一定全都出现，有的构成部分，顺序也许会调整，这取决于项目本身的性质和需要强调些什么。

第二节　策划文案各部分写作要点

前面提到，一般文章是边想边写，而策划文案是经过研讨、思考，当内容框架大致成型之后，才落实在书面上。由于有这个特殊性，策划文案的写作就不单单是一个写作问题，同时也是一个进行策划思考和梳理策划思路的过程。下面，我们就结合策划本身，来谈谈策划文案各部分的写作要点。

（一）封面

封面是整个策划文案的脸面，它直接反映着策划者的审美水平和文化品位，折射着策划者的综合水准，所以必须高度重视。文案都需要精心包装，而封面、封底是包装首先要关注的对象。对于接受委托拟定的策划文案，更需要如此。与此相联系，整个文案的册页装帧设计和装订方式，都要精心考虑。一些重要的策划文案，篇幅较长，还包括附件文本，就更需要通盘筹划。封面的装帧设计要根据项目的特点，选择不同风格，要么大气、高雅，要么前沿、新锐，总的要求是富于文化气质。有些篇幅较短的文案，采用国际会议常用的文件形式进行封装，也能收到先声夺人的效果。

（二）序文

序文的篇幅不宜过长，要简洁、凝练，信息浓缩，重点突出，要一开始就把阅读者抓住，让阅读者得知本策划文案都讲些什么，要点是什么，核心是什么。序文实际上是考验写作者对策划项目熟悉程度和概括能力、表达能力的一个平台。例如，一个栏目策划文案的序文，就需要点明本项目在什么背景下策划，所策划的是一个什么类型的栏目，对栏目定位、运行机构组建、所需要条件、优劣势分析、收益及回报、特色与亮点等诸如此类的问题都有所涉及。序文的目的是引起阅读者对项目策划本身的关注，激起其进一步阅读文案的兴趣。

（三）目录

目录主要在篇幅比较长的策划文案中出现。目录内容视策划项目的规模而定，规模小、篇幅短的文案，一般到一级目录；而规模大、篇幅长、内容复杂的文案，则有可能列出二级甚至三级目录。

篇幅比较小的策划文案可以省略目录。

（四）宗旨

宗旨部分，在于让阅读者明确策划者对本策划项目的基本态度和基本思路。所以，宗旨部分的写作，要以简明、清晰、富于概括性的语言，就策划者对项目确立的必要性、可行性，策划所要实现的目标，所要解决的问题，以及准备采取的办法措施，所采取的基本思路和所遵循的基本原则，等等，进行综合说明。以电视栏目的策划文案为例，在这一部分，就要表述如下内容：本策划案策划了一档什么样的栏目，该栏目开办的必要性、可行性，在策划这一档栏目的时候运用的是什么思路、秉持的是什么原则，采取的是什么方法、选择的是什么路径，本策划案在哪几个关键问题上提供了解决的办法，通过什么方式去赢得效益，等等。

与序文功能不同的是，序文只是概略表达后面将要说些什么，以期引起阅读者的兴趣；而宗旨部分则较为具体的表述出策划人对策划项目所报的基本态度和所具有的基本认知，其意义在于与阅读者在策划项目的基本观点、基本原则方面达成沟通，以便其深入地把握策划项目的灵魂。

（五）内容

内容部分是策划文案的最主要部分，所以，这一部分篇幅也最长。不同的策划文案对应的策划项目不一样，这一部分的具体构成也不一样，行文的方式和内容的侧重也有差异。这里，仍然以电视栏目的策划为例来说明这一部分应该怎样写作。

1. 栏目的名称。写出为准备推出的栏目所取的名称，如《××××》。最好解释一下为什么要取这个名称。

2. 每期节目的时间长度。栏目以“期”为单位，通常都有固定的时间长度，如每期20分钟、30分钟等，要注明。最好说明为什么需要这个长度。例如，时政新闻类节目常常在15分钟至20分钟之间，探秘类节目在30分钟左右，民生新闻节目在40分钟左右。采用何种时间长度，需要根据节目性质和播出环境（例如播出频道能够给出多少时间）来确定。在说明了每期节目的时间长度之后，需要简述理由。值得注意的是，节目时间长度包括节目净时长和含广告时长，通常栏目的20分钟、30分钟，都是含广告时长。

3. 播出频率。播出频率也是栏目一个非常重要的元素。是每周播出1期，还是每天1期，或者隔天1期；首播之后是否需要重播，等等，都需要写明。为什么设计这样的播出频率，是节目本身所需，还是制作条件所限，应简要说明。

4. 栏目形态设计。这一部分是对栏目形态做出说明。例如，是演播室为主加上外景插片呢，还是外景和演播室并重，或者是用主持人室内演播串缀单条短片，或者是完全不用演播室，全部采用外景拍摄并组合，等等，都需要写明。

5. 栏目类型归属。这里需要对栏目的类型归属做出说明。例如，要写明所策划的栏目是一档新闻节目，还是法制节目、真人秀节目，或者是综艺类节目。

6. 内容板块设置。有的栏目从头到尾只有一个板块，有的栏目内部设置了若干板块。这一部分需要对栏目的板块状况进行说明。如果是多个板块构成的栏目，就需要对各个板块的内容、特点、时间长度等进行说明；板块之间的转接方式如果有特殊之处，也最好做出说明。

7. 栏目叙述方式。在当代栏目中，叙述（事）方式也是栏目的重要构成要素。有的时候，栏目采取的叙述方式甚至对栏目特色和竞争力的形成具有至关重要的作用，例如故事叙事的方式在法制节目和纪实节目中的运用，构成了这些节目最重要的特征。如果在策划中考虑了某些特殊的叙述方式在栏目中的引用，那么，这一部分即是对栏目所采用的特殊叙述方式的阐述。

8. 主持人和嘉宾设置。凡栏目必有主持人，没有主持人的连续节目不能算作规范意义上的栏目。根据所策划栏目的性质，应对主持人的性别、气质、特点、话语状态等提出要求。

很多栏目还会涉及嘉宾，这一部分应对嘉宾的类型、身份、资历、口才等提出要求；是采取每期固定嘉宾的方式，还是根据话题不断更换嘉宾的方式，也需要做出说明。

9. 栏目片头、片尾、片花（节目中间做间隔用），演播室美术、置景、道具、照明，栏目包装等方面的基本要求。这一部分，需要用说明性文字，就上述内容提出要求。涉及的范围包括片头、片尾、片花的内容、形式及风格的要点，美术、置景、道具、照明的特点、风格，栏目包装的主要内容和基本原则，等等。上述内容的基本要求是，要与栏目的题材、类型、风格匹配，例如，新闻、法制节目要稳重、有纪实感，综艺节目则需要鲜丽、夸张，等等。

10. 节目定位。节目定位包括两个方面：在当地节目体系中的定位和针对观众的定位。

在当地节目体系中的定位，主要解决栏目在当地各种电视栏目中处于一个什么样的位置。例如：是唯一的呢？还是虽不唯一但通过题材和表现方式的差异化处理而具有特色呢？还是为拼抢优质资源迎难而上地加入竞争呢？把这些问题想清楚了，为栏目确定一个位置，然后反映在文案中。

针对观众的定位主要是解决栏目准备给什么人看的问题，也就是栏目所寻求的目标观众群的问题。电视栏目通常都有各自的特定的观众群。例如，股票基金栏目适合股民、“基民”，体育栏目适合男性观众，民生新闻栏目适合社会基层的观众，等等。栏目所寻求的理想的观众群体，通常被称为目标观众群。在策划一档栏目的时候，都离不开对目标观众群的描述。策划文案中应该包括这方面的内容。

需要强调的是，栏目定位非常重要，定位不准的直接结果是增大失败概率。

11. 栏目优势概述。一个栏目值不值得开办，往往决定于它是否具备明显的优势。在这一部分，要将所策划栏目创意上的亮点以及可能具备的优势，做充分的陈述。这些亮点和优势可以是题材上的，可以是表现形式上的，可以是节目类型上的，可以是播出频率上的，总之需要尽可能充分地归纳，以凸显本次策划的创意价值，以增强项目实施者的信心。举例来说，深圳卫视的《饭没了秀》的优势，既有真人秀节目类型的新颖，也有儿童独自上旅程的题材唯一性，还有双线索结构的戏剧价值以及主持人强子的品牌号召力，等等。

这一部分排列在目前这个位置，并不意味着它不重要，而是由于必须在介绍了前面的元素之后，这一部分才有所依凭。

12. 节目组组织构架和人员组成。任何栏目都是人来操作的，这一部分主要是介绍节目制作机构的组织构架是怎样的，其中怎样设置工作岗位，需要多少人员。这是策划文案可操作性的重要组成部分。

像电视节目制作这样专门化、高科技化的领域，这方面的要求更高。所以，需要对节目组的组织构架做出设计，考虑的范围包括：节目组在大系统中的地位，节目组内的架构，各个岗位的分工，制作及审查程序各环节的职责，等等。考虑成熟后，落实在书面上。

13. 设施、设备需求。任何电视栏目的制作，都离不开设备、设施，因此，对设备、设施的需求做出预测，是电视栏目策划必须考虑的问题。设备包括摄像、照明、录音、采访、编辑等各方面的器材，各类易耗材料，交通工具等，以及它们各自的种类、数量，每周的使用时间等；设施包括演播室（厅）、特定的外景场地等。这需要根据拍摄、编辑的工作量和演播室、外景场地等可能的使用情况做出预测，然后将预测结果写进文案中。

14. 实施步骤和周期。这一部分包括准备周期和正式运行启动日期。例如，什么时候开始准备各项条件，什么时候提供节目样带，什么时候进入正式运作，等等，都需要写明。

（六）社会—受众—媒体环境分析

这一部分主要分析未来栏目可能面临的社会环境、受众环境和媒体环境。

社会环境主要指节目所处的社会区域内，栏目题材是否丰富，观众对栏目宗旨是否关心，政策对类似节目是否支持，企业、商家和机构对栏目的可能态度和反应。这个部分的功用是分析栏目生存的大环境。总的来说，社会环境对所策划栏目越接纳，栏目生存的大环境就越好。由于撰写策划文案的总目标是要促成文案被接纳，所以文案应在尊重事实的前提下，提供关于生存大环境的积极结论。

受众环境主要是指栏目信号覆盖区域内受众的基本情况，包括目前是谁在看电视，他们的年龄、身份、职业、收入、受教育程度、对节目类型的偏好等，以及这些观众中，哪些人、有多大规模，可能成为本栏目的潜在观众群。这一部分是对栏目面对的传播对象环境的分析。只有能够获得受众广泛接纳的栏目，才是值得开办的栏目。这要求策划人不断完善栏目创意，以期最大限度地赢得观众的喜爱。

媒体环境主要是指在当地能够收看到的电视栏目中，能够对所策划栏目构成威胁的竞争对手是谁。例如，对手是哪几个栏目，或某几个栏目的哪些部分；它们的哪些因素构成威胁，等等。总的原则是，对于一个新开办的栏目而言，竞争对手越少越好，威胁越弱越好，机会越大越好。

对上述三方面的分析，既可以分门别类地进行，也可以通过

SWOT 模型来完成。总而言之，能够在文案中将问题阐述清楚就行。

值得强调的是，本段的陈述不管采用什么形式，最后的结论应该是所开办栏目的优势大于劣势、机会大于威胁。如果不是这个结论，则要么终止策划，放弃项目；要么完善创意、重新策划，调整栏目各组成要素，直到获得理想结论为止。

（七）预算

这一部分是对栏目从筹备到正式运行之后的可能花销所做的一个预先估算。包括筹备期间所需要的开销，正式运行后每期节目所需经费及全年经费的总和。

经费的类别，通常包括人力成本（工资和劳务费、各类补贴等），设施设备租赁（购买）费，美术包装成本，化妆、服装、道具购置（租赁）花费，易耗材料购买费，差旅费，交通工具租赁或消耗费（汽油、过路费等），制片和剧务杂支，不可预算支出，等等。

预算表达可以采取表格式，也可以采取分类条陈式。

（八）收益分析

收益分析包括赞助收益、广告收益、衍伸收益、品牌收益等方面的分析。

赞，襄赞，帮助的意思；赞助就是帮助，特指栏目所寻求的财力上的帮助。赞助其实是变相的广告，例如，凤凰卫视的《“潍柴”大视野》，就是由“潍柴动力”提供财力支持，“大视野”栏目为其冠名，提供品牌推广意义上的补偿。文案的这一部分，可以预估哪些栏目元素可以在法律、法规允许的范围内作为补偿元素加以利用，可能寻求到什么样的赞助以及可能的赞助金额。举例来说，生活服务类节目通常不具备政治属性，其中的冠名权、背景或道具植入商业信息等，都可以用来寻求赞助；各个寻求赞助的元素所可能获得赞助经费的总额，是可以预测的。

广告收益主要是指在栏目中插播广告的收益形式。插播广告由于收视效果优于正常广告，所以往往比正常广告价格高出许多。

衍伸收益包括以栏目名义举办活动的收益，以栏目名义开展对外合作所获得的收益，等等，途径不少。例如，美食栏目与全城的火锅店联合举办“迎新春火锅节”，房地产栏目与开发商联办“购房直通车”活动，等等。

品牌收益主要是指栏目本身在品牌影响力方面的收益，以及对频道品牌做出贡献后在更高层面上的收益。

文案的这个部分，需要从上述四个方面就获得收益的途径、方式、手段做出说明，就获得收益的可能性做出预测性分析，就收益的规模做出预估，然后反映在策划文案中。

（九）实施进度表

实施进度表的作用在于将策划方案的实施与时间挂钩，形成一个按时间推进的进度计划。实施进度表通常以表格形式来表达。其基本要点是：

以时间为“经”（纵向排列），以工作内容、所需条件、责任人、备注等为“纬”（横向排列），而形成一个表格（表 3-1）。

《××××》栏目筹办进度表

时　间	工作内容	所需条件	责任人	备　注
2010－05－11	栏目策划方案终审	打印文案 5 份，落实会议室，会务准备	王××、张××	召集会商会议
2010－05－12 至 2010－05－23	①设计制作片头、片尾、片花	落实编辑设备	（设计）李×× （制作）张××	在 5 月 17 日完成初编带
同上	②确定主持人	落实试镜演播室	（联系、摄像）王××、张××	在 5 月 17 日完成试镜录像，送审

续表

时　间	工作内容	所需条件	责任人	备　注
同上	③拍摄两期节目的共6条外景插片	需要提供摄录设备1套、照明灯具1套、9座面包车1辆、差旅借款	（编导）赵王××、（摄像）张××、（照明兼剧务）刘王××、张××	在5月17日拍摄编辑完成
同上	④编辑成一期完整节目	需要提供非编系统2套	许××、陈××、冯××、杜××	
（略）				

（十）备案事宜

在实施一个方案的时候，有时会遇到一些预想不到的情况。备案事宜这一部分，就是为了应对难以预料的情况而拟定的防范预案。例如，在大型露天社会活动中，如果下雨怎么办？出现浓雾天气怎么办？节目表演邀请的海外歌星无法准时到达怎么办？栏目录制时如果预定主持人无法到位，由谁替代？——一旦出现这些情况，就需要采取相应的预防性应对措施。文案的这一部分，就要把可能出现的意外情况一一列出，并写明应对措施，以确保万无一失。

如果策划的项目不复杂，估计不会出现难以预料的情况，这一部分就可以省略。

最后需要说明的是，上面所列举的类目和介绍的写作要点，并不是刚性的框框，而是柔性的参考。在实际策划活动中，尤其是当策划人能够熟练地策划和写作策划文案之后，每一个具体的策划文案的格式和写法可以有较大幅度的调整，这在一些优秀的策划文案中屡屡表现出来。当然，一些基本的元素是必须包括在内的。

第三节　策划文案案例赏析

在这里，我们选择一个电视栏目的策划文案来赏析，以加深大家对电视领域策划文案的印象。[①]

电视栏目《特别心动》
策划方案

节目名称 特别心动
节目主题 倾诉心曲，倾注关爱
节目形态 追求自然写实、娱情悦性风格的恳谈类电视节目
节目长度 五十分钟/集
制作方式 演播厅五机录像并辅之以外景插片，录播
播出时间 每周日晚四川卫视 20：20 首播
次日四川卫视 16：00、第三套节目 22：20 重播

一、节目宗旨

人类社会在相当程度上是凭借着感情世界——亲情、友情、爱情——维系着的，其中几多悲欢离合，几多命运坎坷，几多冷暖寒温，几多奋斗蹉磨……构织成了一章章情感交响乐。《特别心动》节目即以抒发情感、关爱人生为己任，以求实写真的笔调、娓娓动人的述说，通过全面展示、深度发掘情感世界，牵动人们的情思，叩击人们的心弦，从而达到娱情悦性、树立公德、促进社会主义精神文明建设的目的，并力争将该节目办成我台在全国范围内具有相当知名度和影响力的金牌栏目。

二、节目内容

《特别心动》栏目的题材涵盖面，粗列如下：

（一）时政新闻类

该类节目不以报道新闻事件本身为重点，甚至也不以剖析新闻事件的前因后果为目的；而是要透过新闻事件本身，发掘其中的那些感人至深的情感线索和感人事迹，予以表现，进而达到见微知著，深刻

① 该文案作者为四川广播电视台的苏亚平先生。本书采用时有删节。

理解新闻事件的目的。例如：以北约轰炸我驻南斯拉夫大使馆事件为引线，着力表现受难、受害者家属在事件发生后的一系列感人场面和细节，从侧面烘托出事件的灾难性。

（二）社会问题类

该类问题的覆盖面相当宽广，从下岗到再就业，从吸毒到犯罪，从青少年培养到社会教育，从人口流动到城市化……尽可囊括其中，但节目却应本着“一事一议”的原则，抓住“见缝插针”的契机，加以表现。

（三）文化类

此类节目不应宥于“文化艺术”的范围，而应以“大文化”为立足点，将古今中外、形形色色的文化现象纳入视野，例如：

1. 古代文化：可以通过一些历史掌故探索一种人文精神的形成过程，了解人类某些伟大情感的形成历程，从而借古知今。

2. 外国文化：人类情感具有共通性，但不同的文化传统却可能形成彼此的差异，或可邀请外国友人，探讨此间的“同中之异”，促进人类的理解和交流。

3. 主流文化：主流文化往往体现着一个时代的精神，但却时常被人理解成“说教”，电视应当有义务以深入浅出的方式唱“正气歌”。

4. 亚文化：对与主流文化不甚协调的亚文化，必须抱持审慎的态度，如广告、迪斯科、时装表演等，倘若当初将其扼杀，则可能阻碍社会的进步。

5. 负文化：社会丑恶现象总是与人类的进步相伴生，电视应当关心这些现象，挽救一个失足者，甚至关心一个罪犯，都是义不容辞的。

（四）经济类

经济生活日益成为我们生活中的一个支柱，其中既有艰辛备尝的奋斗史，也有尔虞我诈的悲酸泪，还有平平淡淡的众生相，更有登顶览小的成功志，诸多人物、诸多情态，构成了经济生活中的人生百态。我们的节目既可以歌颂成功，也可以点评渺小，因为伟大的创业和平凡的劳动具有同等的价值。

（五）法律类

法制社会是我们追寻的目标，但中国若要从人治的传统观念中彻底解脱出来，还要走很长一段路，我们的节目就是要择取生活中的法律事件，通过典型而感人的案例，为普及法律鼓与呼，为畅行法制唱与喝。

（六）情爱类

情爱故事包含了爱情、离情、恋情、凄情、悲情、移情、痴情、冷情、苦情等方面，但电视节目却不应只进行简单的归类，而应当根据每个当事人的不同处境、相异情节，发现独特的角度，予以敷陈。当然，栏目中包含的情爱故事种类越多，表明节目的内涵越丰富。

（七）亲情类

亲情是人类最原始、最纯洁的情感之一，也是中国传统文化中最具魅力的领域之一。中国人最注重家庭观念（以及由此而产生的家乡、国家观念），往往将其作为人生的一大归宿和寄托，诸如父严母慈、兄友弟恭、夫妻恩爱、抚幼孝亲、敬上爱下、亲友往来等等人伦关系，都有着浓厚的民意基础，因此，笃守和背弃亲情的故事，也最容易博得社会的关注，成为舆论的焦点。

（八）友情类

经济社会往往有淡化友情的倾向，其实，人类是离不开友情的。和平年代，也许少见“义结金兰”之类的故事，但是“义薄云天”却仍然是我们今天所推崇的一种精神。朋友之间的刚直、忠信、忍让、敬慎、宽怀、互谅等等品格，永远是我们生活中的亮色；反之，则要受到唾弃。

（九）真情类

简而言之，此类情感可以概括为“陌生人对陌生人的关爱”，不管是助贫济困，慈善心肠，还是扶持弱者，奉献爱心，或是萍水相逢，真诚相待，只要是人间真情，人类至爱，均可以展现其中的真、善、美。

（十）事业类

事业不等同于成功，成功也不等同于事业。成功的事业固然可歌，失败的追求也未必可泣，重要的仍是“上下求索”的过程。甚至于某些极平极淡，难以称上“事业”的“事件”，只要主人公曾经孜孜奋斗，曾经拥有人生感悟，那么他们就应是我们关注的对象，就应是我们挖掘的潜力。

（十一）其他类

难于归入以上各类的内容可以归入本类，比如：展示某种奇技绝巧，为了某种目的去创造一项吉尼斯世界纪录，某些梦想的袒露与实现，某些奇想的发布，征集友伴，为求助者牵线搭桥，发表处女作，披露某些个人信息等。

以上节目内容形态只是大致分类，在操作中也可能有所交叉，但总体上讲，制作节目时应在各个类别之间轮作，避免经常重复某些类别。如此，一则可为栏目营造宏观构架，形成“大节目”的格局；二则可以广开思路，避免节目板滞；三则也可吸引更多的收视人群，做到地无分南北，人无分老幼，皆有称心满意的节目可看，从而创造较高的收视率。

三、节目表现形式

该栏目虽然定位于“恳谈类电视节目”，但应避免枯燥的“坐而论道”。打破沉闷格局的主要途径有两条：其一，内景与外景相结合，以视觉的变化产生新奇感，吸引观众；其二，在嘉宾之间制造观点冲突，形成争辩机制，将贫乏的“语言造型”手段提升成为丰富的“语言加表情”造型手段，影响观众。

节目的基本表现模式如下：

当事人叙述 → 故事情节插片 → 演播厅讨论

以上三大板块亦可根据节目的需要划分为更细的板块，构想如下：

（一）当事人叙述

该部分包括开场白（主持人介绍当事人、嘉宾、现场观众等）、本期节目简介、当事人讲述故事等内容，重点在“讲述故事”部分。

1. 当事人主述。

由事件的当事人直接讲述故事容易使人产生亲近感和认同感，故而在一般情况下，应当采取此种方式。

2. 其他人代述。

有时由于当事人不善表达，或出于其他原因（或不便出场，或有意制造玄机）时，可由当事人的亲友予以代述，由当事人进行补充。

3. 若干当事人对述。

有些事件的参与者不止一人，甚至可能是多人时，可采取此种办法，让所有的当事人都能参与讲述，互为提醒，互为补充。

需要注意的是，故事的讲述者必须善于辞令，而且最好要讲普通话（如果普通话效果不佳，可以打字幕），以适应全国的观众。

也许有时不同的当事人对事件的回顾有歧义，亦不必强求一律，反而可以利用差异制造话题，进一步深化问题的讨论。

（二）故事情节插片

制作插片是为了丰富故事的表现力，是为了使观众能对当事人所讲述的内容有更深刻的理解和记忆。插片的制作方法可有以下数种：

1. 当事人扮演。

由于当事人对既往事件的感受最为深刻，所以由其亲自出演，较为真实。

2. 演员扮演。

若当事人不愿上镜，或表演欠准确时，可由演员做替身，演绎故事。

3. MTV 方式。

“MTV 方式”与表现情节的“电视剧方式”不同，它不讲究事件的逻辑关系，不以情节对位，而是采用时空跳跃方式组合画面，渲染场面、情绪、色彩等因素，同时辅之以歌曲演唱（创作或旧歌均可，演唱者也不必非要当事人），表现当事人的“写意”经历。该方式比较适于复述浪漫故事。

4. 漫画方式。

有时为了求新求变，亦可采用漫画方式敷陈故事。

5. 偷拍方式。

为了避免“表演痕迹”，剧组在对当事人进行拍摄时，可以采用新闻中的偷拍手法，以获取最真实、最自然的镜头。

6. 策划故事方式。

此种方式适宜表现“即时故事”，例如：当当事人既往的故事并没有太多的表现价值，或当事人正处于矛盾的焦点时刻时，剧组可策划一些当事人见面的场面，捕捉他们此时的真情实感，不论是破裂还是言归于好。

7. 情景假定方式。

当不同的当事人对同一事件有不同的说法时，可以分别将这些情景拍摄下来，分别播放，任由当事人争辩。不同的假定情景，一来不需要分辨谁是谁非，二来可以制造看点，尤其是“感情戏”，公说公有理，婆说婆有理，效果最佳。

以上方式的核心是为了追求真实——生活的真实和艺术的真实，各种方法亦不必机械使用，只要能达到煽情效果，不妨多举共用。

（三）演播厅讨论

如果说前两部分的主要目的是“还原真实”（求真），那么本部分的主要目的则应是“制造论辩”（求变）。这部分主要针对主持人和嘉宾而言。

谈话类节目一是忌讳不着边际的清谈，二是忌讳嘉宾“各吹各的号”，彼此缺乏交流和呼应。克服单调的办法除了集中话题外，最主要的就是要形成“论辩机制”，让各自的观点有差异、有冲突；而论辩的产生则源于对故事的不同理解和猜测。一旦形成了论辩机制，演播厅的谈话气氛就会活跃起来。

该部分可以通过以下办法，活跃讨论气氛：

1. 向嘉宾交底。

“制造论辩”就是要预先设置论辩机制，又分如下几种情况：

(1) 在节目准备阶段，告知嘉宾节目内容，并让他们按不同的观点至少分成两派，预先做好准备，讨论中便自然产生歧义。

（2）允许嘉宾即兴发挥，甚至中途改变自己的原有立场，站到对立面去，以增加讨论的“可信度”，使气氛更加真实。

（3）主持人应引导嘉宾向当事人提问，并允许当事人反问；引导现场观众向嘉宾提问；引导嘉宾与嘉宾之间相互提问……加重多边论辩的氛围。

2. 故事回放。

讨论过程中，可以重新播放前面插片中的重要情节（如采用慢镜头回放的方式），每至关节要点，则可停顿下来讨论一番。

故事回放不仅可以增加讨论、辩论的可能，亦可在反复观摩、讨论中对故事内容增强理解，强化记忆，最终使观众记住节目。

3. 现场观众参与讨论。

现场观众的投入与否，在很大程度上决定着讨论气氛活跃与否。

为使现场气氛越来越热烈，便应充分调动现场观众的参与积极性。对那些确有见地、观点鲜明的观众可以“提拔”到嘉宾席，给予更多的发言机会。

对所有发言的现场观众，都应给予一定的奖励。

4. 各开各的药方。

许多讨论是不必有是非结果的，因为话题本身无所谓对错。因此，嘉宾对问题的决定可依据自己的观点自行其是，只开出自己的药方，而不必顾及他人的观点。只有观点纷陈，观众才能从中有所判断，留出思考的余地。

5. 心理诊所。

被邀到场的嘉宾是不同领域的专家、学者，术有专攻，因此，可在节目中开办“心理诊所”板块，回答各式各样的问题。例如：

（1）为当事人和现场观众解疑：

嘉宾有义务为当事人和现场观众排忧解难，并尽可能详尽。

（2）为电视观众解疑：

为了鼓励观众深层次参与，栏目组可从平时来信、来电的观众中选取有价值的一些问题，由嘉宾予以解答。解答应有权威性和指导意义，并且尽量有可操作性；否则，回答得太原则，观众会对节目失去信心。

如果采取现场直播方式，还可直接回答观众的来电提问。

（3）设置疑难问题：

每期节目中，节目组都可有意设置一些大众关心的焦点、难点问题，由嘉宾予以回答，做正确的舆论导向。

四、制作班子

有无精明强干的制作队伍，将直接影响到栏目的质量。我们认为，制作班子的组成应采取“内外结合”的形式。“内外结合”可从两个方面理解：一是指台内与外聘工作人员相结合，二是指自己制作节目与委托制作节目相结合。

制作班子的组成起码应包含以下几个部门：

（一）文案策划班子

“剧本乃一剧之本”——对于靠“内容取胜”的专栏节目来说，这也是不爽之言。而要抓好“剧本”工作，就必须有专门的文案策划班子。文案策划班子可由如下几个层面的人员组成：

1. 文案决策人员：

主要负责文案策划的搜集、整理、初步筛选等项工作，并会同导演组确定若干将要投拍的文案，上报有关领导审阅、定夺，最后交由剧组投入拍摄。

该类人员的角色相当于“编审主管”，亦即日常文案工作的实际负责人。

2. 专栏作者：

在文案决策人员周围，可设置五至六名专栏作者，主要负责文案的发掘和写作等项工作，为栏目的基本撰稿人队伍。专栏作者应选择年富力强、思想敏锐的中青年作者。

3. 外围作者：

除开上述较固定的撰稿人队伍之外，文案班子还可广泛联系报纸、杂志、大学和有关学术团体的专业人员，定期或不定期地召开“诸葛亮会”，一为征集更多的文案，二为节目的改进建言献策。

4. 公开征集文案：

虽有专业人员负责文案的组织工作，但同时也应在每期节目中向全国的电视观众广泛征集文案。

（二）特邀嘉宾和现场观众

特邀嘉宾是现场讨论的主角，一般应为有学识、有地位或有知名度的人，每期节目可根据需要邀请4～6名。不同的节目内容，需要术有专攻的学者，因此应经常更换多数嘉宾；但有些嘉宾可能“特别上镜”，或“特别会制造气氛”，因此保留几个“熟脸”不仅可调节节目气氛，也容易得到观众的认同。当然，固定嘉宾不宜太多，每期节目以不超过两人为限。

现场观众是烘托节目气氛不可或缺的角色，仍可按原来的组织赞助单位参加的办法继续实施，但有时为了节目需要也可组织一些“免费”却吻合节目内容的人员参加，如举办“六一”或残疾人节目时。

（三）导演组

导演组是节目的核心机构，全面负责节目的选题、组织现场拍摄、前后期制作等项工作，除摄、录、美、服、化、道、音乐等人员归其管辖之外，起码还应设置如下部门或人员，以便展开工作：

1. 文秘人员：

文秘人员主要负责节目办公室的日常值班工作，如接收观众来电、来信，并予以详细登录；分发、分寄礼品；协调各部门等，以1～2人为宜。

2. 外景组：

外景组主要负责插片的制作，每组4人。考虑到栏目每周都要播出的实际情况，因而最少应组织两组，给每组以半个月左右的拍摄、制作时间，待今后条件成熟，可逐步增加到4组。

3. 管理委托制作队伍：

如果节目人手不够，可以由导演和制片部门协商，将某些插片的制作工作委托给其他部门或社会制作力量，但具体的业务工作应由导演部门负责。

4. 协调文案工作：

文案的筛选工作虽由文案组主要负责，但在确定文案之后，导演组接过文案，组织具体实施。这一工作最好能由主持人经常过问。

（四）制片组

制片是剧组的“行政总管”，全面负责上传下达、剧组管理、经费管理、组织现场观众、邀请嘉宾、寻找赞助、协调各部门关系等工作，此处不一一赘述。

五、经费（略）

六、宣传包装

形象宣传不仅在节目推出时很重要，而且在节目制作过程中亦需反复包装，经常给人以改头换面、推陈出新的印象，才能保证节目常看常新。

节目的宣传包装应当既有阶段性措施，也有常规性措施：

（一）拓展与观众的沟通渠道

前面谈到的舆论调查（发放问卷、电话访问、网上调查等）方法都是栏目与观众沟通的重要手段。除了节目组应经常做这项工作外，必要时，还可委托专业的信息调查公司进行这一工作，使得调查更有客观性、权威性。

为了更有效地与观众沟通，应该在互联网上开通专门的节目平台，以便接受来自网民的信息。另外，条件具备时，还应开设比较容易记忆的“特号电话”，方便观众联络。

（二）自我宣传

应当利用我台的整体形象，对节目进行经常性的宣传，而且不能仅靠节目自身进行自我宣传，可由总编室统一调度，整合资源推广本栏目。

类似于制作广告背心、广告帽、小礼品等办法，也是进行自我宣传的有效手段，而且这种宣传完全可以找相关的厂家赞助。

（三）与其他媒体合作

例如，某些话题，在电视上讨论时意犹未尽，或是其他观众“有言要发”时，则可在报纸开辟相应的栏目，刊载观众的文章；反之，对报纸上反馈回来的观众感兴趣的话题，亦可在电视上加以讨论。隔一段时间，两个媒体还可共同评比一次“最佳观众”、“最佳建议”、“最佳嘉宾”、“最佳文章”等，将节目炒热。

节目发展到相当程度之后，还可以精选观众的故事或文章，结集出版，并将书籍赠与作者，以提高观众的“成就感”。

（四）经常制造轰动效应

制造“轰动效应”是保持节目持续“旺销”的重要手段，经常制作“特别节目”有助于实现这一目的。

以上设想，还望得到领导及各方面人士的批评指正，待方案基本完满后，即可投入实施。

《特别心动》栏目筹备组

赏析：

这篇策划文案虽然是前些年完成的，但其中闪烁着策划人的智慧光芒，有新意、有创意，具备可操作性，值得我们参考、借鉴。我们可以关注以下几点：

1. 这个策划文案包含了我们所介绍的策划文案的主要部分，前面以“节目名称”、“节目主题”、“节目形态”、“节目长度”、“制作方式”、“播出时间”等栏目要点代替序言，言简意赅，能收先声夺人之效。

2. 对节目内容进行了较为细致的分类和阐述，说明策划者在这个方面经过了认真思考。内容虽然丰富，但由于紧紧把握住了各类别所具有的共同精神，因而并不显得庞杂。

3. 在“节目表现形式”这一部分，既有叙述上的三个大板块的设计，也有对各种具体表现方式的设想和描述，充分体现着作者熟稔于电视栏目制作的专业功底；不但如此，“制作班子”和“宣传包装”两个部分，也同样渗透着娴熟认真的专业精神。这些，都使得本文案具备很强的可操作价值。通常，策划越是细密具体，在实施时就越能顺利流畅。这种基于专业功底的能力虽然无法一蹴而就，但策划学习者应该将其视为争取的目标。

4. 唯一的遗憾是，本文案没有进行社会—受众—竞争环境的分析，没有进行相类似栏目的横向比较。如果能够做一些这方面的工作并反映在文案中，则所策划的栏目在问世时就更能找准位置，从而形成竞争优势。

思考和练习

1. 为什么撰写策划文案需要突出创意亮点？
2. 一份策划文案的结构格式主要包括哪些部分？
3. 自拟选题，撰写一份模拟策划文案。

第四章　电视栏目策划

第一节　电视栏目概说

传播学所属各专业的同学毕业后，一旦在以视频传播为主要工作内容的岗位上就业，最容易遇到的电视节目形态就是电视栏目，因此，学习电视栏目的策划具有很强的针对性、实用性。本章我们要学习的内容，是关于栏目策划的一般知识，后面我们还将学习一些具体节目策划方面的知识。

那么，什么是电视栏目？电视栏目有哪些类别？电视栏目在近些年都有些什么新的变化？这是我们首先应该弄清楚的。

一、电视栏目和栏目化

电视栏目是电视节目的一种存在形态。

电视在其发展初期，并没有栏目这种形态。当时，播出纪实内容的有“专题节目”或“专题片”，传播科普知识的有“科教节目”，为农业服务的有“对农节目”，包含文艺内容的有“文艺节目”，等等，这些节目大都以独立的形态单独存在，不定期播出。后来，当电视发展到一定阶段，制作能力增强，节目渐渐多了起来，这时候就出现了借用平面媒体的称谓和做法，将电视节目按一定原则归类播出的节目形态，人们将其称之为“专栏节目”或简称为“栏目”。

20世纪40年代，新闻栏目开始在美国出现，如《骆驼新闻大篷车》。[①]

中国的电视栏目出现在20世纪80年代。包括中央电视台在内的各家电视台，推出了不少电视栏目。接着，所谓电视节目的“栏目化”开始出现。“1984年7月30日，广播电影电视部委托《电视月刊》编辑部、《电视周刊》编辑部和中国电视服务公司联合举办的第二届全国优秀电视专栏节目评选在湖北十堰市揭晓。广东电视台的代表发言，宣布该台自办节目80%以上全部实行了‘栏目化’。”[②] 这次会议后，各大电视台开始按照“栏目化”要求制作、播出节目。从此，“栏目化”成为国内各类电视台基本的节目制作和播出模式，其格局一直延续到目前。

所谓“栏目化”，就是将电视台的各类节目基本按照栏目的形态进行制作、播出，形成一个个主要由栏目组合而成的频道节目系统。那么，所谓电视栏目，包含哪些构成要素呢？经过多年的实践和研究，现在电视界对电视栏目形成了一些基本的共识：

首先，电视栏目应该有一个名称，有固定的时间长度，有固定的播出时间，有一定的播出频率。

其次，有一定的内容或形式限定。例如，从观看对象出发的内容限定，从题材出发的内容限定，从形式角度做出的限定，或几种因素结合之后的综合限定。

再次，电视栏目通常应该有主持人。早期曾经出现过没有主持人的栏目，后来陆陆续续都淘汰了；目前绝大多数的栏目都有主持人，而且主持人在节目中的作用越来越大。

最后，栏目必须有统一的包装。美术方面的，表现为固定使用的片头、片尾、片花，固定使用的字幕美术形式，固定使用的演播场景和道具；音乐音响方面的，包括固定使用的片头片尾或关键环节的音

① 项仲平编著：《电视节目策划》，中国广播电视出版社2002年版，第52页。

② 钟艺兵、黄望南：《中国电视艺术发展史》，浙江人民出版社1994年版，第424～425页。

乐音响，等等。

电视节目栏目化的意义有四个：

其一，是电视台或者电视节目制作机构生产管理的需要。电视节目栏目化以后，整个节目的生产围绕栏目的拍摄制作进行，栏目本身的模块化、周期性的特点，决定了栏目生产的模块化和周期化，节目生产得以有序进行。

其二，使节目的品牌化成为可能。单个节目的播出，名称不一，题材各异，很难形成品牌；而以栏目归揽不同的节目，使这些不同节目具有统一的称谓和包装，容易形成品牌。

其三，使电视节目与观众的深度交流变得可能。栏目具有统一的包装，形式上容易为观众识别；具有内容的限定，使内容更容易被特定观众群持续关注。这样，栏目就为观众搭建了一个交流的平台。主持人进入栏目之后，一方面，使原来只属于电影、戏剧和演唱领域的“明星效应”，得以在电视领域出现；另一方面，观众与栏目交流，也可以通过主持人来实现。这样，观众与电视节目的深度交流便具有了可能性。

其四，为栏目拥有者寻求赞助、插播或植入广告提供了经营平台。经验告诉我们，单个节目形不成规模效应，难以吸引广告商。栏目由于其名称、包装、播出频率、播出时间是固定的，拥有的观众群较为恒定，使得冠名权销售、插播广告、植入广告等多种经营形式能够获得载体，使广告投放可以针对目标观众群进行，这大大丰富了电视机构的经营手段。

正是由于上述原因，栏目化迅速成为各电视机构制作和播出节目的主流模式，一直延续到今天。

二、电视栏目的分类

电视栏目自诞生之日起，一个重要的伴随特性，就是内容或形式的限定性。由于限定性的存在，此栏目与彼栏目天然地表现为不同的类别。为了管理、制作和传播等多方面的需要，电视制作者和研究者从不同角度出发，就栏目的分类提出了若干种方法。下面作一些简单的介绍。

（一）按照功能分类

这是历史最为悠久的分类方法。按照人们的传统认识，电视节目分别具有四种不同的功能，即提供信息、教育、娱乐和服务。按照功能分类的方法，电视节目被分为如下几类：

1. 新闻类节目。

2. 社会教育类节目。

3. 文艺类节目、体育类节目。

4. 服务类节目。

虽然这一类分类法和后面提到的分类法在称谓上使用的是“某某节目”的提法，但它们完全适用于栏目。

需要说明的是，上面这种分类法中，社会教育类节目的概念目前已经很少有人使用了。其原因是，随着市场经济体制的逐步确立，电视的功能发生明显嬗变，寓教于乐取代了过于赤裸裸的所谓“社会教育”。

（二）按照题材分类

这一类分类方法依据的是题材的属性或者内容的范畴。通常有如下类别：

1. 政治题材节目。

2. 经济题材节目。

3. 军事题材节目。

4. 法制题材节目。

——还可以列出一些。

这种分类方法以题材及内容的不同为标准，与栏目现状的契合程度高，生命力强，至今仍旧没有过时。但在注重叙述方式创新的新形势下，这种分类法有时显得不得要领。例如，把深圳卫视的《饭没了秀》划入“儿童题材”节目，虽然没有明显不妥，但总让人感到没有抓住这个栏目的特点。

（三）按照形式分类

有的电视栏目，是从形式方面来获得自身的限定性的。针对这种情况，就出现了从形式的角度进行分类的分类法。例如：

1. 杂志节目。

2. 谈话节目。

3. 讲座节目。

4. 探秘节目。

5. 真人秀节目。

6. 现场直播节目。

这种分类方法着眼于形式方面甚至叙述方式方面的限定性，而内容则没有被纳入考虑范围。这对于近年来兴起的一些新型节目的分类，提供了比较恰当的模式。

（四）按照节目的适合对象分类，即对象性节目

在电视栏目制作的实践中，有一类节目是按照适合收看节目的对象人群的特点来选择和结构栏目。这样，就形成了对象性节目的分类方法。例如：

1. 按对象的年龄划分：如青少年节目《第二起跑线》，老年节目《夕阳红》。

2. 按对象的社会身份划分：农民节目《乡约》，军人节目《人民子弟兵》。

3. 按性别划分：女性节目《半边天》。

目前比较通行的电视栏（节）目分类方法主要就是上面四种。近年来，在实践中又涌现出一些新的电视栏（节）目，其中有的栏（节）目按约定俗成的原则被命名并归类，且在实践中拥有广泛的认同度。但如果以严格的学术标准来衡量，不能不承认，其中有的命名或归类的规范化程度并不高。不过，无可否认的是，这些新出现的栏（节）目往往是当下电视领域最为流行和热门的。作为实务教材，我们无法不将以这些栏（节）目类型作为电视策划的主要对象。下面，我们就对它们作一些简单介绍。

三、近年来新出现的电视栏目形态

进入21世纪，由于媒体竞争加剧和新媒体导致的传播环境改变，

以及国际文化交流的扩大，一些新的节目形态诞生或被引进，引起国内电视节目格局的较大变化。具体表现在：

被称作“民生新闻”的栏目出现，以强劲的势头撼动了传统新闻节目的领头地位，与传统新闻节目各领风骚；

“法制栏目”突破题材归属的单纯意义，靠叙述方式的变革而使栏目焕然一新；

“情感栏目”、“探秘栏目”、“评书型学术讲座”、“娱乐的新闻栏目”、“真人秀节目”等栏（节）目异军突起，表现活跃；

栏目剧在不少地方取得成功；

传统社教节目，如罗列成就的电视片、简单从事知识灌输的科教节目、平铺直叙的专题片等，日益衰落，在主要电视台几乎不见踪影。

以上信息，反映着当前电视节目领域的某些基本现实。在本教材节目策划部分，我们充分考虑了这些现实，将一些近年来新出现的栏（节）目纳入策划教学的范畴，这构成本教材的特色之一。为了加深大家对这些新出现的栏（节）目的了解，我们在下面将简单介绍一下国内电视领域当前最常见的新型栏（节）目形态。

（一）民生新闻（民生专题）栏目

江苏电视台城市频道（JSTV-3）于 2002 年 1 月 1 日创办《南京零距离》，该节目被认为是国内第一档民生新闻栏目，开播之后取得轰动性成功，创造了收视率和收入的神话。不久，就被国内电视台普遍模仿复制，一时间，民生新闻成为省级、市级电视台地面频道的王牌节目。根据民生新闻的理念，采用相似手法制作的民生专题栏目也大量产生，如成都电视台的《真实人生》和四川电视台的《真情人生》等。其后，以民生新闻和民生专题为栏目主干的民生新闻频道也产生了。截至目前，民生新闻和民生专题，仍然是国内非常强势的电视栏目类型。

民生新闻的特点：题材入选门槛低，制作要求不高，大量采用来自民间的 DV 视频；栏目时长方面，主档民生新闻往往长达 40 分钟甚至 70 分钟，其中，单条新闻动辄 4、5 分钟乃至 7、8 分钟。题材方面，通常以具有高度贴近性的甚至琐碎的社会新闻、负面新闻、街巷新闻、路边新闻等为主，选材标准偏爱苦难人生、灾难血案、冲突纠纷，有时也介绍普通人中的善行善举、好人好事，有人以“泪水、血水、口水、汗水”归纳其题材特点。

民生专题栏目则偏爱苦难人生题材，主人公大都因为种种原因，如疾病、残疾、遗弃等，而境遇凄凉，命运多舛。

民生新闻类栏目的收视率和广告收入表现都比较优异，成为各台王牌栏目；民生新闻频道在电视台频道序列中也因之举足轻重。不过需要指出的是，对民生新闻，市场接纳和专家评价差异很大，专家恶评不少。

2008 年以后，伴随着初期火爆气氛的逐渐降温，民生新闻和民生专题出现了调整题材构成、加大故事化叙事力度、调整节目功能等发展趋势。加以“民生解读”的正面新闻、主流新闻在民生新闻栏目中多了起来；采用故事化叙事的民生专题被广泛整合进民生新闻栏目；以“调解帮忙”为特征的节目开始出现，标志着民生新闻栏目功能上的嬗变。种种变化反映着电视人不断完善这种新的节目形态的努力。

（二）法制栏目

法制栏目近年来在全国电视台频频出现，但它们与传统社教意义上的法制节目有了明显的不同。传统社教意义上的法制节目主要指题材归属与法制的概念有关；而当代的法制栏目则不但题材归属是“法制”的，更重要的是，这类栏目以故事化的叙事方式讲述可以与法律和道德问题挂钩的刑事案件、人际纠纷事件和道德冲突事件，这构成了它们的主要特色。有的法制栏目，在节目进行中或结尾处，融入以法律和道德为准绳的主持人点评，有时组合进提供普及法律知识的专家访谈，从而使节目具备一定的法制教育和道德教化的意味。其具体类型包括：

案例专题类（如成都电视台《警示》、四川卫视《司法档案》、中央电视台《道德与法》）；

以案说法类（如中央电视台《今日说法》）；

法制谈话类（如四川卫视《非常话题》中的某些内容）；

庭审直播类（如上海电视台新闻综合频道《庭审纪实》）。

法制栏目的收视率和广告收入表现都比较出色，但因制作者综合水准方面的差异和道德把握上的参差，导致节目的社会效果差别较大，因而引发舆论褒贬不一。持批评者每每指斥某些法制节目充斥“红（血腥）、灰（病态）、黄（色情）、黑（黑幕）”，给以相当负面的评价。但一些质量上乘的节目，例如中央电视台的《今日说法》、《第一线》等等，则在蓬勃发展中引领着法制节目的健康走向。

纵观国内国外，法制栏目都是电视节目中的一个繁荣家族，长盛不衰。不管是从题材及叙述方式的吸引力来看，还是从社会转型期观众的心理需求来看，法制节目都是无法忽略的节目品类。

（三）情感栏目

我们在这里所说的情感栏目（又称“情感节目”），特指以情感经历、情感冲突、心灵经历、心灵冲突等为主要内容，以现场访谈为基本形式，注重当事人经历的故事性和节目现场的冲突感，运用插片将外景、内景结合起来的栏目的统称。如：湖南卫视的《真情》、《8090》，江苏卫视的《人间》，贵州卫视的《人生》，四川电视台的《幸福在哪里》等。

这类栏目关注名人或普通人的曲折情感经历，或他们遭遇的现实情感危机，在题材的遴选上特别注重事件本身的故事性，通过当事人之间、当事人与嘉宾之间、嘉宾与嘉宾之间在现场的激烈话语冲突，结合插片交代的背景或提供的重要细节，营造出强烈的戏剧化氛围，以期赢得观众的青睐。

中国处在社会转型期，情感问题频发，故而情感题材往往能够引发广泛的关注；情感题材能满足人们的好奇心和窥视欲；情感节目故事化、戏剧化的叙述处理对观众注意力有很强的“黏性”，等等，这些因素赋予了情感栏目旺盛的生命力。湖南卫视推出的《真情》被认为是中国内地的第一档情感栏目，接着又推出首个涉及80、90后人群情感问题的《8090》；江苏卫视干脆定位为“情感频道”，继而升级为“幸福频道”，以《人间》、《欢喜冤家》和《老公看你的》构建情感栏目群。

情感栏目在各类人群中都有基本观众，很有竞争力。收视率及广告贡献方面大多表现不俗。

（四）探秘栏目

我们把中央电视台10套的《探索·发现》、《发现之旅》、《走近科学》等栏目，和福建电视台的《探秘东方》栏目，命名为“探秘栏目”。之所以作这样的命名，是因为“探秘”是这类栏目的共同特征。它们以设置和解答疑问及悬念为基本表现手法，以探索自然和历史人文奥秘为主要内容，注重细节表现和审美氛围营造，是近年来借鉴国际纪录片叙述模式而兴起的栏目类型。

由于这类栏目的主要特征是“探秘”，所以其题材的入选标准是，题材本身必须是一个故事，一个内含因果关系的事件；叙事方式大多采用引人入胜的故事化叙述方法，注重冲突、悬念、细节等故事元素的发掘和利用。在处理科学知识和历史人文知识与故事叙述方式关系的时候，强调知识隐入后台，用故事讲述来带动知识的表达，将科学知识融入情节之中。直白地说，就是把故事化叙述作为节目制作的主要追求，题材入选与否主要看它能否为故事化叙事提供基础。

在激烈竞争的电视节目收视市场上，这类节目稳稳地占据着主要由知识群体支撑的市场份额。

（五）评书型学术讲座栏目

评书型学术讲座栏目，是我们对以中央电视台《百家讲坛》、北京电视台《名家讲坛》为代表的一类电视栏目的命名。这类栏目选择具有故事潜质的学术话题，以评书化的故事叙事方式讲述之。故事化叙事既是这类栏目的主要形式特征，也是其遴选题材的基本出发点，具有举足轻重的地位。

《百家讲坛》是中央电视台2001年7月9日开播的汇集名家名师的讲座式栏目，开始的时候反应平平。2003年，栏目推出《新解红楼梦》，使这一栏目声名鹊起；2004年5月开播《清十二帝疑案》，把收视率推向了一个高峰，一度位居科教频道的第一。《百家讲坛》节目的制片人万卫总结说：“《百家讲坛》节目的资源主要是中国的传统文化和历史，以前一个选题就做一期节目，这当中有很多的浪费，而我们现在往深了做，把一个选题吃透、挖透，一个和珅可以做十期，《红楼梦》当中一个秦可卿就做了十三集，这样一来观众的满意度上升了……而且一看就上瘾。……我们仔细挑选并严格培训主讲人，就是要做到让观众看《百家讲坛》上瘾，不亚于看电视连续剧。"[①] 万卫的话透露出该节目制作方面的几个要点：一是深挖题材，在细节渲染上做足文章；二是培训主讲人，培训的目标是让观众看上瘾，不亚于看电视连续剧。这其实就等于说，要借用故事叙事技巧来讲述学术话题，以增强吸引力。

这类节目借用了很多评书的手法，如强化冲突、刻画人物、设置悬念、放大细节、渲染气氛等等，使得收视效果良好。其制作较为简易，成本低，但对题材和讲述技巧要求较高。后来一些地方电视台模仿《百家讲坛》制作了不少类似节目，却都因对包含故事潜质的学术题材把握不准确，对故事化讲述方法掌握不到位而鲜有成功者。

（六）栏目剧

栏目剧于 2003 年之后在国内省、市电视台的地面频道开始火爆，直到今天仍然保持着余温；在许多电视频道的节目表中，依然能够看到它们的身影。但栏目剧的产生要早得多。

目前人们普遍认为，1994 年重庆电视台马及人创办的《雾都夜话》，是国内第一个播栏目剧的栏目。进入 21 世纪，栏目剧的形式被广泛借鉴、模仿，2003 年以后火遍全国。成都电视台的《成都情事》，陕西电视台的《都市碎戏》、《百家碎戏》，四川电视台的《麻辣烫》，昆明电视台的《非常板扎》等，都是栏目剧播出平台。

栏目剧是电视台面对激烈的收视市场竞争，为减轻电视剧价格大幅攀升的压力，而试图将新闻和电视剧这两大优势资源结合起来的尝试。通常栏目剧包括如下特点：

题材一般取自真实的新闻事件或号称取自真实事件，因此注重纪

---

① 《看〈百家讲坛〉上瘾，不亚于看电视连续剧》，2005 年 12 月 30 日 15：16，来源：CCTV. com。

实手法在节目中的运用。

由业余演员和不知名的专业演员扮演角色。

重视故事讲述，不注重人物刻画。

对白一般使用方言。

成本低，每期节目投资5000元到8000元不等；周期短，一般剧本确定后，1天拍摄，1天剪辑，现场同期录音，全部使用实景。

以栏目形式播出，栏目每期时间长度为25分钟左右。

早期，导演大都为没有经过专门导演业务训练的原社教节目编导、纪录片编导，后来逐步有专业编导人士介入。

栏目剧的最大艺术特性是“纪实性”和“草根性”。2004年到2007年曾经非常红火，目前进入平稳期。

（七）娱乐的新闻栏目

这里所说的“娱乐的新闻栏目”，不是“播报娱乐新闻”的栏目，而是用娱乐手法处理，用娱乐元素包装改造新闻内容，从而既提供娱乐也提供信息的新闻节目。如杭州电视台的《阿六头说新闻》、东方卫视的《东方夜谈》，以及成都电视台2套的《道听途说》等等。这类栏目的特点，是利用主持人的幽默、调侃，插科打诨，甚至虚构故事，将真实的新闻进行串接和评说，从而使新闻节目具备娱乐特征。

这类栏目实际上是利用主持人的智慧和魅力，对新闻资源进行二度开发的产物。其收视率大都有不俗的表现。

（八）真人秀节目

真人秀节目，是现实生活中的人士以本人的身份，按照贯穿戏剧精神的特定游戏规则，在虚拟的生活空间或特定的场景中表演自己，被拍摄下来并经过后期剪辑包装，供人观看的电视节目形态。真人秀是纪录片和戏剧性的结合。

一般认为，1999年荷兰的《老大哥》（*Big Brother*）是最早的成熟的真人秀节目。该节目大获成功之后，真人秀浪潮席卷欧美，风靡全球，成为近年来最火爆的一种电视娱乐节目形式。演变到今天，有了许多不同的种类。如：

表演选秀型：《超级女声》（湖南电视台）

相亲婚恋型：《非诚勿扰》（江苏卫视）

身份置换型：《变形计》（湖南电视台）

生活技艺型：《交换空间》（中央电视台 2 套）

生存挑战型：《生存大挑战》（广东电视台）

励志成长型：《饭没了秀》（深圳卫视）

真人秀在国外很流行，目前，国内的观众也渐渐开始接受这个"舶来品"，真人秀本土化也正在取得成果，例如湖南电视台的《变形计》就因其充分考虑国内的文化背景，在节目中融入鲜明的励志色彩，而广受各界人士的好评。

真人秀的问世，意味着电视人创制了一种将纪实和虚构结合起来的电视节目形式，这种形式本身有着强大的生命力，被认为代表着电视节目未来发展的一种方向。将这种形式很好地与中国国情结合起来，必将为中国电视节目领域带来革命性变化。《超级女声》、《非诚勿扰》、《饭没了秀》等节目取得的成功，已经初步向我们透露了这方面的信息。

第二节　电视栏目策划要点

电视栏目的策划，其目标都指向新栏目的开办，其主要工作任务是通过创意、谋划，设计出新栏目的实施蓝图。它包含两个层面的含义：其一，是针对被称作"栏目"的节目序列，对该序列的内容构成和形态特点等进行策划；其二，是针对每一期具体栏目的策划。后者也被看做是对安排在栏目中播出的某个具体节目的策划。我们在这里所说的电视栏目策划，是指前一个层面的含义。

电视栏目的策划，可以分两个步骤进行：第一步，是要明确栏目开办的若干前提，对拟开办的栏目进行必要性、可行性和价值评估，并得出明确的结论；第二步是围绕栏目进行总体创意，对各构成要素分别进行设计和谋划，从而描绘出所策划栏目未来的形貌；同时拟定包含创意、具有个性特色的实施蓝图。

一、明确栏目开办的若干前提

当开办一档新栏目的念头萌生之后，在进行正式的策划之前，首先要明确以下问题：这档栏目有没有必要开办？如果有必要开办，这个栏目将涉及什么题材领域？将采用什么样的形式？准备针对哪些观众？试图起到什么作用？等等。这些问题实际上是开办栏目的前提条件。当这些问题获得了满意的回答，才有可能按照一定的方向去进行策划。

（一）栏目开办的必要性

在决定开办一档栏目之前，首先要考虑的就是有没有必要开办这档栏目。在考虑这个问题的时候，可以从几个方面着眼：

一是准备开办的栏目有没有市场需求。栏目一旦推出，就必须有人愿意看，表现为拥有一定的收视率。没有市场需求的栏目就不会有收视率，也就没有存在的价值。

二是准备开办的栏目是否与现有自办栏目雷同或相似。任何一档栏目的拍摄制作，都会耗去大量人力、物力、财力资源，因此，不能允许雷同或过于相似的自办栏目出现。雷同的栏目不但浪费人财物资源，还会分流观众资源，甚至对频道或电视台的品牌构成伤害。

三是准备开办的栏目能否带来效益。这里所说的效益，既包括经济效益，如广告收入、赞助收入等，也包括社会效益，如影响力，还包括品牌效益。

一旦上面的问题能够得到正面的回答，就可以继续考虑后面的问题了。

（二）涉及什么题材领域

栏目可能涉及的题材领域很多，有些领域题材数量丰富、观众接受面宽广，具有创造高收视率的潜质，是所谓题材资源的“富矿”，如新闻题材领域、情感题材领域、法制题材领域。有些领域可表现的题材有限，观众接受面狭窄，从中难以产生高收视率的节目，这就是所谓“贫矿”，如少儿题材领域、财经题材领域等。开办新的栏目，首先要考虑在“富矿”题材领域去开发。因为栏目（尤其是播出频率高的栏目）对题材的消耗量很大，只有题材丰富，才能满足需求，并且保证有较高的收视率。不过，正因为如此，“富矿”领域往往强手如林，例如民生新闻栏目，不但一个地方的各个电视台都在开办，甚至一个电视台里的不同频道也以不同的名称开办，一些卫视也有类似栏目参与到各地的竞争中。对手众多而且强大，新栏目就难以生存，这时候常常不得不考虑在“贫矿”中去开发。开发“贫矿”题材，需要瞄准具有比较优势的题材。例如，财经题材领域属于贫矿，但股票基金方面的内容对于部分城市观众，致富窍门、种植养殖知识对于农村人口，就有较大的吸引力，相对于该领域的其他题材，具有比较优势，因此可以纳入考虑开发的范畴。

在具体工作中，靠什么来判断题材领域的富矿、贫矿呢？有两条途径：一条是靠经验，一条是靠收视市场调查公司的数据。后者能够为我们提供当地收视市场栏目题材构成的基本情况，以及众多题材与收视率、与观众群的种种对应关系，有较高的参考价值。

总之，选择什么题材领域，是策划新栏目首先要考虑清楚的一个前提。

（三）采用什么表现方式

一旦某栏目所涉及的题材领域确定之后，采用什么表现方式就显得非常重要了。表现方式不但与未来栏目的基本面貌有关，其本身也有独立的价值。很多优秀栏目的成功之处恰恰在于成功地应用了某种表现方式。例如，“真人秀”节目的广泛成功，就得益于表现方式方面的突破。

对未来栏目表现方式的考虑，常常集中在这样一些问题上：是采用杂志板块组合的方式，还是采取一期一个专题的方式；是采用传统的专题表达方式，还是采取故事化叙事的方式；是采用演播室访谈的方式，还是采用外景拍摄的方式；是采用讲座的方式，还是采取纪录片的方式，等等。对栏目表现方式的选择直接影响着未来栏目的命运。

（四）对竞争环境进行分析评估

一个栏目成功与否，除了本身内容、形式方面的状况以外，很大程度上还取决于竞争环境的状况。电视人一般都会有这样的经验：如果某地没有某类栏目，则创办一档这类栏目往往比较容易获得成功；而如果有了同类栏目，则后起的新办栏目如果没有特色，就很难生存。竞争环境的分析评估是为了获取对栏目生存环境的清晰描述，从而为新栏目的开办提供决策数据。

竞争环境的分析评估针对当地电视观众能够收看到的节目来进行。现在国内的家庭一般都能收看 50 套左右的模拟信号节目，实现了有线数字电视转换的地方还可以收看到更多的节目。因此，纳入分析评估范围的对象应该涵盖所有能够收看到的频道中的栏目。

具体的做法是，将本地观众能够收看到的节目罗列分类，对收视率排列位置靠前的栏目进行重点分析。然后得出结论：哪些栏目是强势栏目，强势栏目的题材、形式属于什么类别，其主要竞争优势表现在什么地方，等等。

结论中的数据主要用于栏目策划时的参考。总的原则是，新开办栏目应尽量避开题材相同和表现方式相似的强势栏目；如果是必须加入竞争的领域（如新闻节目），则须尽量使自己的节目具有差异化的竞争亮点。

（五）明确节目给谁看

节目给谁看，实际上是栏目的受众定位问题。开办栏目是为了播出，而收视率是评估播出效益的主要指标。收视率（或者互联网视频中的点击率）反映着播出过程中受众的选择程度。

一档节目，如果能够适合所有人观看当然最好，在电视发展初期，某些栏目（如新闻栏目）能够做到这一点。但随着传播环境的不断发展和改变，这样的情形已经很难出现了。即便是在最具普适性的新闻类节目上，目前也产生了受众分化：公务员、知识分子偏爱传统新闻节目，而普通群众则喜欢民生新闻栏目。当前的基本情况是，以某一类特定人群为目标观众群的栏目，往往能够获得更大的成功。湖南卫视的《快乐大本营》和《天天向上》等栏目，非常明确地以年轻时尚人群为目标观众群，采取了年轻人所喜欢的综艺节目的形式，受到年轻观众的热烈追捧，取得巨大成功。

策划过程中，把“栏目做出来给谁看”的问题想清楚，关系着未来栏目的命运。

（六）考虑自身的实际条件

电视栏目的制作是一个耗费人、财、物资源的生产过程，所以，策划开办一档新栏目，首先应考虑是否有能力来做这个栏目。通常，新闻栏目所需工作人员较多，所需设备数量较大，但需要投入的经费比较稳定可控。由于新闻栏目是体现电视机构媒体属性的信息窗口，故各个电视台都在开办。相对于新闻节目，综艺栏目、文艺栏目、真人秀节目等对设备、场地等条件的要求就高多了，对人员的专业素质要求也相对较高；而在经费投入方面，不但数额大，且不同项目之间差异也大。这些条件汇集起来，形成一般基层电视台难以承担的巨大障碍。

专题类、访谈类、杂志式栏目，其人、财、物门槛相对低一些，技术要求和经费投入规模有较大的伸缩性，所以基层电视台开办得较多。

在策划新栏目的时候，应该考虑自身在人员、经费、设备设施方面具备何种条件，并把这些条件与未来栏目的需求结合起来考虑。自身条件与栏目需求必须匹配，这是决定一档栏目是否开办的前提性因素。

如果上面几个前提都逐一获得了肯定的结论，最终决定开办一档新的栏目，那么就可以进入栏目正式策划阶段了。

二、怎样策划一档栏目

电视栏目一般包含一些共同的构成要素。栏目策划可以看做是围绕这些构成要素进行创意、构拟和规划的过程。一旦针对这些构成要素的思考成熟，有关问题得到解答，则栏目策划也就基本成形；在此基础上形成策划文案，策划就告一段落。①

① 以下部分内容参考了胡智锋：《电视节目策划学》，复旦大学出版社 2009 年版中的论述。

（一）栏目的个性

栏目的个性是指栏目在特色和差异化基础上形成的特性。在当前激烈竞争的传播形势下，没有个性的栏目是没有生命力的。那么如何使栏目获得个性呢？这是策划的创意阶段要考虑的重要问题。栏目需要有个性作为一个原则是没有异议的，但如何去实现这个目标却众说纷纭。在这里，我们认为在创意阶段按照“限定性”的要求去考虑未来的栏目，是使栏目具备个性的有效途径。

所谓限定性，“是指制作者通过自觉的设置对电视节目的内容与形式做出比较明确的限制，它在节目创意阶段即开始形成，在节目制作过程中为所有工作人员明确知晓，并且在制作过程中予以贯彻”。[①]通常，电视栏目的限定性越明确，其特色越鲜明，差异越明显，个性也越突出。例如，1993年创办的《东方时空》，其早期节目形态的限定性就非常不明确。当时的这档杂志性节目，有新闻集萃，有人物访谈，有百姓故事，有热门歌曲，有传授如何做菜的服务性板块，内容驳杂，因而缺乏个性。后来，这档节目按新闻杂志节目的方向进行限定，去除了歌曲、学做菜等内容，其个性顿时鲜明起来。

要用限定性的思路去就栏目的个性展开策划，可以从内容限定、结构限定、表达方式限定、主持人限定等角度去进行创意。[②]

内容限定方面，《超级女声》就做得非常成功。整个《超级女声》的比赛内容，以唱歌为唯一内容，而且只限女声，这就比《家庭才艺大比拼》限定性更强，因而个性更鲜明。

结构限定方面，中央电视台的《星光大道》为我们提供了范例。《星光大道》比赛内容不作限定，五花八门，但结构上由“开场表演”、“家乡美”、“才艺大比拼”、“一锤定音”等环节和“逐步淘汰”的规则组成，模块清晰明确，这成为该档节目鲜明的特色。

表达方式限定方面，中央电视台的《探索发现》以“揭示悬念”

---

① 张小琴、王彩平：《电视节目新形态》，中国广播电视出版社2007年版，第6页。

② 以下内容参考了张小琴、王彩平：《电视节目新形态》，中国广播电视出版社2007年版中的论述。

为基本表达方式，排除缺乏悬念的表现模式；《百家讲坛》以评书化的讲述为基本表达方式，拒绝单纯介绍知识的讲授；《开心辞典》以主持人对参赛者"一对一"的知识竞赛为基本表达形式，排除多人同台竞赛的形式，等等。这些表现方式在限定的同时获得了自己的个性。

主持人限定方面，江苏卫视《非诚勿扰》中不用俊男靓女而起用光头孟非；湖南卫视《快乐大本营》不是使用通常的一男一女而是起用几位不同特点的主持人，从而获得了各自栏目的个性。

上述成功案例告诉我们，通过对栏目形态的种种元素进行以实现限制性为指向的创意，是使栏目获得个性的有效途径。

（二）栏目的宗旨

栏目的宗旨是回答"办这个栏目为了什么"的问题，它是栏目的灵魂，决定着栏目的运作走向。

通常，栏目宗旨的首要涵义，是要通过具体的栏目载体，获得良好的传播效果。例如，法制节目的宗旨通常是在"好看"的前提下，传播法制的观念和知识；真人秀节目是在吸引眼球的基础上，传达勇于竞争、敢于迎接挑战等励志理念；服务节目则是在赏心悦目的包装之下，传达有趣、有益、有用的知识，等等。栏目宗旨还有其他一些涵义，如发挥品牌影响力，产生特定的经济效益等。在策划过程中需要考虑的所谓栏目的宗旨，就是这样一些可以描述的理念、思路，它是保持栏目基本状貌和性质，为栏目全体制作人员共同遵循的共识。

在栏目策划中，把宗旨想清楚，并在策划书上写明，以便人们理解把握，并在今后实施的过程中遵行，这就是栏目宗旨表述的目的。

（三）栏目的定位

所谓栏目定位，是指在竞争的环境中，为栏目找到一个属于自己的、锁定特定受众的存在位置。定位的具体内容包括栏目内容、形式的确定，目标受众群的确定，在节目体系及竞争环境中地位的确定，等等。不知道处于什么位置，不知道给谁看的栏目，属于定位模糊的栏目；而定位模糊的栏目是没有生命力和竞争力的。凡是优秀的栏目，都是定位明确的栏目。

中央电视台《动物世界》栏目，以纪录片的形式，细腻展示人们难得一见的动物生存状态，把众多对大自然充满好奇心的人作为目标受众群；这个节目与中央电视台的其他新闻、法制、文艺、体育节目迥然不同，在节目体系中占据着独有的地位。这个定位，与该节目的高品质结合，促成了节目的长盛不衰。

湖南卫视的《快乐大本营》以综艺节目作为基本形式，借助活泼、时尚、充满朝气的内容和富有特点的主持，锁定年轻时尚人群。这个节目靠这些特点成为为数不多的受到年轻人群欢迎的、在传统电视平台上传播的精品，在国内的节目竞争环境中独树一帜。

在策划的栏目定位环节，就是要通过创意思维的激荡和认真归纳比对，结合所策划栏目的特点，确定其在受众和节目体系、竞争环境中的位置。

（四）栏目的选题

选题是栏目选择的题材，是栏目内容的组成部分。我们知道，栏目是具有共同名称、统一包装、统一长度、定期播出的节目序列。一个栏目一旦开办，就要不停地选择题材进行拍摄制作，除非这个栏目停办，否则一期也不能停歇。这样，在策划栏目的时候，就需要对栏目的选题进行大致的构拟和设想，以保证栏目在内容方面的“可持续发展”。笔者曾经参与过成都电视台新闻专题栏目《今晚 8：00》节目的策划，当时对栏目选题作了如下限定：原则上只选择具有舆论监督、批评曝光价值的题材，具有感人魅力的好人好事题材，能够催人泪下、具有励志价值的逆境奋斗题材，具有震撼、惊悚效果的刑事案件侦破题材和道德冲突题材。策划时确定的这些选题原则，为栏目源源不断地获取高收视率、强影响力题材，提供了重要指导。这成为该栏目在走过了二十多年后，至今仍然保持着一定品牌号召力的重要原因。

在开办一档新栏目的策划活动中，选题策划的主要任务是划定未来栏目可能涉及的题材领域，提出选择题材的标准或原则。这时，既要考虑在前边曾经提到过的“富矿”、“贫矿”问题，也要考虑题材能否持续开发的问题，还要尽可能考虑应该怎样去选择题材的问题。只有当这些问题都被考虑清楚，形成清晰思路后，这一环节的策划才算告一段落。

（五）栏目的形式

一旦栏目的个性、宗旨、定位、选题这些因素大致确定，就需要考虑栏目的形式了。栏目的形式包括栏目的版式和栏目的形态，它们构成未来栏目的基本状貌。

1. 栏目的版式。所谓栏目的版式，是指栏目在内容构成上的组合方式。主要包括“通版型”、“杂志型”、“综合型”三种。

通版式是在栏目内部，一期栏目一个选题内容的组合方式。例如，《探索·发现》、《社会经纬》、《焦点访谈》等，就属于这一类。

杂志型是若干相对独立的选题内容组合成一期栏目的方式。目前绝大多数电视新闻消息栏目、信息栏目属于这种类型。例如，《新闻联播》、《房地产信息》等。

综合式是指兼有通版和杂志特点的栏目。例如，《星光大道》本身是一个完整、前后连贯的选秀节目，但内部又由几个板块组成，各板块是节目内部的进行环节，它们并不具备杂志型版式内部板块的那种独立性。如《非诚勿扰》等婚恋交友节目，节目浑然一体，但在进行过程中交错使用现场访谈和视频插片，也属于这种版式。

2. 栏目的形态。栏目的形态主要是指采用现场访谈、现场表演、外景拍摄等不同表现方式所造成的栏目的形貌状态。这也是策划栏目的时候需要考虑并确定的。以新闻题材为例，既可以采取外景拍摄+主持人串接的方式表现，也可以用演播室主持人对嘉宾访谈的方式表现；情感题材可以采用新闻专题的方式表现，可以采用演播室访谈+插片的方式表现，也可以采取栏目剧再现、扮演的方式表现。在实际存在的栏目中，以某一种形态元素为主，该种元素成为栏目形态构成基础的情形，较为普遍。

在具体的电视节目制作实践中，一些以表现方式作为划分标准而形成的节目类别，也属于栏目形态的范畴。如：真人秀与综艺节目，探秘型科教节目与电视科教专题片，都是根据节目形态的差异而作出的类别划分。

在策划栏目的时候，要根据栏目的具体情况、制作者具备的条件和拥有的制作能力，对采用何种表现方式作出考虑，以此为基础确定栏目的形态。

（六）栏目的风格特征

所谓栏目的风格特征，是栏目在宗旨的导引下和内容的决定下，经策划确定，在实施中体现出来的总体风貌和格调。通常，时政新闻的风格是严谨、稳重的，综艺节目的风格是活泼时尚的，法制节目的风格是惊悚沉重的，情感节目的风格是回环动人的。使用风格一词来描述的这种栏目元素，就是这样一种意会特征明显的审美范畴。栏目的风格特征是一种客观存在，把它作为一种元素提出来，有助于在策划者和实施者之间达成理性共识，从而在具体运作过程中更好地把握它、体现它。栏目的风格特征可以通过如下几个方面的努力来实现：

1. 在内容上体现出风格。

不同的题材在经过转化进入视频节目的时候，常常会对节目发挥制约作用，影响节目风格特征的形成。例如，社会新闻节目和少儿节目、科教专题片和综艺节目的风格差异，就是这样形成的。究其原因，主要由于不同的题材具有不同的情感、态度方面的色彩，这些色彩必然在节目风格上表现出来。因此，在策划栏目的时候，应该充分考虑到这一点。例如，社会新闻需要稳重，综艺节目应该活泼，少儿节目必须有趣，科教节目则最好严谨一些，这样一些认知已经成为策划人在确定栏目风格时的共识。

在策划的这个环节，策划人所要做的，是在创意的基础上对栏目因内容的影响而可能出现的风格状况，作出提示并尽可能给出原则性操作建议。

2. 在包装上体现出风格。

包装是影响栏目风格的重要元素。包装的策划后面还要专章讲述，这里只是从影响风格的角度简略提及。包装的意义在于，赋予栏目在美术、音乐音响方面统一而稳定的标志，从而从视觉上和听觉上强化栏目的形式信息，以给观众留下恒定而深刻的印象。由于包装的实施是涉及美术、音乐音响等领域的专业性很强的工作，所以在栏目策划过程中，只需要对包装提出原则性的建议。当然，这仍然需要策划者具备包装方面的基础知识和美术、音乐音响方面的一定鉴赏能力。

3. 通过主持人体现出风格。

主持人是栏目主要的构成元素之一。主持人的形貌气质，主持的状态，在栏目中的作用，甚至主持人的性别、数量，都可以影响栏目风格。

《非诚勿扰》中的光头孟非，《快乐大本营》中洋溢着青春活力的何炅、谢娜等，显然他们个人的形貌气质影响了栏目风格的形成。

李咏在《非常 6+1》中的主持状态活跃、张扬，毕福剑主持《星光大道》显得智慧、机敏。虽然都是选秀型节目，但两位主持人的状态对各自栏目风格的影响能给观众明显的感受。

《艺术人生》中的朱军和《鲁豫有约》里的陈鲁豫，由于他们在各自栏目中作用显著，其栏目风格也因此打上他们个人风格的鲜明烙印。

《开心辞典》由女主持人王小丫一人担纲，于是栏目风格文静、平和；《天天向上》里多个年轻人同台主持，栏目风格便热烈、活泼、喧哗。

从上面的例子里，我们能看到主持人对栏目风格形成产生影响的多种可能。策划的时候，应对此有所理解，并根据具体节目的情况，就选用什么样的主持人，主持人在节目中的形貌气质和工作状态，主持人的数量等，做出原则性建议并反映在策划书中。

4. 在拍摄制作中体现出风格。

电视栏目是电视节目的特殊组合播出形态。在电视节目的制作过程中，镜头的拍摄、编辑过程中的处理、演播场地的设计、节目与节目的衔接方式等，都会对栏目风格的形成产生影响。

例如，镜头是采用短促的剪辑组合，还是大量采用长镜头；是主要使用静止镜头，还是让摄像机处于大幅度的运动之中；是冷静地使用纪实的画面，还是进行大量的后期美术、音乐音响、细节渲染的包装处理；演播室观众是四平八稳地待在原地，还是热烈地与主持人和嘉宾进行互动，诸如此类的处理都会对栏目最后风格的形成发挥影响。

优秀的策划人，会考虑到这些问题，并给出原则性的建议。

（七）栏目的推广与宣传

一个栏目开始运行之后，不可能消极地等待观众的热烈反应，通常的做法是主动出击，创造广泛的社会影响，并不懈地塑造栏目的品牌。栏目成为品牌节目，拥有稳定的、忠诚的观众群，是栏目成功的标志，是栏目制作者追求的目标。

要实现上述目标，栏目的推广和宣传必不可少。推广可以通过举办社会活动等方式来进行，宣传可以调动多种手段、利用多种媒体渠道来实施。在这个过程中，采用什么方式来推广宣传，如何使推广有声势、宣传有效果、活动有特色，等等，是创意策划的重要内容。理想的栏目策划文案，应该反映出对这方面的建议。

（八）栏目的运行

电视栏目是定期播出的节目序列，一旦在电视频道上推出，就需要不停地制作下去，因此，采取何种运行模式就成为策划应该考虑的问题。

通常，栏目制作需要一个专门班子，这个班子叫做节目组。节目组内，需要设置总负责人、摄制组负责人、编导、摄像、制片、剧务等岗位。

不少节目组的总负责人为“总制片人”，他们对栏目的生产制作承担总的责任。

栏目组内一般都需要根据不同情况设立若干个摄制组同时工作，以保证有足够的策划、选题、拍摄、制作、审查周期；摄制组负责人对每期节目的制作承担具体责任，可以由编导兼任。

摄像（师）负责摄像事务，制片负责事务管理和设备保障，剧务负责与节目有关的具体事宜，如联系采访人，落实现场观众，安排车辆，等等。

在策划的时候，需要对节目组的人数、岗位设置等提出建议。节目组的人数因栏目规模和所拥有条件的不同，在各电视台或节目制作公司往往差异比较大。通常，在省级电视台的地面频道或中心城市电视台，一个每周五期、每期 20 分钟的新闻专题类栏目，至少需要 25 人到 30 人左右，并且有 5 位编导、5 位摄像师，才能在其他保障人员的配合下，顺利开展工作。

接下来需要考虑设备、设施配置。如果一个节目组满负荷运行，则摄像和编辑系统要么独立配置，要么统筹调配，但都需要一个基本的数量。例如，上面提到的那种新闻专题类栏目，配备 5 台摄像机、5 套编辑系统是必要的。至于演播室、演播厅等大型设施，也应该纳入考虑范畴。

经费投入规模需要预估。栏目一旦运行，马上就会发生费用投入的问题。人力成本（工资、补贴）、制作成本（耗材、设备租赁等）、差旅支出、交通费用（车船飞机票、汽油、车辆维修等），以及不可预见开支等，都会发生。

在对栏目运行进行策划的时候，应对上面提到的因素一一考虑，并给出建议。

（九）栏目的经营

电视栏目很花钱，除了极个别的由财政拨款支撑的栏目之外，大部分栏目都需要创造经济效益。利用栏目里的元素，在合法的前提下赢利，是栏目经营的任务。通常，出售栏目的冠名权（如凤凰卫视的《凤凰大视野》栏目由“潍柴动力”冠名而成为《“潍柴动力”凤凰大视野》），在栏目中插播广告，对栏目内部的某些形式元素的销售（如题花、演播室置景、采访的话筒标识、出镜主持人服饰标志、主持人使用的笔记本电脑的背面图饰等的销售），都可以纳入栏目经营予以考虑。此外，以栏目品牌为号召举办、联办社会活动，也是栏目经营常常采用的方式。

策划时，需要围绕上述元素进行创意、谋划，并提出建议反映在策划文案中。

总之，栏目的策划就是要通过创意和筹谋、规划，把前述所有的项目都考虑清楚，形成较为完整的思路，然后以此为基础撰写出栏目策划文案。需要注意的是，栏目策划文案交付审查之后，往往还会有若干次的意见反馈和修改。一旦定稿并交付实施，则策划工作即告基本完成。

第三节　经典栏目策划案例赏析

我们选择获得2007—2008年度“中国广播电视大奖”的电视栏目《垄上行》（湖北荆州电视台）作为赏析对象。

（请学生在课前观看获奖的这一期电视栏目《垄上行》）

赏析：

我们观看、分析《垄上行》这个栏目，目的是发现蕴含在其中的节目亮点，这些亮点其实都可以看做是该栏目策划者创意、策划闪光点在栏目中的体现。通过分析，我们可以看出策划的价值怎样在具体的栏目中转化为促成栏目成功的因素。

亮点1：对农节目的定位优势。

《垄上行》是一档对农节目，这在归类上属于对象性节目。“三农”问题（农业、农村、农民）历来是国家关注的重点，也应该是媒体关注的重点。但由于电视节目市场化的影响，许多省级电视台和中心城市电视台把更多的注意力和资源投向了城市生活，对农电视节目不受电视人的重视是一个不争的事实。荆州电视台作为一个拥有广阔农村区域的地级市电视机构，把目光投向农村，开办了《垄上行》这样一档以农民为对象的电视栏目，这样的策划定位包含多方面的价值：

其一，履行了基层电视媒体应该关注农村的职责，这与国家的提倡吻合，必然受到来自行政权力的支持和赞许。在十分重视电视节目舆论导向功能的中国电视评奖中，这是一个非常明显的参评优势。

其二，由于农村人口众多，农民中观看传统电视节目的人群庞大，这足以使该栏目拥有众多的观众，从而保有较高的收视率。

其三，对农节目的题材领域较少有栏目涉及，这样，使得《垄上行》栏目避开了与许多其他强势栏目的直接竞争，具有“错位竞争”的局部优势。

亮点2：杂志型版式的综合优势。

《垄上行》采取的是“杂志型”版式。由于这档节目属于对象性节目，所以选择这个版式是明智的，这样的选择使该栏目具备多方面的优势：

第一，内容丰富、信息量大。

《垄上行》栏目采取杂志型版式后，组合进了“民生新闻”（小孩捉鸡）、“典型报道”（村民的三十年历书记事簿）、“信息服务”（招聘农民技工、短信回复）、“农技辅导”（果枝修剪）、“批评曝光”（信用社与贷款人纠纷）、“民生专题”（丈夫赌博妻子愤而出走）等丰富的内容，信息量大。

第二，集多种功能于一身。

由于采用杂志型版式，使节目能针对特定观众群，提供多种服务，集成了多样的功能。观众通过节目，可以了解信息、学习知识、观看故事性案例、获得维权帮助或纠纷调解，能够有多方面的收获。

第三，选题可持续性强。

从运行的角度看，由于栏目内容涵括了农村生活的许多方面，使得节目题材资源丰富，取之不竭，可以持续开发选题。

亮点3：充满乡土气息的包装优势。

《垄上行》的包装充分考虑了对农节目的特点，采用多种手段，实现了风格统一，赋予了栏目个性鲜明的形式特征。具体表现在以下方面：

栏目名称“垄上行”的标准字设计美观大方，两个脚印的视觉元素很有个性；栏目名称的标准字以话筒标志、提花等形式频繁出现。

采用金黄和翠绿作为标准色，与“农村、农业”的意象契合；并且坚持了统一原则，将标准色运用到字幕衬底、画面装饰等各个环节。

主持人着中式上装，演播环境处理成农家小院风格，与节目内容融为一体。

“小喇叭广播”预告节目，采用了农村观众耳熟能详的“喇叭”视觉元素，强化了乡土气息。

亮点 4：多样而深度的互动设计。

该栏目设计了多样的互动环节，并且提供了深度互动的平台，这不但为农村观众提供参与机会，也增加了节目的吸引力。具体表现在：

设立“垄上土记者”角色，让农民自己报道自己身边的新鲜事；

推出栏目热线，既解决一部分节目选题线索，也为观众提供交流机会；

通过手机短信征集疑难予以公开解答，用新媒体提供互动交流平台。

亮点 5：强烈的自我推广宣传意识。

栏目内部数次出现自我推广宣传的处理，体现出强烈的自我推广宣传意识。例如：

栏目热线电话宣传短片“伢儿子丢失，热线接报料前往拍摄，原来是猪伢儿子”；

对“垄上频道”的推介短片；

对“垄上致富英雄”活动的推介短片，等等。

亮点 6：值得肯定的细节处理。

栏目还有一些细节处理具有一定的新意，给人留下比较深刻的印象。例如：

在主持环节，以主持人王凯的演播主持为主，以“小喇叭广播”预告节目内容，以画外女声与王凯的问答转场，这样一来，比仅仅由一位男主持人主持生动活泼得多。

在音响效果的使用上，片头用唢呐渲染，板块转换用公鸡打鸣和黄牛鸣叫点缀，都非常有特色，并且与栏目风格色彩紧密契合。

上面我们分析出的亮点，绝不可能自然发生，它们是策划者智慧的结晶。我们可以想见，这些亮点从创意萌生到形诸文案，到经过实施成为现实，其间一定经历了策划人殚精竭虑的思维过程。从这个经典案例中，我们可以再次发现策划对栏目成功的贡献。

思考和练习

1. 什么是栏目？栏目化的意义是什么？

2. 栏目策划需要明确的前提包括哪些方面？

3. 谈谈你对“限定性”与栏目个性关系的理解。

4. 结合本章所学内容，试策划一档以互联网QQ交流为内容的电视栏目。

5. 观看《垄上行》栏目，找出该期节目在选题、形式、包装、互动等方面的亮点。

第五章　电视节目策划与故事化叙事

第一节　什么是故事化叙事

一、从故事理解故事化

故事化叙事是近年来国内电视界的一个流行概念。那么，什么是故事化叙事呢？这里，我们先来读一则故事：

人类学家为了了解不同文化背景对人类生存观念的塑造，专门从四个国家分别选择了四组人，每组都是两男一女，全部未婚，然后让他们分别到了四个与世隔绝的小岛上生活10年。10年后，人类学家先后到了这些岛上，见到的结果惊人的不同。

中国人的岛上：在到来的第一年，两个男人就展开了追求女人的攻势。其中一个成功了，并和那个女人结婚，生了好多孩子，种着地，养着牛，一派田园风情；失败的男人找到一个山清水秀之所在，盖起一座小庙，当了和尚。

德国人的岛上：10年来，女人都在照顾着两个男人的生活，而两个男人每天都在用哲学的方式讨论这个女人到底应该属于谁。

意大利人的岛上：刚来没多久，两个男人就用决斗的方式来决定这个女人到底应该属于谁，结果一人战死，现在岛上只剩下另一个男人与女人快乐地生活。

美国人的岛上：一个女人孤独地生活着，两个男人结婚了。①

这是四个具有因果关系并包含冲突元素的事件，在叙述的时候可以有四种方式，都不会影响信息的完整性。但对中国听众而言，只有上面这种讲述方式是最好的。理由在于，中国听众最熟悉中国人那一组，故事主人公的决定方式最能获得中国听众的理解，放在前面，能立刻激起听众继续听下去的兴趣；德国人的方式沉闷乏味，但毕竟是新的情景，放在观众兴趣尤在的时刻讲述，不至于使听者兴趣消失；意大利人的方式表现为激烈的冲突，可以一下打起听众的精神，让其进入兴奋状态，并期待着最后的结果；美国人的方式荒诞得出乎所有人的意料，以无法预测的“意外”给了听众一个满意的结局。在叙述的时候，唯有中国人这一段，渲染了山清水秀的细节，为的是唤起观众真切的感受，到了后面，叙述就非常简略，只用事件进程本身去打动听众。

这就是故事化叙事。如果我们分析一下，可以从中发现故事化叙事的两大基本要素：

第一个要素是事件本身具有故事潜质。这则故事是一个事件，但又不是一般的事件，其中包含着如下一些基本的成为故事的潜在资质，如：事件的因果关系（人类学家做试验，十年之后出结果；其中一个男人的成功就意味着另一位男人的失败），人与人的冲突（两个男人为一个女人展开争夺），人物行动与遭遇障碍（两个男人追求同一个目标，双方相互构成对方实现目标的障碍），未知的结局（谁能获得女人？10年之后四个组会是什么结果），进程的逆转（两男一女和平共处的平衡状态被打破，出现多种不同组合），人物的命运（谁是成功者、谁将失败），等等。上述潜质存在于这个故事中，使它成为不同于一般事件的“特殊事件”，所以它是一个故事。

上面列出的故事潜质，有一个核心因素贯穿在所有潜质中，那就是人的因素。事件的主角是人，事件发生变化由人的行动促成，事情

---

① 参见任金州主编，程鹤麟、张绍刚编著：《电视策划新论》，中国广播电视出版社2002年版，第294页。

的结果是人的命运的归宿，等等。所以，可以称作故事的事件，一般以人为核心。

这则故事的事件里面套了四个小的事件，综合构成一个完整的事件。它是虚构产生的，是作者按照故事化的要求，虚构了事件并通过虚构赋予事件种种故事潜质。这种虚构每天都在上演，是文学的基本任务，是文学创造性的主要体现之一。

在历史上和生活中实际发生的事件中，有一部分也具有故事潜质。例如，古代的著名人物的经历，对刑事案件的侦破，等等。经过故事化叙述的转换，它们也可以成为故事文本或节目。例如，《史记》里项羽的经历，以及法制电视节目里的案件侦破，经过司马迁和电视人的叙述处理，它们成为了故事。

第二个要素是对事件进行叙述的方式。前面我们提到，四个组所经历事件在叙述时谁先谁后的顺序排列方式，会对叙述效果产生明显影响，除此之外，如果我们将某个组所经历的事件展开来叙述，采用不同方式也会影响叙述效果。例如，对意大利人那一组，叙述时可以有多种方式：

第一种，按照事件的自然进程进行叙述。先讲述缘起，接着讲述两男一女到岛上，再讲述两男因追求女人发生矛盾，最后讲述决斗情境，交代一死一存的结果。

第二种，先讲述海岛上一个男人被杀死，提出问题“他为何而死？是谁杀死了他？是什么原因导致他被杀?”激起听众兴趣后追溯原因，回头介绍此前的过程。

第三种，先讲述两个男人决斗的血腥场面，旁边有一女人在观战；然后插叙事情缘起；最后回到决斗现场，讲述决斗的最后结果。

……

还可以列出一些叙述方式。如果细细体味，这些不同的叙述方式可以导致很不一样的叙述效果。

不但如此，如果变换叙述者的视角，例如，不是像现在这样以局外人的视角来叙述，而是采用两个男子中某一个男子的视角来叙述，或者采用女子的视角来叙述，也会造成不一样的效果。

所以，面对一个包含故事潜质的事件，采用某种特定的方式来讲述，也是故事叙述中的要素之一。

正是上面两个基本要素，构成了故事化叙事的内涵。简单地说，故事化叙事就是用讲故事的方式来讲述某些特殊的事件，通常，人是这些事件中的主角。它包括对具有故事潜质的事件的虚构和选择，以及采用讲故事的方式进行叙述。我们十分熟悉的电影故事片和电视连续剧，每天都在用故事化的方式讲述虚构的事件，需要指出的是，这不是我们在本章探讨的内容。我们所关注的，是纪实性电视节目，即非虚构电视节目的故事化叙事，也就是用讲故事的方式对具有故事潜质的真实事件展开叙述。

目前，在策划电视栏目的时候，往往要涉及栏目是否采用故事化叙事方式作为基本叙事模式的问题；在策划具体电视节目拍摄制作的时候，也常常遇到采用故事化叙事来进行表现的问题。所以，我们将在本章介绍故事化叙事的一些基本知识，以满足叙事方式策划的需要。

二、故事化叙事基本要素解析

如前所述，故事化叙事包含两个基本要素：故事潜质的特殊事件和特殊的叙述方式。下面，我们分别对两个要素作进一步的解析。

（一）故事化叙事意味着叙述对象是包含故事潜质的事件

1. 故事潜质和事件。

故事化叙事就是“讲故事”。任何故事讲述，都是叙述一个事件的过程。孤立的事实不构成故事。

通常情况下，只有已经发生的事件才具有可以被叙述者把握的、完整的因果关系，才有被各种叙述技巧处理的可能，所以人们一般认为故事化叙述只能是对过去事件的叙述。而实际上，在纪实文本领域，某些正在发生的事件，如果充满未知的真相，也可以应用讲故事的技巧进行叙述，例如某些以揭露曝光为特征的事件进程报道。

但不管怎样，能够成为故事的事件，不是一般的事件，而具有一些特殊的性质。有人认为，“真正的故事情节只是出现在人物遭遇波折或不幸的时刻”。[①] 例如：

“一个人坐在屋里，有人来敲门”，不是故事；但“世界上最后一个人坐在屋里，突然传来敲门声”就是故事，因为包含了意外。

“前天公司开会，今天又开了会”，不是故事；“国王死了，王后也因悲伤而死”是故事，因为包含了大人物的死亡，并且二者有因果关系。

“一个流浪汉捡起一张废纸片”，不是故事；“一个流浪汉拣起一个包，打开一看，里面是10万元现金”则是故事，因为包含了意外和命运转折的可能。

“小王拿着汇款单，乘公交车到邮局，取了钱，去超市买了一点东西”，不是故事；“小王拿着汇款单，到邮局去取钱，乘坐的公交车抛锚停在路上，他只好跑步去邮局，等他赶到，邮局正要关门，在他的央求下，工作人员接过了汇款单，查看之后告诉他：汇款已经被取走了”是故事，因为包含了“追求目标、遭遇障碍”的元素。

上述具有特殊性质的事件，一旦被采用“故事化叙事”的方式进行讲述，则那些性质所蕴含的故事潜力就被释放，这些事件就可以转化为故事文本。这种特殊性质并不是所有事件都具备，只潜藏在某些事件当中，它们要么被虚构，要么被发现，只是在被叙述者激活之后，才显现出故事方面的意义和价值。所以，我们称这些特殊性质为“故事潜质”。

2. 人的核心地位。

故事都由进程性事件构成，事件的主体是人。任何故事，都以人为主角，或与人发生联系。《西游记》里的孙悟空、猪八戒，是变动了嘴脸和能耐的人。“国王死了，王后也死了”是故事，“公鸡死了，母鸡也死了”就不是故事；但“养鸡大王的公鸡死了，母鸡也死了”就是故事，因为与人发生了联系。所以大部分故事潜质都与人密切相关。

有人参与的事件很多，但与人的命运有关的事件才能成为好故

① 参见童庆炳主编：《文学理论教程》，高等教育出版社2008年第四版，第239页。

事。人们关心稀奇古怪的事件，更关心事件中的人物命运；只有人物命运才具有深深打动人心的力量。例如，出了一起车祸，一个中年男人死了，这是一起意外事件，固然能够引起人们的关注，并唤起惊悚情绪和一丝悲悯，但很难让人心灵深处受到震动。但如果引入了人物命运的因素，例如我们通过报纸的叙述得知，这个死者曾经是一个事业辉煌的工程师，后来因吸毒失去了工作，妻子女儿厌弃他，他绝望之中撞车自尽。在后一种情况下，我们就会被深深吸引和打动，甚至会激起内心深处的思考：从这个人身上，我们可以得到什么关于人生的教训？我们应该怎样在自己的生活中去避免类似的个人悲剧？由此看来，故事叙事不但以人为核心，作为更高的要求，还应该把人的命运放在故事叙事的重要地位。

有些事件，其中并不包含人的活动，例如：UFO、恐龙灭绝之谜、通古斯大爆炸之谜，以及动物的生存图景等，但仍然具有故事潜质，仍然可以作为故事讲述。这是为什么呢？主要的原因在于这些事件进入了人的视野并被人关注，同时，它们还具备“奥秘”、“稀奇”的特点，能够激起人的好奇心，所以也具有成为故事的潜质。

要么人在事件中，要么是人关注的事件，总之，以人为核心，这是构成故事潜质的核心元素。

在以人为行动主体的故事中，叙事学有一个观点，认为人在故事事件中具有二重性：行动元和角色。[①]“行动元”是指人物的行动是故事事件发展的要素；而“角色”是指人物具有生动具体的形象和性格特征。这个观点有助于我们认识人对种种故事潜质的核心意义。

正是人物为了满足某种愿望，为实现目标而采取行动，才促进了事件的发展，如果他（她）顺利实现了目标，这不是故事潜质；而他（她）的行动遭遇了障碍，才构成故事潜质，这个故事潜质即“目标障碍”元素。

正由于人物的行动遭遇来自他人、自然和内心的对抗，才构成

① 参见［立陶宛］格雷马斯：《行动元、角色和形象》，王国卿译，见张寅德编选《叙述学研究》，中国社会科学出版社1989年版，第119页。

"冲突"，而冲突是最重要的故事潜质元素。

人物通过行动克服障碍，通过行动在对抗激起的冲突中改变事件进程，导致事件在"成功－失败"、"喜悦－悲哀"、"爱－恨"等两极价值中曲折发展。这个"两极价值"，被好莱坞叙事研究者看做是故事意义所在，将其命名为"故事价值"。①

只有当事件具有上述潜质并以人为核心或者与人发生密切联系，才有可能成为故事。

（二）故事化叙事意味着采用特殊的叙述方式

人们对过去事件的叙述通常有两种方式：一种是按照事件发展的实际时间来进行叙述，这就是所谓的"物理时间"叙述法；一种是按照事件发生发展的逻辑关系、根据受众的兴趣点来进行叙述，这是所谓"心理时间"或"内部时间"的叙述法。②

"物理时间"叙述法关注事件本身的实际顺序，通常是为了向受众清楚地介绍信息、阐明意义而进行的叙述。在传统的时政新闻节目中，大部分是采取这样的叙述方式。这种方式的长处是便于人们简明扼要地接受信息并很快掌握信息的内涵；而其最大的缺陷是难以激起受众接受信息的兴趣，并且可能会导致事件信息淹没人物，从而不利于人物的表现。

"心理时间"或"内部时间"叙述法则不同。这种叙述法以受众为中心来展开叙述，以激起受众兴趣为主要关注点，同时注重通过事件进程表现人物。它可以不理会事件的先后顺序，而只根据事件的表意性质来确定叙述顺序；在这个过程中，大量采用增强吸引力的叙述技巧。

美国曾经发生过一个真实事件：一个嘉宾在做完电视节目后被另一个嘉宾枪杀。③ 对于这个事件，如果依循"物理时间"来叙述，可

① 参见［美］罗伯特·麦基：《故事——材质、结构、风格和银幕剧作的原理》，周铁东译，中国电影出版社 2001 年版，第 40 页。

② 参见董学文、张永刚：《文学原理》，北京大学出版社 2001 年版，第 172～173 页。

③ 参见宗匠：《电视娱乐节目：理念、设计与制作》，中国广播电视出版社 2003 年版，第 17 页。

以有两种表述方式：

1. 电视节目录制完成之后，一位嘉宾拔枪把另一位嘉宾枪杀了；

2. 电视节目录制完成之后，一位嘉宾被另一位嘉宾开枪杀害。

上面两种表述方式，只有细微的差别，其对受众的吸引力没有显著差异。但如果依循“心理时间”叙述法，则就可能出现多种表述情形，在叙述效果上也会出现较大的差异。我们试着来看看其中的两种情形：

第一种情形：把叙述重心放在被枪杀嘉宾身上。按照这样的要求，恰当的叙述方式是，首先叙述事件的结果，即一个嘉宾做完电视节目后被枪杀，以引起观众的震撼并激起观众强烈的好奇心，然后倒过去叙述被杀者的生平，他是怎样地坚持他的观点并与另一位嘉宾发生激烈冲突，从而遭受另一位嘉宾的忌恨，最后叙述他如何在节目做完后，一步步走向自己生命的终点。这种叙述情形，在事件的基本事实没有变化的情况下，把观众的关注引向受害者，并引发对受害者的惋惜和同情。

第二种情形：把叙述中心放在枪击者身上。在这种情形中，可能的叙述方式是，首先叙述开枪者的生平和境遇，接着介绍他最近遭遇了怎样的不顺心事，接下来叙述在节目中他是如何遭到另一位嘉宾的嘲讽、羞辱，而这些嘲讽羞辱是如何强烈地刺痛了他的自尊心并深深地伤害了他的感情，以至于他忍无可忍。最后叙述他是如何不顾一切地在节目制作完毕之后，向羞辱他的人射出了仇恨的子弹。显然，在这种情形下，观众的同情天平会向开枪者倾斜，而事件的基本事实仍然没有改变。

上面的两种情形，对事件的叙述都没有按照它发生、发展、结局的自然顺序来进行，而是根据表意的需要和观众的心理需求作了调整，调整的时候所依据的，不是事件发生的实际时间，而是事件的因果逻辑关系。这就引出了“情节”这个概念。所谓情节，“是按照因果逻辑组织起来的一系列事件”，[①] 是故事的一种处理方式。情节是

---

① 参见童庆柄主编：《文学理论教程》，高等教育出版社 2008 年第 4 版，第 238 页。

故事化叙事中的一个重要概念，情节的安排是故事化叙事的基本内容之一。

安排情节的目的在于通过事件的叙述塑造人物和增强事件进程对受众的吸引力、感染力、冲击力。除此之外，还有其他一些叙事方法、措施、技巧，可以达到同样的目的，如释放故事价值、为行动确立目标和障碍、强化对抗与冲突、设置悬念、渲染细节、激发情绪，等等。这些叙事方法、措施、技巧或与情节的安排结合，或独立使用，在叙事过程中不断激起受众好奇心，不断吸引受众注意力，不断感染受众情绪，不断在受众心中引发共鸣，发挥着重要的作用。

上述内容在下一章我们将专门介绍，这里从略。

综上所述，故事化叙事就是按照上述两种基本要素所蕴涵精神的要求，根据两种要素所提供的原则和方式，在叙述领域所进行的创造性活动。近年来，纪实类电视节目策划大量地涉及故事化叙事方式、模式的策划，所以，我们应该掌握这方面的基本知识和基本规律。下面我们就来学习纪实类节目故事化叙事的有关内容。

第二节　故事化叙事在纪实类节目中的应用

一、纪实类节目与故事化叙事

在电影故事片、电视剧等作品中，故事化叙事得到广泛而大量的运用，这没有疑问；但在纪实性作品，例如新闻专题、法制节目、情感节目、谈话节目、科教节目中，可以运用故事化叙事吗？

对于这个问题，有着不同的回答。我们的观点是，故事化叙事是可以运用于纪实类电视节目中的，因为当前国际国内电视节目的现状有力地证明了这一点。

例如，美国 CBS 的《60 分钟》，是一档历史悠久并取得巨大成功的新闻深度报道栏目。该栏目总制片人丹·休依特回答栏目为什么能够取得成功的问题时，总会说："找到比你会讲故事的主角，让他或她替你讲故事。”①

在中国，作为新闻舆论监督节目范例的《焦点访谈》，就采用了故事化叙事模式。其绝大多数节目都遵循这样的叙事结构：百姓利益受损→记者调查取证→上级领导决定惩罚非法行动、执法者出面→百姓利益得到补偿→对其他非法行动形成威慑，达到稳定政治的功效。② 这样的叙事结构，包含着如下故事要素：

——看得见的百姓利益受损背后，隐藏着非法活动。这里面包含着“百姓 VS 非法活动者”的冲突元素，包含“谁是非法活动者”、“非法活动的真相是什么”等谜团，这是该事件中蕴含的故事潜质。

——记者介入，准备揭示真相，而真相是什么暂且不知道。这里引入“记者 VS 非法活动者”的冲突，情节由此展开，通常伴随悬念的设置。

——随着记者的探询，如寻访、暗访、偷拍等，在记者不断克服非法活动者设置的障碍之后，真相逐步揭示出来。这是为冲突双方角力后所导致的“黑幕—真相”两极（故事）价值的大逆转所做的准备和铺垫，其间一般还要展示暗访过程中某些惊心动魄的细节。

——上级领导决定惩罚非法活动者，执法部门介入，高调扫荡非法活动者；非法活动者鸡飞蛋打，百姓利益得到补偿。这是“黑幕—真相”、“邪恶—正义”两极价值的不可改变的大逆转，犹如戏剧最后一幕的大结局。事情有好结果，观众十分开心，这和故事片的结尾很相似。

经过上面的分析，想必大家会得出结论：纪实类节目也可以运用故事化叙事。

二、纪实类节目故事化叙事要点

电影故事片和电视剧的故事化叙事，其所依托的是虚构的事件，

---

① 王卫庭：《讲故事创造〈60 分钟〉36 年辉煌》，载《传媒观察》2005 年第 2 期，第 26 页。

② 参见潘知常、孔德明主编：《讲“好故事”与“讲好”故事：从电视叙事看电视节目的策划》，中国广播电视出版社 2007 年版，第 11 页。

也就是编剧按照故事的要求，虚构出的以人为核心、包含故事潜质的事件。在叙述这个事件的时候，编剧、导演按照事件内在的因果逻辑，在表意需要的导引下，采用故事化叙事的方法、手段和技巧，实现让情节吸引人、让情节中的人物具有性格特征并感染人的叙事目标。

纪实类电视节目的故事化叙事则不能虚构事件，而只能选择那些具有故事潜质的事件。只要满足了这个条件，所有的故事叙事的方法、手段和技巧，都可以在叙述活动中运用。这样的话，纪实类电视节目的故事化叙事实际上只包括两项主要的内容：选择、寻找具有故事潜质的事件，和运用故事叙事的方法、手段、技巧进行叙述。下面分别作具体说明。

（一）寻找具有故事潜质的事件

故事都是由事件构成的，孤立的事实无法成为故事。故事化叙事是事件和叙述的结合，如果没有符合故事化规律的叙述，任何事件不会自动地成为故事；而没有具有故事潜质的事件，故事化叙事方式和技巧也无能为力。面对一次冗长乏味的马拉松会议，没有谁能够将它变成故事。因此，纪实类电视节目故事化叙事要做的首要工作就是寻找具有故事潜质的事件。那么，什么样的事件具有故事化潜质呢？

前面我们曾经提到过，能称作故事的事件，往往和悲伤、灾难、不幸、波折、意外等有关。这的确是对故事潜质的比较准确的概括，但实际工作中还需要有更为具体的标准。以下是我们对一些成功的故事化叙事节目进行分析研究之后，归纳出来的具有故事潜质的事件类型，它们可以被当做遴选事件时的参考标准使用。

1. 合法利益被伤害，而真相被掩盖的事件。前面曾经提到的《焦点访谈》里面的例证，就属于这类事件；许多新闻评论、新闻专题、新闻背景栏目的曝光节目，也常常选择这类事件。这类事件包含合法与非法、正义与邪恶的冲突，记者可以据之启动揭秘真相的进程，而真相不明本身为设置悬念提供了丰富的切入点，最后“恶与善”的大逆转能提供戏剧般的叙事高潮。应该说它是充分具备故事化潜质的一个类型。

2. 人物命运大起大落的事件。要么，人物从贫困中崛起，遭遇若干挫折，最后获得成功。例如，一个养鱼专业户，贷款养鱼，遭遇两次打击，几乎血本无归，最后在众人责怪的孤独中拼死一搏，由于掌握了规律和找准了市场，而获得巨大成功。要么，人物从显赫里陨落，开初富甲一方、呼风唤雨，几经变故，最后一贫如洗，甚至锒铛入狱。——这两种情形都包含人物命运的大起大落，经整理为情节后，内含强度足够的"两极（故事）价值"，以及人物与环境的对抗、主人公行动与障碍的冲突等因子，加之其中可设置悬念的点位较多，所以，具备很强的故事化潜质。

3. 具有良好道德水准的人物，为他人或社会做出奉献，但自我境遇却艰难困顿。这是以人物命运为主要线索的事件。例如，孝顺的女婿在妻子死后，独自照顾子女和女方瘫痪在床的父母，赢得了社会的嘉许，但牺牲了自己的青春；在艰苦区域忠实履行职责的军人，为国家利益做出很大贡献，但却无法履行作为丈夫和儿子的职责，等等。这类事件中，人物本身具备高尚的道德水准，具有感人的力量，容易成为鲜明的具有广泛影响的正面形象。其故事潜质主要表现在，人物命运包含的履行公共职责与承担个人义务的"两极价值"，主人公内心由此而生的心理冲突，以及在人物身上蕴涵的激发观众情绪的潜力。这类事件也具有故事潜质。

4. 人物遭遇极其艰难的境遇，但在逆境中不断打拼、奋斗，试图改变境遇，最终改变了境遇或者遭遇失败。这也是以人物命运为主要线索的事件。例如，年仅 11 岁的农村女孩，母亲早逝，父亲瘫痪，家境极为贫困，女孩既要上学，又要种地、打柴，挑起生活的重担，还要照顾瘫痪在床的父亲，但她默默承受这一切，从不向困难屈服，终于在考试中获得了优异的成绩，赢得了老师和同学的赞扬，并开始获得帮助；患白血病的姑娘，为了不拖累男友，以各种方式提出分手，而男友出于对爱情的忠贞，坚决不同意并在病房举行了婚礼以安慰女方，并倾尽家财、四处求医，最后方法用尽，女方还是撒手人寰……这类事件中的故事潜质主要表现在人物行动目标与环境障碍的冲突，不屈与重压、希望与幻灭等两极价值，同时包含强烈的道德冲击力，能够做到感人至深。

5. 刑事案件侦破事件。支撑着法制专题节目的，大多是这一类事件。这类事件，案件侦破之前，“谁是元凶”是贯穿始终的悬念；犯罪分子拼命掩盖罪行、试图逃避惩罚，警方积极侦破、定要缉凶归案，具有典型的“二元对立”冲突元素，做成节目可以被视为真实版的涉案电视剧。侦破过程的隐秘，犯罪分子的狡猾，场景的震撼，氛围的惊悚，无不成为刺激观众神经的元素。这是故事潜质最为丰富的事件类型。

6. 关系较为复杂、进程较为曲折的纠纷事件。在现实生活中，纠纷比比皆是。但小的纠纷，例如吵一场架，磕磕碰碰，就没有什么故事价值。但有的纠纷，例如牵涉到几个利益方的经济纠纷，以及是非曲直难以立即判明的法律权益纠纷等，其中既包含“二元对立”的冲突元素，是非曲直背后又多有隐情，具备设置悬念的前提，使这一类事件包含丰富的故事潜质。

7. 情感冲突事件。情感冲突事件支撑着电视情感节目。例如，一对情侣，女方移情别恋而男方痴情依然；一对夫妻，因“小三”介入而婚姻面临危机；受到伤害的一方利用节目披露真相试图使对方回心转意，二人在节目现场发生直接言语冲突等，是这类节目常见的情况。情感冲突事件包含“二元冲突”元素，可能出现激烈的冲突情景；事件背后隐藏着诸多隐秘的情感和不为人知的秘闻，能强烈地勾起观众的窥视愿望、激起其好奇心；情感问题本身具有“剪不断、理还乱”的特点，使得事件的是非曲直难以立即判明，事件进程由此变得颇为曲折。这些都是故事化叙事所需要的。因此这类事件也包含丰富的故事潜质。

8. 具有高关注度的历史、人文、军事、自然方面的包含“谜题”的事件。在这类事件中，主要的故事因素是其中包含的“谜题”元素。例如，中共党史上，打入中统的钱壮飞怎样在顾顺章叛变以后于千钧一发之际，将消息报告中央从而使中共中央摆脱了一次严重的危险；人文方面，沈从文怎样从一个小学文化水平的年轻人通过自学“嬗变”为文学大师；军事领域，第二次世界大战期间德国的潜艇战怎样由辉煌走向失败；自然界的一些不解之谜，如尼斯湖水怪、天池水怪、神农架野人，等等。这类事件包含的未知真相，能激起观众强烈的好奇心，因此它们具有故事潜质。

9. 现代观众难以见到的，具有猎奇意味的事件。主流的现代观众大多生活在钢筋水泥构建的现代都市里，远离大自然，生活简单、重复，枯燥乏味。自然领域的一些难以见到的，具备“幽微、奇妙、惊险、奇怪”（幽、奇、险、怪）特点的事件，例如，动物王国里的各类动物的生活情景，火山爆发的壮丽奇观，大洋深处的诡异景象，人体血液的复杂运行，以及一些都市人感到陌生的人文事件，如北极圈里因纽特人的生存状态等，对现代观众有着很强的吸引力。这类事件本身具有强烈的陌生感，对它们的关注具有鲜明的猎奇意味。所以，这也是具备故事潜质的事件类型。

上面所列出的9类具有故事潜质的事件，并没有穷尽这方面的类型。大家可以根据上面各个类型的简要说明，举一反三，寻找出更多的适合故事化讲述的事件。纪实类电视节目故事化叙事所要做的基础性和前提性工作，就是根据上面的提示，去寻找、选择合适的事件。电视节目的选题策划，常常包含这方面的工作。只有完成了这一步，下面我们提到的故事叙事的后续步骤，才有可能顺利展开。

（二）运用故事化叙事的方法、手段和技巧来叙述

前面我们已经提到，在选择了具备故事潜质的事件之后，还需要按故事化的要求、根据故事化叙事的规律来进行叙述，这是一个精神创造的过程。在这个过程中，涉及一些方法、手段和技巧的运用。下面简单地作一些介绍。

1. 情节及相关因素的处理。

前面我们曾经提到，所谓情节，是按照因果逻辑组织起来的一系列事件，是故事的一种处理方式。这个定义说明情节是叙事过程中叙事者对故事事件进行组织之后而形成的故事文本或故事节目中的事件状态，它并不是生活中的事件本身；定义还说明组织的时候所依据的是因果逻辑。根据叙事的需要对有故事价值的生活事件进行叙述组织，被称作“情节安排”。在情节安排的过程中，对因果逻辑的遵循

首先表现为情节模式的拟定；此外，激励事件、人物动机、外在目标、障碍和冲突，两极价值转换等元素也与因果逻辑密切相关，并且与情节安排配合，共同完成理想的故事文本或故事节目的叙事创造。

（1）情节模式。

具有故事潜质的真实事件分为两种情况：一种以人为主角，人是事件的主体，如刑事案件侦破、情感冲突、复杂纠纷、人物命运大起大落、历史事件，等等；一种不以人为主体，如对自然之谜的探究形成的事件。两种事件的情节安排分别适用不同的模式。

第一种模式是好莱坞编剧在故事片中所经常采用的模式，因原理相似，可以借鉴作为以人为主体的真实事件情节安排的模式。这个模式可以做这样的表述："激励事件—人物动机—外在目标—采取动作—遭遇障碍或遭遇反动作—发生冲突—逆转—结局"。大部分以人为主体的故事事件，都可以按照这个模式来处理。

第二种模式可以表述为："发现端倪—启动探索—遭遇困局—逐步揭示—解开谜团"。这个模式被大量应用在人文、历史、自然领域的"探秘"节目和法制节目中。

第三种模式是"发端—进展—改变—结局"，这个模式常常被引用在新闻性进程性事件的报道中。

在故事化叙事的过程中，我们首先需要根据作为叙述对象的事件的性质，参照上面的模式，对事件的各个环节做一个大致的安排，形成某个具体节目的情节结构。然后，需要综合运用其他元素来开始故事的叙述。鉴于后面两种情节模式相对比较简单，我们留在后面章节结合具体的节目进行详细介绍，在这里，我们就运用得比较多又比较复杂的第一种模式进行重点介绍。

在情节模式确定以后，接下来我们要做的是，明确激励事件并展开叙述。

（2）激励事件。

所谓"激励事件"，是好莱坞编剧教学中使用的一个概念，它是"故事讲述的第一个重大事件，是一切后续情节的首要导因"，它使其他情节要素开始运转起来。[①] 在真实事件的故事叙事中，我们可以发现，激励事件也普遍存在，它们是故事叙述的起点。例如：

发生了一起诈骗案，受害者报案，警方介入，开始破案。这里的激励事件就是案件的发生。

一个人因贫困而生活艰难，苦苦思索脱贫的办法，于是他想到了通过养鱼来摆脱贫困。这时的激励事件就是贫困的压力。

一个人参加艺术考试考上了大学，却因家境贫困交不起学费，无法入学，于是他怀着不甘的心态，离开家乡，到外部世界去寻找人生机会。这儿的激励事件是因贫困上不起大学。

激励事件就是这样的一些发生于个人生活或社会生活中打破生活平衡的事件，它能激起当事人的反应，引发后续事件；从叙事的角度讲，也就是引发后续情节的发展。激励事件对后续事件的作用通常以两种方式表现出来：一种是引发人物采取主动行动，由此引起新的事件，例如，同伴中有人在广东打工赚了大钱，消息传来，主人公 A 也决定去广东打工；一种是促使人物被动应对而引起新的事件，如某人设圈套陷害主人公 B，主人公有所察觉，从而踏上逃亡维权之路。

确定了情节结构，明确了激励事件并对其进行了叙述，接下来要做的工作，就是弄清楚人物的动机，并细致地表现出来。

（3）人物动机与外在目标。

当激励事件发生以后，按照故事叙事的基本原则，主人公必须作出反应。这种反应首先是心理上的。由于激励事件打破了生活的平衡，所以，主人公心中需要“激起平衡的欲望”。[②] 这种心理上的平衡欲望表现为为恢复生活平衡而采取行动的动机。例如：

案件发生后，犯罪分子的凶残和受害人的可怜激起办案人员为受害人主持公道的强烈愿望；

家庭贫困、妻子没钱看病、儿子上不起大学，激起主人公要发财

---

① 参见［美］罗伯特·麦基：《故事——材质、结构风格和银幕剧作的原理》，周铁东译，中国电影出版社 2001 年版，第 211 页。

② 同①，第 225 页。

致富的强烈动机，等等。

有了动机之后，主人公会去寻找一个外在的目标来作为满足动机的行动对象。例如：办案人员的外在目标是抓获犯罪分子，处于贫困中的主人公的外在目标是养鱼致富，等等。

在叙述的时候，将人物动机和外在目标同时纳入考虑，是故事叙事“以人为核心”的要求。前面我们提到过人物在情节中的“行动元”和“角色”二重性。这样做，正是为了在行动维度上和性格维度上充分地表现人物，以实现在情节进展中既有行动又有性格的目标。这是任何以人为主体的情节追求的最高目标。一旦人物既有内心动机又有外在目标，人物的行动就显得可信，就能够令人理解，同时人物本身的魅力也能够得到显现。中央电视台《讲述》栏目的人物专题《儿子的秘密》，在讲述李玉刚故事的时候，就较为充分地表现了主人公“为了让妈妈过上好一点的日子”和“不能让亲人知道自己男扮女装反串表演的真相”两个动机，这样，李玉刚不畏挫折、不怕吃苦、坚持追求成功的行动，就能得到观众真心的理解，这个人物本身也显得更有血肉，更可信。

需要指出的是，目前不少电视节目对这一点重视不够，导致出现情节中的人物有目标无动机的状况，导致人物出现有行动元意义而无角色意义的偏差，这是我们要尽力避免的。

有了动机，找到了满足动机的外在目标，接下来就是采取行动了。

（4）人物行动。

人物在动机的驱使下，为了争取目标的实现，就会采取行动。行动因目标的不同而呈现不同的具体方式，办案人员抓住犯罪嫌疑人使案情大白，追求发家致富者养起了鱼，外出打拼试图改变人生命运的人到歌厅表演唱歌，等等。人物一旦行动，事件就展开，情节就发展。

纪实节目的故事叙事，通常都是面对一个已经发生的事件，这个事件的信息通常由采访获得。于是，在这个环节，就会面临这样的问题：

首先，采访什么。面对一个事件主人公进行采访，或面临一大堆事件材料展开资料收集，可能的采访话题和可能收集到的材料是多种多样的。按照故事化的要求，采访的重心应该放在对象的行动方面，应通过采访或资料收集，了解对象为什么行动、怎样行动、行动的过程等信息。这样的信息材料，才能够满足故事叙事对行动叙述的需要。

其次，表现什么。在获得了人物行动方面的基本材料之后，就要选择所要表现的内容。由于收集到的人物行动信息往往丰富多样甚至庞杂混乱，选择什么来表现就是每一个叙述者都要面临的问题。要选择，就要有标准，而故事化叙事在行动方面的标准就是行动要遭遇障碍、遭受反抗并发生冲突，还要包含两极价值的转换，等等。

完成了信息收集和选择，作为电视节目，在对行动进行具体表现的时候，还有一个采取什么方式的问题。通常的方式为：实时抓拍当事人行动，当事人或相关者面对镜头述说，通过电话访谈或网络访谈讲述，运用图像资料来表现，或拍摄情景再现的场景等。这方面的内容我们将在后面的章节结合具体的节目介绍，这里就不赘述了。

(5) 遭遇障碍、反抗，发生冲突。

按照故事叙事的原理，主人公仅仅有行动还不能构成故事，而要在行动时遭遇障碍、反抗，由此发生激烈的冲突，才构成故事。故事化叙事的核心任务之一，就是不断地为人物行动设置障碍，让人物在不断克服障碍、战胜对手的过程中去实现目标。克服障碍的过程、战胜对手的过程，表现为“冲突”。从故事叙事关注什么来看，我们甚至可以说，行动遭遇障碍或反抗仅仅是动因、是理由，行动导致冲突、作为叙事者浓墨重彩地表现这冲突，才是叙事的目的。

冲突对于故事的意义，在戏剧作品中体现得最为充分，以至于在很早就形成了“戏剧就是冲突”的共识。电视节目因其强烈的视觉特性而与戏剧有着较多的共同之处，在其故事叙事中冲突的地位也非常重要。关于冲突，历来的论述很多，其中，法国美学家和艺术理论家狄德罗的观点非常精辟。狄德罗在《论戏剧诗体》中写道：“戏剧情景要强有力，要使情景和人物性格发生冲突，让人物的利益互相冲突；不要让任何人物在企图达到他的意图时而不与其他人物的意图发生冲突，让剧中所有人物都同时关心一件事，但每个人又各有他的利害打算。”[①] 狄德罗的论述至少包含了这样几方面的信息：涉及人物性格与情景发生的冲突和人物因利益不同发生的冲突两种基本冲突类型；提出了不要让任何人在企图达到他的意图时而不与他人的意图发生冲突，和让剧中人关心同一件事而又各有其利害打算的构建冲突的操作原则。

虽然狄德罗谈及的是戏剧冲突，但其关于冲突基本原理的论述却完全可以用在电视节目的故事叙事，包括纪实电视节目的故事叙事中。狄德罗提到了两种基本的冲突类型，加上人物内心冲突，故事叙事所涉及的冲突有三种类型：

一类是人物与环境（情景）发生的冲突。这类冲突的特点是，人物行动时所遭遇的对抗力量，不是某个居于对立面的人，而是客观上阻碍着人物行动的无生命的因素，如环境、条件等。在纪实电视节目的故事叙事中，大量存在这类冲突。例如，处于逆境中的主人公为摆脱逆境而行动，阻碍他的是贫穷、疾病、困难、过劳等因素；采取养鱼行动追求财富的主人公，遭遇恶劣天气导致鱼儿生病、大量死亡的困境，等等。这类冲突，以主人公为冲突的一方，另一方不是确定的人物，而是种种对主人公行动起着阻碍作用的外部因素。

故事叙事在面对这类冲突的时候，叙述的任务就是，发现并选取事件中冲突的爆发点，予以突出的表现。例如，早年成都电视台的新闻专题《周公山下一女孩》，叙述一位山区少女独自对艰难生存环境进行抗争的真实故事。在前期采访中，编采人员发现了女孩生活中如下可能的冲突爆发点：父亲卧病在床、责任田无人耕种、学习任务繁重、父亲没钱治病、生活费用拮据、山路陡峭对体力的挑战，等等。冒号后面所列，全部是作为女孩抗争对象的外部因素，女孩一旦行动，就必定出现力量不对等的冲突场景。节目组最后决定选择这些冲突点进入节目，然后通过抓拍，用画面展示了女孩一一应对那些阻碍

① 朱光潜：《西方美学史》下卷，人民文学出版社 1999 年版，第 503 页。

并予以克服的过程。在最后完成的节目里，观众借助画面目睹了这一切：女孩凭着瘦弱的身躯，照顾父亲吃饭吃药，操着比例不相称的笨重农具种地，在昏暗的油灯下做作业，在陡峭的山坡上打柴以节省燃料费，等等。虽然这些场景并不喊打喊杀、硝烟弥漫，但女孩勇于向即便是成年人也难以承受的生存压力挑战，显然透射出一股韧性的力量；这股韧性的力量挑战艰难的环境遂形成韧性的冲突。故事叙述者在女孩庞杂纷繁的生活中选取了上述点位通过画面呈现给观众，观众由此目睹了经过浓缩的女孩抗争的过程。他们被吸引，并对人物产生好感。

另一类是人与人之间发生的冲突。这一类冲突的特点是，主人公在行动的时候，遭遇反对者的对抗行动而发生冲突。其基本原则是“尽可能地不要让任何人在企图达到他的意图时不与其他人发生冲突”。例如，在刑事案件侦破事件中，警方展开破案行动，而犯罪分子费尽心机逃避惩罚，两者分别代表冲突的双方，各自所要实现的意图尖锐冲突；百姓合法利益受到非法牟利者侵害，记者介入曝光，记者为一方，非法牟利者为另一方，揭露真相与掩饰真相激烈对抗。在这样的事件中，叙述的任务仍然是发现和选取冲突的爆发点，而加以强化和渲染。例如，警方询问犯罪嫌疑人遭遇，后者撒谎以图蒙混过关；案件侦破人员陷入一筹莫展境地，犯罪嫌疑人雇人打电话提供假线索试图转移视线；警方 24 小时监控，犯罪嫌疑人却化装溜掉；警方实施抓捕，犯罪嫌疑人劫持人质与警方对峙等等，都是爆发点。

还有一类狄德罗没有提到，但却在故事叙事中存在的冲突，即人物内心冲突。人物内心冲突的特点是，两种相互矛盾的欲望构成彼此矛盾的动机，在人物内心发生冲突，并以某种语言或行为的方式表现出来。在虚构类作品中，人物内心冲突有助于使人物复杂生动起来。纪实类节目中这种冲突也可以见到。例如前面所提到的人物专题《儿子的秘密》中，在节目后半部分，即李玉刚初步成功之后，编导将“李玉刚希望父母分享自己成功的喜悦，但又不愿暴露男扮女装的真相”作为悬念设置的依据之一，就是利用了人物内心的冲突来强化叙事的吸引力。在情感节目中，某些当事人常常表现出内心的两种相悖的动机：从情感上说，仍然对对方抱着好感；但从理智上，又无法原谅对方的出轨。节目编导或主持人常常在访谈场景中利用这种冲突，组织起“剪不断、理还乱”的访谈情态。

上面介绍了冲突的三种类型。关于行动遭遇障碍或对抗进而产生冲突，我们还要强调几点：

第一，人物遭遇的障碍和对抗，越大越好，冲突越激烈越好。你越是喜爱你节目中的主人公，你就越是要让他遭大难、受大打击，经历惨烈的冲突。当他在这过程中凭借自己的智慧、勇气和力量挺过来了，他就成为深深打动观众之心，赢得他们深深喜爱的人物。

第二，障碍和对抗要逐渐加码，轻浅的在前，重大的在后，逐层深入，直至最后出现辉煌的结局。

第三，人物行动遭遇障碍和对抗，产生冲突，为了什么？展现冲突本身就是叙事的目的吗？不是。冲突是情节发展的推动力量，正是由于冲突双方的你来我往、你一拳我一掌，才使得“具有因果逻辑联系的事件”得以不断延续下去。那么，冲突和情节的关系是怎样的呢？这就引出了“两极价值”的概念。

（6）两极价值。

这是一个关于故事性与冲突关系的概念。美国著名影视编剧教育家罗伯特·麦基在论述故事事件和冲突的关系时提出，“故事事件创造出人物生活情景中有意味的变化，这种变化是用某种价值来表达和经历的，并通过冲突来完成”。麦基把这“某种价值”也称作“故事价值”，它是指一些人们生活中经常能够体验的两极状态，如：生/死、爱/恨、自由/奴役、真理/谎言、勇敢/懦弱、忠诚/背叛、智慧/愚昧、力量/软弱、兴奋/厌倦，等等。[①] 如果用通俗的话来说，就是：所谓故事性就是通过冲突来完成的人物命运上的两极价值的转换。这个概念有助于我们在故事化叙事的时候把握冲突与情节的关系。可以这样说，只有包含了由冲突引发转折的情节，才能够被选择

---

① 参见［美］罗伯特·麦基：《故事——材质、结构、风格和银幕剧作的原理》，周铁东译，中国电影出版社 2001 年版，第 40～41 页。

进入故事叙事的视野；而我们对情节的安排和处理，关注的重点之一，是凸现和强化因冲突引发的那些包含“两极价值”转换的事件环节。由此，形成了我们安排和处理情节的完整概念。

这里，我们分析一下中央电视台7套《致富经》里的一期节目《从门外汉到鲶鱼王的背后》里的情节安排：

主人公遭遇贫困压力，受到朋友的讥笑和妻子的数落。（激励事件）

某一天晚上跑到自己的责任田里挖起了泥土，原来他要养鱼了。（沮丧/奋起的转换）

主人公决定养草鱼，借钱购买鱼苗，鱼苗长大，主人公喜上眉梢；但由于经验不足，几个月后，草鱼患肠炎全部死掉。（成功/失败的转换）

主人公并不气馁，改养鲶鱼，鲶鱼不像草鱼般娇嫩，一天天长大。（失败/成功的转换）

一天，主人公突然发现鲶鱼不明原因减少，原来是个体大小不一的鲶鱼会出现“大鱼吃掉小鱼”的情况，大鱼吃掉了小鱼。（成功/失败的转换）

主人公发明竹编“筛篓”，每隔几天就将鱼筛选一遍，分开大小，分塘喂养，解决了大鱼吃小鱼的问题，鲶鱼成熟，上市销售获利。（失败/成功的转换）

……

上面这些情节环节，全部由包含“成功/失败”等两极价值的事件构成，而正是由主人公与环境障碍作斗争而形成的冲突，促成了这些转换。我们可以看到，环境不断“找主人公的麻烦”，而主人公就是不屈服，而不断找出应对、克服的办法来渡过难关，并赢得了最后的胜利。

四川泸州电视台的新闻专题《告出来的劳模》，也应用了“两极价值”来安排处理情节，从而获得较强的故事性。这个节目叙述一个大山里的村支书在外面挣了不少钱，回到家乡后，想改变家乡的落后面貌。他牵头为没有公路的山村修路，以便能把山货卖出去，但向每户集资的措施引发了不满和误会，有人将他举报到市里。纪检部门下来查处，结果发现，村民的集资款根本不够修路，几十万工程款的缺口由村支书自己支付。不久，他又用同样的方法集资建输电网络，让山村家家户户用上了电灯，不满的村民又把他举报了，这次纪检部门再次对他进行调查，结果与上次一样：他又花费几十万支付了项目的不足部分。两次支付，让他耗尽家财，但村民们有了与外界联系的路，用上了电。生活渐渐有了起色，村民们终于理解了。大家公推他为劳模，市里把他评为省级劳动模范，还让他上四川电视台做了访谈。他从省会返回山村，发现善良而歉疚的村民自发地摆上简朴的“坝坝宴”为他接风。此情此景，令他百感交集，他在谢过村民后，与妻子回到陋室，相向而坐，默默无语。在这个节目中，编导把篇幅集中在两次“告”、一次“理解”上，用三次两极价值的转换结构了整个真实事件的故事叙事：“被误解/解除误解”、“再被误解/再次解除误解”，直至出现“误解/彻底谅解”的大结局。一个基于真实事件的人物专题节目，由此获得故事性。

除了上面提到的因素，在情节处理上，为了获得某些特殊的叙述效果，例如增加情节的复杂程度，增强悬念的力量，还有一些与情节处理有关的技巧可供叙述者采用。其中包括情节的“曲折”和“延宕”。

(7) 情节的曲折和延宕。

情节的曲折和延宕，是指在叙事中根据表意的需要处理情节的两类技巧，其目的是为了增加叙事的复杂性，延长神秘感，以便获得更好的叙述效果。

席勒在《论悲剧艺术》中说：“一个新手就会把惊心动魄的雷电，一撒手，全部朝人们心里扔去，结果毫无收获，而艺术家则不断放出小型的霹雳，一步一步向目的走去，正好这样完全穿透别人的灵魂。”[①] 情节的曲折和延宕就要寻求这个效果。

①关于曲折。曲折是情节的固有状态之一，事件进程循着两极价

---

① 转引自宋家玲编著：《影视叙事学》，中国传媒大学出版社 2007 年版，第 162 页。

值一再转折，是故事的基础。这里所说的曲折，是指叙述者从追求复杂的情节出发，人为地去建构情节曲折的一种叙述技巧。例如，在法制节目中常常有这种情况，事件本身比较简单，按照故事叙述的要求，复杂性不足，于是，叙述者就使用“案情N种可能”的推测叙述，来实现情节的曲折。

贵州卫视《取证》栏目有一期题为《循梦追凶》的节目，讲的是根据一起杀人案受害者梦境的线索，追捕凶手的刑事案件故事。这个故事的真实过程比较简单：拾荒者与受害者亲属私奔，为了恐吓、控制跟他私奔的女人，对受害者进行“警告性”杀伤。为了使情节复杂起来，叙事者在情节的基本结构上运用了曲折的技巧。具体表现在：

其一，“从受害者梦境发现破案线索”，这是出于表意需要的渲染处理。到底受害人是否做过这个梦，或者虽然做了这个梦但是否侦破工作就是“循梦”而追凶，这其实是有疑问的。但由于这个渲染处理对案情本身的真实性没有影响，所以如此处理也无妨。

其二，在节目的前半部分，分别采用情景再现的方式，叙述了对作案动机的三种推测：“可能一，劫财害命；可能二，非礼企图；可能三，报复杀人”，然后将三种可能一一否定，接着才进入正题，最后揭晓真相。其中对作案动机的三种推测，就是人为地建构曲折的情节。

在探秘节目中，常常可以见到叙述进程“误入歧途”的情况，这其实也是曲折技巧的运用。中央电视台《地理中国》有一期节目《毒木之王》，表现对野生箭毒木的寻找之旅。节目开始，介绍了植物园里的箭毒木，然后出发寻找野生植株。先到了一个山村，找到一位会使用箭毒木汁液狩猎的男人，该猎人对着镜头表演了使用毒箭的情景，然后提供信息：这里的野生箭毒木已经被人偷挖，没有了。于是，失望的人们又踏上新的寻找之旅，在另一个地方发现了箭毒木，但他们惊奇地发现，人们在树下休闲活动，与毒树成天亲密接触，却从没有人中毒。不得已，探索者找到研究机构寻求答案，得到回答：箭毒木汁液只有接触伤口才会毒性发作，皮肤没有破口就不会有事。——在摄制组编辑本期节目的时候，这些事件已经摆在面前了，如果仅仅是传播科普知识，那么花几分钟就可以讲清楚。但这个节目采取的是故事化叙事，因而叙事者关心的是叙述的吸引力而不仅仅是传播知识，所以，就保留了寻找过程中“误入歧途”的事件环节，作为最后的情节构成部分。

②关于延宕。情节叙述的详略、长短是可以根据需要控制的。这里所说的延宕，就是在叙述中将情节适当延长，以延缓悬念的破解，从而把悬念的吸引力进行最大限度的开发，增加叙述的魅力。

情节的延宕必须与悬念配套而发挥作用。只有当情节有悬念设置，有待揭示的真相和待破解的谜题存在，延宕才成为提升悬念作用的增效剂；否则就会冲淡情节叙述的紧凑，导致受众注意力分散。在设置了悬念的前提下，“延宕是一个过程，在这一过程中，矛盾冲突迟迟不能得到解决，人物关系迟迟不能确定，欲望客体的目的迟迟不能达到，因而观众的欲望迟迟不能满足，叙事的平衡也迟迟不能恢复”。[①] 延宕的关键是延缓悬念破解时刻的到来，延缓给出答案的时机。

例如，在贵州卫视《见证》中《突袭山村的毒蛇奇案》这期节目中，一个山村突然出现大量毒蛇，全村陷入一片恐慌。节目中通过扣押“毒蛇来自何方?”这一核心信息来构成悬念，到节目结尾才予以破解。整个事件的叙事在“追寻原因”的悬念驱动下获得叙述动力。最后的原因是有人出于报复的目的，人为投放了毒蛇。但是，在给出原因、揭示真相、破解悬念的过程中，节目使用了一系列延宕策略来延缓真相大白的时机：

首先花大量篇幅，甚至使用影视资料来渲染毒蛇引起的恐慌、村民打蛇的情景、政府采取医疗防护的应急措施等等事件环节。

其次，从地震前兆、蛇类报复等角度寻找蛇类大量出现的原因，答案是否定。

再次，请来专家鉴别这是什么蛇类，答案是短尾蝮蛇；探究本地没有的短尾蝮蛇是否可以通过自然迁徙的方式大量来到本地，答案再

---

① 尹鸿：《世纪转折时期的中国影视文化》，北京出版社 1998 年版，第 112 页。

次否定。

接下来，在排除了其他原因之后，专家提到“人为原因”可能性最大。

然后公安介入，发现嫌疑人。

最后，破解悬念，真相被揭示：毒蛇系出于报复目的被人投放。这之前的叙述，都可以看做是对这一事件叙述的延宕处理。

上面，我们介绍了情节和与情节相关的一些因素的知识，以及对其进行处理的原理。但是，上述内容并不是运用特殊方式来进行故事叙述的全部内容。还有其他一些因素，与前面介绍的内容共同作用，完善着故事叙事活动。这些因素包括“悬念设置”、“细节表现”、“叙述视角”、“情感或情绪的激发渲染”，下面分别介绍。

2. 悬念设置。

悬念设置是纪实类电视节目故事化叙事最为常用的技巧。

悬念是叙述过程中通过对情节信息进行或藏、或露、或对比的处理，以期唤起观众的好奇心和求解谜团的愿望，从而吸引观众欲罢不能地接受事件叙述的一种叙事技巧。根据美国电影悬念大师希区柯克“悬念＝紧张＋疑问”的定义，悬念还必须伴随观看者紧张的情绪。

关于悬念，需要明确三点：

其一，悬念的主要作用是增强观众的期待感，激发观众的好奇心。在很多情况下，如果不使用悬念，事件信息的表达丝毫不会受影响，但对观众的吸引力会大大减弱。

其二，悬念更多的是一种技巧，属于叙述方式方法的范畴。

其三，虽然悬念主要是一种技巧，但它与事件本身的故事潜质关系密切；俗话说，“巧妇难为无米之炊”，如果技巧是巧妇的手艺的话，事件本身就是“米”。

在电视纪实节目故事化叙事领域，大部分被叙述事件都是已经完结的事件，也就是说，事件的结果已经被编导人员所知晓。所以，这时的悬念设置，就是一个编导人员在事后以事发当时的视角来运用叙述技巧的问题。例如，当我们准备报道张三杀害李四的刑事侦破案件时，一定是案件已经侦破，张三已被逮捕归案，我们是在这样一种背景下叙述这个事件。在叙述的时候，我们设置悬念所采取的视角，一定是事发当时、案件尚未侦破而被逐步侦破，这样一个叙述者置身其间的角度。在这种状态下设置悬念，目的是最大限度地吸引观众饶有兴味、欲罢不能地看下去，甚至当叙述暂时中断、第二天继续讲述时，观众仍然愿意回到电视机前。

悬念并不神秘，并不是什么只可意会、不可言传的东西，悬念的设置可以归纳为一定的技巧。下面，我们就介绍几种悬念设置的具体技巧。

第一，让意外因素介入。这种悬念设置技巧，是在事件叙述的过程中，突然让意外因素出现。如下悬念设置属于这种情况：

"世界上最后一个人坐在屋里，突然传来敲门声"；

"下午5点钟，她比往常提前一个小时下班回家，当她打开房门，眼前的一幕让她惊呆了"；

"老李走在大街上，突然有人重重地拍了拍他的肩膀：你原来在这里！"

上面的叙述方式也可以换为另一种不运用悬念技巧的叙事方式："世界上最后一个人坐在屋里，门外一只啄木鸟用嘴啄击木门，笃笃笃，像敲门声一样"；

"小区一个单元发生了入室盗窃案，女主人这天下午提前回家，发现家中一片狼藉，于是拨打110报警"；

"老李走在大街上，被多年不见的老朋友老王一眼瞅见，老王从后面赶上去，重重地拍老李的肩膀：你原来在这里！"

将两种方式对比，就可以发现，这种悬念的设置，只不过是将事件的某个环节，作为突然出现的意外因素，将其组织进叙述进程，从而起到激起观众好奇心的作用。

第二，扣押信息。这种悬念设置技巧包括两种具体的处理方式：

其一，给出基本信息，扣押关键信息。这在法制节目中广泛应用。例如，一起凶杀案，甲杀害好朋友乙，实际案情本来十分简单。可是，叙述时，围绕乙的被害，从发现现场、报案、分析乙方社会关系和生活习惯、排查、排除，兜了若干圈子，却牢牢扣住"甲是凶手”的信息，不到最后时刻，绝不让观众知晓。

其二，给出关键信息的零星线索，扣押主要或大部分信息。说得直白一点，这种方式的实质其实是略微透露一点“猛料”以吊起观众的胃口。许多以激起收看兴趣为目的的节目预告片和节目进程中强调悬疑的片花，就常常采用这种技巧。例如民生新闻《直播南京》中，曾经播出过一个名为《较量》的法制节目，反映对一起以租房为名实施抢劫杀人的刑事案件的侦破。其预告片稿本是这样的：

（导视）

【解说】女房东惨死在浴缸

【同期声】白下区刑警大队 王正杰

“尸体已经高度腐败，身上爬满了蛆虫”

【解说】凶手具备反侦查经验

【同期声】白下区刑警大队 王正杰

“现场被犯罪嫌疑人都清理过了”

【解说】一个神秘的男人身影

【同期声】王府花园的保安 李东

保安：介绍从北门进来，监视器看到的情况

【解说】一桩离奇的凶杀案

【同期声】白下区刑警大队 王正杰

“发现了大量的枪支弹药”

【解说】这是一个怎样的凶手，凶杀背后又隐藏怎样的秘密？敬请关注今晚的《广角调查·较量》①

在这条预告片中，给出了若干事件进程中的关键信息，但扣押了谁是死者、谁是真凶、事件的起因如何等主要信息和其他绝大部分信息，目的是激起观众对节目内容的好奇心和兴趣。

在这个节目开始制作的时候，案件早已侦破，嫌凶也被捉拿归案。假如这个案件的预告片文稿写成这样：一个退伍兵穷困潦倒，以

---

① 参见潘知常、孔德明主编：《讲“好故事”与“讲好”故事：从电视叙事看电视节目的策划》，中国广播电视出版社2007年版，第25页。

租房为名实施抢劫，在遭遇到反抗的时候，竟然残酷地把当事人勒死。下面这个节目将为您详细介绍案件发生的经过和在法律上对我们的警示，敬请收看。——这样的写法在过去社教节目的文稿中比比皆是。从传达信息的角度，这篇文稿没有任何遗憾；但从叙事魅力的角度与前面那条短片相比，后者的吸引力将大打折扣。从中我们可以看出故事化叙事和非故事化叙事、设置悬念和不设置悬念的重大差异。

第三，利用人们的戒备心理制造悬念。在人们的日常生活中，有许多基本的戒备心理。如果利用戒备心理来设置特定场景，就可以造成悬念。例如，漂亮女孩深夜孤身走在废弃的仓库里，一沓钞票放在桌上主人却因急事被叫走，翻墙进入别人的花园却不知有一只大狗在草丛中吐舌注视（电影《呼啸山庄》中就有这个场景），警方谈判人员与身绑炸药的劫持人质歹徒近距离周旋，等等，非常多，不一一列举。

设置这类悬念的关键有两点：一是找出足以引发人们戒备心理的场景，二是在叙述时交代出这个场景。例如，“杜某领下了3万元工人的加班工资，正准备清点，门口有人叫他的名字，说厂长有急事让他立刻去一趟办公室，他寻思我反正马上就回来，便急急忙忙地把钱放进抽屉，没上锁，就出门朝厂长办公室走去。谁知，有一双神秘的眼睛，正在对面二楼的窗户后面，注视着这一切”。

这样的场景只要在节目中出现，人人都具有的戒备心理就会驱使观众紧张起来，并急切地想把节目看下去，看到底最后结果如何。

第四，在限定的时刻，或限定的严苛条件下，去完成艰巨的使命。当事件具备在限定时刻去完成艰巨使命的时候，悬念即刻产生。在电影故事片中，这种悬念设置技巧运用在虚构的事件里，往往非常有效，有的作者甚至以这种技巧设置作品的总悬念，将其作为故事事件的基本结构元素。例如，《卡桑德拉大桥》中，对载有危险病菌的列车的解救，必须在列车到达死亡终点之前完成；《奇袭》、《桥》里面由小分队在规定时间之前炸掉敌军重兵防守的大桥，等等，就使用了这一类悬念。

与此技巧原理相类似的，还有一种情形，那就是在严苛的条件下去完成艰巨的使命。例如，满载旅客的列车或公交车，被恐怖分子安放了特殊炸弹，一旦车速低于每小时 100 公里，就会发生爆炸。这也立刻造成悬念。有的影片干脆将两者叠加，例如，列车上安放了特制炸弹，一旦车速低于每小时 100 公里就会爆炸，而如果列车以高于 100 公里的时速奔驰，两小时后就会撞上终点站而车毁人亡。警方只能在这两个“大限”之内找出炸弹、排除危险。这样处理造成的悬念当然会更加强烈。

在纪实类电视节目中运用这类悬念，也很普遍。例如：

劫持人质的歹徒扬言在中午 12 点之前必须把女朋友送到现场交换人质，否则就杀害人质，而这时已经是 11 点了，突袭方案还没有最后确定。

警方经过技术侦测锁定了儿童绑架案的嫌犯所在区域，但尚未确定具体位置，而这时距离嫌犯通过电话亭电话给出的交付赎金否则撕票的最后期限只剩两个小时了，等等，就属于这类悬念技巧的运用。

第五，制造观众和叙述对象所掌握信息的落差。简单地说，就是在紧张的二元冲突过程中，让观众知道的信息比事件中人掌握的信息多。

被称为“悬念大师”的美国著名电影导演希区柯克曾经提到过一个经典例子，形象地诠释了这类悬念的构成原理。他提到，两个人围着桌子谈话，谈着谈着，“轰”的一声爆炸发生，二人被炸死。在这种情况下，观众知道的信息与事件中人知道的一样多，就只有惊奇，没有悬念。而如果观众知道桌下有一个炸弹，而且知道它将于 12 点 55 分爆炸，而墙上的挂钟夸张地响着滴答声，指针已经指向 12 点 50 分，这时候，两个人走进来，毫不知情地围坐在桌子旁开始谈话。这样，情况就完全不同了。观众恨不得向银幕呼喊：“别再废话了，桌下有炸弹，马上就要爆炸了！”

设置这类悬念的前提，是故事事件中应有“二元对立”因素，即需要有对立的双方，而且双方都不是静止的，要处于相对、相关的行动中。例如，某人为了摆脱追杀，逃到地铁站台，追杀者追踪而至，逃跑者向左张望时，追杀者避过其注意力，从右侧敏捷地跳进另一节车厢车门，逃跑者朝右边张望，右边已不见追杀者的踪影。逃跑者误以为追杀者已被摆脱，于是上车找个位置坐下，松了口气；而此刻已经上车的杀手正掏出消音手枪，朝逃跑者所在车厢步步逼近。在这里，观众知道的比逃跑者知道得多，对结果的关注会激起他们情绪的兴奋，令其欲罢不能地观看下去。

这类悬念技巧也可以运用在纪实类电视节目里。成都电视台《今晚8：00》栏目有一期获奖节目，就运用了这个原理。节目中，记者当着观众封装了若干测试信函，写明要求拆信人见信后迅速打电话与记者联系，然后，将信分别投入本市一些服务机关公开设置的意见箱里，观众通过节目见证了整个过程。一周后，记者没有接到一个联系电话，便前往这些机关采访。记者的提问是“你们是如何管理意见箱的?”对此，有关人员作了五花八门的回答：“我们有严格的管理制度”、“每天都有专人开箱，对意见信函分类处理，认真回复”之类。然后记者提议打开意见箱，结果发现一周前投入的那封信还躺在里面睡大觉。观众在这里知道的信息比意见箱管理人员知道得多，他们饶有兴味地期待开箱后将出现的尴尬一幕。这里的“二元对立”因素分别是记者和意见箱管理人员。

又如在情感节目里，首先，将具有情感纠葛的当事人中的女方邀请到演播现场，她声泪俱下地诉说男方负心、移情别恋的情况；接着，让其暂时回避，又请出并不知道前者已先行露面的男方访谈。此刻，观众知道的比男方当事人多，他们会兴致勃勃地听取男方的辩解，期待他漏洞百出的洋相。显然，这里的“二元对立”因素是男女当事人。

再如，深圳卫视的真人秀节目《饭没了秀》，将两组低龄宝宝分别独自踏上旅程、寻找妈妈的事件经过拍摄下来，交替剪辑后呈现给观众。其间，有一个规则是，两组宝宝必须设法取得联系并在指定地点会合。由于年龄太小，在实际旅程中，宝宝们总是阴差阳错地无法顺利取得联系并会合，这急坏了电视机前的成年观众，大家揪着心期待最后的结果。这也是设置这类悬念造成的效果：正是由于成年观众知道的比孩子知道得多，他们清楚孩子哪一步是正确的，哪一步是错误的，他们目睹宝宝走错了路线却不知晓并茫然无知地朝错误的方向走下去，这样才获得了“揪心”的效果。

在情境体验型真人秀节目里，由于采用淘汰制，选手必须结盟对付某位选手以淘汰对方并且避免自己被淘汰。这个规则设计是为了造成这样的效果：让观众知道整个“阴谋”，而被对付者不知情，从而造成观众对最后是被对付者吃亏还是结盟搞阴谋的家伙碰壁的结局，抱以期待。显然，这样的规则设计，也出于对这类悬念原理的运用。

第六，真相不明的事件，真相本身构成一个天然的悬念。

纪实节目中有一个“连续报道”的类型，常常涉及对真相不明事件的“曝光”。曝光的过程，是一个不断披露信息并逼近真相的过程。在这个过程中，真相本身构成一个悬念，成为吸引观众关注曝光揭露过程的动力，起着推动情节发展的作用。这种类型悬念的构成原理与前面所提到的“扣押信息”不同。扣押信息是已知某个信息，但出于叙述需要而扣押这个信息暂不披露；而针对不明真相的曝光，则是一个真实的、与报道的深入同步发生的过程。通常，叙述者在曝光的时候，只是凭职业素质感到有真相存在，但并不知道真相为何物。这时，真相作为直到最后一刻才被破解的谜题，是天然存在的。这是仅仅在新闻类节目中存在的一种悬念情形，需要注意。

上面的几类悬念设置，可以单独运用，也可以综合起来运用，一切视具体情况而定。

3. 细节表现。

影视作品细节的定义也是多种多样的，在《电影艺术辞典》（修订版）里是这样定义的：“电影细节可分为广义细节与狭义细节。广义电影细节泛指所有电影视听元素。狭义电影细节来自文学的概念，即编剧期间设立并在现场确定的推进情节发展、刻画人物性格、渲染人物情绪、表现环境气氛以及导演借以发表、阐释其看法、观点、意念的元素。”[①]在纪实类电视节目的故事化叙事中，所谓细节当然是指狭义细节。与剧情类节目最大的不同在于，剧情类影视作品可以通过

---

① 《电影艺术辞典》（修订版），中国电影出版社2005年版，第146页。

虚构来创造细节，而纪实类节目只能够依赖“发现”去使用细节。在纪实类节目里，这些发现出的细节，同样具有“推进情节发展、刻画人物性格、渲染人物情绪、表现环境气氛”，编导“借以发表、阐释其看法、观点、意念”的作用。

例如，泸州电视台的新闻专题片《穷人的孩子早当家》里，年龄稍大的哥哥挑起了照顾弟弟和妹妹的重担，妹妹对哥哥说好久都没有吃肉了，哥哥为了妹妹能吃上一点肉，费了很大的劲，上山挖野菜去街上卖了，换回一点肉煮熟后盛在碗里。兄妹们围坐在小桌子旁，望着一小碗肉，哥哥将第一片肉用筷子拈在妹妹碗里，妹妹又把它拈到二哥的碗里，二哥又还给大哥，编导抓拍的这个细节融入了哥哥的懂事、兄妹之间的情谊，渲染出感人的情绪。

成都电视台连续新闻专题片《在三千里川藏线上》，记者抓拍到父亲临终弥留之际对儿子的遗言，但儿子作为汽车兵远在川藏线上执行任务无法侍奉在旁，返回后，观看了记者播放的这段录像，泪如雨下，而记者把这一切抓拍下来，剪辑进最后的片子中，汽车兵那种为履行职责而做出的牺牲通过这一组细节得到了有力表现。

成都电视台新闻专题片《春燕姑娘寻亲记》，父母 20 年前因故将女儿送人，女儿成年后踏上寻亲旅途。记者记录了寻亲过程。为了捕捉女儿与分别近二十年的亲生父母见面一刻的细节，摄制组特地使用两台摄像机拍摄，最后拍下了母女之间由惊愕到相拥而泣、泪流满面的镜头，最后经慢放处理的这组细节播出之后，具有震撼人心的感染力。

成都电视台经济资讯频道曾经做过一期以白血病患儿与父亲相依为命的访谈节目。在该期节目中，作为嘉宾的父亲对记者表示，他想尽一切办法不让年仅 7 岁的孩子知道真相；而当大屏幕播放记者采访孩子的图像时，孩子对记者讲道，他知道自己得了很严重的白血病，他不愿让爸爸得悉他知道了真相，否则“爸爸会很伤心”，看到这段图像，父亲的泪水夺眶而出。

中央电视台《今日说法》有一期外婆绑架小外孙的节目。被绑架外孙的妈妈、绑架者的女儿面对镜头，声泪俱下地说：我妈说你要是不拿来三十万元现金，我就和你女儿一块儿死，我这里老鼠药都准备好了。听到这些话，我好害怕，但想到我儿子有他外婆同行，他也不会孤独害怕了！——这是记者抓拍的细节，也具有感染力和震撼力。

通过上面的例子，我们可以发现，所谓细节，就是这样一些包含视听元素、在节目中发挥着特殊作用的因素。除此之外，纪实电视节目中的细节，还包括利用多种视听因素去表现、渲染特定的内容或情绪。例如，用镜头急推转定格的画面，配以特殊音响效果，来突出现场细节；在画面上用卡通彩色文字重复并配上诙谐的音效强调某些谈话片段，等等。在这个领域存在广阔的创造空间。

总之，细节在故事化叙事过程中，发挥着使叙述生动、感人、产生震撼效果的作用，对细节的刻意运用，能使节目具备艺术感染力。我们在纪实节目的故事化叙事活动中，应该充分利用细节来优化和完善我们的叙事。

4. 叙述视角。

所谓叙述视角，就是叙述者在叙述时所选择的观察和讲述的角度。同样一件事，当它进入叙述视野成为情节之后，叙述者采用不同的视角去叙述，会获得差异很大的叙述效果。在纪实节目的故事化叙事中，也会涉及叙述视角的问题。法国叙事学者热奈特用聚焦的概念来分析不同的叙述视角，而不同的叙述视角牵涉到全知叙事和限制叙事的概念。下面分别作一点介绍。

(1)“全知叙事”和“限制叙事”。

所谓全知叙事，是指叙述者在叙述时所扮演的叙述角色犹如一个全知者，凡事件中的信息，没有他不知道的；而限制叙事则指叙事者在叙述时所扮演的是一个只知道部分信息的角色，他只能叙述他所选定的视角中应该知道的部分。全知叙事也好，限制叙事也好，只是叙述者为获得所期望的叙述效果而采取的“姿态”，与叙述者实际上掌握了多少信息无关。

例如，法制节目叙述者所选择的刑事案件，一旦进入节目叙述阶段，通常都已经结案，事件的全部信息包括结果，已经为叙述者所知晓。但我们通常见到的法制节目在叙述时，往往采用限制叙事进行叙述。叙述者采用侦查人员的视角，选择案件被发现的那一刻展开叙述，然后随着案件的侦破进展，逐步披露侦破过程，直到真相大白。当节目表现侦破进程没有到破案的那一刻，叙述者就得“装作”不知道结果而不能提及。这就是限制叙事。

一些传统电视专题片则偏好采用全知叙事。例如，一部人物专题片，编导者可以利用采访所得到的或者收集资料所获得的所有信息，来表现人物的成长历程。甚至像人物某天在某个时刻因某事而沉思这样的心理活动，也可以通过解说词交代。编导作为该人物经历的叙述者，表现得无所不知、无所不晓。这就是全知叙事。

采用全知叙事还是限制叙事，与选择叙述视角密切相关。

（2）叙述视角：三种聚焦方式。

在研究叙述视角的时候，人们常常采用热奈特的观点。热奈特把视角分为“零聚焦”、“内聚焦”、“外聚焦”三种类型。下面分别介绍。①

第一类，“零聚焦”叙事。采用这类视角的叙事者，以无所不知的姿态叙述任何他想叙述的内容。属于全知叙事。在人称方面，常常使用第三人称。

第二类，“内聚焦”叙事。这类叙事视角，叙述者采取所叙述事件中某个人物的视角进行叙述，人物不知道的，不能叙述。叙述者知道的与人物一样多。属于限制叙事。这种叙事常常采用第一人称。

第三类，“外聚焦”叙事。采用这类叙事角度的叙述者只叙述他见到的人物的语言和行为，不涉及人物的内心、思想，其叙述姿态是，叙述者知道的比人物知道的少。通常使用第三人称进行叙述。

上述叙述角度和人称有一定的对应关系，但并不机械固定，也有例外。比如，在法制节目中，我们常常见到以警方的视角进行内聚焦的限制叙事，但人称却使用第三人称。

在电视纪实节目的故事化叙事中，采用内聚焦视角进行限制叙

---

① 参见谭君强：《叙事学导论——从经典叙事学到后经典叙事学》，高等教育出版社2008年版，第89~90页。

事，是最常见的方式。因为这种方式可以将情节随着事件进程逐次展开，有利于悬念的设置，有利于营造趋向真相揭示或结果揭晓的强烈的进程感。

5. 叙述顺序。

在前面我们曾经介绍了处理情节的三种模式。情节模式内部各个构成环节具有一种先后因果关系，但这种关系并不等于具体文本的叙述顺序。例如，激励事件引起人物产生动机，动机促使人物选择外在目标，然后人物为实现目标采取行动，行动遭遇障碍或反抗，发生冲突，最后主人公战胜阻碍获得不可逆转的大结局。显然，这个模式内部由因果关系主导的各个情节环节有一个先后出现的顺序。但在具体的叙述过程中，可以按照这个顺序来叙述，也可以出于某种需要而不按这个顺序来叙述。可以先叙述激励事件，也可以先叙述大结局，然后回头叙述激励事件；甚至先叙述冲突，然后叙述激励事件，最后交代大结局，等等。有多种叙述的方式可供选择。这些方式主要包括：

第一种方式，顺叙。顺叙就是按照情节模式的自然形态进行叙述，先叙述激励事件，然后依次叙述动机产生、选择外在目标、采取行动、冲突，最后叙述大结局。例如，“乌龟和兔子赛跑，兔子很骄傲，心想，我就是睡一觉，乌龟也追不上，于是，它真的跑到树下睡起觉来。等它醒来，乌龟早已跑到终点”。这是顺叙。

第二种方式，倒叙。所谓倒叙，就是先叙述情节模式中后面的某个重要的情节环节，例如冲突或者大结局，然后掉过头来叙述位于前面的情节环节。例如，“今天，动物运动会上发生了一件稀奇事：乌龟和兔子赛跑，居然乌龟取胜！这到底是怎么回事呢？原来……”这是倒叙。

第三种方式，补叙。补叙是在对情节模式中各个环节逐次叙述完毕之后，针对前面的情节环节或人物，进行补充性叙述。例如，“乌龟和兔子赛跑，兔子很骄傲，心想，我就是睡一觉，乌龟也追不上，于是，它真的跑到树下睡起来。等它醒来，乌龟早已跑到终点。<u>其实兔子因为骄傲而吃亏，早已不是第一次。去年，它和鸭子赛跑，就因打盹而丢掉冠军</u>”。下加横线的是补叙。

第四种方式，插叙。插叙是在顺叙的过程中，中断叙述线索，插入与情节或人物有关的另一条线索的叙述。例如，“乌龟和兔子赛跑，兔子很骄傲，心想，我就是睡一觉，乌龟也追不上，于是，它真的跑到树下睡起觉来。它哪里知道，此时的乌龟已不是彼时的乌龟，乌龟已在高手指点下，进行了‘滚下坡’、‘荡秋千’等针对性训练，早已不可同日而语。所以，等它醒来，乌龟早已跑到终点”。下加横线的是插叙。

需要说明的是，当具有故事潜质的事件按照情节模式被处理之后，其各个环节之间的因果逻辑关系就确立了，这时，不管你采用什么叙事顺序，其情节环节之间的关系是不会改变的。例如，《儿子的秘密》中，“激励事件”是李玉刚考上了艺术院校却因缴不起学费而没能入学，“动机/目标”是只身到城里歌厅去寻找机会；但该节目在叙述顺序上，是把李玉刚参加《星光大道》的结局，放在了最前面，然后用倒叙的方法介绍激励事件及后面的情节环节。这样的叙述顺序丝毫不会影响激励事件与行动/目标各情节环节的基本关系。

对情节的多种叙述方法，为我们提供了又一类有价值的叙事手段，可供我们按照叙事目标去选择应用。

6. 对情感、情绪的渲染、激发处理。

通常，具备感染力的节目都是受欢迎的节目，这是被电视领域的实践一再证明了的道理。在叙事中对情感、情绪元素进行强化处理，通过渲染、激发，去感动观众，也是故事化叙事要考虑的问题。

那么，如何在这个问题上进行操作呢？具体说来，可以从以下几方面来考虑。

第一，找出情感、情绪的爆发点。通常，在具有情感、情绪潜质的事件中，都包含某些情感、情绪爆发点。我们首先要做的工作，是把这些爆发点找出来，为下一步的处理打下基础。

第二，做好情绪爆发的铺垫和渲染。情绪爆发需要一个积蓄过程，在爆发点到来之前，需要做一些旨在积聚情绪的铺垫，然后把握好时机进行渲染。

第三，运用一些技巧来强化、激发情感或情绪。在戏剧领域的悲剧创作中，千百年来，人们探索出一些技巧，这些技巧的实质是对某种特殊的情态进行强化处理。只要情节中包含了这些情态，一旦按一定的方式对它们进行渲染，就会产生激发情绪、感动观众的作用。下面是这方面几种常用的技巧。

（1）悲喜对比，以喜衬托悲。

这种技巧是将主人公的悲剧高峰，放在喜庆的气氛中展示，从而增加悲剧感的强度。越剧电影《红楼梦》交替表现“宝玉娶宝钗”与“黛玉焚稿断痴情”，就是采用这种技巧。宝玉中了“掉包计”，误以为红盖头下的新娘就是黛玉；而此刻的黛玉却不知宝玉的真实心境，误认为宝玉负心绝情，因而焚稿断绝心中对宝玉的一片痴情。婚典喜庆的气氛，映衬着真挚爱情毁灭的悲情。泸州电视台拍摄的人物专题片《告出来的劳模》的最后一节，编导也刻意运用了这种技巧。外面是聚餐者的阵阵欢声笑语，而狭小的室内坐着孤独的主人公和他的妻子。编导交替剪辑两个场景：外面是动感的大全景，那是一片热气腾腾的欢乐；室内是静态的俯拍，宁静中隐含着几分悲凉。

（2）先误解善意，然后出现理解好心的逆转。

双方都是高尚而善良的，而由于某种原因（小人挑唆、缺乏沟通等等），一方误会另一方的善意并施以伤害。《奥赛罗》中，奥赛罗的妻子苔丝德梦娜深爱着自己的丈夫，美丽而忠贞；但奥赛罗却受旗官埃古的挑唆，误认为妻子轻浮、对自己不忠而亲手杀死了她。在妻子死后，奥赛罗得知真相，追悔莫及，拔剑自刎。电影《卖花姑娘》里，瞎眼的妹妹为了挣点钱替病重的妈妈买药，去街头卖唱，恰巧被姐姐花妮遇见，花妮不由分说，将妹妹一阵严厉斥责，责骂她为什么为了几个钱而做这样下贱的事；妹妹说出真情，姐姐理解了妹妹，两人抱头痛哭。两个例子采用的都是这种技巧。前面提到的《告出来的劳模》，也使用了这种技巧。节目表现主人公带领村民修路、引电线进村。每完成一个项目，就有人把主人公告到县里，说他贪污工程款，接着是上级审查。上级通过调查了解到，原有工程款根本不够完成项目，是这位村主任拿出自己的私人存款，项目才得以完成。一次次的检举，一次次的调查，最后的结论是，主人公为工程竣工已经投入了自己在外打工积攒的几十万财产，如今已身无分文。真相大白，村民大为感动，他们每人凑上几块钱，举办简陋的坝坝宴来欢迎到省里参加劳模大会后返乡的这位领头人，以此表达自己的歉意和谢意、敬意。面对曾经深深误解自己的乡亲们此时此刻的真情表达，村主任百感交集，与妻子在一间静静的屋子里相向而坐，默默无语，令人唏嘘。

(3) 骨肉分离。

故事片《我的兄弟姐妹》里，四个未成年孩子的父母在短时间内相继亡故，哥哥在与弟妹苦撑了几天之后，终于不得不面对残酷的现实，将弟弟妹妹分送到不同的人家，于是，骨肉在撕心的哭喊中分离。妻子临盆在即，丈夫为了执行任务却不得不离家远出，不能履行照顾妻子的责任，于是，泪眼相送，依依惜别，万千感慨。这些我们熟悉的动人场景，就是采用了这类技巧。

(4) 苦苦寻求不得，见面却不相识。

故事片《妈妈再爱我一次》中，母子被强行隔绝，天各一方；儿子长大了，出国留学归来，有了很高的社会地位，历尽波折与母亲相见，母亲却因脑部受伤而认不出儿子。最后儿子唱起母亲在其童年教唱的歌曲《世上只有妈妈好》，用旋律唤醒了母亲的记忆。1998 年中央电视台抗洪救灾募捐现场晚会，一位抗洪军人的妻子被请到演播现场，通过视音频连线，让军人的形象出现在晚会大屏幕上，妻子通过连线对着屏幕那一端的丈夫唱了一首感人的歌，夫妻通过屏幕交流，但在空间上又远隔千山万水，这样，就构成了相见无法相聚的场面，从而结构了一个感人的情绪高点。这都是采用了同一类技巧。

(5) 与身份不相称的关爱。

2008 年“5·12”大地震后募捐活动的电视直播中，画面上，几十个衣衫褴褛的乞丐结伴而来，列队向捐款箱投下皱巴巴的钞票，曾感动了无数观众，即采用了这种技巧。

(6) 极度的希望换来极度的失望。

电影《卖花姑娘》里，妈妈重病在家，大女儿花妮上街卖花筹钱给妈妈抓药；在好心人的帮助下，很快卖完了花，换来买药的钱；花妮和妹妹高高兴兴地来到药店抓好药，一路唱着歌回家，走过鲜花铺满的山丘。回到家中，推门一看，妈妈已经断气了。悲情此刻达于极点。

（7）对不幸者大规模的社会关爱。

成都电视台经济频道有一期节目，讲述一个单亲家庭，孩子得了白血病，父亲为求医而一贫如洗的故事。节目播出后引起了广泛的反响。观众们踊跃捐钱捐物，帮助孩子治病。成都市的一所小学还决定免费接收孩子入学。在他上学的这一天，为了让他感到爱的温暖，鼓起与病魔搏斗的勇气，学校专门举行了一个盛大的欢迎仪式。只见鼓号齐鸣，各班级列队欢迎，患病的孩子眼里噙着感动的泪花来到学校。所有这一切作为第一个节目的后续报道被拍摄播出。观众无不感动，并接受爱心的洗礼。

（8）永远不可能实现的深深的爱。

这在各种文艺作品里反复运用，屡试不爽。远的如《梁山伯与祝英台》、《红楼梦》，近的如《泰坦尼克》都是证明。获奖新闻专题片《特殊的婚礼》，表现的是一对恩爱的年轻人，相恋已久，在准备结婚的前夕，女方患了白血病。男方表现出对两人爱情始终不渝的珍视，在病房里同她举办了婚礼。其后不久，女方撒手人寰，男方把永恒的思念镌刻在心中。

（9）生离死别，能感动人。

这一点很容易理解，就不赘述了。

上面我们简单介绍了故事化叙事的一些基本知识和原理，目的是让大家在电视节目的策划中，能够运用故事叙事的方式和技巧去完成叙事策划，从而适应当前传媒领域对节目叙事的要求。

第三节 故事化叙事案例赏析

本章我们选择贵州卫视法制栏目《取证》中的《突袭山村的毒蛇奇案》和中央电视台人物栏目《讲述》中《儿子的秘密》，作为赏析案例。

（请学生在课前观看《突袭山村的毒蛇奇案》和《儿子的秘密》）

赏析：

一、关于《突袭山村的毒蛇奇案》

这个节目是贵州卫视《取证》栏目中的一期，讲述广东增城一个叫做官塘村的地方突然出现很多毒蛇，最后真相大白的故事。这期节目并不是采用故事叙事方法的法制节目中最优秀的作品，如此反而更能说明问题。从故事叙事的角度看，这期节目有着如下特点：

1. 节目扣押了关键信息“毒蛇来自何方”，到最后才予以破解，由此设置悬念。这个悬念的设置成为节目基本结构关键因素；追寻由悬念设置而掩盖的真相，成为叙事的基本动力，引领观众饶有兴味地观赏节目。

2. 从最后郭氏兄弟这两位犯罪嫌疑人始终没有露面可以判断，节目组在到达事发现场进行拍摄时，真相已经揭晓，犯罪嫌疑人已经被控制。节目制作发生在事后，因此，节目中采取案发伊始某个真相探索者的“内聚焦”视角进行“限制叙事”，纯粹是编导者为获得叙述效果而选择的姿态，与节目组在节目制作之际实际掌握多少信息无关。

3. 节目大量采用情节曲折和延宕的处理技巧。在探究真相的过程中，编导者假设了毒蛇“长途迁徙”、“地震前兆”、“群集报复”等多种可能性，而又一一否定，这便是“曲折”技巧的应用。而详细介绍“发现蛇”、“捕蛇”、“预防蛇伤”、“专家1辨明毒蛇种类”、“专家2识别出系人工养殖”等过程，则可以归入“延宕”技巧的使用。不管是曲折还是延宕，都与悬念结合发挥作用，它们延缓真相揭晓的时机，增加叙述过程的魅力；从另一个角度来说，正是有了悬念破解的基本结构设计，才使得上述情节曲折和延宕技巧的使用成为可能。

4. 细节渲染被大量使用。为了最大限度地开发“毒蛇奇案”所可能具有的惊悚资源，编导者进行了很多细节渲染。例如，在开篇使用客机里突现大量毒蛇的影片资料，不厌其烦地表现捕蛇、塑料桶盛蛇、蝮蛇的攻击姿态、深夜人人惊恐等场面，还在主持人演播环节大量使用手势、镜头运动与剪辑处理，并配以音效，来渲染恐怖的气氛。

显然，正是由于使用了上述故事叙事的方法和技巧，才使得这样一期并非经典的节目具有了强烈的可视性。由此我们可以更直观地感觉到故事叙事在纪实节目中的魅力和价值。

二、关于《儿子的秘密》

这个节目讲述李玉刚的故事，是中央电视台10套《讲述》栏目中的一期。这是一个运用了故事叙事方法和技巧的人物专题片。其中有这样几个特点：

1. 节目在讲述李玉刚故事的时候，面对主人公丰富的经历，只选取了他人生中的几个事件环节予以表现：考上大学没钱交学费而无法入学，不甘心人生就这样失败，走出山村到外部世界打拼，在歌厅唱歌，遇到女演员缺演顶替女角救场，获得初步认可，第一次尝试男旦演出遭遇惨败，想要放弃但让家庭尤其是妈妈过上好一点生活的意识支撑着他继续往下走，23岁学习跳舞吃了很多苦，经过努力成为男旦红伶，向家人隐瞒自己作为男旦的真相，上《星光大道》一举成名并用成功向家人揭示了真相。从中可以看出，叙述者是按照“激励事件—产生动机—确定外在目标—采取行动—遭遇障碍发生冲突—克服障碍—取得成功”的情节模式来组织对人物的采访和表现的，这恰恰是标准的故事化叙事的情节模式。

2. 叙述者表现了人物的两个动机。前半部分，主人公的动机是“通过自己的努力，让家庭摆脱贫困，让家人尤其是吃了很多苦的妈妈过上好一点的生活”；后半部分的动机是，出于对农村传统观念的畏惧，“暂时不让家人知道自己扮演男旦演员的真相”。前一个动机是李玉刚克服种种困难的心理支点，其作用在于让人们理解李玉刚对外在目标的选择和他的种种争取实现目标的行动，同时向观众呈献一个兼具内心意识与外在行动的人物，这样的人物具有感人的力量，是故事化叙事在人物表现上所追求的目标。后一个动机则主要用于设置悬念，通过李玉刚的选择来“扣押”真相信息，从而在李玉刚的行动已经初步成功之后获得一个新的叙事动力。

3. 这个节目采取“倒叙”的叙述顺序，先表现李玉刚在《星光大道》上的演出，这本来是结果，叙述时放到最前面；然后去回顾当初怎样因家庭贫困交不起学费而没能上大学，怎样外出打拼，怎样经历困难和克服困难。叙述顺序上的变化，并没有影响情节模式本身的基本关系。

4. 节目对李玉刚行动的关注，重点放在这样一些环节：因救场顶替女演员演唱获得初步认可，改变了默默无闻的局面；初步成功之后尝试男扮女装表演失败，失败之后不气馁，继续学习女性化妆和舞蹈，为此吃了很多苦，再次成功，成为小有名气的男旦红伶；面对再难有大作为的困境，决定上《星光大道》争取获得全国认可，终于获得大成功，等等。这些环节其实都是由人物与环境障碍发生冲突之后发生的情节“两极价值”转换，是李玉刚经历中真正具有故事价值的事件。

5. 在对人物过去行动的表现上，节目使用了李玉刚本人和亲友面对镜头诉说及情景再现（如李玉刚走在街上、歌厅演唱《为了谁》）等方式。

思考和练习

1. 什么是故事化叙事？它包括哪些方面？

2. 谈谈你对“故事潜质”的理解。

3. 情节模式有哪几种？请说说情节模式在故事叙事中的作用。

4. 请结合你所掌握的实例，谈谈你对情节的“曲折”和“延宕”的理解。

5. 什么是叙述视角？它对故事化叙事有何价值？

6. 请自己选择一个实例，运用一个技巧设置悬念。

第六章　电视新闻节目策划（上）

第一节　电视新闻节目策划的义涵

一、电视新闻的定义和分类

关于电视新闻，有着不同的定义，虽然表述不同，但核心义涵相差不大。1990 年 7 月，由中国广播电视学会电视学研究委员会和中央电视台研究室牵头，组织电视新闻理论工作者和实践工作者，对电视新闻作了如下的定义："电视新闻是以现代电子技术为传播手段，以声音、画面为传播符号，对新近或正在发生、发现的事实的报道。"① 这个定义明确了电视新闻的传播手段、传播符号，在传播内容方面，强调的是"新近或正在""发生"和"发现"的事实。但在电视新闻实践中，有些事实既不是"新近或正在"发生，也不是刚刚发现，但却大量地进入到新闻报道当中。例如，系列报道"改革开放 30 年"，大量报道 30 年来改革开放在各个领域的成就、成果、成绩，有些事实发生在许多年前，此前也曾被报道，并不是新近发现，只不过是在特殊的日子里被"往事重提"而已。此外，目前的现代电子技术应用领域并不仅仅限于电视，也包括互联网、手机等新媒体；而在互联网和手机上传播的视频新闻节目与电视新闻并不完全一样。因

① 胡智锋主编：《电视节目策划学》，复旦大学出版社 2009 年 8 月第一版，第 26 页。

此，如下的定义似乎更接近目前国内的电视新闻现实：电视新闻是以电视技术为传播手段，以声音、画面为基本传播符号，对新近或正在发生、或从前发生但对现在仍有影响的事实的报道。[①]

在研究、教学和新闻实践中，还有一个对电视新闻分类的问题。目前，从不同的角度出发，有着不同的分类方法。我们从电视策划的角度，参照《中国应用电视学》的分类方法，根据国内电视新闻节目的实际情况，将电视新闻节目分为消息类、专题类、言论类、现场直播类，以及民生新闻类几个类型。这个分类互有交叉，从学理的角度看并不十分严密，但它反映着实际工作中的分类现状，具有可操作性。

二、电视新闻节目策划

在理解什么是电视新闻节目策划之前，首先需要明确电视新闻策划的含义。所谓电视新闻策划，包括两个方面的含义：其一，是电视新闻事件的策划；其二，是电视新闻报道方式、方法和节目呈现形态的策划。前者被称为“电视新闻策划”，后者被称为“电视新闻节目策划”。

对于第一种“电视新闻策划”，有着相当分歧的意见。

张静民先生认为：“新闻本身不能也不应策划。”这个观点有相当的代表性。这种观点认为，无论何时何地，都不应该去“策划”新闻，这不单单是新闻观念或新闻原则问题，也是新闻事业的性质问题。[②]

胡智锋先生则持相反意见，他认为：“媒体主动参与制造新闻事件，并不是新闻造假。比如 1997 年中央电视台和香港凤凰卫视共同参与直播的台湾特技人柯受良驾车飞跃黄河事件，完全是媒体、赞助商以及特技人共同策划的产物。‘飞黄’此前没有发生，在媒体的主

---

① 参考了张静民：《电视节目策划与编导》，暨南大学出版社 2007 年版第 58 页上的定义。

② 参见张静民：《电视节目策划与编导》，暨南大学出版社 2007 年版，第 64～65 页。

动参与、策划下，现在成为万众瞩目的新闻事件，我们能说它是假新闻吗？……这种由于传媒介入而策划、制造的电视新闻节目，并没有违背我们关于电视新闻的定义。”①

我们的意见是，电视新闻策划不能完全否认，因为它在实践中是存在的；但应该严格限定条件，从严掌握，并始终坚持不能陷入“新闻造假”泥淖的原则。

对于第二种策划，即针对新闻事件或事实，通过优化报道方式、方法，选择合适的节目呈现形态，以实现最佳传播效果为目标的策划，即“电视新闻节目策划”，就没有人提出反对意见了。我们在本章所讲述的内容，就是这个意义上的策划。

前面我们说过，电视策划存在宏观、中观和微观三个层面，分别对应频道、栏目和具体节目等三个领域。这一章的内容，主要涉及电视新闻的节目策划。

第二节　消息类新闻节目策划

消息类新闻节目指的是迅速、广泛、简要地报道国内外最新发生、发现的事态、事件或事实的新闻报道形式。“消息类新闻节目是电视新闻实现国内外要闻总汇的主要渠道，是观众了解国内外大事的主要窗口。”② 消息类新闻节目是各个电视台最基本的节目形式，是电视台承担新闻媒体功能的主要窗口。中央电视台的《新闻联播》，各省市电视台一套节目（新闻综合频道）的《××新闻联播》或《××新闻》，是这类节目的典型表现。在一些县区电视台、大型企业电视站等机构，由于制作力量和制作条件有限，通常自办节目较少，但大都开办有消息类新闻节目。

消息类新闻节目一般的时间长度为45秒左右，最长通常不超过4分钟。由于篇幅短小，题材广泛，与其他新闻节目类型相比，这类

① 胡智锋主编：《电视节目策划学》，复旦大学出版社2009年版，第30页。
② 胡智锋主编：《电视节目策划学》，复旦大学出版社2009年版，第27～28页。

节目的制作相对较为容易。

消息类新闻节目通常一条节目报道一个内容，动态新闻是其最主要的构成部分。动态新闻是对新近发生的事态、事件、事实进行动态报道的节目类型。

有的时候，由于面对某些特殊的新闻事件，或者出于某些特殊的传播目的，新闻采编人员将三条以上（含三条）消息节目组合使用，用于报道同一个事件或同一个主题，这就形成了连续报道和系列报道。连续报道和系列报道是对消息这种电视新闻节目形式的组合使用。

消息类新闻节目也有一个分类的问题。对其可以作如下分类：

按新闻题材的内容范畴来划分，可以分为时政新闻、经济新闻、体育新闻、娱乐新闻等；

从新闻题材所属地域划分，可以分为国际新闻、国内新闻、地方新闻；

根据节目组合情况来划分，可以分为一般性消息类节目和连续、系列报道节目。

从电视新闻的实际工作来看，消息类新闻节目的策划通常包括选题策划、编排策划和连续、系列报道策划等几个环节。下面分别阐述。

一、选题策划

消息类新闻节目的选题，是一项电视新闻业务的日常工作，其选题时所遵循的新鲜性、时效性、典型性、独家性、可操作性等原则，是新闻采访的最基本要求，在新闻采访、新闻写作等课程中都要涉及。为了体现本课程的特点，从我们所坚持的“创意是策划的核心”这一原则出发，我们在本章不论述作为一般工作或基本要求方面的内容。

在这里，我们结合一些获奖消息类节目的特点，提出几个容易获得较高质量消息选题的要求。

（一）重视具有震撼力的突发新闻事件

国际国内成功的新闻作品中，有不少以具有震撼力的突发新闻事件为选题。例如，“航天飞机爆炸”、“9·11事件”、“歹徒劫持人质被击毙”、“深井垮塌援救被埋民工”等新闻作品，屡屡出现在各类获奖作品的名单中。

对于突发事件报道的选题策划，要求策划人做到以下几点：

一是保持高度的新闻敏感，能迅速判断突发事件的报道价值。例如，当美国“挑战者”号航天飞机起飞74秒发生爆炸时，在现场进行航天飞机升空报道的摄影记者，迅速意识到这是一起具有重大报道价值的突发事件，立刻转换报道角度，拍下了航天飞机爆炸的连续照片和飞行员亲人们惊恐悲伤的表情，成为记录灾难瞬间的不可重现的永恒记载。而当时的各个媒体几乎都以头版头条对这一灾难性事件进行了报道。

诸如洪水、火灾、地震、矿难、重大车祸、爆炸、重大刑事案件等发生后，其中往往包含着值得报道的选题，应引起我们的高度关注。

二是注意视听信息的完整采集和表达。电视消息类新闻节目的魅力在于视听兼备、声画并茂，优秀的作品一定是按照新闻节目的要求采集完整的画面和同期声。从选题的角度，是要求记者或编辑在面对突发事件的时候，在报道前就具有这方面明确的意识，以便于在具体拍摄采编的时候能够很好地按照要求去做。例如，一条《深井垮塌援救被埋民工》的电视消息，对于事件的起因应该通过对掌握权威信息的对象（例如目击者）采访获得，而救援过程和民工被援救出井等主要环节，应有画面和同期声提供信息。

这本来是所有消息类电视新闻节目共同的要求，但由于对突发新闻事件的报道往往是在没有充分准备的仓促状态下进行的，所以特别需要强调这一点，以便有备而往，满载而归。

（二）对重大事件选择特殊角度进行报道

一般而言，当重大新闻事件发生后，各家媒体都会有大量泛泛的一般性报道。这时，要想使报道具有特色并从众多的同类节目中脱颖而出，在选题策划时，不妨考虑从特殊的角度或者选择特殊的典型去进行报道。

例如，中国申办奥运会成功，这一事件立刻成为重大新闻事件，各家媒体立即进行了大量而广泛的报道。这些报道对事件的来龙去脉、引起的反响等进行了全面的介绍。而有的电视消息，如《申奥成功：圆了两代人的同一个梦》，则报道均为国家级运动员的父子俩在申奥成功的那一刻所表现出的欢欣；有的则选择曾代表中国儿童在悉尼奥运会上向萨马兰奇赠画表达中国申奥意愿的女孩进行采访；有的则采访了曾经在残疾人奥运会上获得多枚金牌的运动员，等等。通过特殊人物从特殊角度对重大事件进行的这些报道，给人留下鲜明的印象。选题策划阶段有意识地选择作用明显。

（三）挖掘带有“最、极、首先、第一”等新闻元素的事件或事实

综观全球新闻实践，包含“最、极、首先、第一”等元素的事件或事实，往往都具备较高的新闻价值；而其稀缺不易得的特性，又使以它们为题材的节目容易引人注目。所以，在选题策划时，我们应尽力去挖掘具备上述元素的事件或事实作为报道对象。

如果某一事件或事实本身具有无可争辩的“最、极、首先、第一”性质，例如，人类首次登上月球，世界纪录被打破，等等，它们进入选题视野是毫无疑问的。

但在现实生活中，天然地具备“最、极、首先、第一”元素的事件或事实是不多的。于是，在新闻报道的选题策划中就出现了一些不违背新闻原则的变通处理办法。常见的做法是，通过挖掘信息，调整参照系，来使事件或事实获得这样的属性。我们在前面章节提到过的一个例子，说的是某地发掘出一座古代白酒作坊的遗址，如果把它放在全世界白酒作坊的参照系中，它不是第一，但引入“中国采用前店后坊经营模式的酿酒作坊”这一参照系，该遗址就具备“第一”的元素了。这就属于用这样的思路进行变通处理的范例。

（四）注重典型人物、典型事件的选题价值

在生活中，大量的人和事是平淡而没有特殊意味的，而有的人和

事则和某些具有重大意义的背景相关联，从而具备不一般的意义。后者就是所谓“典型人物”、“典型事件”。在消息类新闻节目的选题策划中，寻找这类人和事，是提高选题质量的有效途径之一。

在中国的新闻实践中，消息类新闻节目被大量用来反映社会的进步和发展。在进行这方面报道的时候，尤其需要通过选择典型人物和典型事件来实现。例如，成都市过去是一个纯消费城市，20 世纪 50 年代开始了工业化进程。进入 21 世纪后，当需要从工业发展角度反映成都的变化的，什么是恰当的消息选题呢？显然，战斗机歼－10 的研发和制造是典型事件，这个事件背后所蕴含的科技水平和制造实力足以说明成都目前工业发展所达到的高度，它比食品加工、化肥生产等领域的发展事件更具备典型意义。而要通过典型反映成都飞机制造业的发展历史，一位从 50 年代就参与研发工作，见证了成都飞机制造从无到有整个过程的高级工程师显然更符合要求。按照这样的策划思路所确定的选题，无疑具有较高的新闻价值。

实际上，在时政新闻、工业新闻、农业新闻、先进人物报道领域，对很多事件和人物的报道选题，都是按照上述思路确定的。

需要明确的是，典型人物和典型事件并不只是与所谓“宏大叙事”相联系，很多时候，一些特殊的凡人小事也可以具备典型价值。例如，都市里最后的蜂窝煤搬运工，在城市生活能源进步方面具有典型价值；失业的钢笔修理工，折射着人们在笔的使用方面的时代进步，等等。这个领域创造空间十分广阔。

（五）关注舆论监督、批评曝光的选题

舆论监督是媒体的重要功能，批评曝光的节目是消息类新闻节目中很重要的组成部分。因此，批评曝光方面的选题也应该纳入选题策划的视野。

在策划批评曝光新闻节目选题的时候，需要注意如下几点：

1. 要坚持维护合法权益的原则。因为电视媒体是影响广泛的公器，利用它来对人或事进行批评曝光，会对当事者形成极大的舆论压力。所以，以批评曝光为选题制作节目，必须站在维护合法权益的立场，才有正义性。应以是否损害了合法权益对曝光对象进行评估，只有损害了公众或个人合法权益的人和事，才能够作为批评曝光的对象。

2. 具备社会责任意识。这种责任意识要求选题者对准备制作播出的节目可能产生的正面或负面的社会影响有充分的估计，并在报道时采取措施，尽量趋利避害，把可能的负面影响降低到最低限度。前些年，南京冠生园月饼厂用陈年饼馅制作月饼的事件被媒体曝光后，全国所有与南京那家工厂仅仅同名，但在经营上毫不相干的厂家几乎全部受到牵连。实际这样的情形是应该避免的。

3. 以法律为武器。批评曝光节目是一种特殊的节目，它使拍摄制作者必然卷进是非冲突或利益冲突的旋涡。批评曝光对象的非法利益可以因报道受到剥夺，合法利益能够因节目播出而受到保护。被批评曝光者往往会用尽各种手段来进行抵赖、狡辩，甚至“殚精竭虑”地对报道者进行诋毁。这时，报道者必须利用法律来捍卫自己合法的报道权利。因此，在选题策划的时候，要对准备采用的选题进行法律评估，对选题采用之后所可能引发的纠纷以及报道在法律上是否站得住脚进行预测，在没有法律方面的疏漏和瑕疵之后才能采用。

4. 建立完备而畅通的新闻线索收集渠道。大多数批评曝光的选题，其线索都来自于民间，选题策划人所要做的主要工作是对其进行筛选、核实与评估。这就需要建立畅通的信息收集渠道。

通过公布固定电话或手机号码，建立观众报料热线，对报料者给予一定的物质奖励，是广泛使用的行之有效的方法。

借助与消费者协会、妇女联合会等组织机构的密切联系获取有关消费者权益受损、妇女权益受损等方面的线索，也是常见的工作方式。

从平面媒体上获取选题线索，换一种载体用电视方式进行报道，也比较常见。

利用互联网和移动通讯网络收集信息，例如，利用门户网站、论坛、邮箱、即时通讯、社交网站（SNS）、微博客等获得信息线索，也是时下流行的新方式。

总之，保持信息收集渠道畅通是做好批评曝光节目选题策划的前提和基础。

（六）注意“以小见大”的选题

由于消息类电视新闻节目篇幅短小，容量有限，加之基层电视机构所面临的宏大叙事报道对象相当有限，所以，在实际电视新闻工作中，一些“以小见大”的选题特别受到编辑记者的青睐。

所谓“以小见大”的选题，是一些从微小细节或平凡侧面反映宏大事实或事件的选题。例如，一条题目为《脚下世界》的电视消息，通过人们脚上所穿之鞋的变化，来折射社会生活的变迁；消息《黄页电话簿的命运》，报道的是某地为电话亭提供免费的黄页电话簿，但一天之内电话簿全部被人拿走，以此反映市民道德水准亟待提高的问题；等等。

“以小见大”的选题往往集生动事件（事实）与思想内涵于一体，能够在给人新鲜感的同时，给人以精神方面的些许启迪，所以容易引起人们的注意。

上述六个方面涉及消息类电视新闻节目选题策划的一些要求。需要说明的是，对于消息类电视新闻节目来说，选题成功，意味着节目成功了一半；另一半成功，则需要在具体的拍摄制作环节去实现——而这是其他课程所承担的任务。

二、编排策划

消息类电视新闻节目通常在新闻栏目中编排播出。以《新闻联播》为例，30 分钟的栏目需要编排进 30 多条消息；一般市、区、县电视台的消息类新闻栏目时间长度大多为 15 分钟左右，容纳 15 到 20 条消息。这些消息不可能随便排列播出，而需要有一个通盘考虑和整体安排。当十几条乃至几十条消息摆在面前时，怎样在一档节目中为每一条新闻找到一个合适的位置，并把各种编排必须涉及的因素作最佳组合，从而汇编成一档顺序恰当、轻重合适的节目，是编排所要做的工作。这个工作是在既有条件下，寻求规范基础上创造性组合的过程，所以，也应该纳入节目策划的范畴。

消息类新闻节目的编排策划，可以从以下几方面去考虑。

（一）遵循“前重后轻”的排列原则

报纸遵循的是“头版重要”原则，即在第一版刊载的文稿最为重要。由于电视节目的播出是在时间维度上进行的，它没有平面媒体的所谓“头版”；但在一档组合式电视节目的内部，遵循“前重后轻”的原则。这里的轻重，是指新闻价值的高低，新闻事件或事实本身的重要与否。

具体到新闻节目的编排来说，一档节目中的头三条消息，通常是重要新闻，而其中又尤以第一条即头条新闻为最重要。所以，放置在头三条位置的，一定是这档节目中新闻价值最高、事件事实分量最重的新闻。头三条之后，依次排列其他次重要的、一般性的新闻消息。在国内的新闻实践中，通常按照这样的顺序排列各类新闻：国家重要新闻、国内时政新闻、国内一般新闻，本地重要新闻、本地时政新闻、本地一般新闻，批评曝光新闻、社会新闻、娱乐体育新闻，最后是国际新闻。

在具体处理的时候，需要对具体消息的新闻价值进行判断。比如，一座大桥的落成，肯定就比小区丢了自行车重要；外国元首来访，也一定比一次风光摄影展重要。因而，相对重要的那一条就应该放在同档节目靠前的位置，反之则应该往后靠。

（二）尽可能将同类消息“组合编排”

前面提到，电视节目的播出是在时间维度上进行，具有“顺序播出、播过即了”的特点，如果随机罗列内容各不相干的单条消息，就容易造成杂乱的印象；而如果将内容或形式有关联的消息组合成一个个小的单元，再将这些小单元串缀起来，就会给人层次分明、条理清晰之感。

这种组合方式，可以是内容相类似的新闻的组合，比如“文化消息一组”、“3·15 维护消费者权益消息一组”，等等；也可以是内容相反或相对的新闻的组合，比如在某学校减免贫困学生学费的报道之后，组合另一条学校乱收费的批评报道，或者在某足球队大胜的消息之后，组合几条历史上该球队惨败的回顾性消息；还可以按照形式上的共同点来组合，比如“简讯一组”、“一句话新闻一组”，等等。

（三）简明扼要的节目提要和要闻回报

节目提要放在一档新闻节目的开头，其功能是通过提示激起观众的收视兴趣，所以提要选择的内容通常既要考虑新闻的重要性，又要考虑其趣味性。比如，这样的提要就比较好："在这次节目里您将看到：×××国家元首××××来我市访问/西南最大的×××立交桥今日竣工/'6·16'特大杀人案告破/××乡一农户发现不明生物"。

要闻回报则放在一档新闻即将结束的时候，目的是让中间进入收看的观众对本档重要新闻有个大致了解，因此，应该遵循重要新闻尽可能不遗漏的原则。

节目提要和要闻回报都应该内容紧凑、精练。在形式上，则需注意节奏明快、字幕醒目、美术设计考究并具有新闻类节目的风格，还可以配上紧凑的音乐或电子合成器节奏型旋律，此举除了可以加快节奏，还能够为这类板块提供区别特征。

（四）适当安排导语和编后话

对重要新闻、社会新闻、趣味新闻、复杂事件新闻等，可以使用导语。导语通常由主持人播报，放在图像新闻开播之前。其作用在于提请观众注意收看，同时对新闻内容进行提示和铺垫。"今天上午，××乡农民×××给本台打来电话，说他在自己房屋附近的竹林里，捕获了一只从来没有见过的动物。请看报导。"——像这样的导语，恐怕会让你欲罢不能。但导语宜精不宜滥，过多则流于芜杂，并浪费时间。

编后话这一体裁分量很重，应审慎使用。但在一些需要表明是非立场或必须表明态度的新闻后面使用编后话，对提升电视台在观众心目中的地位有积极作用。电视编后话不宜过长，以不超过200字为宜，这是播读50秒左右的字数。

（五）使用分隔片花划分单元

一档新闻节目内部的消息在经过不同的组合或排列之后，往往形成一个个单元。比较明智的做法，是将这些单元做一点区隔。这样，观众在收看的时候就更会感到清晰明快。常见的区隔措施，是制作5秒钟长度的动态片花。这类片花一般包含栏目名称的字幕并进行了动态美术处理，配以简洁的乐句。其作用除了提供区隔功能，还能向观众提示“你收看的是什么节目”。

（六）使用题花标示内容范畴

所谓题花，是指在屏幕的左或右的下方，制作的一个电子图案，这个图案叠加在屏幕图像上。题花是同类节目归类组合后的图像标识。我们常常在新闻节目中看到的、位于屏幕下方左或右的、带有“西部大开发”、“聚焦三农”等字样的小图案，就是题花。题花是编排过程中突出内容特点的常用辅助手段。

（七）如有可能，考虑节奏的问题

节奏是形式美的一个构成元素，在时间维上实现传播的媒体都可以利用节奏来提高内容的接受效率。简而言之，节奏就是将传播内容或形式中的对比、对立因素按照一定的规则交替安排，从而在传播过程中形成一种张弛有致、此伏彼起的韵律。在电视领域，具有这种韵律的节目，能够使观众在观看时不但获得信息，同时还获得一种审美意义上的精神愉悦，这种精神愉悦有利于观众接收效率的提高。

在新闻消息节目中，节奏安排可以涉及的因素有消息内容本身、主持人播报、片头片尾片花、字幕、同期声等。具体说来，消息内容的宏大与平静、喜庆与忧伤，主持人播报的出现和间隔，主持人的男女对播，片花的适时出现，字幕的简洁与繁复，美术衬底的有无或色彩冷暖，同期声的有无，以及将上面这些因素综合搭配等等，都是进行节奏处理的因素。

最后要强调的是，把各种新闻消息编排为一档节目，有一个整体的编辑构思是非常重要的。这种整体编辑构思是恰当运用各种编辑手段的基础。面对工作，能在脑海中迅速形成整体编辑构思，是编排策划人追求的业务目标。

三、连续、系列报道策划

连续报道和系列报道是消息类电视新闻节目的特殊形态，是对消息这种电视节目形式的组合运用。连续报道和系列报道的作品单位是“组”，每组作品至少包含三条（含三条）消息。

通常，连续报道是在一定的时间内，采用消息这种形式，对一个进程性新闻事件进行跟踪报道后，形成的报道组合。

系列报道是围绕同一主题，或聚焦同一目标，进行多角度、多视点、多对象的报道而形成的报道组合。

连续报道随着新闻事件的进程，层层递进，逐渐深入，以深度见长；系列报道角度、对象多样，多点分布，靠广度取胜。由于两种报道方式在播出时都具有时间长、规模大的特点，常常能造成较大气势，甚至引起传播震撼，所以，它们是各级电视机构非常重视的新闻节目形态。

连续报道需要策划，才能保证其完整性，并很好地开发选题价值；系列报道不会在工作中自然生成，都是策划的结果。下面，就从实务的角度，谈谈这两类节目的策划要点。

（一）连续报道的策划

前面说过，连续报道是对进程性新闻事件进行跟踪报道后形成的报道组合。进行连续报道策划的时候，要紧扣这个特点。具体说来，需要注意以下几点：

1. 选题策划。

连续报道的选题策划可以从三个角度考虑：一是作为报道对象的事件是否具备足够的分量，即是否值得去进行连续报道；二是事件本身是否包含有值得期待的未来发展，包括未知的阶段性结果或尚不明朗的真相等；三是事件本身是否具备进程性，是否具有连续报道所要求的时间延续性。

当需要确定一个新闻事件是否值得做连续报道的时候，首先需要从上述第一个角度去对事件进行评估。例如，柯受良决定驾驶摩托车实现人类历史上首次驾车飞跃黄河，某城市存在严重的脏乱差现象而政府已经决定大规模整治，政协委员到学校了解乱收费却被拒之门外，这些事件本身无疑具备进行连续报道的价值；而社区一对婆媳发生争吵，公路上发生一起普通车祸，这些事件就不具备进行连续报道的分量。

当新闻事件本身被评估为具备足够的分量，值得进行连续报道之后，接下来就需要从上述第二个角度去评估题材了。经验告诉我们，高价值的连续报道选题不但事件本身有足够的重要性，往往还具备一些不可预测的未来发展可能，有的事件甚至包含不明真相或未知结果。这些因素非常重要，它们能够在观众心中唤起强烈的好奇心或期待感，而这正是连续报道所需要的“叙事动力”。柯受良驾驶摩托车飞越黄河，难度很高，失败的几率很大，因而其结果是不明朗的，这个事件就符合这个要求。某地质检部门在餐馆查获了“地沟油”，开始追查来源，这个事件包含“地沟油来自何方”的不明真相，也符合这方面的要求。通常，这种包含在事件中的未来发展的不确定性越明显，则该事件的吸引力就越强烈，因而就越值得将其作为连续报道选题。

第三个角度是预测准备报道的事件是否具备进程性，是否具备一定的时间延续性。上面提到的几个例子都具备进程性。柯受良飞越黄河，从决定到实施，一定会有一个准备过程；追查地沟油来源也不会立刻有结果，一般会有一个过程；某城市的政府一旦决定整治脏乱差现象，必然会有一个部署、行动、遭遇某些困难或遇到新的问题、终于见效（或收效不大）的过程；政协委员履行职责受阻一旦曝光，一定会引发诸如各界反应、当事方做出解释、问题得到解决（或得不到解决）等后续进展。同时，前面提到的事件都有一定的时间跨度，都要经历一定阶段才能有结果，这就是时间延续性。事件的进程性和时间延续性为节目的递进播出提供了可能。

如果新闻事件满足了上面的要求，就可以将其确定为连续报道的选题了。

2. 报道方式策划。

一旦确定了将对某事件进行连续报道之后，接下来的工作是对报道方式进行策划。具体包括预测事件进程、拟定报道步骤、选择报道内容、提出叙事要求、做出播出安排等环节。下面作一点简单介绍：

（1）预测事件进程。任何进入选题的新闻事件，都会经历一个事件进程，对这个进程做出预测，是为进行后面的工作提供一个基本的思路走向。例如，一列油罐火车因地震突发在隧道里脱轨起火爆炸，这肯定会作为一条重要消息报道。而这条铁路是一条运输大动脉，这个突发事件发生之后，有关方面必然要全力抢修，尽快恢复铁路的畅通；在第一条消息报道之后，必然会有后续事件发生，并且一定会出现最后的结果，因此后面还可以做若干后续报道，最后构成一组连续报道。预测这个事件的进程，可以为后面的报道提供一个工作的思路和方向。通常这类事件的进程表现为“事件发生—清理车辆残骸—抢修隧道和铁路—通车”，其间，会遇到不少困难，决策者、施工者会采取不少措施来克服困难，最后出现抢修成功、实现通车的结果。以这个事件为对象的连续报道，可以沿着这个进程预测进行资源配置，开展工作。

（2）拟定报道步骤。在初步预测了拟报道事件可能的进程之后，接下来就需要根据预测作出报道步骤的安排。以上面提到的那个灾难事件为例，可以根据进程预测，将报道工作大致安排为这样几个步骤：清除车辆残骸阶段的工作，维修隧道阶段的工作，整理、维修轨道的工作，抢修工程完成，通车仪式等。报道可以重点关注这样几个阶段。

（3）选择报道内容。预测了事件进程，拟定了报道步骤，都还仅仅属于书面策划的范畴，选择具体报道内容则进入到实施环节。报道内容与完备的采访密不可分。生活中的真实事件在具体发生的时候，多少会与预测有出入，此时的采访便具有至关重要的作用。通过采访，常常能够获得事件具体的进程和真实的环节，报道内容便从中产生。选择连续报道每一条消息具体内容的要求是，尽量选择那些关键的、重要的、能够导致事件逆转的事件环节；入选的内容应该向人们传达出事件发展的主要信息。

（4）提出叙事要求。我们在前面的章节十分强调叙事方式在当今纪实节目制作中的作用，其实，这在新闻节目中也不例外。由于连续报道本身的进程性和结局的未知性，它具备故事叙事的天然特质。所谓叙事要求，就是在充分尊重连续报道新闻信息传播功能的基础上，适当利用故事化叙事的某些原理，来增强报道的传播魅力，从而增强节目的吸引力，扩大节目的影响力。按照这个要求，连续报道不但要关注事件的各个关键环节，还需要注意选择和表现那些努力遭遇障碍或行动遭遇对抗等具有冲突元素的事件环节，以及突出表现那些导致事件“两极价值”转换的因素。

（5）做出播出安排。如果前面几点都能扎扎实实地完成，并形成了一条条的消息，那么，最后一个策划环节就是做出播出安排了。播出安排比较理想的模式是，每天至少一条消息，而每条消息需要传达一个重要信息或报道一个关键事件环节。每一条消息为第二天事件的发展（实际上也是为下一条节目）做出某些具有悬念设置意味的铺垫，是成功的连续报道在形式方面的常见做法。笔者曾经参与过某城市大规模整治脏乱差现象连续报道的策划，其消息内容构成及播出安排如下：

媒体通过明察暗访，披露脏乱差现象的严重性（连续3天，每天2～3条）→各方面观看节目之后反应强烈（1天，共3条）→市政府召开动员大会，部署大规模治理脏乱差现象工作（1天，1条）→各界行动起来，采取具体措施整治（连续五天，每天1～2条）→在车站、城郊结合部仍有死角（1天，3条）→青年自愿者前往死角地区义务劳动（2天，每天1条）→经过努力，整治初见成效（连续3天，每天1～2条）→播发“本台评论”，对工作做初步小结，并指出通过制度性安排将整治常态化的必要性（1天，1条）。其间，在“各方面观看节目之后反应强烈”、“在车站、城郊结合部仍有死角”等节目中，都针对后续变化作了旨在增强期待感的悬念性提示。

总而言之，一组成功的连续报道，应该完整地反映出事件从发生到结局的关键环节；连续报道策划人的职责之一，是为保持报道的完整性和增强报道的吸引力，提供指导性意见。

（二）系列报道的策划

系列报道是围绕同一主题而形成的3条以上（含3条）消息的组合。以曾获得四川电视奖的成都电视台拍摄的《走进通江》系列报道为例，该系列报道以记者行程串缀革命老区通江典型的人和事，每条消息报道一件事或一个人，揭示当地人民为改变贫穷努力奋斗、在艰难的条件下求发展的共同主题。

归纳起来，系列报道的策划需要注意以下几点：

1. 确定报道主题和题材范畴。

由于系列报道是围绕共同主题进行的不同角度、对象的报道，所以，首先要考虑的就是确定报道的共同主题以及围绕这个主题的题材范畴。

首先，确定报道的共同主题。

在确定报道主题的时候，需要注意主题的重大性、差异性和新闻性。

重大性的要求，主要是基于系列报道是电视新闻节目的"重武器"，它不但分量重、影响大，对财力物力的需求也大大高于一般性消息；所以，被选择进入系列报道领域的主题，通常都应具备重大性的特点。因此，当我们准备策划一档系列报道的时候，首先要考虑的就是未来这组节目的主题是否足够重大。当然。所谓"重大性"的内涵是个相对的概念，在不同的参照系中它的具体涵义不同。对于国家级电视台和省、自治区级电视台来说，"社会主义西藏不断进步"是重大主题，但对于一个县区电视台来说，"文明社区建设"也可以是重大主题。只要是与社会、经济、政治、文化等大背景有联系的，具有一定规模的，非琐屑芜杂的主题，都可以被认为具有"重大性"。

差异性的要求主要是为了使系列报道具有特色，这是策划以创意为核心的特质所要求的。尽管新闻实践中的确存在一些观念老套、角度陈旧的所谓"系列报道"，但优秀的系列报道往往具有主题的差异性。例如，反映改革开放改变中国面貌的主题是电视人所熟悉的，但革命老区在改革开放中的变化则一度比较少见，当它被策划者确定为《走进通江》系列报道的主题之后，这个主题在同类主题中就具备差异性。相似的例子还有成都电视台的系列报道《成都周边行》。这组报道以成都行政区划边缘地区的发展变化来反映改革开放对成都的推进作用，也因采用了独特的角度，从而使主题具备差异性。

新闻性的要求是由系列报道的新闻属性所决定的。系列报道虽然不像连续报道那样直接跟踪新闻事件，而往往是对生活中业已存在的人和事进行报道，但这种报道仍然是新闻意义上的，因此，所确定的报道主题应该具有鲜明的新闻性特征。在实际工作中，有的系列报道直接选择当下的新闻现象作为主题，以此获得新闻性；而有的系列报道主题的新闻性则通过联系特定的新闻背景来实现。例如，《西藏辉煌四十年》系列报道的主题“社会主义西藏的不断进步”就与西藏自治区建区四十年的背景紧密相连；《与共和国同行》先进人物系列报道干脆就是国庆节前的宣传性报道的一部分，其中的先进人物都伴随着共和国的发展而同步成长，放在国庆节前夕播出，也由背景意义获得新闻性。

其次，确定题材范畴。

由于系列报道的主题不是一种先行的抽象理念，而是植根于具体人和事的题材选择灵魂，所以在确立系列报道主题的同时，还需要确定其题材范畴。例如，《西藏辉煌四十年》系列报道在确定“社会主义西藏不断进步”主题的同时，就开始考虑从西藏的发展进步典型中选取题材；做出到革命老区通江县去选择典型的人和事进行采访拍摄的决定，是与《走进通江》的主题策划同时进行的。强调将报道主题和题材范畴联系起来进行先期策划，正是系列报道这种特殊的新闻体裁的内在要求。

2. 选择具备典型性的人和事。

系列报道也是新闻报道，而且是篇幅短小的单条电视消息的组合，其中每一条消息的容量非常有限。所以，要很好地发挥每一条消息的作用，最好的办法是选择既能够代表宏大背景，又具体实在的人和事作为报道对象；而符合这个条件的人和事，就具备典型性。所谓典型，就是个别和一般的结合体。

例如，要反映一座城市相对于六十年前的发展变化，就可以这样选择：以战斗机生产总工程师的视角来反映工业的发展，以“211”大学卓有建树的中年博士生导师的学术经历来反映教育的发展，以世界500强落户本地的某个代表性企业的CEO对本地投资环境的评价来反映对外开放的进步，以花卉种植大户来反映农业产业结构调整的进展和农民生活的进步，等等。

需要说明的是，“典型性的人和事”是一个开放性的概念，按照不同的标准、背景和角度，我们可以有多种多样的选择，这意味着在这个领域的策划可以有很大的创造空间。

3. 对采编和报道的结构作出规划。

由于系列报道是彼此相对独立的系列消息的组合，它没有连续报道那种因事件的进程性而自然形成的播出顺序，因此，在播出时就有一个孰先孰后的问题；大型系列报道内部通常有若干结构，例如，在开播时会有一个开播语，以说明整个系列报道的意图、主题、宗旨等等；具体内容可能划分为若干部分；全部报道播放完毕之后，通常会有一个结束语，用以回顾、归纳和展望。这些，都需要纳入策划的范畴。

系列报道在播出时一般每天播出一条，有多少条就延续多少天。在安排播出顺序的时候，可以根据单条消息的新闻价值，按照“先重后轻”的原则安排播出；也可以根据单条消息所对应的社会领域或所属的内容范畴，划分板块并按板块归类，然后按板块的轻重顺序来安排播出，或按照“先概述、后具体”的顺序安排播出；板块内部则按“先重后轻”原则编排。

由于系列报道通常是一项比较大型的、多人多组多机协同完成的系列工作，所以还需要策划人对采编环节的人员分配、设备安排、工作日程等作出安排，并形成文稿。

第三节　消息类电视新闻节目策划案例赏析

在这里，我们选择获得2007—2008年度中国广播电视大奖的连续报道《决战109》和获得2005—2006年度中国广播电视大奖的系列报道《西藏辉煌四十年》，作为消息类电视新闻节目的策划案例来赏析。

（请学生在课前观看这两组节目）

赏析：

一、关于连续报道《决战109》

1. 这组连续报道以“5·12”大地震中抢修宝成线109隧道的新闻事件作为报道题材，由陕西电视台拍摄，一共42集。我们看到的是作为参加评奖节目报送的版本，包括第1集、第25集和第42集。整个连续报道表现的是一个延续12天的进程性事件。

2. 从节目中透露出的信息可以发现，其第1集报道的内容是一起突发事件：宝成线上一列油罐火车穿越109隧道时，因地震出轨而起火燃烧。显然，这起突发事件必定引发一系列关乎“抢修”的后续发展，而这些后续发展会遭遇什么困难、何时能够抢修成功而通车，都是未知数，所以这个事件是具备作为连续报道选题的条件的。因此，陕西电视台在第1集拍摄播出的同时，迅速赶派卫星直播车到事发现场，开始了后续报道。

3. 从第25集、第42集的内容可以看到，这组连续报道锁定了事件的关键环节，从拖曳油罐车残骸，为高温的隧道内部降温，调整残损油罐车拖曳方案、改南线拖曳为南北同时拖曳，到最后抢修成功举行通车仪式，节目向观众介绍了整个抢修过程的较为完整的信息。

4. 第25集中，记者抓拍了隧洞内温度高达100多度，两名消防战士在里面探查37分钟，从而摸清了隧道内情况的画面。这是对“行动遭遇障碍”叙事原则的自觉运用。

5. 从最后形成的节目来推测，没有一个事先的策划，是难以形成这组较为完整的连续报道的。

二、关于系列报道《西藏辉煌四十年》

1. 系列报道《西藏辉煌四十年》以“社会主义西藏的不断进步”为共同主题，其构成包括5篇宏大主题报道、29篇辉煌业绩展示、9篇个案追踪以及7篇地域分区展示报道，由一共50条相对独立的消息组成。各条消息内容各异，但都由具体的人或事为出发点，通过讲述他（它）们的故事，折射所承载的发展历程，以点带面，以人带事，从具体到整体地表现共同主题。我们看到的是作为参评节目报送的版本。

2. 这组报道具有系列报道的典型特点和结构。前面有编前语，中间是分为不同板块的消息组合，最后是编后语。

3. 在选题上充分考虑了对典型人和事的选择。不管是选择桥梁建设来折射西藏建设方面的巨大进步，还是通过翻身农奴多布吉老人今昔生活的对比来反映普通人命运的变化，都体现出对典型的运用。

思考和练习

1. 请谈谈典型人和事在消息选题上的价值。

2. 在互联网上收集合适的新闻信息，将其改写为一条包含“最、极、首先、第一”元素的电视消息解说稿。

3. 按照给定的新闻消息条目，拟定一份节目编排表。

4. 围绕给定的事件或题材领域，拟定一份连续报道或系列报道的策划提纲。

第七章　电视新闻节目策划（中）

第一节　专题类电视新闻节目的定义和分类

专题类电视新闻节目是对复杂、重大、热点、难点新闻事件、事态、事实和具有新闻价值的人物进行全面深入报道的电视节目。在实践中，人们从不同角度对这一类节目进行了多样的分类。

从报道方式的角度，有人划分出“电视新闻评论”、“电视新闻述评”和“电视新闻调查”式电视新闻节目，并将之统称为“调查评论式”电视新闻节目；

从节目基本样式的角度，有人划分出“新闻谈话节目”、“新闻现场直播”节目；

结合报道对象和表现方式，有人划分出“人物专访式”电视新闻节目的类别。

在基层电视新闻节目采编实践中，往往没有进行上述那种细微的划分，而是习惯于把这类节目统称为“新闻专题”或“新闻专题片”。

我们认为，结合国内大多数电视机构的实际工作情况，从有利于初学者学习和有助于“实务”教学的角度，对专题类电视新闻节目作繁琐的划分没有必要。我们认为，凡是以电视实景画面、采访等方式为基本表现元素，以新闻深度报道为特征，时间长度超过 5 分钟的节目，就可以看做是专题类电视新闻节目。这类节目，当其面对特殊新闻事件或事实，采取抽丝剥茧、逐层深入方式表现报道对象的，就是调查式新闻节目；在此基础上加入大量评论的，就是调查评论式电视新闻节目；当报道对象是一件或一组新闻事实，节目对其进行概述和精要点评的，就是新闻述评节目；当新闻事实仅仅是一种基础和前提，而专家评论和主持人评论成为节目基本构成时，它就成了新闻评论节目。这些不同，只是具体表达方式的不同，并没有基本表现方法、模式方面的差异。

第二节　专题类电视新闻节目策划

从前述认知出发，结合国内大多数电视机构的新闻实践，专题类电视新闻节目的策划要点可以从下面几点去考虑。

一、选题策划

从大多数专题类电视新闻节目的情况来看，并不是所有的新闻题材都适合做专题节目。适合做专题类节目的，通常是比较复杂的，或意义重大的，或属于社会难点、热点的，具有新闻价值的事件、事态、事实或具有较大新闻价值的人物。为了了解专题类电视新闻节目都采用些什么选题，我们来看下面两组材料。

第一组是张静民先生提供的中央电视台《新闻调查》节目1998年上半年播出的节目的选题：[①]

(1)《沈阳如何过冬》——民生问题；

(2)《刺桐大桥》——民营经济问题；

(3)《跨世纪的政府》——政府机构改革问题；

(4)《寒亭故事》——农民负担问题；

(5)《从市长到囚犯》——惩治高官腐败问题；

(6)《大官村里选村官》——农村民主选举问题；

(7)《面对分流的公务员》——政府机构改革与人员分流问题；

(8)《国企亏损的背后》——国有企业管理问题；

① 张静民：《电视节目策划与编导》，暨南大学出版社，第90～91页。

(9)《腐败团伙覆灭记》——惩治腐败问题。

第二组是曾经获得四川电视奖的若干作品中的选题：

《周公山下一女孩》——逆境中抗争的人物；

《魔高一尺、道高一丈——荥经县特大杀人案侦破纪实》、《小偷集团覆灭记》——刑事案件侦破；

《在三千里川藏线上》——奉献事迹介绍；

《难办的证件》——曝光真相；

《抢田记》——经济纠纷。

上面两组选题，第一组是国家电视台专题类新闻节目选题，第二组是地方电视台的选题，它们比较真实地反映着这两个层面专题类电视新闻节目的选题状况，基本符合我们在本节开头的概括。

归纳一下，专题类电视新闻节目的选题策划需要注意以下方面：

(一) 关注重大新闻事件

当重大新闻事件发生之后，除了用消息的方式进行报道之外，往往还可以采用新闻专题进行报道。尤其是那些影响大、持续时间长、信息量大、过程曲折、背景复杂的新闻事件，更需要用专题的方式表现。因为人们对这类事件非常关注，但普通人又很难从零散的消息类报道中去获得满意的答案。新闻专题篇幅长，信息量大，可以对复杂新闻事件进行全景式报道，并清晰地剖析、梳理出事情的来龙去脉，因此能够满足观众深入了解把握新闻事件的愿望。获得 2007—2008 年度中国广播电视大奖优秀奖的新闻专题《抗击暴风雪》，全景式报道了发生于 2007 年 3 月 3 日及其后几天辽宁人民抗击暴风雪的新闻事件，让人们可以通过节目对那次事件有一个全面的了解。

新闻实践中，对于大规模野外灾难的抗击常常成为新闻专题的选题，这值得我们注意。

(二) 选择新异的复杂事件

在消息类节目选题中，我们曾经提到过选择具备“最、极、首先、第一”特质的人和事作为选题。这里我们所提到的“新异”特质，与之有类似的地方。由于新闻专题要求作为选题的人和事有一定的复杂程度，而选题很难既复杂又具备“最、极、首先、第一”的特质，所以我们提出“新异”的概念以取代之。当生活中某些人的经历，或某些事件，既稀罕、特异，不容易出现，又具有一定的复杂性，就可以成为新闻专题的选题。

例如，获得2007—2008年度中国广播电视大奖优秀奖的新闻专题《小民意大国策》，就属于这类选题。这个新闻专题报道的是河南安阳市一名普通的机电工秦保常，通过政协提案、网络呼吁等多种方式，促使国家采纳其意见，最终取消了针对个体工商户的歧视性收费项目“个体工商管理费”，其结果惠及全国千万工商户。这个事件是一个“小民意影响大国策”的个案，十分稀罕，过程复杂，影响巨大，所以被选作新闻专题选题。节目正因此获奖。

早年曾经出现过的“成都市龙江路小学学生调查府、南河污染状况，呼吁整治河道，建议被成都市政府采纳”事件，就曾经被选作新闻专题选题，也属于这方面的案例。

（三）关注社会的热点、难点、焦点事态或事件

目前，我们国家正处在一个由计划经济向社会主义市场经济转化的转型期。这个转型期的特点是，利益多元，新事物多，复杂的社会现象多，因而矛盾较多。在这种情况下，普通民众面对复杂的社会现象常常比较困惑，因而需要借助媒体来释疑解惑；对关系到自己切身利益的事态或事件非常关心，并期待通过媒体来加深理解和认识；而某些人和事一旦成为社会舆论关注的焦点或热点，民众又热切希望通过媒体来获得关于它们背后的信息以及其后续演变的信息。总之，民众的这种期待和需求，为新闻专题发挥作用准备了深厚的社会心理基础。

社会的热点、难点、焦点事态或事件往往并不单纯，用电视的形式报道这类事件通常需要较长的时间篇幅，这样，新闻专题这种篇幅较大的节目形态就成了适宜的选择。新闻专题时间长度通常为10多分钟至30分钟，有足够的空间来述说一件复杂的事情。

从国内新闻实践的现状来看，属于热点、难点、焦点的人和事在新闻专题中所占的比例较大，很多新闻专题栏目都把“热点、难点、焦点”作为栏目的品牌元素而大力推广，这个现状反映着题材策划的

一种趋势。所以，我们在选题策划的时候，应对这些题材给予高度的关注。举例来说，与房价、医改、教育、物价、环境保护、食品安全、就业、腐败等方面有关的人和事，其相当多的一部分可以构成热点、难点、焦点的选题。

不过需要说明的是，并不是所有属于热点、难点、焦点的人和事都可以在媒体上报道，一旦这种报道有可能导致社会动荡从而阻碍社会发展进步，作为报道者，就需要考虑是否作出报道。这是对转型期社会媒体人的特殊责任要求。

（四）注重值得并可以进行“曝光”的人和事

所谓值得进行曝光的人物或事态、事件，是指违背法律，侵害公众合法利益，并且达到了较为严重的程度，满足了通过大众媒体去进行曝光揭露条件的人和事；所谓可以进行曝光，是指准备对其进行曝光的人和事本身具备进行这种曝光揭露的可操作性。例如，在一些屠宰作坊存在的将待宰杀生猪强行灌水以增加猪肉重量的行为，就满足上述两项条件。理由是：

首先，这样的行为侵害了消费者的合法权益，影响到千家万户，并且非常残忍，违背了有关伦理，所以这种现象是完全够得上用大众媒体的资源去进行揭露的；其次，这样的不法行为是在特定的场所，经由特定的过程，在隐秘的状态下进行的，对于公众而言，这种行为的后面是不为人知的谜团，报道者可以通过摄像机的现场偷拍和对知情者的暗访，将谜底揭露出来。所以，对其曝光，具备可操作性。

这类选题，其中没有暴露的真相构成一个总的悬念，一个个不为人知的具体环节构成具体的悬念，所以，具备故事化叙事潜质，容易引起观众的强烈关注。而事态或事件本身对广泛的公众合法利益的侵害，则使曝光容易引起人们的注意从而形成舆论热点。因此，这类选题也是新闻专题节目选题策划时非常喜爱的选题类型，值得我们关注。

（五）关注体现奉献精神的人物

体现奉献精神的人物，是我国新闻专题中一个引人注目的类型。由于中国电视新闻节目所处的特殊文化语境，中国的观众对于那些具备道德优势，具有高尚人格和崇高品质，牺牲自我而让他人或社会受益的人物，总是报以特殊的关注。这种现实，促使新闻专题的选题策划必然关注这些人物。获得 2007—2008 年度中国广播电视大奖优秀奖的新闻专题《姐弟情深》，聚焦汉族姑娘王燕娜无私捐赠一个肾脏拯救素不相识的尿毒症患者、维吾尔族少年毛兰江生命的新闻事件，就属于这种选题情况。

在确定这类选题的时候，要注意人物的事迹或内心应获得广泛的观众认同。这样的人物不应该是高不可攀、生活在神坛之上的英雄，而应该是普通人能够理解的、以常人的道德标准可以被认可的人物。

需要指出的是，这类人物选题的主要收视诉求点是“感动”。因此，在选题策划的细化过程中，通过采访和观察，选择到动人的事件环节，捕捉到感人细节，并通过选题阐述予以说明，是提高选题质量的有效途径。

（六）刑事案件侦破也值得注意

刑事案件具备惊悚的特质，案件侦破具备揭秘的特点，所以，刑事案件也是新闻专题选题策划关注的重要领域。

由于刑事案件本身由公安、检察、法院等机构处置、审理，有其特殊性，所以这方面的选题策划，需要明确几个问题。

其一，与公安、检察和法院等机构建立密切联系，保持畅通的直接信息渠道。刑事案件的信息完全由上述三个机构掌握，要获取这方面的直接信息，需要与这些机构保持联系，舍此别无他法。很多新闻专题甚至直接由电视机构与公安、检察、法院机构联合摄制而成，公安人员在发案时拍摄的视频直接以资料的形式使用在节目中。

其二，从平面媒体和互联网获取选题的间接信息。在刑事案件侦破选题的策划中，有一部分是从报纸、杂志或互联网上获取关于刑事案件的文字信息，然后按照电视表现手段的要求，将其策划为一个电视新闻专题的选题，通过视频表达来获得与文字表达不同的作品。事实证明，这也是行之有效的获得选题的途径之一。

这类选题的策划有一些注意事项，例如，对未侦结案件的案情和侦破手段的保密问题，对受害人隐私的保护问题，在暴露血腥和丑恶时所站的角度和“度”的把握问题，报道过程中遵守法律规范的问题，等等，都需要注意。

（七）重视在逆境中奋斗的人物

在逆境中奋斗的人物是存在于人们身边的具有“悲剧美”价值的人物。这类人物具备两个特点：一是遭遇常人难以想象的逆境；二是不屈服于命运的安排，力图用自己的努力去改变境遇。上述两点，构成了选择这类题材的关键点。获得2007—2008年度中国广播电视大奖优秀奖的新闻专题《父爱如山》，就是这类选题的成功案例。

《父爱如山》讲述内蒙古包头11小学一年级学生雷凯夫因罹患脑瘫，生活、学习难以自理，其父为了帮助他与疾病抗争，放弃工作，到教室陪读，父子两人一道与命运搏斗。这类选题往往能深深打动甚至震撼人们的心灵。

在逆境中奋斗的人物为什么能够起到这样的作用呢？这是因为，单纯的巨大苦难降临在个人身上不具备悲剧美，因而不具备震撼心灵的力量；不屈服命运的奋斗者遭遇巨大苦难，才具备悲剧美。这类人物的经历所包含的“悲剧美”，实际上是一种崇高美。美学家李泽厚先生曾经就崇高美做出过解释：“巨大的自然对象，通过想象力唤起人的伦理道德的精神力量与之抗争，后者在心理上压倒前者、战胜前者而引起了愉快，这种愉快是对人自己的伦理道德的力量、尊严的胜利的喜悦和愉快。这就是崇高感。”[①]可见，所谓悲剧美，就是人的伦理道德和尊严等力量战胜巨大自然对象而引起的喜悦和愉快。只有作为巨大自然力量的“逆境”和作为“抗争”者表现出伦理道德力量、表现出尊严价值的时候，崇高美才会产生。作为这类选题中的人物，可以贫困，可以不幸，但他们一定不能屈服，一定不要放弃，只要具有这样的特质，就可以获得动人的力量。

（八）注重具有一定社会背景的纠纷事件

生活中，纠纷无处不在。纠纷包含冲突，冲突吸引注意力，这是早在古希腊就被戏剧家发现的一个规律，所以有了“没有冲突就没有

---

① 李泽厚：《批判哲学的批判》，生活·读书·新知三联书店2007年版，第372页。

戏剧”的法则。正是基于这样的原因，纠纷事件是新闻节目关注的又一个选题领域。

由于新闻专题篇幅较长，一般性的纠纷可以进入民生新闻，但进入新闻专题就显得分量不够。所以，新闻专题的纠纷事件选题，就比较关注事件所具备的社会背景以及纠纷事件本身的复杂性。例如，新都电视台获2007年度成都市广播电视节目优秀奖的新闻专题《抢田记》，以两户人家在农田转包过程中，由于法律手续履行不完备，同时由于现行土地经营政策存在盲区而导致的承包者纠纷为选题。这个纠纷事件本身具备一定的复杂性，尤其是事件背后所折射的法律、政策方面的意蕴在农村土地经营权流转过程中具备相当的代表性，所以可以被认为事件本身具备较为深厚的社会背景。

具备一定的社会背景，本身具有复杂性，是针对这类题材进行选题策划所需要注意的关键点。

二、表现方式策划

对专题类电视新闻节目而言，其表现方式的策划非常重要。像近年来很红火的所谓“调查评论式”节目，表现方式的策划通常占据了其策划内容的主要部分。

一般来说，专题类新闻节目的表现方式策划，可以从以下几方面去考虑：

（一）按新闻节目要求，以真实性为最高标准

新闻专题与电视片、纪录片的主要区别，就在于新闻专题以新闻意义上的真实性为最高标准。这样，在策划其表现方式的时候，要将真实性原则贯穿始终，具体注意以下几点：

1. 新闻专题作品中的关键新闻信息，能够通过实地拍摄或现场采访获得，绝不借助解说之类间接方式介绍。应尽量采用原始现场画面或当事者及第一知情者的镜头前采访。

2. 新闻专题不能忽略对现场同期声的采用。尤其是关键场面的同期声应该尽量保留，一般来说，通篇没有同期声的新闻专题是不合要求的。对受访者的语音同期声应尽可能保持原声状态（当然必要的

剪辑是不可少的)；那种将被采访者的话语消音，而用解说代替的做法，不应该被鼓励。

3. 在作品中使用音乐要谨慎，如非用不可，最好在节目中找到音乐使用的逻辑依据，比如，节目中人物唱歌或演奏，其歌声或乐声延续下来，成为替画面配乐的音乐。滥用音乐、使用情调明显与新闻风格不合的音乐，是不宜提倡的。

4. 作品中一般不要采用可能影响真实性的艺术表现手法，如：快慢放、校色、画面变形处理、戏剧性剪辑（如叫板蒙太奇、反叫板蒙太奇、相似性蒙太奇之类)、内心旁白，等等。

上面这些要求的核心，是保证节目的真实性不受伤害。

（二）如有可能，采用故事化的叙事方式进行叙述

新闻专题的原有功能是报道复杂的事态、事件或人物经历，因而传统的新闻专题只讲究信息传播的准确、精要和迅捷，一般不考虑故事化叙事的问题。但近年来，随着信息爆炸形势的激化，媒体竞争的加剧，故事化的叙述方式也被引入到很多新闻专题节目的制作当中。因为故事化叙事方式能有效地吸引观众的注意力，激起观众的收视兴趣，从而提高收视率，实现较好的传播效果。这里有一个例子，我们可以做一做对比，从中发现故事化叙事对于新闻专题的价值。

成都电视台曾经制作了一个表扬好人好事的新闻专题，内容涉及某区水电局局长在一位车祸受伤老人被路上的车辆一一拒载的情况下，用自己的座驾抢运伤员，从而挽救了一条生命的事迹。这位局长的事迹发生之后，受到伤员家属的感谢，他的事迹进入了成都市建设精神文明的先进典型材料，有关方面责成媒体进行宣传。按照常规的宣传思路，拍摄新闻专题的模式通常是，开篇即推出这个局长，然后通过对知情人的采访介绍他的事迹，同时采访不同的人士从不同角度对局长事迹进行评价，并从中引申出需要“弘扬”和“褒奖”的精神来。

但成都电视台采取了另一种叙事方式来处理。编导人员采取了“限制叙事”的方式，以“毫不知情”的初始姿态展开对事件的叙述。节目开篇首先介绍一位遭遇车祸老人的亲属在老人脱险之后找到电视

台，请求媒体帮助寻找救人不留名的恩人，由此引发对事件的回述：某地发生了一起车祸，被撞伤的是一位老人，对事发现场目击者的采访描述了老人当时昏迷不醒、危在旦夕的情景，目击者还面对镜头告诉人们，施救的群众拦车运送伤员，一辆辆汽车不予理会呼啸而去，最后，在天色渐渐暗下来的时候，一辆黑色桑塔纳轿车见状主动停了下来，将伤者运送到医院。在医院的采访告诉人们，老人如果晚来半小时，就将性命不保。后来，老人伤愈出院，家人找到电视台要求寻找恩人当面致谢，于是便出现了节目开头的那一幕。电视台与医院联系，得知当天负责抢救的是某军医大学的一位实习生，她已经结束实习回到大学。于是，电视台设法与该军医大学实习生取得联系，几经周折之后接通电话，实习生却在电话中回忆说，当天轿车将人送来之后，天已完全黑下来了，她只顾救人，没有注意车辆的车牌号。至此，寻找线索中断。无奈之下，被救老人的家人在电视台点播歌曲，在报纸刊登小广告，祝福恩人一生平安；电视台也在新闻节目中播出了事情的来龙去脉。之后某个时刻，电视台的热线电话铃声响起，一位观众打进热线，说根据电视台介绍的情况，该救人者很像是我们局的某局长，事发当天他的桑塔纳轿车正好从出事地点经过，隐约听人说他在路上救过一位老人，驾驶员还曾经将满是血污的后座座椅拆下来清洗。于是，电视台召集伤愈老人及其家属，同时又带上事发现场的目击者和医院参与抢救的护士前往某局与该局长见面。众人见面之后，真相大白，救人者果然是那位局长。叙述到此结束。显然，同样是介绍一个先进事迹，后面这种叙述方式在吸引力方面大大优于前面那种方式。而后者正是采用了故事化叙事的方式。

前面的章节曾经集中介绍过纪实节目故事化叙事的一些方法和技巧，后面，我们结合新闻专题节目的实际情况，介绍一些具体做法，作为新闻专题叙事方式策划的参考。

1. 梳理出事件或人物经历的发展脉络。

不是所有的新闻专题选题都可以采用故事化叙事，能够进行故事化叙事的选题需要具备“故事潜质”，这是我们在前面章节反复强调的一个概念。在事件或人物经历具备了故事潜质之后，启动故事叙事的第一步，是对事件或人物经历进行梳理，理清其发展脉络。这是为把真实的事件或经历过程转化为节目“情节”的基础性工作。一旦我们做了这项工作，事件或经历过程就清晰地呈现在我们眼前，接下来进行故事化处理就有了依据；甚至，经过梳理，清晰的脉络还可以帮助我们去发现那些隐蔽的故事潜质。

例如，上面我们提到的那个救人事件，在电视台接受这个选题的时候，其发展脉络就可以这样描述：老人遭遇车祸，众车见死不救——黑色桑塔纳轿车见义勇为，救下老人，送到医院——医院抢救老人，老人获救——老人家人找到电视台，请求帮忙寻找恩人——寻找恩人颇费周折，没有结果——老人家人在电视台点歌、在报纸刊登小广告感谢恩人，电视台播发有关消息——电视台接获热线电话，透露恩人线索——电视台召集老人和目击证人前去认人，恩人现身，事情有了结果。

如果采取传统的以信息发布为主要目的的方式进行叙述，则只需要择取“遭遇车祸”到“获救”的事件片段，结合直接点出谁是见义勇为者，就可以完成叙述了。但故事化叙事的主要目的在于传达信息的同时，强化叙述过程的吸引力。这样，“老人的家人寻找恩人”的事件环节就不但不能舍弃，还应该作为重要的叙述内容进入到节目之中。因为，其中包含的“寻找”元素，正是难得的故事潜质。

接下来，需要为事件或经历脉络拟定情节模式。

2. 拟定情节模式。

这个步骤是把真实事件变为节目叙述中的情节的一个关键步骤。具体如何实施，可以参照我们在第五章中介绍的方法进行。例如，对于上面那个事件，可以采取两种情节模式来处理。第一种情况是截取“老人遭遇车祸”到“医院抢救老人，老人获救”的事件进程，用“发端—进展—改变—结局”的模式来处理；第二种情况是将前半段进程与“寻找恩人”的后半段进程结合，用“激励事件—人物动机—外在目标—采取动作—遭遇障碍或遭遇反动作—发生冲突—逆转—结局”的模式来处理。该节目编导最后选择了第二种情况中的模式。采用后一种模式的好处在于，它可以把一个普通的好人好事变成一个通过寻找追寻真相的过程，显然这样的处理更富有故事魅力。

上面那个事件的动作主体是家人和记者，激励事件是老人的家人提出“寻找恩人”，人物动机和外在目标是找到救人者，而找寻动作遭遇多个障碍，一度陷入一筹莫展境地，后经一个电话打入，柳暗花明、情势逆转，终于找到恩人。确定了这个情节模式之后，将救人者的救人过程作为激励事件产生的理由，以插叙方式组织进情节框架之中。

显然，拟定了情节模式，我们心中对未来的节目大致会是一个什么模样，就有了一个基本的轮廓。有了这个轮廓，节目中需要表现什么，心中就有了底。这样，后续的采访、拍摄、编辑等工作就有了依凭，能因此获得明确的方向感。

3. 采访和拍摄围绕事件进程、人物行动、遭遇的障碍或反抗、出现的冲突等进行。

上面两个步骤是根据初步掌握的事件信息进行的前期工作，接下来要进行节目的采访拍摄。采访拍摄什么？这是每一个新闻专题编导人员都会遇到的问题。按照故事化叙事的要求，根据上面两个步骤所进行的准备，我们可以明确地说，采访拍摄的重心应该放在展示事件进程、传达人物行动和遭遇障碍及反抗从而激起冲突的过程等方面。

以上面那个事件为例，采访拍摄的重心应该放在：

第一组事件过程，包括老人遭遇车祸，过往车辆见死不救，黑色桑塔纳见义勇为救人，到医院后经抢救脱险；

第二组事件过程，包括老人的家人向电视台提出寻找恩人，电视台记者到现场寻访、去医院寻访、与军医大实习生电话联系而均无结果，最后电视台报道消息，老人的家人点歌登报致谢，电话打入出现新的线索，电视台召集相关人士与恩人见面，最终确认恩人。

一旦通过采访拍摄采集了上述两组事件的丰富视音频素材，则最后就可以按照情节模式进行编辑了。

4. 关注两极价值转换的环节。

特别要提到的是，一个事件是否能够被成功地进行故事叙述，除了上面的努力之外，还需要对事件本身包含的故事价值进行发掘，具体说来就是强调情节线上那些“两极价值”的转换点。节目中的这些转换表现得越充分，情节的戏剧性就越强，事件的故事性也就越明显。

像上面提到的那个例子中，有两个重要转换点：一是所有车辆都见死不救，呼啸而去，老人在血泊中危在旦夕，突然一辆黑色桑塔纳轿车见状主动停下，老人获救（绝望/希望的转换）；二是记者与家人多方寻求未果，准备放弃的时候，一个电话导致事情有了新的转机（堕入失望/凸现希望的转换）。该节目编导在叙述时充分渲染了这些转换。例如，为了强调那个带来希望的电话，编导甚至采用了“情景再现”的方式来表现（当然，那个电话本身是真实出现过的，这是事实基础）：桌上电话铃响起，记者抓起电话接听，欣喜地获知了什么令人振奋的消息。

5. 采取“内聚焦”视角进行“限制叙事”。

在前面章节我们曾经提到，所谓“内聚焦”，就是采用作品中人物的视角进行叙述；而限制叙事，就是叙述者只能叙述在特定时空中当事人所知道的信息，当事人在彼时彼地不知道的，叙述者无权叙述。在新闻专题中采用内聚焦进行限制叙事，就是将叙述起始点还原到事件发生之初，以对后面的事情进展不知情的姿态来进行叙述。这是在新闻专题和法制节目中采用得最多的叙事视角和叙事姿态。

例如，在上面那个例子里，尽管作为节目编导的叙述者在做节目的时候早就通过查阅资料获悉了事件的全部经过，也完全知道救人者是谁。但为了让节目具备可视性，为了更好地吸引观众收看，编导便按照故事化叙事的要求，没有在节目开头告诉观众救人者是谁，而是在启动了一系列寻找的进程之后，在节目的最后一刻，才披露真相。观众饶有兴味地观看下去，直到最后一刻真相揭晓，才带着满意的心情结束收看。而这一刻，叙述者的传播期待也得到了回报。

6. 设置悬念。

利用悬念设置的原理，在事件叙述中设置悬念，是一些新闻专题常用的故事叙事技巧。悬念设置与其他故事化叙事处理方法结合，强化着叙述的效果。

例如，在上面提到的那个例子当中，编导通过扣押“救人者是谁”的信息，直到最后一刻才破解，设置了一个总的悬念；在叙述老人因车祸倒在血泊之中，一辆辆汽车呼啸而去，见死不救时，节目强调了老人昏迷不醒、奄奄一息，而天开始渐渐黑了下来的场景，这是利用人们的戒备心理设置悬念。诸如此类的悬念设置，对激起观众的好奇心，吸引观众欲罢不能地收看节目，发挥了重要作用。

7. 找准情绪爆发点进行情感、情绪激发处理。

我们在第五章曾经介绍过一些悲情处理技巧，这些技巧实际上包含着构成情绪爆发点的一些特殊的情态，可供参考。在不少以人物经历为选题的新闻专题中，常常包含着某些情绪爆发点。找出这些爆发点，进行情感情绪的激发处理，是很多编导通过叙事增加节目感人力量常见的选择。

例如，与父母分别多年的儿女历经千辛万苦找寻父母，当找到父母之后与父母相见的那一刻，就肯定是一个情绪爆发点。江苏电视台《人间》栏目有一期节目“死而复生的妈妈”，表现儿子从一个偶然的机会得知原来被父亲告知已经死亡的妈妈其实还活在世上，于是在记者的帮助下开始了寻找妈妈之旅。经过诸多波折，记者终于帮忙找到了母亲。节目组安排分别 20 多年的母子在演播室相见。显而易见，这是一个情绪爆发点。节目组没有轻易地“浪费”这个爆发点，没有轻易地让母子相认，而是根据“苦苦寻求不得，见面却不相识或无法相聚”的技巧来激发当事人的情绪。编导把妈妈安排在演播室隔壁的密室里，她可以通过显示屏看到演播现场的情景。而演播现场，儿子并不知道母亲就在隔壁，他在主持人的引导下诉说着自己对妈妈的思念，并唱起了《世上只有妈妈好》的歌曲来表达思念之情。隔壁，母亲目睹此情此景泪如雨下。在双方情绪都达到高点的时候，密室门开了，妈妈来到演播现场，母子抱头痛哭。现场和电视机前的观众也深为感动。

成都电视台拍摄的新闻专题《春燕姑娘寻亲记》，讲述一个叫春燕的姑娘寻找自己生身父母的故事。春燕的父母当年在云南生下她，因为某种原因被迫将她送人。当她长到 18 岁时，从旁人口中得知了自己的身世，于是决计要寻找自己的生身父母。她求助电视台。电视台经过诸多波折，终于替她找到了生身母亲。在见面的那一刻到来之前，摄制组特地准备了两套摄像机，分别拍摄母亲和春燕迎接这次对她们来说意义重大的会面的种种反应。当见面一刻终于到来的时候，摄像机完整地摄下了母女俩始而疑惑、继而相拥而泣的面部表情变化和全部场面。这些画面被精心剪辑，运用在最后的节目中，还伴之以慢放的处理和音乐的渲染。其感人的程度可想而知。

策划环节的任务是，指出题材本身所包含的情绪爆发点，为操作者提出激发情感、情绪的建议或指导。

最后有两点需要说明：

其一，上面提到的对新闻专题的选题和表现方式的策划，最后形成的成果往往包括一个《选题申报表》之类的书面文档。这个文档是用来申请拍摄立项和节目组内部交流用的。这个申报表主要陈述选题为何、确定这个选题的理由、准备怎样拍摄、需要哪些人财物方面的工作条件等，对申报表的撰写可以参照策划文案的精神简化处理。

其二，前述内容只是根据基层电视机构的工作特点和初学者的实际情况，从电视策划实务的角度，选取了最实用的内容进行了介绍，它并没有涵括新闻专题策划的全部内容。同学们可以根据其中包含的基本精神，按照举一反三的思路，去应对新闻专题策划其他方面的工作。

第三节　专题类电视新闻节目案例赏析

我们以获得2007—2008年度中国广播电视奖优秀奖的新闻专题《姐弟情深》和《小民意大国策》为赏析对象。

（请学生在课前观看《姐弟情深》和《小民意大国策》）

赏析：

一、关于《姐弟情深》

这是一个以人物为报道对象的新闻专题。表现的是汉族姑娘王燕娜为素不相识的维吾尔少年毛兰江捐赠一个肾脏，拯救了这个年轻人生命的事件。这个专题有如下几个特点值得我们注意：

1. 选题属于“体现奉献精神的人物”这一类。

王燕娜与毛兰江非亲非故，却捐赠出自己宝贵的内脏器官，只为拯救他人生命，不求任何回报。这是一种非常难得的大爱，一种极其值得肯定的无私奉献。节目以此作为选题，在题材上就具有了明显优势。

2. 作为新闻专题，作品坚持“以真实性为最高标准”的原则。节目采用新闻式的拍摄方法，主要用画面和镜头前访谈传达关键信息；一些重要场景（如手术过程）尽可能采用同期声；没有花哨的视觉处理。这保证了节目新闻感的实现。

3. 在坚持真实性的前提下，节目采用了故事化叙事的方法。编导者对整个事件采用了“激励事件—产生动机—确定目标—采取行动—遭遇障碍—发生冲突—出现逆转—产生结局”的模式，将其整理为“情节”。具体地说，“激励事件”是毛兰江患尿毒症急需换肾挽救生命，“产生动机”是王燕娜萌生拯救毛兰江生命的念头，“确定目标”是王燕娜愿意捐出一个肾脏，“采取行动”就是接下来的接受医生约谈、接受配型检验、接受伦理委员会质询，等等。其间“遭遇障碍”包括配型难以成功、家长不同意不签字，王燕娜为了实现目标而与障碍发生冲突。她为了在冲突中实现自己的目标采取了如下行动：以父亲的身份在同意书上签字；一方面按照自己的目标行动，一方面说服自己的父母同意自己的选择。“出现逆转”发生在父母由不同意到同意的那一刻。最后“结局”是捐赠移植肾脏成功，毛兰江获救。

在叙事过程中，编导者采用“扣押信息”的原理设置悬念，具体方式是把结果告诉观众，而把导向结果的过程信息扣押起来，用“非亲非故，捐赠肾脏这样的事情是怎样发生的”作为未知真相，从而构成悬念。另外，第一次移植手术因故没能进行，王燕娜和毛兰江被推出手术室，从信息表达的需要看，这一事件环节完全可以删去，但节目保留了。这是出于叙事需要而对“情节曲折”技巧的一次运用。

二、《小民意大国策》

1. 这个新闻专题的选题兼有“奉献人物”和“新异”事件的双

重特性。事件的主人公秦保常人微言轻，却偏偏要去触碰涉及国家政策改变的大问题，而他所关心的问题与他本人其实没有任何利害关系，他不但不能从中获利，其通过网络试图引起关注的举动甚至可能给他带来麻烦。这样，他的行为就是一种为责任感所驱使的奉献行为。不但如此，他的努力居然还奏效了，一个涉及每年170多亿歧视性收费的国家政策居然就因为秦保常的努力而被取消了，这样的事情是极为稀罕的。这样一来，该节目的选题就同时具备了两种属性，其题材优势明显。

2. 节目在表现的时候充分照顾了真实性的要求，同时也做了一些大胆的尝试。片子的基本信息来自镜头前采访和实景拍摄，但在表现因为征收个体工商管理费而致市场萧条的部分，编导使用了将画面校色为黑白的处理。应该指出的是，这样具有明显"表现"意味的技巧运用，虽然因全片具有明显的新闻性基调而没有对真实性构成冲击，但这不是最好的表现方式。如果通过对市场管理部门的权威采访，获取足以论证"萧条"的翔实数据，恐怕比现在的处理要有力得多。

3. 在叙事处理上，编导采用了"发端—进展—改变—结局"的情节模式。这是一种处理事件的故事叙事模式。在这个模式中，主人公的地位被降低，整个过程更多的是作为有人活动的事件而不是作为人物成长的历史来使用的，所以在可视性方面会打一些折扣。这个结论可以通过将本片与上一个片子进行对比来获得。但本节目编导的关注点大概是放在对事件本身的新闻价值的开发上的，因此没太在意对故事化的追求。这个例子从另一个角度说明，故事化叙事方式只是一种增强叙事魅力的手段，它是可以按照人们的需要而被程度不同地使用的。

思考和练习

1. 专题类新闻节目的选题重要吗？为什么？
2. 如何保证专题类新闻节目的真实性？
3. 故事化叙事可以运用于新闻专题片吗？为什么？
4. 请试拟一份新闻专题片的拍摄提纲。

第八章　电视新闻节目策划（下）

第一节　什么是电视民生新闻

民生新闻是进入21世纪之后，中国电视新闻领域非常引人注目、影响十分广泛的新闻节目品类。从它诞生的那一刻起，就伴随着巨大的争议和冰火两重天的境遇：一方面是学术界的严厉批评和讥议，一方面是各级电视机构广泛的青睐和热捧。民生新闻步履蹒跚一路走来，自身在改变，在逐渐成熟，目前渐渐地获得了广泛的认可。不管怎样，在中国省、市、县三级电视机构，民生新闻都是一个回避不了的话题，是新闻从业人员不得不面对的工作现实。所以，这一章我们来探讨民生新闻的策划。

（一）民生新闻的产生和发展

2002年1月1日，江苏广播电视总台城市频道推出一档面貌焕然一新的新闻栏目《南京零距离》。这档栏目问世后立刻引起轰动，迅速创造高收视率的神话，并引来全国无数电视台模仿借鉴，推出一大批同类节目。如：浙江电视台《1818黄金眼》、郑州电视台《民生大参考》、广州电视台《新闻日日睇》、成都电视台《成都全接触》、上海电视台《新闻坊》、广东电视台《今日关注》、南方电视台《今日一线》、重庆电视台《天天630》、安徽电视台《第一时间》等。

电视领域的常态是实践超前、理论滞后。也不待专家学者深入探究，《南京零距离》栏目的主创人员于2003年把这种新兴的新闻形态命名为“民生新闻”，很快得到全国同行的认可，这个概念就这样流行开了。①

民生新闻从诞生到今天，已经走过了十个年头。这中间，它经历了一个发展过程。2002年刚刚诞生之际，主要以广泛报道矛盾纠纷、治安事件、负面事件、刑事案件、各类灾难以及奇闻趣事等为内容特点。在表达方式上，一般采取平民视角进行观察、选择和评价，对内容作细致而琐碎的表现。其后，节目过于搜奇猎异、琐碎肤浅等缺陷广受研究者的批评，观众也出现了观看疲劳，部分观众欣赏趣味有所提高，等等。这些变化使民生新闻原有的模式遭遇危机，促使电视人对民生新闻进行改进。

作为改进的成果之一，民生新闻在发展中演化出一些新的类型。例如，娱乐元素与民生新闻结合，产生了娱乐化的新闻栏目，如杭州电视台的《阿六头说新闻》、成都电视台的《道听途说》；对弱势群体“帮忙”功能的强化，出现了“帮忙节目”，如四川电视台文化旅游频道的《帮忙》、石家庄电视台都市生活频道的《小吴帮忙》、浙江电视台钱江都市频道的《范大姐帮忙》、河北电视台经济频道《今日资讯》中的《楠楠帮你办》板块等。

当今的民生新闻已经出现了大量新变化，包括：减少对原生态热线报料新闻来源的依赖，加强新闻策划；增强国计信息与民生信息的沟通；增加对重大事件的平民视角解读；重视对正面事件和先进人物的平等审视；对事件新闻进行深度故事化讲述；将现场直播常态化，等等。

如今，民生新闻虽然没有了当年刚开办时超级火爆的势头，但仍然是各个电视台不可忽略的重要的新闻节目类型，依然值得我们重视。

（二）民生新闻的定义

什么是电视民生新闻？对此有不同的定义和解释。国家广电总局2003年第123期《收听收看》的定义是这样的：

---

① 据《中国记者》杂志2004年第10期。

从群众日常生活中采制而来的新闻，内容上锁定群众的生存状况、生存空间，关注群众的冷暖痛痒、喜怒哀乐，形式上充分利用先进的传播手段，提高新闻的时效性和互动性，拉动电视与观众的距离。民生新闻是“平民视角、民生内容、民本取向”。

我们认为这个定义基本上涵括了民生新闻的视角、内容、价值取向特征和关注重点，较为符合民生新闻的实际。事实上，民生新闻与一般传统新闻的差异，主要体现在内容选取、表现角度和价值取向方面，以及由此而来的叙事方式方面。下面，为了更深入地把握民生新闻，我们将它与传统新闻做一个比较。

（三）民生新闻与传统新闻的比较

为了便于比较，我们选择了两组材料作为比较对象。第一组取自中央电视台《新闻联播》的节目单，反映着传统新闻节目的选题状况；第二组是针对南方电视台民生新闻栏目《今日一线》所作的一份选题类型案例统计表，这是反映民生新闻节目选题状况的一个材料。

第一组：中央电视台《新闻联播》节目 2006 年 7 月 6 日节目单所反映出的选题状况。①

2006 年 7 月 6 日

1. 中共中央召开党外人士座谈会　征求对改革收入分配制度和规范收入分配秩序的意见和建议

2. 积极推进收入分配制度改革　促进社会主义和谐社会建设

3.【落实科学发展观　建设节约型社会】燕山石化：污水回用每年节约两个昆明湖

4. 中央组织部印发实施《综合考核评价试行办法》

5. 政协常委会第十四次会议举行全体会议

6.【实践“三个代表”重要思想 保持共产党员先进性】胡锦涛总书记“七一”重要讲话在社科理论界学者专家中引起强烈反响

7. 我国电视剧创作生产呈现良好局面

① 转引自潘知常、孔德明主编：《讲“好故事”与“讲好”故事：从电视叙事看电视节目的策划》，中国广播电视出版社 2007 年版，第 78 页。

8. 全国大中专学生暑期将开展“三下乡”社会实践活动

9. 中国和黑山正式建交

10. 我国在全球36个国家建立了80所孔子学院

11. 西藏亚东中印边贸市场关闭44年后重新开放

12. 【永远的丰碑——红色记忆】西北地区的第一次武装起义——清涧起义

13. 国内简讯：全国小学生三年减少1300万人

14. 朝鲜证实发射导弹

15. 联合国安理会就朝鲜试射导弹问题举行紧急磋商

16. 法国队一球小胜葡萄牙　将与意大利争夺世界杯冠军

17. 国际简讯：纽约市场有价突破每桶75美元

第二组：南方电视台《今日一线》栏目选题类型案例统计。①

内容分类	案例	占百分比
家庭问题类	患难见真情　离婚的老公又回来了	8%
消费新闻	非法售票点 也有“售后服务”	3%
人物新闻	一线追踪：流浪阿婆 重见光明能看到东西啦	8%
社会矛盾、纠纷	业主和租户过招 气氛紧张	15%
经济新闻	路桥发票也有假	1%
休闲/娱乐类	碾出怀旧 吃出新鲜	1%
天气	春天到这里来看禾花雀	1%
事件新闻	塑料仓库突发大火	15%
治安	笨贼碰上好交警　偷车十分钟就被捉	10%
灾难/疾病	患感冒吃颗药　老陈离奇死亡	15%
健康/公益/服务	春运医疗点暖人心	3%

① 见张静民：《电视节目策划与编导》，暨南大学出版社2007年版，第114页。

续表

内容分类	案例	占百分比
教育	学生迷麻将　夜半哗啦啦	2%
奇闻趣事	大山里的“古怪阿婆”	8%
环境环保	广州怡乐路有“陷阱”	8%
休闲娱乐	179个姓氏　揭开千年历史之谜	2%

通过对上面列出的两类不同选题资料的比较，结合我们掌握的实际情况，可以对传统新闻节目和民生新闻节目分别做出如下概括：

传统的新闻节目，偏重于宏观视野下对社会和生活的俯视，内容上以关乎国家、社会和人类命运的宏大题材为主，节目风格是严谨严肃的，播报话语是字正腔圆的，信息表达主要采用摆事实、讲道理的理性表达模式。这种模式的传播目标是在提供信息的同时帮助人们理性地认识信息的本质，力图促使受众在接受信息后进行理性思考。

民生新闻节目，偏重于微观视野下的对民众生活的平视，内容上以关乎普通民众生活的微观题材、边缘题材为主，追求节目、媒体与普通民众在空间、时间和心理层面的“零距离”，借助为弱势群体提供帮助以拉近与底层民众的关系，信息表达的主要模式是以平民视点唠家常、说故事，并杂以感性化的点评。这种模式的传播目标是在提供信息的同时为人们提供感性的愉悦，包括好奇心的满足、郁积情绪的宣泄、优越感的激活，以及故事消费过程的精神快慰。

民生新闻的受众主体是年龄比较高、收入和学历比较低的普通民众。目前，由于互联网和手机等新媒体的迅猛发展，传播格局发生了很大变化，受众在信息获取方式方面也随之发生了很大变化。通常，收入和地位较高的人士很少观看民生新闻节目；而80、90后的年轻人则几乎不观看民生新闻。

从上面的概括中，我们可以看出传统电视新闻和民生新闻在内容上、表达方式上以及受众构成上的巨大差异。了解这些差异，是为了对民生新闻有一个完整的理解，从而更好地把握民生新闻的策划。

第二节　电视民生新闻策划要点

目前，对民生新闻的研究还不很深入，可供参考的涉及民生新闻策划的著述还不多。我们在这里结合电视民生新闻节目的现状和运行情况，参考有限的研究文献，就民生新闻的节目策划提出一些要求，供学习者参考。

（一）坚持平民视角、民生内容、民本取向

民生新闻作为一个新产生的电视节目品类，或者说作为一种新兴的电视新闻节目形态，其分类界定的原则，主要来自于它的内容特点。如果从形式上看，现有的典型民生新闻栏目既包括消息这种形式，也包括新闻专题，甚至还包括现场直播等形式，它实际上整合运用了多种电视新闻的表现形式。那么，民生新闻内容上的主要特点或具有灵魂般意义的特征是什么呢？纵观多年来民生新闻节目的发展情况可以发现，不管这类节目内容和形态上发生什么变化，唯一不变的是它的平民视角、民生内容和民本取向，这些元素是民生新闻的灵魂。因此，在策划的时候，首先要考虑的就是要把握住这个灵魂，以保证策划能沿着一个恰当的方向进行。

首先，要坚持“平民视角”。这里所说的平民视角，指的是报道者观察社会生活、选择新闻题材的角度，要采取平民即老百姓的观察角度。那么，什么是平民或老百姓的观察角度呢？仔细想一想我们就会发现，老百姓不是决策阶层，他们是以普通人的身份生活着的芸芸众生，是千千万万为生计而奔忙的升斗小民。在正常的和平时期，就媒体传播内容与他们的关系而言，他们所关心的，往往不是关乎国家、民族和宏观政治、经济、社会的所谓“宏大题材”，而是与他们的生计、生活、生存有关的“微观题材”，以及比他们自身更加平凡和普通的“边缘题材”。某些宏大题材，只有进入了与他们发生利益联系的领域，才能成为其关注的对象。比如，在传统电视新闻节目中占有重要地位的某个国家的领导人来访，某个大型企业的生产达到了某个新的高度，某个季度的国家经济形势的宏观分析等题材，就不太可能为他们所关心；而小区下水道堵塞、婆媳纠纷、小偷卡在防护栏等为传统电视新闻不屑一顾的题材，恰恰又因为与普通老百姓距离近、利益相关度高、具有新异的吸引力，而会受到他们的关注。至于像物价上涨的趋势、高等教育考试改革、医疗保险制度改革等某些宏大题材，则因为它们与普通老百姓的利益有着密切关系，而能够在一定程度上、在某些方面受到他们的关注。在策划的时候坚持平民视角，就是要策划人将观察生活、选取新闻的出发点放到普通老百姓的角度，通过设身处地地体察，以老百姓的眼光去观察和选取新闻题材。

其次，坚持“民生内容”。所谓民生内容，就是在上面提到的平民视角的视野之内，在老百姓生活范围和关注范围里边的新闻内容。包括在老百姓衣、食、住、行、乐、教育、医疗领域，在各类涉及老百姓的服务领域和各类涉及老百姓安全感的领域，在能够引起老百姓兴趣的领域，所发生、所出现的具有新鲜性、新奇性、时效性、重要性的事态、事件、事实和人物。这是民生新闻在内容方面的要求。显然，正是按照这个要求，民生新闻的内容构成才出现了以基层社会新闻为主要题材的格局。

最后，坚持“民本取向”。所谓民本取向，主要是指在观察社会现象、选择新闻题材、评价新闻现象的时候，应该采取“以民为本”的价值立场，即以普通老百姓认可的价值标准为节目遵行和提倡的价值标准。这是民生新闻对价值尺度和价值判断的一个要求。平民视角、民生内容皆植根于此。不但民生新闻节目在选题构成上体现了民本取向，节目解说口吻、语气，评论的出发点和落点，甚至情绪的宣泄，也统统按照老百姓认可的方式表现出来，流露出与宏大叙事中的庄重评论相当不同的倾向。

纵观民生新闻的发展历程，可以发现，不管其内容、形式、形态怎样变化，唯一保持不变的，是上述三方面的要求。在进行民生新闻节目策划的时候，把握住了上面的要求，就把握住了民生新闻的灵魂。

（二）把握电视民生新闻的选题特点

电视民生新闻发展至今，已经形成了通行的选题惯例。从这些惯例中可以归纳出选题方面的一些共同特点。

1. 关注本土性。民生新闻是地方电视台或地面电视频道在中央电视台和省级卫视的强大竞争压力之下开发新的新闻资源而形成的节目类型，所以，从它诞生的那天开始，本土性就是其最重要的选题特点。各地民生新闻的大部分选题，都涉及发生在本乡本土、街坊邻里的新闻事件或出现在这些区域的新闻人物。节目中经常刻意渲染的民风民俗色彩，则从文化的角度诠释着本土性。近年来一些实力雄厚的电视机构用现场直播常态化来改造民生新闻，把卫星直播车开到小区、院落进行直播，其意图之一就是通过强化本土性来增强节目的优势。

2. 注重接近性。本来，接近性是区域新闻的共同要求，但民生新闻对接近性的重视更加突出。这表现在两个方面：

一是空间距离上接近。民生新闻的报道对象，很多都发生在、存在于老百姓的身边，在小区里，于院落中。

一是在心理上接近。这既表现在报道者选择报道对象的时候尽量向老百姓的趣味靠近，也表现在节目中流露的情绪和表现出的立场尽可能向老百姓靠拢。例如，对不赡养老人的儿女，对插足别人婚姻的第三者，民生新闻一定是旗帜鲜明地予以谴责，而绝不会流露出丝毫“儿女有儿女的难处”、“没有爱情的婚姻才是最不道德的婚姻”等非草根化的观念。因为百姓的道德标准往往是非分明，好恶清晰，并具有保守倾向。唯有与之保持一致，才可能获得平民阶层的认同，获得与他们心理上的接近性。

3. 钟爱猎奇性和趣味性。搜奇猎异、富于趣味性的选题在民生新闻里特别受欢迎，“公鸡上树”、“人脸长毛”、“茉莉结果”等边缘题材，都可以成为民生新闻的选题。由于这方面的选题资源本身有限，所以，策划人往往把视野放开，在全球范围内搜奇猎异。例如，获得 2007—2008 年度中国广播电视奖优秀奖的安徽电视台民生新闻栏目《超级新闻场》2008 年 12 月 16 日那一期，就纳入了《雪猴泡

温泉 如痴如醉》（日本）、《假刀变真刀 演员血溅舞台》（欧洲）、《临产孕妇忍阵痛 麻将大赛获亚军》（中国台湾地区）、《遭遇皮鞋袭击布什巧妙躲闪》（国外）等选题；还通过编辑组合创造出一些这方面的内容，如《动物演唱会》（编辑了一组动物与乐器的照片，配以音乐，有娱乐意味）。

4. 微观题材、边缘题材占据较大比重。民生新闻降低了新闻的准入门槛，修改了关于新闻价值的经典标准，每每把发生在老百姓身边、为普通人所关注的寻常事、小事、琐事等微观题材作为选题，像被专家讥议的“下水道一堵一报，营救小猫做深度报道”之类。这与其说是民生新闻选题的弱点，不如说是它的重要特点。而那些发生在社会生活边缘领域或具有稀奇古怪非主流属性的边缘题材，也占据了民生新闻很大一部分比例。例如，在前面《今日一线》案例统计中出现的《大山里的“古怪阿婆”》、《179 个姓氏 揭开千年历史之谜》、《笨贼碰上好交警 偷车十分钟就被捉》，以及在其他民生新闻节目中出现的《睡梦中房梁上掉下一条蛇》、《小偷卡在防护栏》等等，就属于这个类型。

微观题材提供接近性和关联感，边缘题材满足好奇心。对这两类题材的青睐，使民生新闻大大拉开了与传统新闻的距离。

5. 涉及矛盾、纠纷、灾难、事故、死亡、真相揭露、黑幕曝光等题材的所谓“负面新闻”是重要构成部分。从民生新闻选题的具体构成来看，毋庸讳言，发生在本乡本土、街坊邻里的这类“负面新闻”，始终占据了较大比例。在民生新闻刚刚诞生的时候，高收视率的火爆局面常常与这类新闻大量而集中的报道有着密切的关系。但近年来，由于面临诸多批评和政策限制，各地的民生新闻栏目都大幅度地降低了这类选题的比例，但这一部分内容仍然是微观题材中很重要的构成部分，无法忽略。

6. 积德行善的好人好事题材热度不减。中国的普通老百姓有着极强的道德观念，所以，那些积德行善的好人好事特别受到关注。民生新闻从本身的特性和价值取向出发，当然非常重视这类选题。从民生新闻问世至今，这类题材热度不减，长盛不衰。除了上面提到的原因，还有一个原因就是，这类题材能够在平民与官员之间求取最大认同公约数，能够受到各方面的欢迎。

7. 不幸的人遭遇不幸的事入选几率高。策划人早就发现，民生新闻的观众爱看不幸的人遭遇不幸的事。究其原理，民生新闻的观众都处于社会底层，本身生活非常不易，常年遭遇各种艰辛，缺乏安全感和幸福感。但人的天性都需要寻求安全、追求幸福，当他们观看这一类节目的时候，往往在一洒同情之泪、感慨唏嘘之余，能够为自己未遭遇更加严重的不幸而庆幸，从而获得一种心理上的安全感，甚至产生优越感——一种与幸福感联系密切的心理感受。当然，底层民众普遍具有纯朴的同情心、怜悯心，也是这类节目受欢迎的原因之一。需要说明的是，从民生新闻这方面选题的实际情况来看，这类选题并不强调主人公一定要与逆境抗争，这与新闻专题方面的要求不一样，值得我们注意。

8. 注意曲折复杂的事件性新闻。民生新闻为了克服自身确实存在的肤浅芜杂等缺陷，同时也为了支撑这类栏目动辄60分钟、70分钟时长的庞大内容需求，近年来，出现将复杂事件性新闻纳入栏目的倾向，一些10分钟左右时间长度的刑事案件、纠纷案件、揭秘曝光的专题节目，开始进入民生新闻栏目。例如，安徽电视台《超级新闻场》中有一个“天天故事会”的板块，就专门安排播出这类专题。该栏目获奖的那一期节目，安排了两个专题：一个是《夭折的黄昏恋》，时长约9分钟，表现的是一起医疗事故引起的医生和患者之间的纠纷；一个是《致命的抉择（上）》，时长约11分钟，其内容是，妻子为白血病患者，怀孕之后，丈夫反对生下孩子，女方坚决要生下孩子，于是双方围绕“生还是不生”发生冲突。这是值得策划人关注的新的动向。

9. 从与普通百姓关系的角度解读宏大事件。同样是为了克服早期民生新闻琐碎肤浅的不足，同时也改变民生新闻“负面新闻过多”的不利形象，近年来的民生新闻开始尝试从平民视角去解读宏大新闻事件，目前已经探索出了一些有效的做法。例如，安徽电视台《超级新闻场》获奖那一期节目在报道海峡两岸实现“三通”的宏大事件的时候，特意介绍了这一事件与安徽居民赴台湾旅游的关系，回答了有关问题。又如，2009年，在喜迎新中国成立60周年主题宣传中，浙江广电集团民生休闲频道的《1818黄金眼》栏目推出大型系列报道《第一次见到共产党》，由普通观众从各自角度讲述新中国成立前后从黑暗走向光明的经历，表达对新中国的热爱。报道一经播出，要求接受采访的观众源源不断，收视纪录屡屡刷新。①

10. 强化民生服务性选题。这里所说的民生服务性选题，主要是指直接体现为普通老百姓服务的有关信息所构成的选题。诸如停水停电通知，招生招工信息，菜场商场便宜货，简便易行、低廉高效的养生保健方法，等等。在《超级新闻场》中，专门开辟了"晨女郎"板块来容纳这方面的选题。

最后需要说明的是，虽然本土性和接近性是民生新闻最显著的特点，但并不是说，它就因此拒绝非本土的选题。实际上，近年来通过网络、报刊来获取部分选题，已经成为各个民生新闻栏目普遍的做法。尤其是那些猎奇性、趣味性强的选题，不通过全球范围、全媒体领域的搜求，恐怕很难满足栏目日常播出的需求。

还需要说明的是，尽管我们上面的概括已经涵盖了当前民生新闻选题方面的主要特点，但必须指出，民生新闻的选题特点还在不断的发展变化中，因此需要策划者始终保持开放的心态，密切关注这方面的最新发展变化。

（三）以平易的口吻进行故事化叙事

民生新闻的观众以普通民众为主，他们是最认可和接纳故事化叙事的。从平民视角出发，对事件性新闻、特殊的人物新闻和搜奇猎异新闻采用故事化叙事方式进行讲述，是目前成功的民生新闻栏目通行的做法（关于如何进行故事化叙事，可以参见本书第五章和第七章有关内容）。

---

① 参见徐宝才：《提升电视民生新闻品质四大策略》，引自 http://www.sina.com.cn，原载《中国记者》。

（四）对某些题材进行娱乐化包装、处理

民生新闻的受众状况决定了节目需要注重趣味性。而趣味性的主要实现方式之一，就是用娱乐化的方式对新闻节目进行包装和处理。尽管这类现象遭到学术界的质疑，但在实际工作中却是普遍存在的，我们应该对此有所了解。

民生新闻的娱乐化包装处理其实是有底线的，它只针对某些特殊题材进行。具体地说，表现为如下几种形式：

1. 选择组合“新、奇、乐”题材，通过主持人的幽默调侃、插科打诨，来实现娱乐化的效果。例如杭州电视台的《阿六头说新闻》，成都电视台的《道听途说》，就属于这种情况。在这类民生新闻节目或板块里，选择的新闻题材一般具有新异、奇特、趣味十足的特点，而主持人在新闻题材的基础上，利用个人智慧实力，充分发挥语言天赋，让节目充溢着诙谐幽默、机智有趣的魅力。

2. 对部分题材采用剪辑处理、画面处理、音乐音响处理，进行娱乐化包装。

剪辑处理是指通过剪辑手段来处理画面，使画面具备诙谐、幽默、恶搞意味。例如《超级新闻场》中的《遭遇皮鞋袭击 布什巧妙躲闪》一条消息，编辑人员将新闻发布会上有人向美国总统小布什投掷皮鞋、布什巧妙躲闪的镜头重复剪辑，让其出现多次，最后配以布什耸肩做无奈状的定格，表现出诙谐、恶搞的意味。

画面处理是指在特定画面上进行诸如美术、光影、画面分割等形式的处理。例如，在画面上叠加“伤不起”、“有木有”、“?”、“!!!”等美术字幕，以强调某种幽默诙谐意味。

音乐音响处理是指为特定题材的新闻配上音乐音响。例如，前面提到的《遭遇皮鞋袭击 布什巧妙躲闪》就配上了欢快的音乐，欢快的音乐与布什被扔皮鞋构成不协调状态，于是结构了一个喜剧情景。

需要强调的是，进行娱乐化包装有一个题材上不能触碰的红线，那就是不能把苦难和悲伤的题材作为调侃的对象。有时候，轻微的伤害是可以调侃的，如前面提到的《遭遇皮鞋袭击 布什巧妙躲闪》，但如果是《肯尼迪总统遇刺》这样的题材，那就无能如何不能进行娱乐化处理了。

（五）以平等的姿态和平民的口吻进行新闻点评

民生新闻的平民视角和以人为本，可以集中地体现在对某些新闻事件、事实和人物的点评上面。以平等的姿态、平民的口吻进行说明、点评，是一些成功栏目的普遍做法。例如，《超级新闻场》中专门开辟了一个“社会透明度”的板块，用来进行新闻述评。主持人在引述来自网络或报刊的新闻事实或人物之后，就开始展开点评。在获奖那一期，主持人在《“你们私闯民宅”——南京一老人的儿子》的节目中，谴责了儿子遗弃老人还强词夺理的行径之后，带着情绪地点评道：“在这里，我要提醒这位儿子的儿女注意了，你们要学学你们的爸爸，等今后他老了，你们也用同样的方法去对待他。”这显然就采取了平民的姿态和口吻。因为，作为大众传媒的电视台，真要严格按照自身定位来做点评的话，是不能这样“意气用事”的。但民生新闻恰恰就是要用这种姿态和口吻，来从心理上拉近与观众的距离，联络与观众的感情。

新闻点评还有一个作用，那就是充实节目内容。民生新闻栏目时间都比较长，而且每天至少一期，全部节目如果都来自外采视频，对人财物的需求会相当大，这会加大制作成本，增加运营难度。而安排有特色的新闻点评，可以广泛利用来自各方面的信息，这能有效地丰富民生新闻的内容。这些，都值得电视策划人借鉴。

（六）加强新闻事件和新闻报道的策划

早期民生新闻非常依赖热线电话报料，还大量采用业余人士拍摄的 DV 内容。但不久以后，这类做法就因内容上的肤浅琐碎和技术上的芜杂粗糙，受到观众的厌弃和主流价值的限制。为了克服不足，求得生存和发展，今天的民生新闻十分注重按照民生新闻的基本要求去策划一些新闻事件，或策划一些大型报道，在保持民生新闻特色的同时，求得内容把握上的主动。

就前者而言，例如，有的栏目组与社区管理部门联系，发起“寻找身边的好人”活动，并在民生新闻栏目开辟“寻找身边好人”板块，报道群众推荐的身边好人。这样的活动是一个由媒体策划的新闻事件，它可以为栏目提供丰富的可供报道的正面新闻人物，既受老百姓欢迎，又对社会风气发挥积极作用。这样的“新闻事件策划”，有利而无弊。

对于后者，曾经有这样的例子：2010 年 6 月，针对杭州市场上蔬菜价格大幅上涨、群众反映强烈的现象，浙江卫视《寻找王》栏目组策划了一次大型连续报道。他们派出记者赶赴蔬菜主要来源地——山东寿光，对蔬菜从产地收割到进入本地市民菜篮子的整个过程进行全程跟踪调查，探寻菜价大幅上涨的原因。这组连续报道播出后，一方面给杭州市民一本“明细账”，一方面也为杭州市政府平抑菜价提供了思路。①

新闻事件和报道方式两类策划越来越普遍地应用在民生新闻中，是民生新闻走向成熟的必然趋势，值得关注。

（七）强化民生新闻栏目本身的服务功能

民生新闻受众的实际状况决定了他们当中的许多人要么面临难以应对的困难，要么属于亟待关心的弱势群体，总之，十分需要获得社会或人们的帮助；而我国社会转型期法制体系和社会保障机制等正在建立和亟待完善的现实状况，又使很多获得帮助的途径阻塞不畅，过程举步维艰。身处这样社会背景下的民生新闻栏目，利用自己的影响力，在提供信息服务的同时，力所能及地发挥一些影响力，为那些亟待帮助的人提供某些帮助服务，是非常有益的，是值得提倡的。一些民生新闻栏目这样做了，它们在履行自己为构建和谐社会尽绵薄之力的职责的同时，也收获着观众对栏目的强烈好感和广泛好评，这实在是一举多得的好事。因此，我们不赞同那种把民生新闻栏目在提供信息之外发挥解决问题作用的努力看做是“功能错位”的观点。事实上，民生新闻为弱势群体提供“帮忙”服务的尝试，整合社会资源解决某些疑难问题的努力，既能提升栏目在观众心目中的地位，又有利

---

① 参见徐宝才：《提升电视民生新闻品质四大策略》，引自 http://www.sina.com.cn，原载《中国记者》。

于良好舆论氛围的形成，效果明显，影响积极。这里举两个例子：①

浙江广电民生新闻栏目造就了一批引起观众和业界瞩目的活动品牌。如教育科技频道《小强热线》栏目的“小强走遍浙江”，每到一地，都把政府领导请到活动现场，为民解难、倾听民意；钱江都市频道的《范大姐帮忙》栏目的“范大姐帮忙进社区”，把关乎民生的职能部门人员请到一起，将居民生活中的大事小事“一网打尽”，集中解决。这些活动一方面提高了栏目影响力和美誉度，另一方面也为各级政府部门转变作风、创先争优营造了氛围。

2008年，在汶川抗震救灾报道中，浙江广电集团通过公益热线结合活动募捐，募集善款近2亿元；民生休闲频道《1818黄金眼》开通公益热线，通过设立募捐点、现场直播报道，发动社会各界奉献爱心，先后募集善款2000多万元、爱心课桌椅4万套，彻底解决了青川中小学生课桌椅的需求。

上面的例子为我们进行类似策划，提供了很好的范例。

（八）现场直播的常态化

近年来，现场直播常态化是民生新闻的又一发展动向。电视新闻人都知道，过去，新闻现场直播是很奢侈的节目形态，是电视机构偶一为之的节目品类。如今，现场直播在民生新闻领域实现了常态化，这对中国电视新闻事业是一个贡献。

目前，一些城市电视台或省级电视台地面频道所进行的民生新闻现场直播常态化工作，是以卫星直播车为平台，以通讯卫星为信号中转站，将卫星直播车所摄取的现场信号用微波的方式经卫星转发至播出中心，经过对信号的技术处理，通过划定的栏目时段实现播出。由于采用了卫星转发微波信号的技术模式，保证了转播车能够在相当广阔的区域内实现任意地点的直播。而技术发展所带来的卫星转播时段租赁费的相对低廉和直播车价格的下降，为众多电视机构采取这种方式拓展民生新闻的传播内容和手段提供了便利。

---

① 参见徐宝才：《提升电视民生新闻品质四大策略》，引自 http://www.sina.com.cn，原载《中国记者》。

任何现场直播都需要策划，民生新闻也不例外。民生新闻现场直播策划主要涉及常规直播的策划，突发事件直播的策划，以及可直播新闻事件的策划。

常规直播的策划，主要是针对一些可以预期的新闻事件进行评估，选择有价值的事件，确定直播切入点，设计出直播期间现场图像采集、现场采访、插片使用和主持人等因素的组合，然后形成文案，指导具体的直播活动。在事件价值的认定上，需要严格把握民生新闻“平民视角、民生内容、民本取向”的原则，充分照顾民生新闻关注本土性、注重接近性等方面的特点；同时，考虑到直播常态化对直播内容的巨大需求，还需要大幅度降低事件入选的门槛。在实际工作中，诸如社区文娱活动、公益活动，大型民俗活动、商贸活动，长假期间旅游点热闹的盛况等，都可以作为直播对象。

当突发事件发生，如灾难发生时，需要立即调整，将常规直播转换成对突发事件的直播。鉴于突发事件的特殊新闻价值，作为一般的要求，要尽可能地把能够直播的突发事件纳入直播选题。如大雨突至导致城市街道被淹，自来水爆管导致街道被淹，洪水突发与抗洪、火灾突发与救火，都是可以进行直播的。

很多时候，原生态的可供直播的新闻事件要么数量不足，要么规格不够，导致“没什么可直播”。这对于常态化的直播工作无疑是灾难性的。为了避免出现这种情况，就需要与社会力量或机构合作，策划一些可供直播的新闻事件。例如，一些民生新闻栏目组与社区合作策划公益活动，与政府职能部门策划惠民活动，与公司合作策划演出活动，面向社会策划有特色的选秀活动等，都是常见的做法。这些都可供电视策划人借鉴。

民生新闻目前虽然没有了问世之初那种异乎寻常的火爆，但热度仍然高于许多其他电视节目。在可以预见的将来，民生新闻依然不会过时，所以，对民生新闻的策划仍将是电视策划实务的重要内容之一。

第三节 经典电视民生新闻节目赏析

本章我们以获得 2007—2008 年度中国广播电视大奖优秀奖的《超级新闻场》作为赏析案例。

（请学生在课前观看这一期《超级新闻场》）

赏析：

安徽电视台的《超级新闻场》虽然以栏目的身份获奖，但它是一个标准的民生新闻节目。获奖的这一期，是该栏目 2008 年 12 月 16 日的播出版。我们先看看这期节目的内容构成：

安徽电视台《超级新闻场》2008 年 12 月 16 日播出版

节 目 构 成

（该期栏目获得 2007—2008 年度中国广播电视大奖优秀奖）

1. “晨女郎”1：女主持人 1，口播

《天气预报》

《出租车实行新计价标准》

《职称等级英语考试报名开始》

2. 资讯部分，“每日新闻榜”：

《海峡两岸昨天正式实现“三通”》（其中包括安徽居民办理赴台旅游相关问题解答的内容）

《合肥：消防检查　酒吧问题多》

《号称捐赠实为推销》（学校强推以捐赠为名进入校园的商品“学习计度器”）

“超短新闻”一组：

《蚌埠至淮南高速公路开工》

《2009 职称外语及医古文 古汉语考试报名开始》

《合肥严查行人等交通违法行为》

《安徽第二个国家湿地公园诞生》

《黄山东麓发现温泉》

《齐瑞公司特许出租车维修部在合肥营业》

《全球海洋水母数量激增》

（“超短新闻”结束）

《制衣老板玩失踪 两百职工慌了神》

《车牌被盗 车主“破财消灾”》

《武汉：真币假币不再柜台说了算》

3. 述评板块，“社会透明度”：男主持人，演播现场配电视显示屏

《个税起征点暂不调整》（引述网络资料和报刊照片，配以评说）

《10 万年薪招大学生淘粪》（引述网络照片和网络评论，配以评说）

《女学生大冬天穿短裙迎宾》（引述网络照片和网络评论，配以评说）

《地税干部“猥亵女童”受记过处分》（引述网络评论，配以评说）

“图片新闻”一组：形式为“网络或报刊图片＋短评”

《情侣落水遇难 生死相拥难分离》

《父母迷恋斗地主 3 岁女童识扑克》（短评有调侃意味）

《临产孕妇忍阵痛 麻将大赛获亚军》（短评有调侃意味）

《假刀变真刀 演员血溅舞台》（国外：魔术失手）

《雪猴泡温泉 如痴如醉》（日本）

（“图片新闻”结束）

图像新闻：

《酒后郁闷做傻事 刻个“穷”字在额头》

《遭遇皮鞋袭击 布什巧妙躲闪》（国外消息，配乐，有恶搞意味）

《动物演唱会》（动物与乐器照片一组，配以音乐，有娱乐意味）

“世说新语”：引述来源于网络和报刊的奇事潮语，作简要点评

《我是道德模范 不许你们伤人！——魏茂和》（重庆道德模范魏茂和，一句话制止不法行为）

《你们私闯民宅——南京一老人的儿子》（遗弃母亲还振振有词）

《难道为老百姓办事尽心一点、效率高一点，真的很难吗？——

广州市市委书记朱小丹》

4. 晨女郎 2：女主持人 2，答复观众手机短信提出的问题

“阜阳（手机尾号）8090：丈夫在外打工，总觉得他会背叛自己，怎么办?”（由心理医生简答）

“黄山（手机尾号）7075：16 个月大的孩子，长了 8 颗乳牙，这正常吗?”（由专家回答）

5. 民生专题板块，“天天故事会”：

《夭折的黄昏恋》（时长约 9 分钟，医疗事故引起的纠纷）

《致命的抉择（上）》（时长约 11 分钟，妻子为白血病患者，怀孕之后，丈夫反对生下孩子，于是，围绕“生还是不生”，两人发生冲突）

6. 尾声：音乐配画《边打球边玩瑞士弗里堡》（叠加职员字幕）

从上面的内容构成和对节目的观赏中，我们可以得出如下结论：

1. “平民视角、民生内容、民本取向”的原则得到鲜明体现。

不管是节目内容板块的设置，还是题材的选取，评论时所持的立场，都体现出明显的平民倾向。两个板块的“晨女郎”播报，提供的是普通人关心的信息；资讯板块“每日新闻榜”，述评板块“社会透明度”和民生专题板块“天天故事会”，不但大量采用普通人关心的选题，评论时所秉持的立场、口吻也是平民化的，节目所体现出的趣味，也是平民化的。后面我们将进行具体的分析。

2. 微观题材、边缘题材的新闻占了较大比重。

在全部 34 条内容条目中（不论时间长短），像《合肥：消防检查酒吧问题多》、《号称捐赠实为推销》、《制衣老板玩失踪 两百职工慌了神》、《车牌被盗 车主“破财消灾”》这类社会新闻、负面新闻达到 12 条，《假刀变真刀 演员血溅舞台》、《雪猴泡温泉 如痴如醉》、《遭遇皮鞋袭击 布什巧妙躲闪》等奇闻异事新闻 4 条，《出租车实行新计价标准》、《个税起征点暂不调整》和手机短信疑难解答等普通人关心的服务信息 4 条，共 20 条，约占总条数的 59%。

从时间长度上看，微观题材和边缘题材也占据了较大比重。这一期节目总长度为 60 分钟，不计算前面那些新闻所占据的时间，仅

“天天故事会”板块的两条民生专题——反映医患纠纷的《夭折的黄昏恋》和悲情故事《致命的抉择（上）》，就达到20分钟，占了总时长的三分之一。

3. 设置新闻述评板块，评论指向和依据的价值标准充分体现平民色彩。

节目设置了新闻述评板块“社会透明度”，由男主持人王小川担纲主持。这个板块大量采用平面媒体、网络新媒体等信息源的图片和文字，配以主持人评说，不但活跃了形式，丰富了内容，也搭建了集中体现民生新闻特色的平台。其民生新闻特色的重要体现点，是评说时的口吻和立场。例如，在《女学生大冬天穿短裙迎宾》和《地税干部“猥亵女童”受记过处分》中，表达了对少数官员衙门作风和卑劣人格的抨击嘲讽；在《“你们私闯民宅”——南京一老人的儿子》对遗弃老人的儿子进行批评时，没有采用严肃的正式口吻，而是采用这样情绪化的表述：“这位儿子的儿女们听好了，你们可得记住你爸爸的所作所为，等他将来也老了，你们可要用他对待奶奶的办法来对待他。”显然，这样的表述是为了拉近和普通民众心理上的关系。

4. 对宏大题材作民生解读。

这期节目中，属于宏大题材的新闻只有4条：《海峡两岸昨天正式实现“三通”》、《蚌埠至淮南高速公路开工》、《安徽第二个国家湿地公园诞生》、《全球海洋水母数量激增》。后面三条，要么本来就与普通人的利益联系紧密，要么同时也是趣闻题材，只有“海峡两岸”那一条可以算作是严格意义上的宏大题材。对这条消息，报道者在其结尾处，特地介绍了正式实现“三通”之后，安徽的居民赴台湾旅游会否有所变化，通过这样的处理，为这条消息找到一个民生解读的切入点。

5. 体现鲜明的服务色彩。

“晨女郎”板块在节目中出现两次，都是为了提供信息服务。第二次出现的“晨女郎”，以观众通过手机短信发送疑难问题，专家针对问题进行解答的形式提供服务，很有特色。

6. 采用娱乐化和故事化方法进行叙事处理。

与严肃的传统新闻栏目很不相同的是，这期栏目采用了不少娱乐化的方式来进行信息表现处理。《遭遇皮鞋袭击 布什巧妙躲闪》一条消息，不但配乐，解说和画面处理有恶搞意味；《雪猴泡温泉 如痴如醉》、《动物演唱会》和《边打球边玩瑞士弗里堡》，都配上了或诙谐、或欢快的音乐。

“天天故事汇”中的专题《致命的抉择》，则明显地采用了故事化叙事的方法和技巧。

上面简单地分析了《超级新闻场》2008 年 12 月 16 日这一期所体现出来的特点，这些特点与我们在本章就民生新闻所作的归纳和介绍完全吻合。因为这是一期送评参加国家级奖项角逐的作品，因而它是比较规范收敛的。现实中的民生新闻栏目，在许多方面，要比这期节目走得远得多，这是需要说明的。

思考和练习

1. 课外作业：通过网络或者电视频道选看一期电视民生新闻栏目，并尽可能记录下栏目内的条目构成。

2. 课堂讨论：结合你所选看的民生新闻栏目，试谈谈你对民生新闻基本特征的理解。并谈谈我们应该怎样扬长避短，做好民生新闻？

第九章　电视谈话节目策划

第一节　电视谈话节目概述

根据电视领域公认的史实，1996 年 3 月中央电视台《实话实说》栏目的诞生，标志着电视谈话节目在中国的问世。此后，电视谈话节目获得了很大的发展，几乎每一个大中型电视机构都开办有电视谈话节目。

电视谈话节目是借鉴国外“Talk Show”节目而形成的。“Talk Show”在我国港台地区翻译为“脱口秀”，是一种在电视上进行谈话表演的节目。这类节目题材容易获得，成本相对较低，处理得好能获得观众广泛的喜爱，所以一直是国内外重要的电视节目形态。美国的《拉里·金访谈》和《奥普拉·温弗瑞节目》家喻户晓、长盛不衰，中国的《实话实说》、《艺术人生》、《鲁豫有约》、《面对面》等广受欢迎，说明了这类节目巨大的传播魅力和市场潜力。

所谓谈话节目，是通过主持人与嘉宾及现场观众共聚一堂，面对面地以口头信息交流为主，以现场表演或资料插片为辅，围绕特定话题，进行平等交流、探讨、交锋，采用录播或直播方式拍摄下来供人观看的电视节目。其中，谈话是形式，表演是实质，吸引观众通过电视观看谈话的过程是目的。

从不同的角度出发，对谈话节目可以有不同的分类方法。[①]

（一）按照谈话的题材划分

1. 新闻时事类谈话节目。

这类节目通常着眼于当代社会的热点、焦点、难点问题，邀请具有权威身份的专业人士作为嘉宾发表见解，帮助公众理解热点、焦点、难点新闻事态或事件的背景和本质，有时也就事件的发展趋势等做出预测和评估。在谈话过程的处理上，有两种基本形态：相似观点不同角度的阐述和不同观点的激烈交锋。前者如中央电视台 4 套的《今日关注》，后者如凤凰卫视的《时事辩论会》。

2. 社会话题类谈话节目。

这类节目的话题通常选自公众关心的社会话题，不强调话题的时效性，嘉宾和观众围绕话题发表意见，也包括相似观点不同角度的阐述和不同观点激烈交锋两种过程形态。如上海电视台的《有话大家说》、四川电视台的《明星茶馆》。

3. 娱乐话题类谈话节目。

这类节目围绕艺术、娱乐领域的话题，以追求娱乐性为主要诉求，注重形式和煽情处理。如中央电视台的《艺术人生》。

4. 专业人物类谈话节目。

这类节目以特定专业领域如经济界、文化界的精英人物为嘉宾，结合与嘉宾专业领域有关的事件或个案展开谈话和讨论。如中央电视台的《对话》和山西电视台的《开谈》等。

5. 生活情感类谈话节目。

这类节目选择人生、婚恋、家庭、亲情等领域的话题，以严肃而感性的氛围组织嘉宾谈话和观众发言，探讨这些领域令人唏嘘感叹的矛盾和纠葛。如陕西电视台的《好男好女》、湖北电视台的《今夜情缘》。

---

① 以下内容参考了胡智锋主编：《电视节目策划学》，复旦大学出版社 2009 年版，第 57～61 页；许永：《电视策划与撰稿》，中国广播电视出版社 2001 年版，第 147～152 页。

（二）按照话题的性质划分

1. 观点讨论类谈话节目。

这类节目通常选择大家感兴趣、有讨论空间的话题，有的还选择容易引发不同观点碰撞的话题，来展开谈话。节目进程包括两种基本的谈话形式：大家围绕同一话题从不同角度讨论，和围绕同一话题以不同的观点进行激辩。前者如凤凰卫视的《锵锵三人行》，后者如北京电视台的《国际双行线》。

2. 个案探析类谈话节目。

这类节目从特定人物的经历、事业等个案切入，或者从涉及社会问题、情感问题的个案入手来展开谈话。节目进行过程中，致力于探讨、分析个案中包含的人生经验、生命体验、内心感悟之类，化解当事人的矛盾纠葛，介绍成功个案包含的成功秘诀，等等。由于有鲜活生动的个案支撑，这类节目往往比较感性、具体，常包含动人的细节，如《鲁豫有约》。

从策划的角度看，了解谈话节目的分类，是为了从总体上把握策划的思维投向。例如，对新闻时事类谈话节目，策划应沿着严谨、严肃的思路进行；而娱乐话题要求轻松、活泼、幽默、诙谐，因而对娱乐谈话节目的策划就应沿着这个方向进行。又比如，结合个案展开的谈话节目，往往比围绕抽象话题的讨论更富吸引力。这也需要策划人了解并作为策划时重要的参照。

接下来，我们介绍谈话节目策划的一些要点。

第二节　电视谈话节目策划要点

由于电视谈话节目对主持人有着特殊要求，所以遴选到合适的主持人是栏目开办的前提。能够充任电视谈话节目主持人的人士，需要具备头脑清晰、口齿伶俐、表述流畅、反应机敏、善解人意、诙谐幽默等素质，而形貌方面倒并不一定非得俊男靓女。在这个前提实现之后，就可以着手具体节目的策划了。

通常，电视谈话节目的策划包括如下要点：确定话题、评估话题、开掘话题，选择嘉宾和观众，设计谈话路径和节目板块，考虑舞美、道具、影视资料和表演等元素的运用，落实演播场地和摄像、录制、导播、编辑、包装、播出等具体事宜，考虑化妆、服装、道具、置景等节目制作的基本条件，最后完成策划文本。下面分别介绍。

一、确定话题

话题是谈话节目的主轴，是谈话所以展开的核心。通常，谈话需要围绕某个或某类特定的话题展开，话题是谈话节目的核心要素。实际工作经验告诉我们，话题的优劣，可以直接影响节目的质量。那么，如何选择和确定高质量的话题呢？根据一些成功节目的经验，结合现有的研究成果，可以从以下几个方面去考虑。

（一）从多种渠道收集可能成为话题的问题

这里所说的多种渠道，包括从传统媒体、互联网已经发布的信息中寻找话题线索；从观众热线电话、热线短信和推荐话题的电子邮件中筛选话题，以及策划人员根据掌握的情况和自己的思考而拟定的话题。例如，中央电视台《对话》栏目的话题很多来自纸质媒体的精英报道，成都电视台的《新闻新读》栏目几乎都是从已经播出的电视新闻中去发现话题。

（二）选择话题时的关注重点

1. 关注可以轻松、自由探讨的热门话题。

这类话题包含两个特点：一是热门，二是不要过于沉重，可以轻松自由地进行探讨。例如，网络的“犀利哥”、“凤姐”现象，腾讯和360的“死掐”，热播电视剧的长处和短处，等等。

2. 关注是非曲直不容易简单评判的社会话题。

这类话题来自社会，容易引起广泛关注，但可能涉及不同的价值判断，难以简单快捷地判明是非。例如，孩子早恋、父子代沟、知识产权纠葛、家庭冷暴力引发的婚外情，等等。

3. 关注容易引起争议的话题。

这类话题由于观众处于不同位置，从不同角度判断，很容易形成不同观点，从而引发争议。例如，拾金不昧要不要回报、暑假补课应不应该、家里的围裙到底由谁来系，等等。

4. 关注与特定人物有关的个案话题。

这里所说的特定人物，要么是具有公众效应的社会名流、业界精英、演艺界明星、争议人物，要么是具有特殊身份的普通人，如余秋雨、陈光标、潘石屹、李连杰、“凤姐”、“旭日阳刚”农民工歌唱组合等等。他们的经历、作品、事业以及与他们有关的大事件，都可以成为谈话的话题。

5. 关注具有娱乐效应的话题。

在影视明星、演艺人士的圈子里，常常可以发现娱乐性较强的话题。例如，郭凯敏与张瑜如何在人们希望他们走近的期待中突然各奔东西，赵本山如何发现和推出小沈阳，王宝强怎样从默默无闻走向成功，等等，都可以成为娱乐性很强的话题。

话题初步确定之后，还需要对其进行评估。

二、评估话题

评估话题的意义在于，通过评估，求得对话题的全面把握，并由此作出采用或放弃该话题的最终决定。评估的内容包括：

（一）话题所涉及的问题是否具备深入讨论的价值

可以纳入选题视野的话题很多，不同的话题具有不同的谈话价值。例如，“吸烟应不应该”，“不赡养老人可以宽容吗”，这些话题由于判别标准明确，一旦付诸谈论，很容易出现一边倒的局面，并且结论也早摆在那儿，没有悬念。综合评估之后，可以得出其谈话价值不高的结论。

有的话题，与一般老百姓相距过远，难以具备高关注度。例如，“中国成为能源净进口大国说明了什么”，“你怎样看待车船税”等，其谈话价值也不高。

而如果对“母女代沟责任在谁”的话题进行评估，就会发现这个话题有深入讨论的广阔空间。就这个话题，站在母亲或女儿的不同角度，会得出相互冲突的结论，而专家、观众的第三方立场可以增加谈话的变数。由此，可以发现这个话题具备深入讨论的价值。

显然，这样的评估对于话题的最后确定是非常必要的。

（二）话题所涉及的事实是否属实

有些热门话题，其中或许包含着事实谬误。例如，前些年网络热炒的“史上最狠心的后妈”事件，曝光一位后妈虐待继女，将继女打得遍体鳞伤，网传照片惨不忍睹。如果以此为话题进行谈论，因为涉及利用大众传媒对当事人进行谴责，后果重大，所以必须与本人联系，与知情人联络，以核实事实、弄清真相。当时就有媒体做了这项工作，那位继母见了记者哭诉冤枉，事实是，该继女罹患“血友病”，身上的淤血斑由疾病造成，与后妈没有任何关系。

（三）话题所涉及的当事人的基本情况如何，本人是否同意进行公开谈论

很多谈话节目都需要处于话题中心的当事人出现在节目现场，这样，要确定话题能否入选，就需要了解当事人的基本情况。了解了当事人的基本情况，一方面可以深化对话题的理解，一方面可以从嘉宾的角度评估话题的可操作性。《实话实说》曾经做过一期《父女之间》的节目，以一个家庭父女出现深深的隔阂为话题。在话题评估过程中，节目组工作人员详细了解了两位当事人的情况，确定话题本身的题材分量足以制作一期节目。当征询两位当事人是否愿意到现场参加节目录制时，父亲表示愿意，女儿却犹豫不决，一会儿表示愿意，一会儿又不愿意。如果后一种状况不改变，话题再好也无法实施。好在节目组工作人员耐心做通了女儿的工作，最后节目得以顺利录制。由此看来，这个环节也是评估话题所要涉及的。

（四）话题涉及的专家人选和他们的基本情况

某些话题会涉及各行各业的专业人士，他们还得满足一定的要求（这在后面将详细谈及）。有没有符合要求的专家？他们的基本情况怎样？他们愿意参加节目的录制吗？这些问题都要在评估话题的环节予以确认。

（五）话题在政策上和经费上是否具备可操作性

有的话题政策性强，例如，涉及西藏问题、台湾问题、宗教问题、民族问题的话题，把握不好会产生消极的社会效果，通常不宜在

基层电视台的谈话节目出现；有时，演艺界明星在电视台录制谈话节目，将涉及经纪公司是否许可以及较高的接待费用甚至出场费等等，这会增加节目录制的变数和制作成本。这些都应纳入评估话题的考虑范畴。

这个环节，通常需要收集相关资料，并召开由策划人员和有关专家参加的讨论会，在进行充分商讨之后，做出评估结论。

由于谈话节目的话题往往涉及各个领域，一些话题可能牵涉深刻的思想、社会、人文内涵，这样，仅仅依靠电视台节目组的成员从事话题策划，常常感到力不从心。所以，聘请一些有真才实学的大学或研究机构的专家学者参与到诸如评估话题、开掘话题等环节的工作中，是一个弥补缺陷的好办法。例如，《实话实说》在创办之初，就曾经聘请过几位在北京的大学任教的学者参加策划，他们对于高质量话题的遴选和对话题高质量的开掘，都发挥了重要作用。

三、开掘话题

一旦某话题通过评估，决定采用，就要对话题进行开掘。这个策划环节的目的在于充分发现话题的谈话价值，深入考虑如何利用好这些价值，为下一步谈话路径的设计打下基础。

在开掘话题这个环节，可以从以下几点入手：

（一）对观点讨论类话题，要按照逻辑推衍的思路，考虑能够谈论到哪一步，在哪些点上可以引起观众的兴趣

观点讨论类谈话节目的进行流程，是沿着一定的逻辑线索进行的。对这类话题进行开掘，首先要沿着话题包含的内在逻辑线进行分析，看看沿着这个逻辑线能够推衍到哪一步，能够推衍出哪些观点，这些观点有没有可能引起观众的关注，能够引起怎样的关注，等等。这些分析结果将作为下一步工作的依据。

例如，四川电视台《明星茶馆》有一期节目话题为“三地争抢西门庆故里应不应该”。这个话题来源于三个县城争相宣布自己是西门庆的故里，并投入巨资打造旅游设施，试图开发“西门庆旅游”热门项目这样一个热点新闻事件。这期节目的诉求在于通过热点新闻事件

引发嘉宾的观点交锋。如果沿着逻辑推衍的思路对这个话题进行分析，发现它至少可以在如下环节和观点上展开谈论：

一是“西门庆在《水浒传》和《金瓶梅》中是一个什么样的角色”。这是话题展开的基础，观众只有知道了西门庆是谁，才能够理解后面的谈话内容。而西门庆作为中国古典小说中一个人品很坏的荒淫无耻角色，对他的介绍可以满足观众的好奇心。

二是“西门庆肯定是一个‘名人’，但这个名人的知名度是否可以去利用”。对于这个话题环节，可以产生两种观点：“可以利用”和“不可以利用”。从追逐旅游利益的角度，是“可以利用”的；从道德影响的角度，是“不可以利用”的。可以预期，在这一个环节，由于从不同的角度出发去进行评价，由于分别把握了不同的价值判断标准，将出现截然相反的观点，这个格局是形成交锋的基础。

三是“文学作品中的人物是否有现实意义上的故里，这种故里有没有旅游开发价值”。在这个环节上也可能出现两种观点：一种是，文学作品中的人物和场景都是虚构的，所以文学人物没有现实意义上的故里；既然如此，当然也就不存在对文学人物故里进行旅游开发的问题。另一种是，在人们心中，文学作品中的人物是可以有现实生活中的故里的，这种现实生活中的故里是可以进行旅游开发的。如柯南道尔的小说《福尔摩斯探案集》中主人公福尔摩斯在英国伦敦的虚构“故居”一直得到人们的认可，而该“故居”一直是著名的旅游景点。这两种观点也会发生交锋。

四是“争抢行为背后的动机是什么，这种动机是否值得理解”。在这个环节，有可能出现这样两种观点：其一，争抢行为背后的动机是唯利是图，其结果是可能追求到商业利益，但会伤害道德体系，所以这种动机不值得理解，必须否定。其二，争抢行为背后的动机是争取利益，这是为了促进一方经济发展而采取的举措，值得理解和肯定。这又会导致观点交锋。

五是“争抢西门庆现象会不会产生道德文化方面的消极后果”。在这个环节也可能产生两种观点：一种是，争抢西门庆现象不过是对旅游资源的争夺，这是一种市场行为，不可能具有那么大的能量，因此不会产生道德文化方面的消极后果。另一种是，由于西门庆是一个影响广泛的反面人物，对他的旅游开发客观上起着扩大其消极影响的作用，所以肯定会对道德文化产生消极后果。显然，观点交锋肯定会出现。

六是“各类争抢名人现象背后折射着什么社会现象”。这个话题可以引发不同角度的观点，包括：重视发展或唯利是图、善于利用优势资源或急功近利缺乏原创、道德至上还是效益优先，等等。这些观点也可以形成交锋格局，但由于比较深奥，故而可能会让谈话显得沉闷。

七是“开发旅游资源除了利用文化遗产之外，还有没有其他更有效、有个性的办法”。这个环节可能引出的观点是开放性的，而且各观点之间很可能不构成冲突。可能的情况是，各方都认为除了利用文化遗产，还有其他更有效、有个性的办法，例如，建设高质量的人造景观，通过原创作品带动旅游项目，开发休闲性旅游度假项目等，都是可以选择的措施。这个环节的各个观点，不容易形成交锋，谈论时会显得平淡。

还可以列出一些谈话环节和具体的观点，限于篇幅，就不再赘述了。

通过上面的分析，发现了这个话题具有如此一些可以展开谈论的环节和观点，而前面五个环节的观点充满交锋的可能，与节目组的诉求一致，无疑可以被纳入未来节目谈话的范畴；而第六、第七两个环节，其中的具体话题若付诸讨论，要么深奥沉闷，要么平淡乏味，所以不宜将它们纳入。经过这样一番开掘，这个话题的价值就能够得到比较充分的理解，并因此能够在节目中得到充分的利用。

（二）对个案探析类话题，要按照故事叙事的思路进行分析，看个案中包含哪些故事元素，可以在哪些事件点上、在哪些细节上，展开深入的谈话

个案探析类话题通常围绕一个独特的个案，例如，一个人的经历，一个团队的历程，或者一个有意味的事件，等等。采用这类话题的谈话节目通常循着经历、历程或者事件发展的线索来展开，并且非

常看重这些线索上的故事性事件点位和生动的细节。找出这些点位和细节，是对这类话题开掘所应该重点考虑的问题。

例如，功夫片巨星李连杰曾经成为不少谈话节目的嘉宾，他的身世、人生感悟、成长矛盾、事业遭遇的困难和创造的辉煌等，以个案话题的方式进入节目。笔者发现，在李连杰数十年的人生经历中，几乎所有的谈话节目都聚焦他人生中经历的如下事件：幼年家贫进入体校学习武术，由于技艺精湛脱颖而出，经常参加全国比赛；曾经代表中国到美国表演武术，拒绝尼克松“你当我的保镖”的玩笑；出演《少林寺》后红遍全国，几经波折到香港发展；到香港后受人蒙骗，发展不理想，于是远走美国以教授武术糊口；后经徐克邀请回港在新派武打片中饰演角色，大获全胜，终于走上事业的巅峰；成功之后，购置上亿元的豪宅与投巨资建立慈善基金成为既受讥评又受赞扬的热门事件。可以想象，这些被选中的事件并不是李连杰经历的全部，它们之所以被选中，是因为其中充满矛盾，包含着由矛盾冲突促成的“贫困—富有”、“卑微—显赫”、“挫折—成功”、“困顿—辉煌”的两极价值转换，这些其实就是故事元素。

这里的话题开掘，首先要找出个案中包含这些故事元素的事件；其次，确定事件中进入谈话关注重点的“点位”。在李连杰的这个例子中，关注的点位可以这样考虑：家庭贫困的具体情况；脱颖而出的那一刻（例如参加哪一个比赛获奖、领奖及后续影响）；到美国表演武术受到尼克松接见；怎样被选中出演电影《少林寺》；去香港之前的波折是什么；到香港最大的一次受骗；受骗后怎样走投无路；去美国刚开始的艰难；开馆教授武术的一次挫折；徐克是怎样找到他的；回香港继而成功的那一次拍片，等等。可以看出，这些点位都是体现李连杰人生经历的“转折点”，而转折点是最具有故事价值的事件元素。一旦通过策划确定了这些事件点位，后来的谈话节目便有了非常坚实的依托。

除了上面提到的，生动的细节也需要关注。很多细节是在谈话录制的时候从嘉宾口里冒出来的，但是在话题开掘这个阶段，对一些已经掌握的生动细节，要心里有数。例如，上面那个例子中，李连杰当年家庭贫困的情景；第一次获得全国奖站在奖台上的情景；尼克松开玩笑“你当我的保镖”而少年李连杰顶撞尼克松的情景；想去香港发展却受到有关方面阻挠的情景；在香港某次受骗的具体情景和受骗后的窘困情景；刚到美国的艰难情景；第一次见到徐克的情景；拍摄新武打片大获成功的情景，等等。即便没有第一手资料，凭着经验和感觉，也能够肯定上述细节的存在。当策划者心中考虑到了这些细节，就可以通过主持人提问把它们从嘉宾口里“掏”出来。

（二）发现话题中包含的可能激发言语交锋的观点，为谈话时激化冲突打下基础

在某一个特定的话题中，不是所有的观点都可能引起不同意见的冲撞，只有某些观点才可能引发冲撞。话题开掘在这个环节的工作，就是要找出那些可能引起冲撞的观点，或者刻意构拟出这样的观点，以期在节目进行的时候抛出，引发嘉宾之间的言语或观点冲突。

谈话节目的实质是谈话表演，而表演与戏剧密切相关。从古希腊时，人们就发现，戏剧表演之所以能够吸引人们饶有兴味地观看，最根本的原因是戏剧表演呈现着人与人之间的冲突。历来的戏剧理论家都坚持“没有冲突就没有戏剧”的原则，冲突是戏剧表演最重要的元素，因而也是谈话节目重要的元素。

提到谈话节目，就不能不涉及两个著名的美国谈话节目。它们在选择冲突话题和强化节目冲突效果方面积累了丰富的经验，值得我们借鉴。

第一个是CNN的《拉里·金现场》。这个谈话节目的选题原则注重“三性”，即新闻性、矛盾性和多样性。[①] 其中，“新闻性”的原则是为了保证话题具有热点、焦点的性质从而能具备广泛的吸引力；“多样性”是为了拓宽话题来源，避免话题枯竭。而“矛盾性”原则就是为了保证所选择话题本身应包含激起观点交锋的因素，能够引发嘉宾和观众之间的观点冲突。例如，该节目所选择的“纪实小说能不能虚构”、“同性恋合理否”这样的话题，都包含足以激发冲突的“矛

① 苗棣等：《美国经典电视栏目》，中国广播电视出版社2006年版，第85～86页。

盾性”。在《拉里·金现场》节目的模板中，在所有嘉宾出场并亮出自己的观点之后，进入“节目深入”板块，这时嘉宾之间、嘉宾和观众之间、观众和观众之间的激烈言语交锋、观点冲突成为节目的主要形态，并掀起高潮，一直到节目结束。[①]

另一个是《奥普拉·温弗瑞节目》，一档由美国“国王世界”(King World) 节目制作公司制作的辛迪加节目。这是一档日间谈话节目。《奥普拉·温弗瑞节目》话题选择以包含性、暴力、犯罪、悲剧、情感等戏剧性因素的话题为主，“话题质量的评判有两个标准：一是要以故事为基础，话题能够展开；二是要具有论争性，话题要展开得精彩”[②]。在这档节目的模板中，采用“嘉宾讲述故事—观众提出不同意见—专家评述将问题复杂化—出现更复杂的观点歧异以及由此引发的争论—专家归纳，提出解决办法”的模式，显而易见，冲突在其中有着重要的地位。[③]

在前面对四川电视台《明星茶馆》“三地争抢西门庆故里应不应该”话题进行分析的时候，我们已经涉及“发现包含在话题当中的交锋观点”，可以参看。

在具体的谈话节目里，包含冲突的话题、构成交锋关系的观点五花八门，很难用简单的模式来涵括。但不管怎样，只要策划者用积极的精神状态激活自己的聪明智慧，就不难发现包含在话题中的各种各样的冲突元素。而一旦我们真正认识到冲突在谈话节目中的地位和价值，我们就能够自觉地去运用这些冲突元素来完善节目。

需要说明的是，被发现的话题里面的冲突点，应该在节目策划文案中得到反映，在节目实际制作过程中得到利用。

（四）根据栏目的定位，选择谈论话题的角度，并以此作为下一阶段遴选嘉宾现场观众的依据

在观点讨论类话题中，同样的话题可以有不同的谈论角度，例

---

① 苗棣等：《美国经典电视栏目》，中国广播电视出版社 2006 年版，第 79～80 页。
② 苗棣等：《美国经典电视栏目》，中国广播电视出版社 2006 年版，第 99 页。
③ 苗棣等：《美国经典电视栏目》，中国广播电视出版社 2006 年版，第 102 页。

如，父母与子女因代沟而产生隔阂的话题，可以从彼此之间消除隔阂、增进思想感情互补接纳的角度来展开谈话，也可以从父母感到孩子“不听话”、长辈对晚辈施以“家庭暴力”、此举妥当与否的角度展开讨论。而观众不同，对两个不同角度的谈话所表现出的兴趣也不同。通常，知识分子家庭更多地对前者感兴趣，而普通人家则可能较为关注后者。你所策划的话题面对的是什么层面的观众，决定着你主要依靠哪一类嘉宾或观众来展开你的谈话。

个案探析类话题也有类似问题。例如，知识精英观众可能会对尼采的孤独感兴趣，而一般民众或许只对当事人命运的大起大落、情感生活的一波三折等饶有兴味。

因此，在策划的时候，需要根据栏目本身的特点和观众构成状况，选择符合栏目特点和观众兴趣点的谈话角度。当然，鉴于国内电视节目高度大众化、通俗化的现状，节目更多地向底层民众倾斜，应该是一个基本的选择。

（五）围绕话题整合各种资源，使话题在节目中释放出立体的感染力

谈话节目最后的录制现场，是一个供谈话表演的、设置在演播厅里的场景。在个案探析类谈话节目中，场景可以成为非常重要的因素。《电视策划新论》曾经提出过“场景类”谈话的概念，指出“场景类”谈话的特点是“根据一个话题引发的故事设置特定的情景，并在这样的情景中针对故事展开讨论”。[①] 足见场景对谈话节目的重要性。

这里有一个成功的例子。《艺术人生》的策划人曾经在《生于六十年代》的节目中，针对刘欢的经历，将能够唤起怀旧记忆的材料整合在一起，把“刘欢这一期节目现场完全布置成为六七十年代的环境，暖壶，茶缸，革命招贴画，单位发的桌子椅子，置身其中，刘欢又见到少年伙伴，音乐响起，褪色的岁月仿佛重现在人们眼前，现场

---

① 任金州主编，程鹤麟、张绍刚编著：《电视策划新论》，中国广播电视出版社 2002 年版，第 388 页。

的所有人都激动得难以自持，随后，这一期节目的播出引起了连锁反应，直至半年后我给人讲课时会场还有四五十岁的人在抹眼泪”。[①]

在谈话节目中能发挥立体感染力的因素，除了场景之外，还有影视资料的使用、现场表演等。这些元素都可以成为烘托氛围，增强感染力的手段。开掘话题要做的工作之一，就是搜求这些元素，并考虑如何将它们应用在节目当中。

四、选择嘉宾和观众

在谈话节目中，有一点需要明确，那就是嘉宾不是单纯的知识传授者或权威分析人，观众不是单纯地到现场来捧场的看客。嘉宾和观众，他们都是通过谈话来表演自己的“演员”。选择嘉宾和观众的时候要考虑这个基本要求。

（一）嘉宾选择

美国的谈话节目非常发达，他们归纳的谈话节目规则可供我们参考。其中对到场嘉宾的要求是：

——嘉宾必须用带有煽动性的情绪谈论与话题有关的事情，而忌言他（她）生活中与此无关的事情。

——嘉宾不能保持沉默，必须懂得所讨论的话题无不与主持人和现场观众有关，因此必须不断地诉说。

——嘉宾必须是表现得能够被人理解的有代表性的美国人，而且嘉宾的行为、语言和外表必须足够古怪，以使人娱乐，并且给观众造成一种优越感，使观众为没有成为其人而感到庆幸。

——嘉宾事先也不会被告知会遇到什么人。[②]

作为体现上述要求精神的实际例子，“《奥普拉·温弗瑞节目》的嘉宾都是一些普通人，没有学历、收入的要求，更多的是一些社会低端人群。嘉宾要有符合节目主题的故事和经历。他们要健谈、善于表

① 《艺术人生》制片人王峥：《解读艺术人生》，转引自任金州主编，程鹤麟、张绍刚编著：《电视策划新论》，中国广播电视出版社2002年版，第71页。

② 转引自胡智锋主编：《电视节目策划学》，复旦大学出版社2009年版，第72页。

达，要能够把一个故事讲得生动曲折。他们要非常的情绪化，容易感动，容易激动，最好是在节目录制现场可以有一些过激的失控行为”。[①]

中国与美国国情不同，在嘉宾遴选上不可能照搬美国电视界的标准。但反应机敏、健谈、有表现欲，个案话题人物有交流热情并且能够以平和的心态接受旁人的评判甚至调侃，专家型嘉宾能够理解谈话节目的要求并主动予以配合，等等，应该是入选的基本要求。

（二）观众选择

现场观众的选择通常采用三种方式：

其一，观众通过互联网、电话、信件等方式报名，经审核进入现场充当现场观众。《奥普拉·温弗瑞节目》就常常采用这种方式遴选观众。这种方式的长处在于，观众对话题熟悉，参与热情高。由于入选机会并不能轻易获得，所以他们往往十分珍惜；在现场的表现一般非常积极。从观众也是演员的角度看，这是一种理想的方式。

其二，通过各种途径组织观众到场。例如，通过学校组织整个班级的学生，通过居委会组织社区居民等。这种方式操作简便，省时省力，缺点是观众参与积极性不高，对话题不熟悉，难以提出高质量的见解。

其三，通过公司组织。一些公司拥有各类观众资源，专门从事为电视机构提供现场观众的业务。对节目组而言，这种方式更为简便，但会产生一定的费用，不足之处也是观众参与热情不太高。

还有一种方式，那就是开通热线电话，让观众不到现场，但可以通过热线电话发表意见。《拉里·金》是美国首个开创谈话节目可以让观众现场热线切入的谈话节目。[②] 在《拉里·金》节目中，热线观众的意见起了两个作用：一是提出很多有分歧的观点，让本来就充满矛盾的谈话更呈现复杂的冲突；二是热线观众的意见具有不可预测的特点，这构成了悬念，对吸引电视机前的观众发挥了作用。

---

① 苗棣等：《美国经典电视栏目》，中国广播电视出版社 2006 年版，第 100～101 页。

② 汪文斌、胡正荣编著：《世界电视前沿》，华艺出版社，第 212 页。

当前的谈话节目，还可以利用互联网和手机等新媒体来实现观众参与。例如，利用论坛（BBS）、即时通讯（IM）、微博客、手机短信等新媒体形式作为演播现场外观众表达意见的通道，是完全可行的。

五、设计谈话路径和节目板块

前面几个环节是基础性工作。从这个环节开始，策划就进入具体节目的设计了。这个环节主要包括两项工作：设计谈话路径和在此基础上设计节目的板块。

在这个环节需要注意的是，我们这里所说的谈话节目，其重心不是通过争论获得一个公认的结论，而是让嘉宾和观众在主持人的组织调度下表演谈话的过程；观众从谈话节目中得到的不是一个道理，而是通过观赏享受一个过程。这是“脱口秀”谈话节目和严谨的新闻访谈的重要区别。设计谈话路径和节目板块都要围绕这个重心来进行。下面作具体的阐述。

（一）设计谈话路径

谈话节目与其他现场录（直）播节目的最大不同，就是在节目的具体演进过程中，存在很大的变数，它不可能像文艺节目那样完全按照预先的设想进行。这就需要根据特定的话题设计一个谈话的基本走向，供主持人把握。主持人根据这个走向的要求控制谈话进程，从而使谈话过程无论怎样复杂、怎样跌宕多姿、怎样匪夷所思，都始终能沿着策划文案预先设计的方向发展。这个谈话走向设计还有一个作用，那就是为主持人充分利用选题价值进行提示，避免因现场的复杂谈话局面导致主持人一时疏忽而忘记了本来可以充分利用的话题亮点。走向设计还可以在一些关键之处就主持人话语进行特别提示，以保证起承转合的流畅进行。

我们仍以前面提到的四川电视台《明星茶馆》“三地争抢西门庆故里应不应该”的话题为例。这个话题的谈话路径设计可以这样来考虑：

首先，通过某种形式，介绍西门庆这个出现在《水浒传》和《金瓶梅》中的人物。

其次，介绍到场的嘉宾，他们各自的基本情况。

再次，让嘉宾围绕主持人给定的话题，各自从甲方乙方的角度陈述观点。

首先要明确的是在这个过程中的一些基本要求：嘉宾应鲜明地亮出自己的观点，甚至可以打断对方的谈话宣称自己的观点；在争论激烈有失控趋势或陷入语言游戏无法深入的时候，主持人要适时地出面打圆场，或者请现场观众发言，来转移话题、引起新的争论；现场观众的发言不应附和嘉宾的意见，应该是代表第三方的独立见解。

主持人需要把握的是，要引导、鼓励嘉宾说出具有震撼力的独到见解，一旦发现嘉宾有讲述故事证明自己观点的苗头，要积极鼓励其把故事讲述出来；对于嘉宾观点中出现的矛盾地方，可以提示另一方发表见解以挑起争论。

总之，在这个环节，“故事”和“冲突”是关注的重点。

在明确了上面的要求之后，接着就是具体的话题设计和话题出现的次序，这是谈话路径设计的主要工作。就“三地争抢西门庆故里应不应该”这个话题，可以作如下设计：

——西门庆肯定是一个“名人”，但这个名人的品牌是否值得去利用；

——文学作品中的人物是否有现实意义上的故里，这种故里有没有旅游开发价值；

——争抢行为背后的动机是什么，这种动机是否值得理解；

——“争抢西门庆”现象会不会产生道德文化方面的消极后果；

——开发旅游资源除了利用文化遗产之外，还有没有其他更有效、有个性的办法。

在上述话题具体付诸谈论的过程中，往往会出现相当复杂的情形，一个话题下面可能引申出若干从属话题或相关话题。例如，在谈论“争抢行为背后的动机是什么，这种动机是否值得理解”话题的时候，就有嘉宾提出三个参加争抢的县都是山区贫困县，没有什么致富资源，于是，当地政府为发展经济而表现出的逐利行为就应该受到理解，因为在温饱都没有解决的情况下去空谈道德是虚伪的。这实际上引出了另一个话题“温饱重要还是道德文化重要”，而这又是一个可能引发冲突并很难一下子得出结论的问题。这就更需要主持人根据话题内容和话题出现次序的路径设计，把握谈话进程，让谈话沿着策划方案设计的走向发展。

最后，由主持人对全部争论做一个总结。这个总结的原则是：对涉及道德是非的话题，要站在主流价值的立场，有礼貌地表一个态；但对于不牵涉这类价值判断的话题，则可以保持开放性的结尾，不做结论。

在确立了上面的谈话路径和原则之后，就可以进行节目板块的设计了。

（二）设计节目板块

对于节目板块设计，需要说明的是，通常，当代成功的谈话节目的板块是相对固化的。这种固化的节目板块被称作“节目模版”。如果一个谈话节目已经有了模板，这个环节的工作就是将具体的内容和话题分解之后填充进这个模板；如果没有模板，节目板块的设计也需要参照模板的原理。节目板块书面表达方式，可以是表格式的，也可以是文字叙述式的。下面举一个表格式的例子。

美国谈话节目《拉里·金现场》2000 年 2 月 26 日的节目，是围绕美国总统离任前发生的“特赦门”事件展开的。这期节目板块的表格式表达如下：[①]

序号	节目环节	主要内容	时长	节目形式	制作手法
1	片头	热点新闻人物	2’～3’	几个外拍镜头，直播室和嘉宾的介绍并有旁白	演播室
2	节目开始	介绍嘉宾	6’	主持人介绍嘉宾	演播室

① 苗棣等：《美国经典电视栏目》，中国广播电视出版社 2006 年版，第 79～80 页。

续表

序号	节目环节	主要内容	时长	节目形式	制作手法
3	节目进行	提问	5’	主持人开始提问	演播室
4	节目进行	谈话继续	4’	嘉宾回答问题	演播室
5	节目进行	谈话继续	4’	采访和对话并介绍下个环节的嘉宾	演播室、双视窗
6	节目深入	介绍嘉宾	6’	介绍嘉宾及嘉宾意见，介绍下一轮嘉宾	演播室
7	谈话继续	观点冲突	7’	嘉宾的看法及评价	演播室、同期声、现场画面、双视窗
8	谈话继续	对话交锋对立	6’	简短插片，话题出现交锋和对立	简短插片，演播室
9	谈话继续	谈话意见相左	3’	采访继续，嘉宾看法相左	演播室
10	结束	结语		主持人介绍节目网址，结束	演播室

上面这个表格是《美国经典电视栏目》作者描述《拉里·金现场》的节目板块所使用的表格。我们可以参照它设计一个表格，然后将谈话路径设计中分解出的内容、话题与节目环节对应，分别填入表格中，就形成一个一目了然的节目板块工作表格。

六、考虑舞美、道具、影视资料、表演、音乐音响等元素的运用

在谈话路径和板块设计结束之后，还需要对舞美设计、道具、影视资料运用乃至现场表演等元素的运用作出考虑，以完善谈话场景的创造，扩大信息量，增强感染力。

通常一档谈话节目都有固定的演播环境和舞台美术处理，这已经在栏目策划阶段完成并且已经成为栏目的固化元素。这里所说的舞美，是指根据特定的具体节目的要求，所作出的特殊的舞台美术设计和布置。前面介绍的《艺术人生》策划人在《生于六十年代》的节目

中，针对刘欢个案所进行的舞台美术处理，就属于这种情况。

道具是谈话节目中经常使用的元素。很多时候，道具与嘉宾有着特殊的关系，使用这样的道具会令当事人和观众激动起来，从而调动现场气氛。例如，《艺术人生》有一期以《庐山恋》为个案的节目，策划人做了如下安排：邀请现在仍在庐山电影院工作的放映员到现场，讲述电影《庐山恋》在该院放映7000场的世界级奇迹，展示各种与《庐山恋》有关的纪念品和资料，并向当年出演这部电影男女主角的演员郭凯敏、张瑜赠送印有“庐山美庐纪念”的镜子。这些道具的使用，创造了热烈的现场气氛。有的时候，主持人送给当事人嘉宾一件有纪念意义的小礼物，可以融洽主持人与嘉宾关系，展示节目组的人情味，具有良好的效果。

影视资料的使用在谈话节目中很普遍。几乎每一个谈话节目都离不开视频插片（VCR）。视频插片的作用在于：其一，介绍背景，补充信息。例如，对话题所涉及的事态、事件、事实以及当事人背景进行介绍。其二，呈现对没有到场的重要嘉宾的采访。对插片的使用需要考虑以下几点：

一是简短。插片毕竟是辅助手段，谈话节目的基本信息表达手段或表演元素是谈话，不能喧宾夺主。

二是适量。插片不能过于频密，过于频密会破坏节目的整体节奏。

三是注重插片使用的艺术功能。一般而言，插片是用来补充信息的，但有的时候，它可以发挥增强感染力、加强震撼力等艺术作用。例如，上面提到过的《艺术人生》中涉及《庐山恋》那一期节目，就在演播现场播放了事先采访张瑜母亲的视频短片，短片中是母亲的回忆和寄语，事先并不知情的张瑜观看之后，百感交集，引发了张瑜在现场对着镜头倾诉对父母的感人之语。这是一个成功的例子。

有的时候，谈话节目会在谈话现场安排表演。例如，《艺术人生》的《美猴王》这期节目，以《西游记》孙悟空扮演者六小龄童的个案为话题。在开场部分，就安排了猴娃在京剧锣鼓声中表演，六小龄童在表演中上场。更为常见的情况是，艺术家在谈话现场演唱自己的经典歌曲，表演自己曾经扮演角色的经典片段，或者在现场表现书法绘画。在谈话节目中安排表演，总的来说，应该少而精，并且应该对推动节目发展、烘托气氛、表现人物、活跃场面发挥一定的作用。这是策划时需要注意的。

音乐音响也是谈话节目经常使用的元素。《实话实说》里的电声乐队在烘托气氛、段落转换方面都发挥了作用；有的谈话节目在一些情绪高点上使用氛围音乐调动现场情绪，效果也不错。对于需要借助音乐音响予以烘托的谈话关键点，应该在策划时纳入通盘考虑。

七、落实演播场地和其他节目制作的基本条件

这一项工作的策划和设想，是任何一期电视节目都需要考虑的，这里只是强调出来以期引起注意，就不赘述了。

八、完成策划文本

当前面的所有策划工作完成以后，最后一个环节的工作，就是将所有环节形成的成果加以书面化，形成策划文本。策划文本的格式并没有统一的规定，只要能够表述清楚各个环节的要点，能够指导主持人和节目组其他人员的工作就行。通常，谈话节目的策划文本包含如下主要的部分：

标题。

嘉宾基本情况简介。

特殊观众和他们基本情况的简介（如果有的话）

节目进程。这一部分按照节目板块划分，可以采用表格式、也可以采用文字描述方式表达，板块内容包括分解后的话题，嘉宾发言安排，关于冲突话题和故事点的特别提示，开头、中间关键点和结尾的主持人话语要点，插片、道具、音乐、音响、表演、舞美方面的特别说明，等等。

节目制作所需要的基本条件。

对特殊问题的说明，如处置意外情况的预案等。（如果不存在这种可能，也可以不用写出）

当策划文案完成之后，策划人的工作就告一段落。接下来，是将策划案交付审查、执行，而这就进入“谈话节目编导”的工作阶段了。

第三节　电视谈话节目经典案例赏析

本章我们以获得2007—2008年度中国广播电视大奖优秀奖的谈话节目《人间》为赏析案例。

（请学生在课前观看这一期《人间》）

赏析：

《人间》是江苏卫视的一档谈话节目。本期节目以24岁的大学毕业生吴长文寻找“死而复生的妈妈”为个案话题。这期节目具有如下特点：

1. 这期节目属于个案探析类谈话节目。作为节目话题的个案是：吴长文脸上有一块伤疤，他从小就被告知这块伤疤是他妈妈造成的，而他妈妈早在他两岁时，即1986年就死了。一次偶然的机会，吴长文发现了父亲和母亲于1989年离婚的协议书，于是他怀疑妈妈没死。于是，他踏上了寻找母亲的路途。在寻找无果的情况下，他求助电视台，后在电视台记者的帮助下，他与母亲在电视台见面。显然，这个节目的话题是一个以“寻找”为基本动力的故事性事件，这符合个案探析类谈话节目注重故事性的节目特点。

2. 节目内的表现重点，是“吴长文被告知母亲已死”到“发现离婚协议书而怀疑母亲没死”，“获知舅舅居住的地方”到“发现舅舅已死而线索中断”，“记者介入帮助寻找，处处碰壁”到“柳暗花明，终于找到吴长文母亲”等“转折点”，而正是这些转折点支撑起节目的故事性。最后，节目组特意安排演播厅里母子见面，是为了刻意营造一种戏剧化的情景。

3. 节目中，插片和音乐元素被大量使用。现场谈话主要被用来表达吴长文对过去事件的回忆和对内心复杂情感的抒发，而大量的追寻过程则由插片来表现。这样的处理，恰当地运用了现场谈话和视频拍摄各自的特长，丰富了节目的信息元素，增强了可看性。至于音乐，则作为烘托气氛的元素被自始至终地使用，最后母子见面前夕，吴长文在主持人的“启发”下唱起《世上只有妈妈好》的歌曲，为母子相见情绪高潮的到来，做了很好的铺垫。

4. 节目十分注重对冲突元素的利用。例如，主持人一方面深入挖掘脸上伤疤给吴长文心灵造成的伤害和对生活造成的不便，另一方面鼓励嘉宾道出内心对妈妈的思念之情，并刻意将两种矛盾的情绪放在一块儿，询问吴长文：“你恨你的妈妈吗?”从而把吴长文矛盾的心态展露无遗。还有，对于吴长文父亲吴绍银对儿子寻找母亲的不满与吴长文坚定地要寻找到母亲行动之间的冲突，节目也分别运用插片和现场谈话来表现。对冲突的处理增强了节目过程对观众的吸引力。

5. 重视细节的利用也是节目的特色。对于吴长文因脸上的伤疤而受到歧视的种种情状，吴长文思念母亲的细微心理活动，母亲与吴长文即将相见、分处异室的双视频画面，诸如此类的细节处理比比皆是，既丰富了节目的观感，又增强了感染力。

思考和练习

1. 试比较观点讨论类谈话节目和个案探析类谈话节目的异同。
2. 你怎样看待冲突在谈话节目中的地位和价值?
3. 个案探析类谈话节目的话题开掘需要关注写什么?
4. 谈谈你对“设计谈话路径”策划环节意义和价值的理解。
5. 自拟一个包含冲突的谈话题目，并将其分解为具体的话题。

第十章　电视法制节目策划

第一节　电视法制节目概述

一、什么是电视法制节目

国内较早的法制节目可以追溯到1985年5月上海电视台开播的《法律与道德》栏目。到了20世纪90年代，电视法制栏目在全国许多电视台开办。1999年，中央电视台推出日播电视法制栏目《今日说法》，成为法制节目日趋繁荣的标志。

由于电视领域竞争的加剧和国家法制化进程需求等多种因素的作用，近年来，电视法制节目的家族显得非常兴旺。从中央电视台到省级卫视，到省级电视台地面频道，再到中心城市和二级城市电视频道，法制节目遍地开花。不少电视台还专门开办了以法制节目为主要节目构成的法制频道，例如中央电视台12套节目从“西部频道”变身“社会与法”频道，吉林电视台也开办了法制频道。这都说明，法制节目是目前电视领域很重要的节目品类，法制节目策划是电视领域重要的工作内容。

法制节目通常在法制栏目中播出。根据法制节目的现状，我们可以对法制栏目作如下分类：

法制资讯栏目，如吉林电视台《第一法制》；

法制专题栏目，如中央电视台《道德与法》、四川卫视《司法档案》、成都电视台都市生活频道《警示》；

以案说法栏目，如中央电视台《今日说法》；

法制谈话栏目，如安徽卫视《周末断案》；

法制庭审栏目，如上海电视台新闻综合频道《庭审纪实》。

除了上面的类型，还有法制娱乐节目，如央视《今日说法》推出的《说法做客，请您断案》特别节目。这组特别节目制作播出于2003年“五一”期间。该节目以“娱乐做主，普法当家”为宗旨，融入知识性、趣味性和娱乐性，通过演员现场演绎、嘉宾推理分析、专家点评总结几个环节展开节目，并在当日评选出“最佳神探”。

法制节目是从内容角度界定形成的节目品类，显然，它在形式上与“专题节目”、“谈话节目”、“娱乐节目”、“直播节目”等分类有交叉，从这个意义上讲，这个概念并不具备学术意义上的严谨性。但无可否认的是，它在实践中却使用得非常频繁，并且所指非常明确。那么，什么是电视法制节目呢？综合目前国内法制节目的实际状况，其定义可以这样表述：

所谓电视法制节目，是指以刑事案件侦破、各类纠纷事件和法制领域的资讯为主要内容，采用消息、专题、谈话、直播等多种电视形态进行表现，注重叙事的故事化处理，并在节目中普及法律常识，而形成的电视节目品类。

二、国外的法律节目

国内的法制节目在发展过程中，较多地受到国外法律节目（或“涉法节目”）的影响；而国外的一些成功的法律节目，可以为我们推进国内法制节目的发展提供借鉴。为了加深了解，开阔眼界，提高我们策划电视法制节目的能力，下面简单地介绍几档国外法律节目的情况。[①]

美国的法律节目制作水准较高，也比较受观众的欢迎。专门播放

① 以下内容参考了张小琴、王彩平：《电视节目新形态》，中国广播电视出版社 2007 年版。

法律节目和庭审报道的频道“法庭电视频道”（Court TV），拥有8000万以上的收视人群。在当时只有两亿多人口的美国，这是一个非常可观的数字。

下面介绍几个美国和英国的著名法律节目。

（一）《我是侦探》(I，Detective)

《我是侦探》是美国法庭电视频道播出的电视法律节目。这个节目的特点是，以竞猜的形式结构节目和以情景再现的方式重现案件。

第一个特点表现为，在长度为20分钟的节目中，介绍一个已经破案的刑事案件。节目根据案件的特点和案情的发展分为四个小节，每个小节以字幕配音的方式向观众提出若干问题，每个问题提供至少三种可供选择的答案，观众可以根据自己的法律常识，结合对案件的理解来进行选择；然后是刑事专家采用排除法分别对错误答案和正确答案进行分析和解释，说明当初采取相应方式的原因。这种方式调动了观众的参与积极性，在案件本身的真相所构成的悬念之外，还包含一个观众期待正确答案与自己所选择答案的比对结果的悬念，所以很吸引人。节目通过专家对答案正确与否的解释普及法律常识。

例如，有一期节目主要讲述了一件凶杀案的侦破过程。节目一开始介绍了凶杀案的案情。一位叫劳丽的女孩在自己的公寓被杀，她的男友有重大嫌疑。节目分节和设置的问题如下：

第一节　排除前男友

1. 男友陈述中最可疑的地方是什么？

A. 时间

B. 被锁住的门

C. 试图救命

2. 你会用哪种方法讯问劳丽的男友？

A. 以破坏罪逮捕他，然后进行关押并指控他谋杀

B. 以证人的身份询问他，看他是否在接受意外询问时承认谋杀

C. 要求提取血样，这样可以将他与犯罪现场发现的证据联系起来

第二节　神秘的邻居，看他隐瞒了什么

3. 下面哪一个是排除公寓里嫌疑犯的最好办法？

A. 要求提取血样

B. 要求提取指纹

C. 要求提取一根有根的头发

4. 进入失踪者家中的最好方法是什么？

A. 直接搜查，他也许受伤了

B. 等一个月房租到期，那时公寓管理人员就能够进入

D. 得到家人的允许先搜查他的物品

第三节　发现了孪生兄弟有一件凶杀案件

5. 一个入狱的犯人拒绝提供DNA怎么办？

A. 获得法庭的命令提取他的DNA

B. 从他住的监狱房间提取DNA

E. 任何方法都不可以

6. 在犯罪嫌疑人的弃物中，什么是提取DNA样本的最佳来源？

A. 香烟

F. 刮胡刀

B. 啤酒瓶

第四节　能发现谁是凶手吗

7. 兄弟两个都不承认，怎么办？

A. 检查指纹

G. 回顾他们的解释，看能否排除他们之中的一个

B. 给每个人进行心理测试，看哪个人更有攻击性

第二个特点表现为，节目运用案件发生时留存的音像资料，辅以部分情景的模拟再现，配以紧张刺激的背景音乐，展示案件发生发展的过程。

（二）《美国头号通缉犯》(America's Most Wanted)

《美国头号通缉犯》是美国福克斯电视网（FOX）每周六晚上21：30播出的一档60分钟的涉法节目，主要发布警方通缉令，并通过情景再现、警方调查和当事人回忆，介绍被通缉犯罪嫌疑人的犯罪事实。节目组热线24小时开通，平均每周接听2500个观众打来的电话。这个节目收视率和关注度都很高，还得到各界赞誉，发挥了很好的社会作用。

节目的主持人约翰·华什（John Walsh）是位著名的人物。他的小儿子曾经被诱拐杀害，他和妻子经过不懈努力，促成国会通过了1982年的《失踪儿童法案》和1984年的《失踪儿童救助法案》，他本人因此成为保障受害者权益的代表人物，曾经被美国哥伦比亚广播公司评选为“改变美国历史的100人之一”。他成为主持人，为这个节目的品牌发挥了助推的作用。

（三）《豺狼智慧》(Master Minds)

《豺狼智慧》是美国法庭电视台每周四晚上22：30播出的一个法律专题节目。节目每周选取一个曾经引起轰动的案件，在介绍案情的基础上，重点分析罪犯策划和实施犯罪的手段，同时也表现警方根据蛛丝马迹侦破案件的智慧。

例如，有一期节目，叙述了发生在20世纪80年代的圣地亚哥历史上最大的一次银行现金抢劫案。一个职业抢劫团伙在9秒钟内抢走了银行的28.3万美元，然后消失得无影无踪。节目详细介绍了三个头号通缉犯如何乔装自己的身份，如何根据运钞车的规律策划抢劫的经过。节目主要以情景再现的方式回溯案情，并且通过对当事人的采访来揭示犯罪分子周密的筹划和令人惊异的犯罪手法。

（四）《绳之以法》(Crime Watch)

《绳之以法》是英国广播公司1台（BBC1）每周三晚上21：00播出的一档涉法节目，时长60分钟。主要针对一些悬而未决的重大刑事案件进行深度报道。其最大的特点是观众即时参与。

节目以直播的形式进行，并且将警察的办案地点搬到了演播室。节目开始，主持人会介绍一起案件的基本情况，并且播放由监控设施拍摄到的嫌疑犯影像，接着，在演播室现场参与节目的警察向观众报道案件的进展并做出分析。节目进行过程中，观众可以随时打电话提供线索，警察会当即进行答复或者处理。节目播出不久案件便得到广泛关注，有些依靠警察的力量无法侦破的案件，一拿到《绳之以法》，总能够水落石出。据统计，到该节目开播20年的时候，共播出案件2923起，警方根据观众提供的线索抓获犯罪嫌疑人879名，其中450名已经判刑。这个节目因此被誉为“与犯罪战斗中的生力军”。

从上面介绍的情况中，我们可以发现国外法律节目的一些基本信息。不过需要说明的是，由于国情不同，国外同行的做法可以借鉴，但不宜照搬。

第二节　电视法制节目策划要点

除资讯类法制节目外，各类法制节目在选题、叙事方式等方面有着许多共同点，这使得对法制节目的策划可以大致按照共同的要求来进行。下面，我们探讨电视法制节目的策划要点。

一、选题：以刑事案件侦破和复杂纠纷事件为主

从理论上讲，本来法制栏目的选题应该涵括宪法、刑法、民法、行政法、刑事诉讼法、民事诉讼法等领域，其中的每一领域又可以细分出不同的种类。但国内外法制节目、法律节目拍摄制作的实际情况却是，其选题主要集中于刑事案件侦破和各类纠纷事件。为什么会这样呢？这是因为，只有这些选题才具有故事性和猎奇点，才能够引起观众的广泛关注，才能够得到收视市场的接纳。正是收视市场的现实决定了选题的现状。

具体说来，法制节目的选题主要包括：

1. 各类刑事案件的侦破过程。凶杀、盗窃、抢劫等案件的侦破，占据了这类节目的很大比例。

2. 具有法律案例意义的各类复杂纠纷事件。主要包括婚姻纠纷、情感纠葛、经济纠纷、赡养纠纷、继承纠纷、医患纠纷、产品和服务

质量纠纷、侵犯名誉权纠纷等纠纷事件。

需要指出的是，上面两类选题，都是事件性选题，而非主题性选题。节目的重心是通过主题性选题“讲法”还是通过事件性选题“讲事”，国内的法制节目制作人曾经在这两者之间有过犹豫、徘徊。不过，当节目组面对“避免两分钟关机率”的要求，为了保证收视率，很快就做出了“讲事”为主、“讲法”寓于讲事之中的选择。[①]

在讲事与讲法的关系上，资深法制节目主持人张绍刚先生的观点值得我们注意。他说：“某天中午的一个故事被人记住，在接下来的另一个某天，有人遇到了几乎相同的一件事情；在他的记忆里，没有专业术语、法律关系的印象，但是他记住了故事中与自己类似的一方成了案件中的胜诉方，于是他知道自己也可以用相同的方法进行诉讼——这就是我们所理解的普法。”[②]这对于我们理解电视法制节目中如何处理讲事与讲法的关系很有帮助。

二、全面运用故事化叙事方法

纵观当今国内外电视节目，可以发现，法制节目是将故事化叙事的种种手法、技巧运用得非常充分的品类之一。用故事化的方法对刑事案件侦破和纠纷事件进行叙事处理，是法制节目的魅力之源。法制节目策划的主要工作之一，就是利用故事化叙事的原理、采用故事化叙事的方法，对具体节目的叙事思路进行创意和规划。

关于故事化叙事，我们在第五章已经做了专门的介绍，这里不再重复有关内容。在这里，我们结合法制节目的现状，就若干相关的问题进行一些具体的说明。

（一）拟定节目叙事的情节模式

在第五章我们已经介绍了三种情节模式。在法制节目里，通常适用两种情节模式：

如果节目的叙述采用当事人视角即“内聚焦”视角（最常见的是

---

① 张绍刚：《电视节目策划笔记》，新星出版社2010年版，第25、46页。

② 张绍刚：《电视节目策划笔记》，新星出版社2010年版，第46页。

采取负责破案的警方人员的视角），则适用“激励事件—人物动机—外在目标—采取动作—遭遇障碍或遭遇反动作—发生冲突—逆转—结局”。这个模式是以人物为主体的模式。在对案件侦破事件的叙述中，如果以警方为人物主体，就适用这个模式。不少以增强节目吸引力为诉求的法制节目，往往采用这种模式。这种模式由于叙述者有一种对事件的深度介入感，所以对观众的吸引力也较强。贵州卫视《真相》的一期名为《劫持者的最后一天》的节目，表现警方与劫持人质者对峙一天，最后击毙劫持者的事件，就采用了这个模式。

当节目的叙述采用主持人视角时（这也是一种“内聚焦”视角，只不过主持人扮演的是一个案件知情者，却又是破案的旁观者），其叙述的介入深度与前一种情况有区别。如果叙述时采用这种视角，则适用“发现端倪—启动探索—遭遇困局—逐步揭示—解开谜团”的模式。这种模式，旁观知情者色彩较浓，吸引力较第一种模式弱。有时，当节目需要刻意强调主持人的独立地位，将重心放在对观众普及法律常识上面，则可能有意识地采用这种模式来避免观众过分沉迷在“情节”中，那么这种模式是恰当的选择。中央电视台《今日说法》中的节目，如《半夜狗叫》、《危情 5 小时》、《星梦奇缘》等，大都采用这种模式。

拟定情节模式需要对已经掌握的案件侦破材料进行梳理，然后把案件从发生、发现、启动侦破、遭遇障碍、克服障碍并发生冲突到促成局势逆转、破案、将犯罪嫌疑人抓捕归案，梳理成清晰的线条，然后根据节目的诉求，为这个案件侦破拟定一个情节模式。

例如，贵州卫视《取证》栏目有一期名为《循梦追凶》的节目，其基本案件侦破材料是这样的：

家住上海浦东新区一个村镇的陈女士一天中午突然被蒙面人砍成重伤，在搏斗过程中陈女士曾经拉下蒙面人的面罩，但不认识这个男子。警方到达现场后犯罪嫌疑人逃之夭夭。警方曾经分析了三种作案动机：谋财害命、劫色非礼、杀人报复，但都被一一否定。案件曾经一度陷入僵局。后来，陈女士提到自己做噩梦时杀手是一个跛脚男人，警方提取现场脚印证实凶手是一个跛脚男人。而陈女士记忆之中的跛脚男人只有一人，那就是两年前失踪的一个拾荒人，并且与拾荒人一道失踪的还有陈女士的弟媳小华。这个线索引起了警方的注意。这时，警方掌握的电话清单中一个奇怪的电话引起了警方注意。通过奇怪的电话，警方找到了小华。小华提供自己因为与丈夫发生矛盾，一气之下抛弃家庭与拾荒人私奔，后反悔想回到亲人身边，却被拾荒人威胁要杀掉她的亲人。于是，警方从小华处得到拾荒人的照片，请陈女士辨认，陈女士一眼认出拾荒人就是凶手。真相至此大白，凶手随即被缉拿归案。

由于《取证》这个节目以证据作为贯穿节目的关键要素，也以此作为节目的个性特征，所以主持人在节目中地位重要，自始至终作为一个重要知情人参与侦破进程，因此上面的材料适用前面提到的第二种情节模式。为这个案件侦破所拟定的情节模式为：

发现端倪—启动探索—遭遇困局—逐步揭示—解开谜团。

发现端倪：陈女士大白天在家中被砍杀。

启动探索：警方展开破案行动，详细了解凶手作案过程，力求发现有价值的线索，揭示真相，将凶手绳之以法。

遭遇困局：设想的三种作案动机被事实否决，推测凶手跛脚但人已不知去向，侦破陷入僵局。

逐步揭示：警方的侦破努力在得到电话清单时获得进展，奇怪电话透露线索，循着线索找到小华。

解开谜团：找到小华即获得突破口，小华介绍的情况牵出拾荒人，陈女士辨认拾荒人照片确定凶手，从小华处得知拾荒人行踪将其缉拿归案。

上面的工作正是叙事策划的基础性内容。当完成了这一步工作，这期节目的故事叙事就具备了前提和基础。

（二）采用“限制叙事”的叙事角度

通常，刑事案件在进入法制节目选题视野的时候都已经结案，节目编导面对的是一个结果已经揭晓的侦破过程。在这种情况下去叙述案件的侦破，就必须采用“限制叙事”的角度。限制叙事要求已经知晓结果的叙述者在叙述事件的时候，佯装不知道结果，佯装与案发之初的人们所知道的一样多，然后随着案件的侦破进展，逐步披露后续信息，直至揭晓真相。

从具体操作的层面来讲，当策划人面对一个刑事案件侦破题材时，需要根据已经梳理出的案件线索进行考虑、选择，然后确定“限制叙事”的切入点。

通常，限制叙事的切入点都选择在案件发生、发现或侦破启动的那一刻。例如，中央电视台《今日说法》中《半夜狗叫》这期节目，从“一个乡村半夜狗叫之后狗只不断丢失”这个事件点上启动叙述；贵州卫视《取证》中的《山村毒蛇奇案》，则选择受害者住宅院子里突然出现大量毒蛇作为叙事切入点。

有的时候，限制叙事的切入点选择在最吸引人的那个事件点上，但这个点一般仍然比较靠近案件发生的时刻。例如，《循梦追凶》的叙述选择陈女士噩梦内容作为切入点，然后引出案件，这实际上仍然可以看做从案件发生时切入叙述。

之所以会出现这种情况，主要是因为限制叙事最大的作用在于不露痕迹地隐藏后面的信息，而只有切入点比较靠前，它的这个“隐藏”功能才能发挥作用。

采用限制叙事的关键在于，一旦确定了切入叙述的那个时间点，则所有发生在后面事件线索上的信息，都只能随着事件的进展逐渐披露，即进展到哪一步就披露到哪一步，而不能提前披露。

（三）找出可以设置悬念的点位，做好记录，作为拍摄、结构、编辑和把握全片的重要依据

在前面的第五章中，我们已经较为详细地介绍了悬念这种叙事技巧的原理和主要的表现形式。落实到具体的法制节目策划中，如何去设置悬念呢？可以从如下环节去考虑。

通常，我们通过先期采访、阅读资料了解了整个案情的情况后，就可以根据设置悬念的原理，找出案件当中可以设置悬念的点位，然后按照“设置悬念—解除悬念—再设置悬念—再解除悬念—再设置悬念—直至总的悬念的完全解除”的模式，进行悬念的构思和设计。

例如，对《循梦追凶》里面的那个案件，可以通过“扣押信息”

原理设置悬念的事件环节至少包括："蒙面凶手是谁?""梦中的跛脚男人是谁?""凶手作案动机是谋财害命吗?""凶手作案动机是劫色非礼吗?""凶手作案动机是杀人报复吗?""两年前小华突然失踪与这件事有关吗?""电话清单上那个神秘的电话是谁打来的?"……还可以列出很多，限于篇幅，就不一一列举了。

此外，还可以通过其他原理设置悬念。例如，《今日说法》中的《危情5小时》反映的是一个绑架案，而绑架者给被绑架者母亲的赎金交付时间只有5小时。节目里，随着侦破工作的推进，字幕不断显示距离最后时限的剩下时间，这就运用了"在限定的时刻完成艰巨任务"的原理。

总而言之，只要掌握了悬念设置的原理和技巧，在对案件线索进行分析之后，一般能够较为容易地设置出悬念来。

另外，需要特别强调的是，利用"导视"短片设置悬念，也是几乎所有法制节目都采用的方法。具体怎样编辑导视短片，可参考第五章有关内容。

最后需要说明，任何叙事技巧的运用都有一个度的问题，悬念的设置也不例外。超出界限，过多过滥，以至于阻断叙事节奏的流畅，效果就会适得其反。

（四）表现侦破行动遭遇的障碍和由此产生的冲突

按照故事化叙事的原理，案件侦破行动不能顺利进行，一定要遭遇障碍。遭遇的障碍越大、突破障碍的难度越高，故事性就越强。因此，对于案件梳理中理清楚的种种障碍，一定要尽量利用，不要轻易放过。

通常，案件侦破行动遭遇的障碍除了警方与劫持人质的劫匪对峙、缉毒特警与武装毒贩驳火等少数情形属于"二元对立"的障碍以外，绝大多数情形都是因无效线索导致侦破行动劳而无功、误入歧途而造成的障碍。这些都可以加以利用、渲染，以求获得强烈的故事化效果。《劫持者的最后一天》表现警方与劫持人质的罪犯长达24小时的对峙，其间警方的解救努力屡屡失败，最后不得已将劫持者击毙；《循梦追凶》则具体表现了警方对案犯作案动机的三种推测一一被否定，获知凶徒是跛子但又苦于没有更多的线索，侦破工作陷于僵局的过程，就属于这种情况。

需要说明的是，所有这些障碍，在真实的侦破过程中或许并不起眼，或许并没有那么严重，将它们安排在节目中进行表现、渲染，纯然是为了故事效果的需要。从这个意义上讲，这里的“障碍”是一个情节上的概念，现实中的障碍只是为它提供了叙述处理的基础。明确这一点非常必要，很多时候，法制节目能够将一个本来不那么精彩的侦破事件讲述得有声有色、扣人心弦，与这一点上的大胆处理关系密切。

行动遭遇障碍，其最绚烂之处是爆发激烈的冲突。从许多法制节目的案例来看，遭遇障碍并不一定表现出激烈的冲突，但激烈的冲突一定来自于行动与障碍的碰撞。关于冲突在戏剧和节目中的价值我们已经在前面作了充分的论述，这里不再重复。这里只谈谈法制节目怎样去表现冲突。

法制节目里的冲突，是非虚构前提下的冲突，对这种冲突的表现，实际上是采用一定的手段，将原本在生活中就存在的冲突鲜明地呈现在观众眼前。实际工作中有这样几种做法：

其一，采用抓拍冲突场面的视频资料。

由于带视频拍摄功能手机的普及，警方为资料保存需要而拍摄现场图像资料，以及电视台等媒体机构有意识地介入某些案件侦破的关键环节（如抓捕罪犯）进行拍摄，使得越来越多的冲突场面可以被记录下来。在节目制作的时候，要尽可能获得这些图像资料，这对强化节目的故事性，提高可视性关系重大。《危情 5 小时》的抓捕环节，《劫持者的最后一天》与歹徒周旋而失败、击毙歹徒那一刻，都采用了警方提供的视频资料。

其二，直接将冲突双方请到镜头前来展示冲突。

南京电视台《法制现场》有一个板块《有请当事人》。有人这样评价《有请当事人》：“《法制现场》有一个很大的亮点就是《有请当事人》，通常放在介绍案情的短片后，请片中当事人到直播间来，让他们把相互间的争执、争辩甚至争吵在这里展现：或子女不赡养父母；或第三者插足破坏他人家庭；或亲兄弟为家产反目成仇；或邻里为搭棚、养狗，侵犯了一方权益；或劳保措施不到位，工人安全受到威胁；或欠账不还妨碍他人生机……都是我们身边常见的矛盾、纠纷。难得的是，双方坐到直播间来，并无丝毫对镜头的畏怯，更没有刻意的表演、做作，他们似乎都把上电视看做是当众评个是非的机会，无不趁此把自已的理摆个足，而且十分动情。于是，一出出真实人生冲突的活剧在观众面前上演，让他们不免要看个究竟。”①

上面这段话把直接将冲突双方请到镜头前来展示冲突的效果、价值作了浅显而精辟的阐述。

其三，通过对采访视频、资料视频和情景再现视频等元素的交错剪辑，通过蒙太奇手段来表现冲突。

能够在案件发生的时候抓拍到激烈的冲突场面并应用到节目当中，固然非常好，但在实际工作中这样的好事却是不多的。大部分刑事案件题材，本来犯罪分子与受害者之间、犯罪分子反侦查行动与警方的侦查行动之间，经常存在非常尖锐的冲突，在节目制作的时候，案件已经发生，事件早已时过境迁。这时如何表现冲突呢？一种常见的做法是，将犯罪嫌疑人或纠纷当事人的采访视频，与受害者本人或家属、目击者、警方人士或纠纷另一方等的采访视频，按照“二元对立”的冲突线交错剪辑，以此来表现冲突。例如：

纠纷方甲采访视频：我看见他家的牛吃了我家的苗，我气得很，就找他家去了。

纠纷方乙采访视频：我当时正在家里收拾东西，突然院子里闯进来一个人。

纠纷方甲采访视频：我进了他家院子就问他，我说你知道不，你家的牛吃了我家的苗。

纠纷方乙采访视频：他进来就凶巴巴地问我，你家的牛吃了我家的苗，你知道不。

警官甲：当时这个王××不知道，张×怀里揣着一把菜刀，

---

① 韩泽：《果然也被牵住》，载《视听界》，2003 年第 3 期。

纠纷方乙采访视频：我就说，这算啥事儿啊？去年你家的牛不也吃了我家的菜吗？

纠纷方甲采访视频：我当时就想，你必须给我道歉，不道歉，有你瞧的！

纠纷方乙采访视频：我当时就不想道歉，这啥大不了的事儿啊！

警官甲：这个时候张×控制不住情绪，就把怀里的菜刀拿出来了。

（情景再现视频：焦距不实的、人影幢幢的扭打画面）

……

以上就是这类剪辑的示范片断，从中我们可以了解这种冲突表现方式的基本情形。

（五）注重情节的曲折和延宕

情节的曲折和延宕，是指在叙事中根据叙述的需要对事件进行重新安排的两类技巧，其目的是为了获得更好的传播效果。在第五章对此已经有过详细论述，可以参见。本部分只就法制节目应用这两类技巧做一点简单的说明。

第一，曲折技巧的应用。通常，一个30分钟的法制节目，至少应安排2至3次转折。面对有限的素材，使用“案情的N种可能”的处理来实现曲折是常见的做法。案情可能性分析，是一些侦探小说的常用技巧，在阿加莎·克里斯蒂等的推理小说中，“案情可能性分析”成为构成小说基本结构的要素。在《山村毒蛇奇案》、《寻梦追凶》等节目里，都采用了这种方法来实现情节的曲折。

第二，延宕技巧的应用。所谓情节的延宕，就是在叙述中将情节适当延长，以延缓悬念的破解，从而把悬念的吸引力进行最大限度的开发，增加过程叙述的魅力。在法制节目中，只要真相没有揭晓，案件没有侦破，犯罪嫌疑人没有被缉拿归案，悬念就没有破解，这时，在其中适当加入延缓破解时刻到来的内容，观众是完全能够接受的。延宕可以起到“吊胃口”的作用，这将提高悬念破解时对观众心灵的冲击。

（六）重视细节的抓取和表现

这里所说的细节，是指在画面中呈现的，经过特写等镜头语言强调的，并且具有特殊意味的场景局部、特定器物、人物表情或人物行为、事件环节。

例如，一起凶杀案的受害者是家里的女主人，当她离去后，这个家庭呈现出杂乱无序的场景，丈夫或女儿面对镜头泪水涟涟，一派萧索压抑的氛围，与墙上曾经欢乐的全家福彩照形成强烈反差。这些就是细节。这些细节透露出的特殊意味是，犯罪分子的凶残怎样地摧毁了一个家庭的幸福。法制节目要增强冲击力，要最大限度地发挥视觉信息所蕴涵的“感同身受”、“身临其境”的感染力，就应该重视细节。

有的时候，细节可以具备很深的意义内涵。例如，《今日说法》栏目组制片人钱蔚曾经提到一次个人经历。他拍过一个农民打官司的片子，准备回北京了，突然觉得这个片子不过瘾，因为没拍到判决书。于是，第二天又回去。他问这个农民，判决书放在什么地方？让我看一下。这个农民一下就兴奋起来了，马上说我带你去看。农民家的这个房子好几层进深，到了三进以后，他带着记者穿过他们家的三层楼，从一楼到二楼，二楼到三楼，到最里面的一个套间，这个屋子里面只有一张床，从床下拿出一个大箱子，大箱子里面是一个藤箱，再里面是纸箱，纸箱里面还有一个小木箱，终于，判决书从小木箱里拿出来了，同时跟判决书放在一块的是钱，他们家孩子的城市户口，他们家孩子的成绩册。这个细节让钱蔚兴奋不已：农民那么珍视合同，那么珍视法律，一个长镜头说明了一切。他最后剪辑时把整个长镜头都保留了下来。这个长镜头所摄取的，就是一个具备很深意义内涵的，由事件环节构成的细节。①

（七）重视表现事件中的人物

上面论述的都是叙事方法方面的内容，作为故事化叙事还有一个核心任务，就是要重视对人物的表现。

---

① 《〈今日说法〉前制片人钱蔚谈选题策划》，http://www.xici.net

美国人的纪实类节目是做得比较好的。其新闻领域的最高奖“普利策新闻奖”就奉行这样的原则：“新闻之所以重要，主要有一原因，那就是：人。它写人，影响人。而且通常只有当它对人有影响时，最无生气的题目才会显得重要。”“人是新闻的理由，写新闻的每个记者都应从人的角度去探索。”“记者写人越多，新闻报道对读者就更有趣，越重要，人比无生命的事实更令人感兴趣。人的题材更易于唤起读者的反应。”[①] 据说，某个国家的一位杰出政治家曾经讲过这样的话：“一个人的死亡可以写成一出极为动人的悲剧，而千百万人的死亡就只留下一堆枯燥的统计数据了。”为了避免正面人物沦为“枯燥的统计数据”，我们应该在新闻节目中重视人物的表现。

法制节目与新闻具有共同的纪实品质，上述论述也适用于法制节目。但是我们遗憾地看到，在当下的大多数法制节目里，通常刑事案件的犯罪嫌疑人、纠纷事件的当事人，都是有名有姓的个人，一般都天然地成为节目中个性鲜明的人物；作为正面力量的公安干警，却常常以群体面貌出现，节目自始至终都使用“警方”、“干警”、“办案人员”等笼统称呼；稍微具备职务名姓的人物，也不过是在采访中充当信息提供者的角色。相形之下，他们只有群体形象的朦胧轮廓，而缺乏有血有肉的鲜明个性。这种情况出现的原因，大概在于犯罪分子是个人，而警方是公权力的代表，所以一方有个性，一方更抽象。显然，从重视表现人物的理念出发，这种处理是不完善的。理想的电视法制节目，应该让正面力量也具备鲜明的个性。这是法制节目一个需要认真对待的课题。

三、拍摄还原现场的纪实段落

法制节目采用限制叙事，一个重要作用是让观看者跟随叙述者去“身临其境”。我们知道，文字作品由于借助文字对信息进行转换，靠语言描述很容易就能实现读者的“身临其境”。而电视媒体采用限制

① 《普利策新闻奖最佳作品集》引言，威·大卫等作，中国新闻出版社 1987 年版，第 13 页。

叙事，就会碰到已经时过境迁的事发现场以现在时态呈现在观众眼前的问题。例如，在某一个歌厅，上个月发生了一起打架斗殴，而编摄人员于30天以后才赶到现场拍摄节目，此刻早已时过境迁。在这种情况下，怎样才能够既保证限制叙事得以进行，又不致影响节目的纪实性呢？这就涉及拍摄还原现场的纪实段落的问题。

所谓还原现场的纪实段落，就是把当事人请到现场、尤其是第一现场，去做复原描述，如：当时我在这儿，歹徒在那儿，怎么怎么样，后来我到了这儿，又是怎么怎么样。在这个过程中，要求当事人力求复原现场的感受，并用口头语言和肢体语言进行复述，将复述过程用电视拍摄下来，实现对事件发生当时的现实感的复原。通过这样的方式拍摄下来的片段，就是纪实段落。像中央电视台《今日说法》等栏目，已经把这种拍摄方法作为节目的必备要求固定下来了，值得我们借鉴。

四、适度安排情景再现

有的时候，当事件发生的现场无法拍摄纪实段落（例如偷渡集团将偷渡客送到国外后发生的惨烈情景），或者由于事件本身在哪里发生意义不大（如张三和李四在街上碰到后抓扯起来且并没有造成严重后果），这时，由当事人出面的纪实段落也就没法或没必要拍摄了；但出于叙事的需要，为了增加真实感或可看性，有时就需要拍摄情景再现。

情景再现是请人扮演当事人，再现某些特定情景。由于法制节目受纪实特性的制约，情景再现通常是通过间接的方式、模糊的方式等来实现。

间接的方式，如两人在屋内扭打，在门外拍摄门被撞击发出撞击声并撞击得颤抖的情景；两人在灯光下扭打，拍摄影子的纠缠；犯罪分子内心焦虑恐惧，拍摄用手在堆满烟头的烟灰缸里掐灭烟头，等等。

模糊的方式，如犯罪分子做毒品交易，采用远景、虚焦等方法，将人影处理得模模糊糊。

情景再现的原则是，不能因此伤害节目的纪实性。同时，情景再现要慎重使用，不能滥用。

不过值得一提的是，在观众对事件真实性本身不产生疑问的前提下，具体细节或事件环节的情景再现目前有向情景表演靠拢的趋势，甚至在欧洲还出现了由演员扮演、有人物对话的所谓“情节纪录片”。这些新的发展趋势值得我们关注。

五、镜头前采访以事件进程采访为主

由于目前的法制节目，是以说事为主、说理为辅，而法制节目的题材又都是过去时态的已经发生的案件或事件，这就决定了在回顾和复述案情或事件的时候，当事人接受镜前采访是非常重要的手段。从法制节目的特点出发，为了将镜头前的采访做好，使其成为未来编辑环节的有用素材，需要注意以下几点：

其一，选择好采访对象。法制节目的采访对象，包括纠纷当事双方，刑事案件受害者或受害者家属，案件、纠纷的目击者或知情人，警方办案人员或纠纷调解人员，犯罪嫌疑人或其家属，以及其他可能提供事件有效信息的人员。

其二，采访的时候，注意摄取对案件、纠纷事件进程的介绍和细节的描述。这个要点的核心在于，要让采访对象尽量地“讲过程、谈细节”而不是“说观点”。收集到的事件、细节信息，在剪辑时需要根据一些原则进行取舍，一些不适宜披露的过程和细节，例如应该保密的侦破过程和过于敏感的犯罪细节，应该在节目中舍弃，但采访的时候应尽可能收集信息。

作为技术性要求，在采访的时候，最好将各类对象的拍摄做一个统一考虑，如果能够对同一个对象以不同机位进行双机拍摄更佳，因为这可以为后期不同采访对象的交替剪辑提供技术保障。

六、尽量利用第一手图像资料

以往由于图像资料缺乏，国内电视人表现过去发生的事件时，使用第一手图像资料是一种奢望。而今天不同了，由于摄像设备的普及，只要稍加留意和努力，就可以在许多事件性报道中获得并使用第一手图像资料。这些资料包括：

警方在案发时拍摄的视频资料。现在很多办案人员，在勘验现场的时候，会用 DV 拍摄一些现场图像。如果与警方建立了节目合作关系，便可以使用这些资料。

天网系统和监控录像的资料。很多城市都建立了覆盖街道和繁华区域的天网监控系统，一些宾馆、商场也安装了监控录像系统，这些系统可以提供图像资料。

个人用 DV 或手机摄制的图像。

这些资料来自案发或事发的第一现场，非常宝贵，在法制节目策划时，要尽量考虑予以利用。

七、做好专家点评

鉴于法制节目题材本身的特性，其内容往往与法律或道德等专业领域的知识或理论有关，这是一般人所不熟悉的；同样由于这个领域的较高专业性，也使得节目对评价者的身份和资格有较高要求，因此，通常需要在节目中对事件所包含的法理进行评说、阐释，对节目中的疑难问题进行解答。这就需要安排专家点评的环节，来做这方面的工作。现在大多数法制节目都有这个环节。专家点评除了上面提到的作用，也是法制节目普及法律常识的主要途径，应该引起策划人的重视。

不过需要注意的是，专家点评要少而精，因为，法制节目本身是“说事”为主的节目，“说理”只能是附属的、从属的属性。

第三节　电视法制节目案例赏析

这里选择中央电视台《今日说法》栏目中的《危情 5 小时》节目，作为赏析对象。

（请学生在课前观看《危情 5 小时》）

赏析：

《危情5小时》以广东佛山杨女士的儿子被外婆绑架并勒索30万元案件的侦破作为题材。这期节目有如下几个特点值得我们注意：

1. 节目以“主持人知情者”作为叙事主体，选择绑架案发生那一刻作为限制叙事的切入点，采用的是“发现端倪（绑架案发生，杨女士报案）—启动探索（走访邻居、查看天网视频等）—遭遇困局（交付赎金的时限步步逼近，担心打草惊蛇导致被绑小孩遭受伤害）—逐步揭示（发现绑架者藏身之处）—解开谜团（抓捕绑架者、揭示案件发生的原因）”的情节模式。这个模式能够使观众在观看时保持一定程度的冷静，有利于帮助人们就案件作一些深入的思考。

2. 与通常绑架案侦破节目以“绑匪是谁”作为总的悬念不同，这期节目一开始就公布了“绑架者是孩子的外婆”这个信息，而扣押“外婆为什么绑架外孙”这一原因信息来构成总的悬念。这样处理的好处在于：其一，显然，相对于“绑架者是谁”，“外婆为什么绑架亲外孙”更具有吸引力，更具有猎奇性，所以，把这个信息扣押而形成悬念，更能够体现悬念“吊起观众胃口”的魅力。其二，这个悬念的设置，有利于在节目的后半部分通过采访比较深入细致地揭示母女之间的悲剧是因为缺乏沟通所致，这样，就深化了这期节目的社会认识价值。

3. 节目中大量使用了天网录像资料和警方在案件侦破过程中自己拍摄的资料。例如天网中绑架者抱着孩子从街道上走过的图像，以及抓捕绑架者的现场摄像。这些资料丰富了节目的信息，增强了节目的可视性。

4. 节目的后半部分，编导将分别采访的母亲和女儿的谈话交错剪辑，形成了两人观点冲突的画面关系。这是利用蒙太奇手段来表现冲突的一个例子。

5. 节目对被绑架的小孩进行了面部的模糊处理，这是出于保护未成年人的考虑。在法制节目涉及未成年人、隐私事件当事人，需要隐去真实面目的被采访者等拍摄对象的时候，经常都需要进行类似的画面处理。

思考和练习

1. 试谈谈故事化叙事与法制节目的关系。
2. 法制节目的两种情节模式的异同是什么?
3. 为什么在法制节目中需要拍摄还原现场的纪实段落?
4. 根据给定的案件侦破信息，拟出一期电视法制节目策划提纲。

第十一章　电视探秘节目策划

第一节　什么是电视探秘节目

2001年7月9日，中央电视台10套推出了一档在当时令人耳目一新的栏目《探索·发现》，电视领域的人把它叫做“探秘节目”。其后，央视又推出了《走近科学》、《百家探秘》、《发现之旅》等栏目，福建电视台推出《发现档案》，一些城市电视台，如成都电视台，也推出了《探秘》这样的节目。到2012年，央视的《探索·发现》已经运行了11个年头，至今仍然有着比较旺盛的生命力。近年来，“探秘节目”约定俗成地成为一类电视节目的名称。

那么，什么是电视探秘节目呢？

其实，所谓电视探秘节目，应该是电视纪录片的一种。所谓纪录片，是“一种排除虚构的影片，它具有一种吸引人的、有说服力的主题或观点，但它是从现实中汲取素材，并用剪辑和音响来增进作品的感染力”。[①] 电视探秘节目，符合这个定义，但它又与传统意义上的纪录片有着明显的差异。

传统的纪录片具备这样的特征，“（1）纪录片是非虚构的电视作品，是创作者根据现实生活中真的个体生命、真事、真景象、真氛围

---

① 《电影术语辞典》，美国南伊利诺伊州、南加利福尼亚大学、休斯敦大学、俄亥俄州立大学教授联合编纂，第23页，转引自任远《纪录片言论摘录》第4页。

而创作，能表达作者潜在的主观思想的作品；（2）纪录片是作者观察、思考、选择后的产品，有艺术感染力；（3）纪录片在拍摄和布局安排上，各部分之间要有一定的逻辑关系，使观众能够按一定的思路来思考、认识和想象”。① 从上面的论述可以看出，传统纪录片的特征中所包含的取向，从创作者的角度而言，在于“表达作者潜在的主观思想”，从观众角度来说，是要通过观赏之后“能够按照一定的思路来思考、认识和想象”。显然，这些取向都侧重于发挥启迪思考、实施教化等作用，注重思想意蕴的表达。过去国内的纪录片，不管是纪实片、政论片、文献片还是大型主流电视片等等，都遵奉这种价值取向来进行创作。

探秘节目是一种栏目化的纪录片。在非虚构、真实性等方面，它与传统的纪录片没有区别。它的主要特点表现在对其功能的独特理解上，和由此而来的对特殊表现方式的采用。

在对功能的理解上，探秘节目注重娱乐性。有人干脆把探秘节目称为“娱乐化纪录片”。②

在表现方式上，探秘节目以故事化叙事为基本叙事模式，以悬念的设置和破解为主要表现技巧。正是表现技巧的特点构成了这个节目品类的标志性特征，探秘节目的分类依据和称谓皆由此而来。

对探秘节目的定义，我们可以这样来表述：

所谓探秘节目，是以故事化叙事为基本叙事模式，以悬念设置和破解为主要表现技巧，在功能上注重娱乐性、趣味性和知识性的特殊纪录片种类。

把探秘节目作为一个种类，从纯学术的角度，也许并不十分严密，但在实际工作中，这却是一个非常有价值的分类方法。因为，这个分类方法对于功能和表现技巧的关注，一方面明确了这类节目的主要价值，另一方面也肯定了这类节目在推动国内纪录片发展方面的

① 陆晔、赵民主编：《当代广播电视概论》，复旦大学出版社 2002 年版，第 223 页。

② 见《央视〈探索·发现〉节目：几点质疑 几分思考》，安徽卫视《荧屏内外》供稿，来源：千龙传媒，www. xinhuanet. com。

意义。

在20世纪90年代，传统纪录片曾经有过一个黄金时期。1993年前后，在上海甚至出现了《纪录片编辑室》这样的播放传统纪录片的栏目。但好景不长，1995、1996年之后，在娱乐节目、影视节目的强力挤压下，播放传统纪录片的栏目很快陷入危机，“中国纪录片开始走下坡路，进入低迷困境”。①

正是在这样的背景下，通过向国外一些同类节目寻求借鉴，结合国内丰富的题材资源，探秘节目应运而生。可以说，电视探秘节目是中国纪录片在新的传播形势下，为应对收视市场的挑战，为纪录片的生存所作的一次成功尝试。从探秘节目诞生已超过10年却仍然具有旺盛生命力的现实来看，可以说，这次尝试的成功拯救了中国的纪录片。

探秘节目迄今不衰的生命力决定了它拥有旺盛的市场前景。因此，我们将这类节目从纪录片中单列出来，探讨对它的策划。

第二节　国外电视探秘节目简介

国内的电视探秘节目，直接借鉴了国外的一些类似节目，这是一个不争的事实。在这些国外同类节目里，我们可以发现目前国内探秘节目的一些关键要素。为了加深理解，开阔眼界，我们在后面简单介绍若干国外探秘节目的基本情况。

国外没有“探秘节目”这样的概念，作为国内探秘节目借鉴对象的，是一些被称为科教、人文、历史、地理题材的纪实节目。这些节目除了题材方面具有上述特征，在功能上则注重娱乐价值，在表现上主要采取故事化讲述的方式，同时大量采用电脑动画等特技手段来丰富视觉元素。

① 吴玉玲主编：《广播电视概论》，中国传媒大学出版社2007年版，第201页。

（一）探索频道 Discovery Channel[①]

探索频道是全球最大的纪实娱乐节目制作及供应商，美国马里兰州贝塞斯达—探索传播公司拥有的品牌电视节目频道。探索频道的节目从1996年被引进中国。其节目有这样几个特点：

1. 以大千世界的奥秘作为基础题材。探索频道以自然、历史、人文、科学等领域的奥秘作为节目的基本内容，以对奥秘的探索作为基本的节目形态。

2. 以激发兴趣作为启动探索的切入点。探索频道的节目拒绝枯燥乏味的说教，以生动有趣作为节目追求的主要效果之一。整个节目的取向不在于阐述复杂深奥的道理，而在于通过节目，激发起观众对自然奥秘的兴趣。

3. 结合对平凡、享受、快乐、好奇等普通人的基本需求的满足来处理深奥的题材，作为节目制作的基本准则，从而使节目具备娱乐性。比如在《彗星》一集中，“讲到太阳系的边缘时，极富动感和冲击力的镜头，强烈的画面色彩变化，短短290个字的解说词，一段浅显通俗的比喻，像和朋友聊天一样，就把关于太阳系边缘的界定问题搞得清清楚楚了。没有令人费解的术语，也没有令人尴尬的数据参数。再深奥的科学知识，你也不用担心会听不懂”。[②]

4. 从娱乐性的要求出发，在具体处理上，追求：讲述故事化，视觉新奇化，奥秘视觉化。探索频道的节目讲的都是自然科学和社会科学的知识，但却让人一点都不感觉枯燥，就像看故事片一样。约翰·亨德瑞总是告诫他的创作队伍：“永远记住故事与生俱来的价值”（探索频道人员恪守的八项原则之二），并把它作为一条最重要的工作原则。在探索频道的影片当中，各种故事随处可见。不同影片中的故事从结构上看分布是不同的，有的影片是以科学知识或时间顺序为线

---

① 以下内容参见了黎永强、钟苏洲：《纪实性娱乐节目〈探索（Discovery）〉传播理念初探》，见 www.cqvip.com。

② 以下内容参见了黎永强、钟苏洲：《纪实性娱乐节目〈探索（Discovery）〉传播理念初探》，见 www.cqvip.com。

索，中间穿插若干连环小故事，或者不联系的小故事，有的影片全片整个就是以一个大的故事为主体，其中包含有许多小故事，有的影片全片或者片中的某个部分采用了并列的两条不同的线索进行故事的叙述。国外的影视制作者总是爱讲一句话：上帝就在细节中间。探索频道的创作者们特别重视通过丰富生动的细节来诠释故事，如《航空母舰》这个片子，战机如何在航母上起降是最关键复杂的问题之一，探索频道影片的创作者们却通过很有代表性的镜头和简单的语言把这个问题解释得清清楚楚，其中没有一个令人费解的技术术语。影片接下来又结合几个飞行员起降飞机的故事，进一步展现飞机的起降问题。故事非常惊险，各有代表性，丝毫没有让人觉得枯燥。不同的观众就是这样被探索频道影片中引人入胜的细节化故事吸引过来，探索频道的影片也正是巧妙地运用了故事与生俱来的价值传达出对人类、对动物、对整个世界命运的关注。

探索频道的节目还大量运用高科技拍摄制作手段，如显微拍摄、水下拍摄等，将一些无法进入常人视觉领域的画面提供给观众，同时采用3D动画手段来丰富画面表现力，这为观众提供了非常新异的视觉享受。

5. 充满对情感的关注和人文关怀。在讲到那些似乎没有人类情感或者不具有人类思想的动物、自然的时候，它经常采用拟人化的手法，把它们的行为拟人化、故事化，使观众或者感到它们与人类的共通之处，或者是借助拟人的表现方式，把观众的思想感情转移到影片要表现的事物当中去，使观众产生共鸣。在影片中，所有的生物似乎都像人类一样，具有人类一般的行为和感情，尽管我们知道这不是真的，但还是非常愉快地接受了这种充满温情的表达方式。

（二）《流言终结者》[①]

《流言终结者》是美国探索频道（Discovery Channel）每周三晚上播出的一档科教题材的节目，但它又完全不同于我们心目中的一般

① 参见张小琴、王彩平：《电视节目新形态》，中国广播电视出版社2007年版，第225～226页。

意义上的所谓"科教节目"。这个节目运用创建模型等科技手段对传说的真实性进行实际验证。节目主持人亚当·萨维奇和吉米·海勒曼有三十多年的制作机械动物、模型和动效的经验。在这个节目中，他们运用不同的科学模型，对民间流传的一些带有猜测性、没有经过科学验证的流言，以及电影中的一些情节进行科学验证。据说，他们已经测试了七百多则流言，做了近两千三百个实验，引发了七百多次爆炸，摧毁了一百多辆车。[①]

这个节目要终结的到底是些什么流言呢？例如：

在加油站打手机是否会引起爆炸？

沉船是否会将水中的人吸进水底？

一颗牙齿在可乐里放一天会化掉吗？

从纽约的帝国大厦上扔一枚硬币，能把人的头砸个洞？

下雨时把汽车油门踩到底，车就不会淋到雨？

连美国总统奥巴马也按捺不住，作为嘉宾，参与了《阿基米德之死亡光线》节目的制作。阿基米德是古希腊最杰出的科学家之一。关于阿基米德的故事流传甚多，其中最不可思议的是"死光"的传说。公元前215年，罗马军队开近希腊西西里岛岸边，进攻叙拉古城。博学的阿基米德被选为统治者赫农王的顾问，奉命出策对付敌人。面对来势汹汹的敌人，阿基米德指挥士兵手持无数面镜子在岸边排成弧形，就在罗马人嘲笑他们愚昧懦弱的时候，忽然一道强光从天而降，罗马人的战船瞬间燃起熊熊大火，士兵被烧死，战船被烧毁。

为什么会这样？原来阿基米德利用了反光与聚焦原理，让成千上万的士兵手持磨光的镜子组成一面巨大的凹面镜，将太阳光聚焦到一点，从而汇集了大量的太阳热量，引起了罗马战船的火灾。后来心有余悸的罗马军队统帅马塞拉斯把那道可怕的强光称为阿基米德的"死光"。

传说毕竟是传说。1000多年后，阿基米德利用反射的太阳光烧

---

① 参考戎丹妍：《美国探索节目做实验测流言 拆穿大片精彩桥段》，来源：http://www.e23.cn，《现代快报》2010-11-9。

毁罗马战船的事情却引起了历史学家的怀疑，他们认为，“死光”的原理尽管客观存在，但是用到实战上就很成问题了。比如，罗马战船怎么会保持静止以供聚焦？战船烧着后，罗马士兵为何不扑灭火苗？

《流言终结者》最后证明，这个流言在现实中是不可能实现的。

这个节目的特点是：

1. 选择“流言”作为科学证明的对象，使节目具有广泛的观众缘。“流言”流传甚广，因而对流言的证明也就影响很广，例如，对“阿基米德死光”流言的证明，就产生了广泛影响，甚至应观众要求而一再做节目。奥巴马参加的那一期，就不是第一次证明“阿基米德死光”的节目。此外，节目还选择电影作品中的一些细节作为证明的对象，例如，对故事片《通缉令》里“子弹转弯”的细节进行证明，最后得出结论：这是不可能的。这类选题充分利用了电影的影响力，应该是一种很好的借助已有的优势题材来增强节目魅力的思路。

2. 以悬念作为基本的叙事结构元素。节目每一期的叙事目标是证明流言的真伪，这个结局不管是肯定还是否定，都是一个谜题，本身就构成一个悬念。

3. 以各种模型和道具来证明流言，使节目充满过程化和可视化的特点。例如，为了证明“007”影片《黄金眼》里会爆炸的圆珠笔是否能将敌人的上半身炸飞，节目组请来了炸药专家，给一支普通的圆珠笔里安装上了炸药。根据实验，一支普通的圆珠笔里最多只能安装3毫升的炸药，把这支圆珠笔安装在一个泡沫假人的衣服口袋里，引爆了炸药后，泡沫人上半身并没有被炸得粉身碎骨。如果邦德要把敌人炸得粉身碎骨，必须配上像手榴弹那么大的圆珠笔才行。由此得出了否定的结论。整个过程都用科学模型进行演示，不采用抽象的数学公式进行计算，使得过程完全可视。这符合电视节目的特点。

（三）《无风不起浪》[①]

《无风不起浪》的全名是《无风不起浪——揭秘都市传闻》，是美

---

① 参见张小琴、王彩平：《电视节目新形态》，中国广播电视出版社2007年版，第226～227页。

国学习频道（TLC）播出的一档节目。这档节目以“揭秘都市传闻”为内容，似乎与《流言终结者》有着某种相似性。它的选题，都是一些真假难辨的传闻，每次节目60分钟，破解6个传闻。故事由演员模拟演绎，风格写实，情节一波三折，悬疑色彩很浓。例如，有一期节目介绍的是这样一个传闻：一位职业女性由于工作劳累，下班后没有自己做饭，而是在快餐店买了汉堡回家，但是又担心丈夫不高兴，就在餐桌上点上蜡烛，营造出温馨的就餐环境。丈夫回家后，果然深受感动，但就在两人温情脉脉开始烛光晚餐的时候，悲剧发生了，丈夫一口咬下去，汉堡里面竟是一只死老鼠！他当场就晕厥过去。这个传闻的真伪如何？丈夫在精神方面会受到什么打击？夫妻俩如何维护自己的权益？在悬疑传闻的介绍中，融进科学知识、法律知识的介绍。

（四）欧洲情节纪录片[①]

欧洲情节纪录片是近年来欧洲时兴的、并且很受世界各国观众欢迎的片种。

所谓情节纪录片，英文名称为“Docu-fiction”或“Docu-drama”，是纪实性和戏剧性融合而产生的一个影片（节目）类型。它有演员表演和叙述性情景再现，有时会大量引用真实画面和情景素材，是一种“建立在真实事件基础之上，以纪实手法与戏剧效果相结合，来再现历史事件的电视节目模式”。[②] 下面是其中一些著名作品的名称和内容：

《智人》（Homo sapiens）：是《人类进化史诗》三部曲中的第二部，由法国和加拿大等国合作完成。这部影片以人类起源作为选题，通过演员的叙述性扮演来表达对人类起源的一种新的猜想。

《洪水之夜》（Nacht Der Groβen Flut，Die）：是由欧洲文化电视

① 参见刘昶、甘露、黄慰汕：《欧洲优秀电视节目模式解析》，中国广播电视出版社2010年版。

② 参见刘昶、甘露、黄慰汕：《欧洲优秀电视节目模式解析》，中国广播电视出版社2010年版，第16页。

台（ARTE）和德国 NDR 广播公司联合制作的一部情节纪录片。该片回顾了 1962 年 2 月 17 日夜晚大洪水突袭德国汉堡的来龙去脉。

为了展现洪水来袭的宏大场面，制作人专门搭建了一个摄影棚，同时采用了拍摄电影大片的特效，造成震撼的真实效果。影片启用 50 多位专业演员和 6000 多位群众演员扮演，大多数场景在事发地点拍摄。为了实现在基本事实方面的纪实性，影片参考了已经记录在案的资料，采访了已知姓名的当事人，还通过刊登报纸广告征集那场洪水的亲历者，最后从 200 多位当事人中选择了 50～60 人拍摄采访实录。

《施佩尔与希特勒》（Speer und Er）：由德国导演亨利希·布雷希尔（Heinrich Breloer）编剧并执导。影片记录了纳粹德国军备、军需及军火部部长阿尔伯特·施佩尔的充满争议的生平。

施佩尔是一个争议人物，关于他到底是希特勒的帮凶还是反对希特勒的斗士，史学界有着不同的看法。影片通过大量的采访和资料镜头的使用，表达了倾向于“斗士”的评价。

《末日》（END DAY）：这是英国 BBC 制作的一部情节纪录片。这部纪录片题材很独特，是关于未来设想的一种展示。片子试图回答这样一个问题：如果某天早上醒来，发现已经到了地球的末日，在这天能遇到的最糟糕的事情是什么？该片以剧情模拟的方式，叙述了科学家对地球毁灭的五种预测：陨石撞击、大西洋海啸、致命病毒、科技灾难和火山爆发。五种不同场景的串联，以一位虚构人物——科学家豪威尔博士从伦敦住处前往纽约实验室的旅程为线索。他在这段末日之旅中，顺序经历五种可能导致地球毁灭的灾难，并通过专家访谈对灾难发表评论。

以未来可能的灾难为悬念题材，表达深切的人文关怀思想内涵，构成本片与众不同的特色。

情节纪录片的特点包括：

1. 选题倾向于具有争议和悬疑特质的题材。这个特点，使得这类纪录片与国内的所谓“探秘节目”具有基本的相似性。前面提到的几个作品，都具有这样的特点。

2. 以扮演作为基本表现元素，将纪录片的故事化叙事推到极致。情节纪录片不像一般纪录片对表演元素的使用仅仅限于对某些过去时态的事件片段进行以视觉化为目的的“情景再现”，而是将扮演作为基本的表现元素来使用。这已经非常接近电视剧的形式特点了。唯一不同的是，情节纪录片里的扮演是为了再现编导想象中的真实情景，为了通过扮演来形象地告诉观众曾经真实发生过或可能发生的某些事件；而故事片或电视剧的扮演是为了通过虚构的人物和事件来唤起观众的审美体验或娱乐体验，是为了让观众情感感到愉悦、开心或放松。

3. 纪实性仍然是基本特性。尽管情节纪录片大量采用扮演的方式来表现内容，但纪实性仍然是它的基本要素。为了获得纪实性，情节纪录片一方面拘泥于事件细节的真实，一方面大量采用真实的影像资料和对当事人的采访。这些努力，使情节纪录片的纪实性得到了保证。

需要说明的是，故事片和电视剧也使用真实的影像资料，例如故事片《珍珠港》中的历史资料镜头，但故事片和电视剧中使用资料，是为了增加观众对虚构故事的信赖程度，它是一种艺术需要；而情节纪录片使用影像资料，是为了说明历史事件本身，是一种历史叙述的需要。两者的目的不同，资料在两者中的地位不同。

从上面的介绍中，我们可以发现国内“探秘节目”与国外类似节目的一些共同点，了解和认识这些共同点，可以为我们进行这类节目的策划提供前提。

第三节 电视探秘节目策划要点

前面我们提到，探秘节目实际上是一类特殊的纪录片。在国内，探秘节目于 21 世纪初诞生，是国内非新闻类电视节目制作和传播市场化的结果。节目市场化必然导致对观众的争夺，对观众的争夺导致对节目娱乐化的重视，而叙事类、纪实类节目采用故事化叙事是娱乐化潮流下的必然选择，故事化叙事在纪录片中的应用就催生了探秘节目。理清这个关系脉络，能够使我们以清醒的头脑来从事探秘节目的策划。

探秘节目的策划有哪些要点呢？以国内《探索·发现》等节目的现状为基础，结合国外同类节目成功的经验，我们可以从以下几个方面去考虑。

一、选题策划：选择特定领域的争议题材和悬疑题材

探秘节目的纪录片特性决定了，它的选题策划不涉及时效性问题。因此，在策划选题的时候，就要把视野放到不具备时效性却又具有公众吸引力的题材领域去考虑。能够满足这个要求的，当然非争议题材和悬疑题材莫属。争议题材实际上也是悬疑题材的一种，正是由于存在未知元素这样的悬疑，才会在人们或者研究者那里引起争议。以恐龙灭绝的原因为例，正是因为现有的“小行星撞击说”、“火山爆发说”、“食物中毒说”等几种假说，都只能部分解释而不能完全解释恐龙灭绝的谜团，所以，才会有这方面的争议。

争议和悬疑题材对人们有着强烈的吸引力，它们受到选题的青睐，是顺理成章的事情。

如果要将探秘节目选题策划所涉及的领域具体化，从国内外这类节目的实际状况来看，至少包括以下领域。

（一）自然谜团题材

自然界有着大量待解谜团。由于人类对自身环境的关心和天赋好奇心的驱使，这些待解谜团常常能够吸引观众的眼球，引起广泛注意。

例如，火山爆发，龙卷风，球形闪电，彗星，通古斯大爆炸，王恭厂大爆炸，天上下“鱼雨”，鸟类是恐龙的后裔，恐龙灭绝，等等，数不胜数，都可以成为选题。

（二）历史疑案题材

在人类历史上，由于各种各样的原因，也有着无数的谜团、疑案，这些也可以成为引起广泛关注的节目选题。

例如，明朝皇帝疑案，清朝皇帝疑案，近现代史中的间谍疑云，

梁山英雄是否实有其人，真实的包拯，李鸿章是爱国者还是卖国者，等等，也可以成为选题。

（三）地理陌生题材

地理题材本来应该归入自然或人文类选题范畴，但是，这里所说的地理题材，主要包括由于人类各处一方、彼此隔绝，而人们又渴望了解其他自己不熟悉地区的自然环境，为满足这样的需求而形成的介绍地理环境的选题。有时，这类选题不一定包含谜团、悬疑，它成为选题的理由仅仅因为陌生，于是我们姑且将其命名为“地理陌生题材”。

最典型的例子是《动物世界》。非洲原野上的狮子、犀牛、大象、长颈鹿，现代观众通常都或多或少地了解，但对于它们的具体生存情景却感到非常陌生，于是，以动物生活情景为内容的纪录片，就成为观众非常喜爱的节目品类，这类内容当然是有价值的选题。

类似的例子还包括，东非大裂谷、尼亚加拉大瀑布、澳大利亚东海岸大堡礁等，也是很好的选题。

（四）人文悬疑选题

这里的“人文”，应是人类文明、文化的简称。文明偏重于人类创造的硬件，而文化偏重于软件。在这个领域，某些具有悬疑、争议特质的题材，或者对特定观众而言具有陌生感的题材，可以成为广受关注的选题。

例如，历史人文的“灿烂的三星堆文化为何没有文字”，民族人文的“神秘的纳西族东巴象形文字”，典籍人文的“红楼梦与作者身世的关系”，医学人文的“中医的补肾是什么意思”，异域人文的“非洲的矮人族”，等等，都可以成为选题。这个领域可供选择的题材极其丰富。

（五）科学谜题题材

科学领域包含无数谜题。可以说，所谓科学，就是人类不断破解自然谜题而形成的关于自然的认识体系。这个领域谜题的内容极其丰富，但可供作为电视节目选题的谜题却相对有限。为什么呢？因为现代科学属于逻辑思维的范畴，它以数学为基本表达语言，以抽象为其主要特征。而这一切，与电视节目所需要的娱乐特性，即形象、感性、有趣、世俗等特性，是背道而驰、南辕北辙的。因此，科学谜题的选题需要设定严格的遴选标准和产生路径。

遴选标准应该设定为选择那些为大多数人所关心的谜题。例如，陈景润毕生所致力破解的谜题“哥德巴赫猜想”，就不适于采用电视形式表现，但“小葱与蜂蜜同食是否会中毒”就可以成为节目选题，因为后者为大多数人所关心。

产生途径的意思是，应从激起观众广泛兴趣的角度出发，从人们熟悉的经验中产生选题，而不是生硬地将主观认定的选题硬塞给观众。在这一点上，我们前面提到的美国电视节目《流言终结者》和《无风不起浪》，为我们提供了很好的借鉴。两个节目都是从广为流传的传言或传闻中去寻找人人关注的科学谜题，这是选题产生的很好的路径。

一旦解决了上述前提，科学谜题的待选领域是无限广阔的：人的声音能震碎玻璃杯吗？惹怒公牛的是红布吗？射击时猛地甩手可以让子弹拐弯吗？（这个选题来源于电影情节）鬼魂是幻觉还是特异的自然现象？人临死的感觉是什么？数不胜数。

（六）军事陌生题材

绝大多数男性观众和一部分女性观众是“军事迷”，他们是军事题材的粉丝、拥趸。在这里，我们使用了军事陌生题材的概念，主要是为了彰显这类题材的最根本特征——陌生感。

不是任何军事题材都可以成为广受关注的热门题材。例如，一般的部队训练，部队思想政治工作，等等，就不可能成为热门题材。能够成为热门题材的，是一些包含“陌生”特质的题材。什么题材符合这个标准呢？

某些军事装备符合这些标准。对于普通人来说，军事装备肯定是具有陌生感的，例如航空母舰，很多人看了很多图片，但可能一辈子也无法见到实物。电视节目为他们消除陌生感、满足好奇心、见到“准实物”，提供了机会和窗口。通常，军事装备，例如枪支、坦克、作战飞机、军舰、导弹、潜水艇、航空母舰、炸弹、核武器等，都可以成为选题。

某些著名的战争个案，如一些非常有特点、有智慧的战例，也符合这些标准。例如，第二次世界大战时期的德苏库尔斯克坦克大战，这是最早的大规模坦克集群对抗战役；第一次和第二次海湾战争，这是高科技条件下的当代战争，等等，这些战争个案也可以作为选题。

上面六个领域的选题，虽然并未穷尽探秘节目选题的全部，却非常有用。对于初涉探秘节目策划的人士，可以通过它们迅速进入工作状态。其中的选题原理可以在“举一反三”思路的引导下，在更广阔的领域发挥作用。

二、功能策划：以娱乐性、趣味性、知识性为目标

探秘节目是特殊的纪录片类型，其特殊性既表现在选题上，也表现在对节目功能的认定上。从国内外这类节目的一般情况看来，它在功能上表现出鲜明的娱乐性、趣味性和知识性。其中，最重要的是娱乐性。

关于娱乐性的定义有各种表述。

有人认为：“娱乐就是获得一种感情上和思想上的快感，也是一种美的观点、美的感受得到满足的快感。娱乐能丰富人们的生活，消除疲劳，有益于身心健康，还可帮助人们提高审美能力和艺术修养。”①

有人这样定义：“娱乐就是获得一种感情上和思想上的快感。包括模仿的快感，情感共鸣和宣泄的快感以及思辨和理解的快感，总的来说就是一种美的观点、美的感受得到满足的快感。”②

从上面的定义可以看出，娱乐总是与精神的快感、快乐、感性、享受这些概念相联系，它与思辨、思考、理性、严肃、工作这些字眼是不兼容的。

由于探秘节目题材往往来自于科学、历史、人文等领域，其本身

① 阎玉主编：《中国广播电视学》，中国广播电视出版社1990年版，第228页。
② 欧阳宏生主编：《广播电视学导论》，四川大学出版社2002年版，第190页。

与思辨、思考、理性、严肃等概念天然联系。正因为如此，就尤其需要在节目策划之初，便明确地把娱乐性作为它的功能定位，将其作为节目制作的基本要求。

趣味性本来是娱乐性的一个实现元素，但由于探秘节目经常而大量地与抽象的知识、学术的假说、过去的事实、历史的陈迹等内容发生联系，因此将趣味性特别地提出来作为要求，就有着明显的针对性。

而知识性则是探秘节目与生俱来的特性。尽管探秘节目强调采用故事化的表现方式，重视节目的娱乐性和趣味性，在很多情况下，“给观众以知识”已经让位于“给观众以快乐”，但是，探秘节目毕竟不是故事片、电视剧或综艺晚会，它在给人娱乐的同时，必然给人以知识。

明确了探秘节目的功能定位，才能很好地针对每一个具体节目进行功能策划，这是保证节目成功的前提之一。

三、叙事策划：采用悬念、进程性事件、情景再现和图像资料

探秘节目是以叙事方式的特点作为节目特征而形成的节目类型。因此，一旦选题确定、功能定位明确之后，随之而来的就是按照这个节目类型的叙事要求，对它的叙事方式进行创意和设计，以求获得最佳的传播效果。探秘节目所采用的叙事方式，主要是故事化的叙事方式。这来源于娱乐化功能的要求。

由于题材本身的限制，探秘节目叙事策划主要涉及悬念设置、进程性事件的采用、情景再现手段的运用和图像资料的运用。

（一）悬念设置

由于探秘节目经常表现静态的事实，或无生命的知识，它不像法制节目、情感节目那样可以用具备故事潜质的对抗性事件作为题材，所以，在探秘节目中运用故事化叙事手法，最基本、最常用的技巧是悬念设置。有时，悬念甚至成为节目的基本结构元素。

常见的做法，是结合题材本身包含的“谜题”、“谜团”元素，对一些具有疑问的知识点，用扣押信息等方式进行悬念设置。通常是在

确定选题之后，对选题包含的知识点进行梳理，找出其中体现的“谜题”、“谜团”的知识点，然后进行悬念设置。

例如，《探索·发现》栏目有一期名为《集群死亡之谜》的节目，这期节目以内蒙古二连浩特附近发现的呈三角形分布的恐龙化石堆积层为选题，以对该化石堆积层的成因进行推理还原、进而解答集群死亡谜团为选题内容。其中，节目围绕“埋藏点的恐龙是否集群死亡”、“什么原因导致集群死亡”、“为什么化石呈三角形堆积”等问题，给出现象，扣押原因，从而设置悬念，然后逐一回答破解，最后由研究者给观众完整的解答，让观众了解一些关于恐龙化石方面的常识。

《探索·发现》播出的系列片《乐山大佛》第一集中，有一个悬念是围绕“乐山大佛周围的山崖上为什么有许多规则的方孔”的现象，扣押原因，提出疑问，最后揭开谜底：历史上，曾经有一座阁楼保护着大佛，那些方孔是阁楼建筑的大梁支撑孔。

（二）选择进程性事件

探秘节目经常面对静态事实和无生命的知识，如何使这些静态、无生命力的内容能够适用故事化叙述，能够有趣以满足娱乐性的要求，仅有悬念是不够的。这就需要在策划阶段尽可能地根据初步框定的题材范畴，遴选有故事潜质的进程性事件，来构成生动的内容。

例如，上面提到的《集群死亡之谜》这期节目，它所面对的恐龙化石层叠堆积这一发掘结果，是一个静态的事实。节目通过对专家的采访和电脑特技的处理，还原了当时的情景：远古的时候，化石堆积地是一个湖泊的入口处，大量恐龙在上游某处的河岸两旁嬉戏；更上游的大山里突降暴雨，暴雨导致特大山洪暴发，滚滚洪水漫出河岸向下奔流，将许多恐龙卷进波涛，裹挟着冲到湖泊入口处；由于这里河道突然变宽，洪水流速减缓，被淹死的恐龙尸体沉积下来，并被砂石掩埋。经过几千万年的演变，沧海桑田，这里上升成为陆地，恐龙骨骼成为化石。因为湖泊入口处的河道呈三角形（今天长江、黄河入海口都有三角洲），所以化石埋藏地也呈三角形。这个动态进程性事件，包含灾难、意外、死亡等元素，显然是一个具有故事潜质的事件。

还有上面提到的《乐山大佛》节目，也可以作为例证。乐山大佛是一个静态的存在，节目寻找到历史上开凿乐山大佛的第一位主持者海通法师所经历的事件，其中最惊心动魄的是，当海通法师经过极其艰苦的化缘，募集到开凿大佛的工程巨款，有个当地的贪官威逼海通法师对他行贿，海通法师拒绝无效时，不惜用手指抠出自己的眼珠，表达誓死捍卫工程款的决心；贪官被吓退，从此再没有人敢打工程款的主意。《乐山大佛》在节目里采用了这个事件。这不但使乐山大佛这个静态的事实可以用故事化叙事来进行讲述，更重要的是，在岁月迷茫的古代，大佛诞生过程中的今天似乎无迹可寻但历史上确实存在过的种种艰难和困苦，也得以介绍给世人。

有的选题，本身就包含着事件，在策划时就应着重选择故事潜质丰富、故事性很强的事件。《探索·发现》曾经推出"谍影重重"系列，其中有一期名为《潜伏》的节目。这期节目结合电视剧《潜伏》的热播，以电视剧中的潜伏和历史上共产党地下工作者真实潜伏的异同作为选题方向，以若干真实的潜伏故事和与潜伏有关的背景故事为选题内容，通过悬念设置、细节渲染等叙事方式，为观众呈现了一期精彩的节目。本来，反映地下党潜伏的事件在实际史料中极为丰富，但其基本内容却是大量的一般性工作进程，并不都是惊心动魄的。但在这期节目里，编导者分别选择了如下事件：顾顺章叛变，地下工作者钱壮飞冒险向上海党中央报信，从而避免了党中央的重大损失；与戴笠座机失事有关的几种说法所包含的事件，如中统北平站站长将川岛芳子送给戴笠的文物扣押，引起戴笠疑心，戴笠在飞机上做手脚让飞机失事坠毁；惩罚叛徒白鑫；地下党员李白受组织委派与裘慧英假扮夫妻，掩护情报工作，等等。这些事件包含冲突、惊险、爆炸、死亡、假扮夫妻等元素，具有很强的故事性。

有的时候，探秘节目甚至通过人为设计，来创造出不会影响节目纪实性的进程性事件。其中成功的做法之一，就是采用科学模型，通过实验的论证过程来构成事件。前面我们介绍的美国科学探秘节目《流言终结者》，就把这种方法作为节目的基本构成元素。

例如，对于"人声能震碎玻璃杯"这个流言，传统的、惯常的科学论证方法，是首先介绍共振的原理，然后引入公式计算，最后根据计算出的结果得出能震碎还是不能震碎的结论。显然，如果在节目中采用这种方法会很枯燥乏味。但《流言终结者》采用了另一种做法。节目的两位出镜操作者杰米和亚当找来含铅的水晶酒杯作为实验品，因为这种材质将声音转化为震动的效果最佳。此外，他们找到一名摇滚歌手前来帮忙，用扬声器朝杯子播放他的歌声，结果杯子碎了。专业歌手可以做到这一点，那么门外汉呢？亚当亲自上阵，结果显示，他的声音只要和杯子的共振频率一致，杯子也碎了。结论是：人声可以把玻璃杯震碎，但关键在于频率而不是音高。如此一来，枯燥的共振原理，本应该用数学公式说明的道理，就这样通过可视的进程性事件得到了证实。这个过程充满悬念，符合趣味性和娱乐性的要求，而节目的纪实性丝毫没有受到破坏。①

（三）情景再现和采用图像资料

有的时候，由于某些重要事件环节缺乏图像资料，而节目又必须呈现这些事件环节的可见情景，于是，在推理想象的基础上，采用演员扮演的方式来表现这些情景，这就是情景再现。情景再现的规则是：

1. 只再现情景，不进行表演。也就是说，扮演者在表现某种事件情景的时候，只作为一个事件符号出现，而不作为表演角色出现。扮演过程中，不能有对白，不能有致力于性格刻画的细节出现。

2. 间接处理和模糊处理。在拍摄和制作时，为了不破坏节目总体的纪实性，需要采用一些措施来弱化表演的痕迹。

例如，表现宫廷杀戮，拍摄杀戮过程在墙上的投影；表现战争，用群马奔腾、马蹄攒动来暗示等，这是间接处理。

又如，用虚焦手法来拍摄唐玄宗与杨贵妃赏花，用侧影和背影表现杜甫在江面孤舟上的颠沛流离等，这是模糊处理。

如果沿着情景再现的方向再向前走一步，就走到情节纪录片的路子上去了。目前，国内一些反映民国疑案的纪录片已经在采用这种手

① 参考了戎丹妍：《美国探索节目做实验测流言 拆穿大片精彩桥段》，来源：http://www.e23.cn，《现代快报》2010-11-9。

法。估计，在激烈的市场竞争背景下，情节纪录片在国内的广泛兴起，只是一个时间问题。

在解答历史疑案、考古谜题等选题中，探秘节目会大量遇到过去时态的内容。为了避免一味地通过采访或解说进行言语描述，往往需要选择其他可以提供视觉信息的方式。这也是探秘节目在策划阶段需要考虑的事情。采用图像资料便是一种常用的方法。

采用图像资料，包括静态的图画、照片和动态的影视资料。其中，动态影视资料优于静态视觉材料，真实的图像资料优于虚构的图像资料（例如电影故事片和电视剧镜头）。通常，为了不破坏节目的纪实性，对虚构的图像资料需要用字幕予以注明。

四、表现策划：制作精良、高科技手段运用、注重审美感染力

所谓表现策划，是指在节目中创造性地运用声音画面等表现元素，以增进节目感染力为目标的策划。这种策划通常在三个方面进行考虑。

第一个方面，是考虑如何保证拍摄制作的精良。从国内外类似节目的情况来看，探秘节目拍摄制作都非常考究。摄影、照明、剪辑、音乐、音响、字幕、包装、解说，每个环节都精心设计，精良制作。《探索·发现》栏目在中央电视台各栏目中，也属于拍摄制作精良的栏目。策划时，首先应该有这个意识，然后从这个角度去设计节目未来的蓝图，以及考虑配置拍摄制作资源。

第二个方面，是在节目拍摄制作中大量采用高科技手段。探秘节目所涉及的领域，微观如分子纳米，宏观如宇宙深处，九天之上、海洋之中，无往而不至，这就必须借助高科技手段才能予以形象表现。例如，采用水下摄影仪器来拍摄深海鱼类的生活场景，采用内窥显微摄影技术来拍摄血液在血管中的流动，采用超高速摄影技术来展示子弹飞行的轨迹，利用三维电脑动画来再现远古恐龙的生活情景或形象表达宇宙演化等，不一而足，这些高科技手段的使用，成为探秘节目区别于其他电视节目的显著特征之一。当然，采用高科技手段常常牵涉不菲的制作成本，但是，随着国内经济的发展，探秘节目投资人对

成本的承受能力将越来越强，而辛迪加等市场化销售模式的广泛采用，也将为分摊高额成本作出贡献。因此，可以相信，在不久的将来，国内探秘节目大量采用高科技手段，应不再是奢望。

第三个方面，是注重审美感染力。审美感染是层次高于娱乐性的一个感性因素。通俗地说，凡是超越一般的因口腹之欲的满足而获得的快乐，超越一般搞笑、找乐子所给予的快乐，与精神、情感相联系的心灵愉悦，就可以纳入审美感染的范畴。审美感染力就是节目向观众提供审美感染的潜力。探秘节目以娱乐为基本功能，但高层次的探秘节目不拒绝提供审美感染。审美感染作用于观众，就形成观众的审美体验。这种审美体验在探秘节目的观赏中，常表现为足以令观众心灵感动、陶醉的美好瞬间。

例如，在恐龙行将灭亡的前一刻，一幅橙色的夕阳下恐龙母子亲昵的剪影，可以唤起今天的观众对生命可贵的感悟。

当海通法师即将溘然而逝，弥留之际，一盏摇曳的孤灯，一段此前曾经伴随幼年海通画面出现过的故乡歌谣，隐约而至，这往往能够使观众沉浸在生命感悟的氛围里。

甚至忽而高昂激越，忽而低回沉郁，节奏的变化，也可以唤起观众身心紧张—松弛的体验。

这些，便是审美感染力作用的结果。通过创意和设计，在适当的关键点，让探秘节目能够尽可能地提供一些类似的东西，是策划人应该追求的目标之一。

第四节　探秘节目赏析

选择中央电视台《探索·发现》栏目播出的系列节目《谍影重重》之《潜伏》作为赏析案例。

（请学生在课前观看《谍影重重》之《潜伏》节目）

赏析：

这一期节目是中央电视台《探索·发现》栏目播出的系列节目《谍影重重》中的一集，播出时正逢电视剧《潜伏》在全国热播不久，

《潜伏》的轰动效应尚未降温这样一个时期。

1. 节目的题材属于历史疑案题材。历史上关于潜伏的话题，扑朔迷离、雾中观景，始终能赢得人们的关注；共产党人的潜伏，更具有正面教育的价值。在《潜伏》热播之后来表现“潜伏”，更抓住了最佳的传播时机。

2. 看得出编导有意识地充分利用电视剧《潜伏》的优质资源来为本期节目增加可视性和吸引力。主持人由《潜伏》中的重要角色、军统天津站站长吴敬中的扮演者冯恩鹤承担；节目在具体内容的处理上采取了将历史事实与《潜伏》剧情交织的方式进行结构。例如，节目里由余则成引出钱壮飞；由余则成暗杀汉奸李海峰的剧情引出军统暗杀汉奸李开峰的史实；由《潜伏》里军统天津站站长吴敬中引出历史中的天津站站长陈恭澍，并由陈恭澍引出军统在抗战期间暗杀日伪汉奸的史实；由《潜伏》中戴笠飞机失事引出戴笠死亡研究中的“三种原因猜想”的学术争议；由《潜伏》中李涯在延安潜伏的剧情引出戴笠生前派特务假扮和尚在延安潜伏终被破获的史实；由《潜伏》中军统的李涯与情报贩子、中统的谢若林买卖情报引出抗战中的情报市场和军统、中统的矛盾；由《潜伏》中余则成诛杀叛徒袁佩林引出历史上中共特科诛杀叛徒白鑫的史实；由余则成和翠平假扮夫妻的剧情引出地下党员李白与裘慧英假扮夫妻的真实史实，等等。本期节目的全部内容就这样真真假假地交织在一起。这样的内容结构，有利于借助《潜伏》剧情来调动观众的想象力，有助于通过唤起观众对《潜伏》的观赏记忆而赋予单调的访谈更多形象和情感的色彩，由此创造出特殊的艺术效果。

3. 节目中的嘉宾包括民国史专家王晓华、中共杰出的地下工作领导人李克农的儿子李力、李仑。他们的身份毫无疑问具有本节目题材所需要的权威性。三人在访谈中有分工：王晓华侧重于权威评价，李力、李仑侧重于进程性事件的讲述和细节渲染。例如，对顾顺章叛变、钱壮飞及时报信从而让中共中央脱离险境的历史事件的介绍，对诛杀叛徒白鑫经过的披露，对李白与裘慧英假扮夫妻被敌人逮捕英勇不屈的史实的回顾，三人的访谈都充满对事件情节的叙述和对细节的描述，从而让有关内容具有强烈的“故事化”色彩，给人留下非常生动、鲜明的印象。

4. 编导调动了大量艺术手段来包装节目、渲染气氛。从“潜伏”内容的神秘性、惊险性出发，节目总片头运用影视资料，借助精心剪辑和音效渲染，营造出非常紧张的气氛。在具体内容展开之后，主持人和访谈嘉宾被安排在低影调的环境中侃侃而谈，以刻意强化压抑、神秘的情绪。对《潜伏》资料片断的使用也考虑到了渲染气氛、调配节奏等方面的功能，例如，在叙述戴笠飞机失事的时候，就使用了《潜伏》中站长太太“不得了啦！不得了啦!”的惊呼来引出内容，收到了较好的效果。

5. 节目的不足之处是，内容的脉络不太清晰，显得头绪有些纷乱。这大概与节目需要处处照应与电视剧《潜伏》的交融关系，从而不得不将史料分解以适应结构方面的要求有关。这一点倒启发了我们：即便是比较成熟的探秘节目，如何在可视性与纪实性方面找到一个最佳契合点，始终是需要认真对待的课题。

思考与练习

1. 探秘节目的题材策划为什么要重视争议题材和悬疑题材?

2. 试谈谈怎样处理探秘节目故事性和纪实性的关系。

3. 自选题材，按照探秘节目的策划要点，试拟一份探秘节目的策划提纲。

第十二章　电视真人秀节目策划

第一节　电视真人秀节目概述

一、什么是电视真人秀节目

1998年，好莱坞推出轰动大片《楚门的世界》（*The Truman Show*）。在这部影片中，主人公楚门（Truman Burbank）是一个不受期待的生命，他被电视网络公司收养，在一个宁静和谐的小岛上生活。“他与周围的人们愉快融洽地相处着，还娶到了一位美丽的妻子。每一天对他来说，都是那么美好。然而，他没有想到的是，这一切竟然都是电视台的安排。他生活的社区是一个巨大的摄影棚，他的朋友、邻居，甚至妻子都不过是演员而已。从呱呱落地开始的30多年里，5000多个摄像头24小时拍摄他的一举一动，传送给守候在荧幕前的无数双眼睛……影片的结尾，楚门毅然推开了那扇通往未知世界的门，走出了荒诞的‘虚拟人生’。”①

这部电影，客观上为早已诞生但并没有形成气候的真人秀节目作了有效的宣传，启发了电视人去完善这种新的电视节目形态；也为这种电视节目形态的中文译名提供了启示。甚至德国RLT2电视台后

① 谢耘耕、陈虹：《真人秀节目：理论、形态和创新》，复旦大学出版社2007年版，第11页。

来还试图直接将《楚门的世界》的创意真正制作成一个真人秀节目。[①]

一般认为，1999年由荷兰恩德莫（Endemol）电视制作公司推出的《老大哥》（*Big Brother*），是标志着真人秀繁荣局面到来的一档节目。《老大哥》节目的名字，出自奥威尔的预言性小说《1984》，作品中的"老大哥"无处不在，监视着每一个人的生活。在这档节目中，十几名被精心挑选出来的男女青年参赛者，在一个封闭的公寓里，在受到25台摄像机、32个麦克风监看、监听的状态下，生活82天。其间，经过不断的淘汰，最后产生一名优胜者成为"老大哥"，获得25万美元的奖金。节目将这些年轻人生活、淘汰和胜出的过程拍摄下来，剪辑成节目后予以播出。节目问世后，掀起收视热潮，也引发巨大争议。一方面，有三分之二的荷兰人观看这档节目；而另一方面，人们认为它是色情、淫秽的。这档节目带来了室内真人秀电视节目的经典模式，并被移植到美国、丹麦、德国、澳大利亚等近20个国家。[②]

接着，美国的《幸存者》（*Survivor*）、《诱惑岛》（*Temptation Island*）、《学徒》（*Apprentice*），法国的《阁楼故事》（*Loft Story*），以及德国的《硬汉》（*Tough Guy*）等真人秀节目相继产生。真人秀作为一种新形态的电视节目，吸引着人们的眼球，刷新着收视率纪录，创造着电视节目的神话。

据2003年美国收视率调查显示：在美国13个收视率最高的电视节目中，真人秀电视节目就占了7个。几乎在除周末外的每一天黄金时间，人们都能看到真人秀节目；而在世界各地和各种有线电视频道中，看到的真人秀节目更是难以计数。[③]

---

① 尹红、冉儒学、陆虹：《娱乐旋风——认识电视真人秀》，中国广播电视出版社2006年版，第2页。

② 尹红、冉儒学、陆虹：《娱乐旋风——认识电视真人秀》，中国广播电视出版社2006年版，第2页。

③ 见尹鸿：《全球流行真人秀》，《中国广播影视》杂志2005年6月下半月，第55页。

甚至还有这样的个案：日本一家地方有线电视台正面临倒闭的威胁，为了让公司起死回生，电视台策划播出了一个真人秀节目，内容是，安排两名选手在没有任何赞助商协助的情况下，从东京徒步走到英国伦敦（不能使用除船只以外的任何交通工具），全程由这家电视台追踪拍摄并在电视频道中播出。这个节目历时半年，从一开始就吸引了无数观众，收视率节节上升，平均高达20%的收视份额让这家电视台免于关门的下场。①

真人秀是内容、形式各异的一大批电视节目的统称，它实际上是一个庞大的家族；这个家族中的每一类节目都具有一些共同的元素。"真人秀"是这个节目家族的中文译名。如前所述，这个名称受到了电影片名《楚门的世界》（*The Truman Show*）的启发。在欧美这些真人秀节目诞生的故乡，并没有"真人秀"（Truman Show）这样的概念，与之相对应的，是"真实电视"（Reality TV）概念；此外，还有真实肥皂剧（Reality Soap Opera）、构建式纪录片（Constructed Documentaries）、纪录肥皂剧（Docusoap）等称呼。②

了解欧美的上述命名，有助于我们理解真人秀的本质。

关于真人秀的定义，有如下表述：

"所谓真人秀节目，就是指由普通人而非扮演者，在规定情境中按照制定的游戏规则展现完整的表演过程，展示自我个性，并被纪录或者制作播出的节目。"③

"真人秀作为一种电视节目，是对自愿参与者在规定情境中，为了预先给定的目的，按照特定的规则所进行的竞争行为的记录和加工。自愿参与、规定情景、给定的矛盾、特定的规则、竞争行为、记

① 谢耘耕、陈虹：《真人秀节目：理论、形态和创新》，复旦大学出版社2007年版，第15页。

② 《我们都是窥视狂吗?》，见美国《新闻周刊》，2000年9月22日，转引自①，第7页。

③ 谢耘耕、陈虹：《真人秀节目：理论、形态和创新》，复旦大学出版社2007年版，第1页。

录和加工七个基本元素构成了真人秀节目的共同点。”①

本书第四章曾经这样来定义真人秀节目：

真人秀节目，是现实生活中的人士以本人的身份，按照贯穿戏剧精神的特定游戏规则，在虚拟的生活空间或特定的场景中，表演自己而被拍摄下来并经过后期剪辑包装，供人观看的电视节目形态。真人秀是纪录片和戏剧性的结合。

二、电视真人秀节目的兴起和发展

这一节我们将简单地回顾电视真人秀节目的兴起和发展，更多地了解有关信息，以便更好地掌握对真人秀节目的策划。

（一）真人秀的起源

真人秀是一种起源于西方的电视节目形态。

一般认为，20 世纪 50 年代美国的一部叫做《一日女王》（*Queen for a Day*）的游戏节目被认为具有真人秀的雏形。这个节目的内容大致是女性通过种种可怕的考验后博得观众的同情心，来赢取作为奖品的皮草大衣和家用电器。②

其后，1973 年美国公共电视（PBS）播出的《一个美国家庭》纪录片，1979 年出现的《真实的人们》，1990 年 1 月播出的《美国家庭滑稽录像》等，都被认为是早期的真人秀节目。③

真人秀发展的转折点是 1992 年在 MTV 出现的《真实世界》（*Real World*），7 名 20 多岁的男女青年住在一起，摄像机 24 小时跟踪拍摄他们的生活，该节目已经具备了真人秀的主要元素。④

---

① 尹红、冉儒学、陆虹：《娱乐旋风——认识电视真人秀》，中国广播电视出版社 2006 年版，第 61 页。

② 谢耘耕、陈虹：《真人秀节目：理论、形态和创新》，复旦大学出版社 2007 年版，第 10 页。

③ 见徐舫州、徐帆编著：《电视节目类型学》，浙江大学出版社 2006 年版，第 31 页；唐世鼎、黎斌主编：《世界电视节目荟萃》，中国传媒大学出版社 2005 年版，第 226 页。

④ 谢耘耕、陈虹：《真人秀节目：理论、形态和创新》，复旦大学出版社 2007 年版，第 11 页。

最早被称作真人秀的节目是瑞典制作播出的《远征罗宾森》，这个节目被称为“真人秀之母”。①

早期的这些真人秀节目虽然已经在电视领域出现，但并没有产生广泛的影响。直到1999年《老大哥》的诞生，真人秀才迎来它的繁荣期。

（二）国外真人秀节目进入繁荣期

进入21世纪，国外的真人秀节目获得大发展，进入了繁荣期。这种繁荣表现在几个方面：

其一，出现了数量众多、内容和形式林林总总的真人秀节目。除了声名远播的《老大哥》、《幸存者》、《诱惑岛》、《阁楼故事》、《美国偶像》、《学徒》等名牌节目以外，美国还出现了《笨人乔秀》（*The Joe Schmo Show*）、《慈善家》（*Benefactor*）、《英雄出少年》（*Endurance*）、《谁与争锋》（*The Contender*）、《美国少年》（*American Juniors*）、《三个愿望》（*Three Wishes*）、《为爱情还是金钱》（*For Love or Money*）、《高中生大团圆》（*High School Reunion*）、《我是名人——让我离开这里》（*I'm a Celebrity——Get Me Out of Here*）等一系列真人秀节目，日本出现了《恋爱巴士》，台湾地区出现了《爱情Hotel》，一时蔚为大观。②

其二，真人秀播出通道多样化。不但有单个的真人秀节目在电视台播出，专门播出真人秀的频道也出现了，例如美国的“真实24－7”、“FOX真人秀频道”等都已出现。一些主要的真人秀节目如《老大哥》、《幸存者》都建立了自己的互联网站，并通过宽带网络进行24小时直播。③

其三，真人秀节目抢掉了职业演员的饭碗。由于真人秀节目不需

① 谢耘耕、陈虹：《真人秀节目：理论、形态和创新》，复旦大学出版社2007年版，第11页。

② 张小琴、王彩平：《电视节目新形态》，中国广播电视出版社2007年版，第207～224页。

③ 谢耘耕、陈虹：《真人秀节目：理论、形态和创新》，复旦大学出版社2007年版，第15页。

要雇用职业演员而又拥有电视剧般的魅力，所以，在美国，好莱坞的演员角色总数下降了7.8%，配角数量比以往少了3338个。[①]

其四，真人秀节目受到广泛的欢迎。例如，《幸存者》最后一集的家庭收视率达到28.2%，估计全美国有将近44%的家庭、5800万人收看了这一集节目。法国的《阁楼故事》第一个系列播出后引起空前轰动，平均收视人数达到520万，某些节目集甚至达到770万，相对于法国国内的收视人数而言，这是一个很高的数字。[②]

其五，一些名牌真人秀节目形成了全球营销的成熟经营模式。例如，《老大哥》节目的模板被几十个国家移植，美国哥伦比亚广播公司（CBS）付出了两千万美元将这个节目引进美国。移植到别的国家后，该节目的收视率仍然位居前列。

目前，西方的真人秀节目已经形成了成熟的制作模式、经营模式，成为最为兴旺的电视节目家族之一。

（三）真人秀节目在中国的出现和发展

在中国，真人秀节目是作为娱乐节目的换代产品而出现的。中国娱乐节目的发展经历了四个阶段：[③]

第一阶段：20世纪90年代初中期，以《正大综艺》、《综艺大观》为代表，节目模式为"明星+表演"。这一阶段为综艺阶段。

第二阶段：20世纪90年代后期，以《快乐大本营》、《欢乐总动员》等为代表，节目模式为"明星+观众+喜剧"，更加平民化、开放化。这一阶段为综合娱乐阶段。

第三阶段：2000年代初期，以《幸运52》、《开心辞典》为代表，节目模式为"观众+答题+巨奖"，普通观众入场，明星基本退场。这一阶段为益智娱乐阶段。

第四阶段：2002年以后，受到《幸存者》、《老大哥》、《美国偶

---

① 谢耘耕、陈虹：《真人秀节目：理论、形态和创新》，复旦大学出版社2007年版，第16页。

② 尹红、冉儒学、陆虹：《娱乐旋风——认识电视真人秀》，中国广播电视出版社2006年版，第10页。

③ 以下内容参考了②的第三章，第16～17页。

像》、《学徒》等欧美节目直接影响，甚至直接移植过来形成完全真人秀节目的阶段。

一般认为，国内第一个独立制作的真人秀节目是广东电视台于2000年6月8日推出的《生存大挑战》。这个节目从全国500多名应征者中挑选出三名互不相识的“挑战者”，要求他们每人在6个月的时间里，只带一个背囊、一双运动鞋、一些药品和地图、指南针、水壶、帐篷和4000元旅资，完成穿越广西、云南、西藏、新疆、内蒙古、黑龙江、吉林、辽宁等八省和自治区的38000公里边境地带的旅途，整个过程历时195天。活动贯穿真人秀节目的原则：制作者制定规则，由普通人参与并全程录制播出，摄制组不能在经济上、交通上为参赛者提供任何帮助。[①]

2001年8月，四川电视台、上海有线电视台、北京有线台、湖南经济电视台等电视台和北京维汉文化传播有限公司联合推出大型真人秀《走入香格里拉》。这也是一档野外挑战真人秀节目。这档节目由于种种原因，没有达到预期的影响效果。[②]

2002年暑假，湖南电视台模仿法国《阁楼故事》，推出真人秀节目《完美假期》。节目中，12名经过严格挑选的选手住进一幢豪华别墅，度过70天与世隔绝的生活。别墅里36台摄像机24小时完整记录选手的生活状况。从第三周开始，选手之间开始投票，淘汰一名选手，并说明淘汰该选手的理由。观众可以利用电话、网络进行投票，支持自己最喜欢的选手，观众人气最高的选手在当周可以免予被淘汰出局。这个节目播出后受到很多非议，显示出某些真人秀节目因中外道德文化背景的不同而在国内遭遇“水土不服”。

2005年，借鉴《美国偶像》的《超级女声》获得巨大成功，让中国观众领略了真人秀节目的巨大魅力。

---

① 见蔡胜贤《真人秀是把虚构的游戏和真实的人物结合起来——兼评“真人秀”节目的产生和发展》，载《南方电视学刊》2003年第1期。

② 谢耘耕、陈虹：《真人秀节目：理论、形态和创新》，复旦大学出版社2007年版，第21页。

到目前为止，真人秀节目在中国已经初具规模。专家们预言，其发展前景非常广阔。

三、电视真人秀节目的类别和范例

根据专家的研究成果，目前真人秀节目一共包括九大类[①]，它们是：

情景体验型（室内体验型）：国外——《老大哥》，国内——《完美假期》

生存挑战性（野外生存型）：国外——《幸存者》，国内——《生存大挑战》

表演选秀型：国外——《美国偶像》，国内——《超级女声》

技能应试型（职场创业型）：国外——《学徒》，国内——《创智赢家》

身份置换型（角色置换型）：国外——《交换家庭》，国内——《变形计》

益智闯关型（益智游戏型）：国外——《谁想成为百万富翁》，国内——《赢遍天下》

游戏比赛型：国外——《恐怖元素》，国内——《金苹果》

异性约会型（婚恋约会型）：国外——《郎才女貌》，国内——《非诚勿扰》

生活技艺型（生活服务型）：国外——《改头换面（家装版）》，国内——《交换空间》

下面，简介几个著名的真人秀节目范例。[②]

（一）《老大哥》（*Big Brother*）

这是当代真人秀节目的标志性作品，属情景体验型（室内体验

---

① 参见尹红、冉儒学、陆虹：《娱乐旋风——认识电视真人秀》，中国广播电视出版社2006年版，第110～139页；以及谢耘耕、陈虹：《真人秀节目：理论、形态和创新》，复旦大学出版社2007年版，第32～105页。

② 参考了尹红、冉儒学、陆虹：《娱乐旋风——认识电视真人秀》，中国广播电视出版社2006年版，第231～257页。

型）节目。这档节目每期长度为30分钟或者60分钟（按各国版本不同而异），由荷兰恩德莫（Endemol）公司出品。在美国每周播出三期：周二、周四晚九点播出前两期，每期30分钟，周六播出60分钟。每一系列播出14周。节目内容为展示在一个封闭的公寓中男女青年参赛者的私人生活，满足观众的窥私欲望。

节目的叙事动力来自于参赛的男女选手通过角逐，避免淘汰，成为最后的"老大哥"，从而获得25万美元奖金。

角色设置是，14名选手，7男7女。

节目的竞赛冲突是，选手们必须在与外界隔绝的环境中，想方设法找乐子，战胜枯燥的生活；同时为避免被淘汰的命运而与他人协作或发生冲突。节目每周淘汰一人，最后的胜利者"老大哥"由观众在幸存的最后两名选手中选出。

节目的环节结构设计是，每期节目展示选手的日常生活、活动或表演，周末一期则安排选手投票，决定出被淘汰的两个候选人，然后由观众通过声讯电话、短信、互动电视等方式投票选出一个最不喜欢的、最没有人缘的选手出局。

在三个多月的时间里，所有的一切，都被安排在一幢装有无处不在的摄像机和麦克风的公寓里进行，选手们生活的情景每天24小时都有可能通过电视或网络呈现给观众。这构成了节目的时空环境。

在参与互动方面，观众可以登录该节目网站，追踪屋里的实时状况；每周从两名淘汰候选选手中淘汰一名的时候，和最后决定"老大哥"的时候，观众都可以通过声讯电话、短信等多种通讯手段来作出最后的决定。参与者有可能获得各种奖励。

《老大哥》被公认为创造了室内真人秀电视节目的经典模式。在这个模式里，选手的隐私被暴露无遗，而每个选手的个性特征在节目进行期间也鲜明地呈现着，选手之间为避免被淘汰而进行的各种合作、对抗、联盟、背叛，以及卷入其中的或真或假的友情、爱情，将人们能够普遍体认的生存经验集中展现，并自始至终贯穿着冲突，每一周的淘汰者是谁？最后的胜出者是谁？构成了大大小小的悬念。这成为节目吸引力的源泉。

（二）《幸存者》（*Survivor*）

这是生存挑战型（野外生存型）真人秀节目的经典范例。节目长度为60分钟，由美国哥伦比亚广播公司（CBS）、Mark Burnett制片公司制作。节目每一系列由16集构成，每周播出一集。

这档节目的叙事动力来源于选手通过竞赛获得淘汰豁免权，争取最后胜出以获取100万美元的奖金。

节目的基本竞赛冲突包括：选手被分为两组，每一集完成为生存而与自然环境斗争的任务，胜利的一组获得淘汰豁免权，失败方由同组同伴投票淘汰1人。当选手只剩下7人时，7人之间进行竞赛，每周淘汰一人。最后的结果，由最后的7名选手从幸存的2人中选择一人成为百万美金的获得者。在这个过程中，作为一名个人参赛选手，他（她）将面对与对手组的对抗、为赢得与对手组的对抗而与本组其他成员的合作，为避免被淘汰命运而与本组其他成员发生冲突，以及为避免被淘汰命运而与本组其他成员合作，等等复杂的合作对抗关系，这构成了复杂的、充满变数的，合作为暂时、冲突是根本的人际关系格局。

节目的角色包括参赛选手和主持人，参赛选手为16名或18名，由制作方从数以万计的报名者中遴选。选手在一定情景下可以成为审判者。

节目选择一个相对封闭、艰苦的野外空间，如南太平洋的一个荒岛、澳大利亚内陆的封闭空间、非洲丛林、亚洲泰国或南美山地的某个封闭地点。每一系列节目的拍摄历时4个月，每一周为一个淘汰单元。

节目的环节结果设计是，每一集设计2～3个任务。选手参加竞赛，由主持人决定成败。胜利者获得淘汰豁免权，失败方由同伴投票选择淘汰一人。

这档节目的参与性较弱，关键环节的结果都由节目内部的成员决定，观众只有通过网络投票选出最佳选手。

《幸存者》的一大特色是通过选择和改造特定环境，营造出一个原始人生活的环境，选手组也被命名为“××部落”，选手们必须完成与场景生存密切相关的游戏性任务，得到的奖励是免予淘汰的权利和与生存有关的物品，例如果汁饮料之类。这对于处在封闭的野外环境中，成天与辘辘饥肠作斗争的选手来说，不啻极高奖赏。由于游戏性任务的完成是基于“部落”与“部落”的对抗，所以个人选手必须与本组其他成员合作以求得胜利；而一旦失败后需要淘汰一人时，则又由本“部落”内的成员投票决出一人，这又使得选手必须最大限度地赢得内部支持，孤立和打击其他人。这样，就构成了一种纠缠、复杂的人际合作与冲突关系，这种人际关系又被置放在极其艰巨的自然环境中。在这种由规则所催生的类似于电视剧的人际关系和生存环境中，每一个个体参赛者如果要实现自己免于淘汰、最后胜出的目标，都同时面临着与自然的冲突、与外部力量的冲突、与本组其他人的冲突这三类冲突，而合作不过是在冲突中获胜的策略和手段而已。在这样的节目模式中，一切都如电视剧，只是角色不是扮演的而是真实的人物，电视剧的魅力在这里集中地体现出来。

《幸存者》创造了收视率的神话：每一系列都能推出包含大众偶像、大众情人在内的“明星选手”；明星选手的表现在各种“模仿秀”中出现；而进入前4名选手的衣着，也成为万人模仿的时尚。这让制作者始料未及。

（三）《美国偶像》

《美国偶像》是表演选秀型节目的范例。这档真人秀节目每集时长60分钟，每周播出两集，由美国FOX电视台制作播放。

这档节目的叙事动力，来源于参赛者展示才艺、展现自我的冲动，以及为争取胜利的种种努力，最后的胜利包括获得“美国偶像”的头衔，并获得高报酬的演艺合约，可能成为未来的演艺巨星。

节目的环节结构是一种金字塔式的结构。分赛区广泛选拔后，进入复赛。来自全国的参赛者要经过西蒙等三位专业评判者的面试及遴选，被选中的选手可以到好莱坞参加下一轮比赛。在此基础上选出24名选手（12男、12女）进入最后复赛，复赛采取淘汰制。在评委的挑剔和批评中，选拔出最后的决赛选手，“美国偶像”则由现场和电视机前的观众以多种方式决定。在这个过程中，选手之间的才艺比拼、选手的表现与评委的评价，构成基本的冲突元素。

在角色设置上，《美国偶像》拥有最为宽泛的标准，凡 16 岁至 28 岁的美国公民或长驻居民，只要满足一定的条件（例如不是专业歌手等），都可以成为节目的角色。

节目的选拔规则是，选手在规定时间演唱和表演，评审者进行点评，然后由观众投票，得票低者被淘汰。

观众投票是主要的互动方式。选手在每周二的比赛中公布自己的投票号码和短信代码，投票时间定在每周二节目首播时尾声前的两小时内，观众通过免费电话和短信参与投票。

节目的评审者不是传统选拔赛中的评委，三人评审者被进行了角色化定位：两位男性是"白脸角色"，负责用恶毒的语汇挖苦讽刺选手，挑战他们的心理极限；一位女性是"红脸角色"，负责打圆场和安慰选手。选手在海选阶段就被置于与评审者对抗的弱者地位，这一切的目的是唤起观众对所钟爱选手的同情心，以及对所讨厌选手的优越感。

《美国偶像》通过对海选过程台前幕后的展示，营造了一种貌似真实的人物成长环境，通过选手与选手的才艺比拼，以及选手与"白脸"、"红脸"评审者的冲突，在逐步的情绪累积和氛围营造中，为进入最后阶段的选手培育了巨大的关注能量，为最后胜出的选手积聚了巨大的人气场。这种模式的运行结果，是随着比赛的进行，节目越来越成为一场全民狂欢的源泉。这在《美国偶像》的中国模仿品《超级女声》中，也得到了应验。

限于篇幅，对其他作为真人秀范例的节目就不再介绍了。但仅从上面的文字中就可以看出，真人秀节目的确包含着一些独有的特征和一些特别的构成要素。下面，我们就来看看这方面的内容。

四、电视真人秀节目的基本特征与构成要素

前面我们介绍了真人秀节目的基本情况，但从策划的角度来看，还远远不够。作为策划者，要真正把握这种新兴的节目形态，一定得理解它的特征和内部构成要素，这关系到对真人秀本质的理解。

（一）真人秀的基本特征

无论什么类型的真人秀节目，都是真实和虚构的结合、纪实性与戏剧性的结合、观看与参与的结合。这就是真人秀的基本特征。[①]

1. 内容：真实性和虚构性的结合。

各种类型的真人秀，都是现实中的“真人”以自己的真实身份而非虚拟的身份（角色）来参与节目，这使得真人秀与电视剧构成了明显区别；而参与真人秀的选手在真人秀的节目中又受到种种规则和情境的制约，他们必须按照节目里人为设定的规则、在人为规定甚至设计的情境中行动，这又使得真人秀与新闻纪录片构成了明显的区别。所以，真人秀节目在内容上就表现出真实和虚构结合的特征，是一种把真实性和虚构性成功结合起来的电视节目形态。

例如，深圳卫视的《饭没了秀》，是一档以儿童为参与者的真人秀节目。在这档节目中，参与者的一切活动，都是以孩子们自己的面目出现。他们表现自己，而不是扮演“小明”、“小强”；但他们经过“乘坐飞机”、“打的”、“购物”、“核对信物”等环节，则是节目本身创造、设计的环节和规则；经过某指定的区域或街道，到某指定地点去“找妈妈”，这些区域、街道或地点，统统是节目安排的特定场景。这些规则和场景与现实生活中孩子们所处的真实境况并不相同。换句话说，如果不是节目本身的刻意要求，孩子们在实际生活中是不可能像在节目中那样去行动的。正是作为参与者的真实的孩子们按照节目人为设计的环节和规则、在指定的情境中去完成人为规定的任务，然后将过程拍摄下来供人观看，才形成了这档节目既有真实性又有虚构性的内容特征。

2. 形式：纪实性与戏剧性的结合。

与内容上真实性和虚构性相结合的特征对应，真人秀在表现方式上综合运用纪实性和戏剧性两种表现手段，从而使真人秀节目具备了纪录性与戏剧性结合的形式特征。

---

① 以下内容参考了尹红、冉儒学、陆虹：《娱乐旋风——认识电视真人秀》，中国广播电视出版社 2006 年版，第 60 页。

（1）真人秀节目体现纪录性的特点包括：

其一，非扮演性。真人秀节目的参加者自始至终都在节目中表现自己。他们要么是一些非职业演员的普通人，要么是跨界的演员或名人（例如电影演员参加以舞蹈竞赛为内容的真人秀节目、电视主持人参与歌唱竞赛节目，等等），他们没有预设的台词，没有预设的命运，一切都按照预设规则，在虚拟或指定场景中，依各人的表现而随机发生。

其二，纪实手段的使用。纪录性与一些表现手段密切相关。有人这样描述体现纪录性的表现手段："纪录片给我们的是客观但能辨明摄像机存在的印象，这种节目类型的程式包括：手持摄像机的使用、晃动的镜头、'自然'的布光、含混或听不清（因而显得'自然'）的印象等等。纪录片的程式用来造成这样一种印象：摄像机碰巧拍下了没有预期的事情，并客观真实地展现给我们……"①

真人秀节目十分强调纪实手段在节目中的应用。中央电视台《交换空间》节目，摄制组对交换装修的红队、蓝队的整个装修过程、验收环节等，进行全程跟拍，然后剪辑成片，其基本表现元素是跟拍形成的图像资料。

在《老大哥》、《阁楼故事》等西方真人秀节目中，用无处不在（包括浴室和厕所）的摄像机实施全天24小时"监视"拍摄，然后将画面剪辑加工，其纪实手段的运用可以说发挥到了极致。

其三，过程和结局的开放性。真人秀节目的规则是明确的，结局是必然的，但参与者的个人命运则是随机的，这就形成了节目过程和结局的开放性。这也是与纪实性相关的特性，它与电视剧的情况很不一样。

在电视剧中，一切按照剧本的预设发生，情节过程、角色命运、最终结局，都是确定了的，剧本预设了一个封闭的故事系统，演员在其中演绎具体情节。

① 转引自大卫·麦克奎恩《理解电视：电视节目类型的概念与变迁》，华夏出版社2003年版，第125页。

但在真人秀节目中，就完全不同了。例如，选秀类真人秀节目，其淘汰和胜出的规则、赛程环节等都是确定的，但最后是张三或者李四胜出，则是随机的。这就是开放性的含义。

其四，抓拍细节。真人秀十分注重细节，但这种细节不是由导演安排、演员表演的，而是由参与者自然流露然后被抓拍下来的。这与纪录片的图像细节的处理很相似。这也是纪实性的一种表现。

例如，《交换空间》里有一个接受房屋装修的主人“蒙眼验收”的环节。当男女主人被揭开蒙眼布之后，那种诧异、惊喜、按捺不住的激动，各种表情，都是摄制组抓拍的，自然真诚，没有导演的痕迹。《饭没了秀》孩子们那些令人捧腹的话语或让人惊叹的机敏，也都是抓拍的，不是导演的结果。

尽管有上面那些体现纪实性的特征，但真人秀又具有另外一种与纪实性背道而驰的特性，就是戏剧性。

(2) 真人秀节目体现戏剧性的特点表现在：

其一，节目的时间和空间是人为设置的。在真人秀节目中，时间是人为设置的，它是节目规则的一部分；空间则要么是人为指定的，要么是人为创造的，总而言之是人为设置的。这都表现出很强的人为特点。这与纪实性所要求的“不干预、不介入”拍摄对象的原则很不相同。

例如，《老大哥》中参赛者共同生活 82 天，中央电视台《交换空间》在 48 小时内完成交换装修的任务，等等，都是人为设置的规则的一部分。

《老大哥》中参赛者生活的那所封闭的公寓，是人为指定的，并按照节目要求做了适当改造；《幸存者》中作为参赛者角逐情境的南太平洋的荒岛、澳大利亚荒凉的内陆、非洲丛林，是人为指定的，很多场景（例如作为会议场所的“溶洞”）也进行了一些改造。

《超级女声》的赛程时间安排，是人为设置的规则的一部分；初赛、决赛场地，则是由美工师、道具师、置景人员等共同劳动、人为创造的。

其二，规则是人为设计的。任何一档真人秀节目，都有一系列规则。例如，竞赛规则，淘汰、胜出规则等。这些规则都是人为设计的。在这种人为设计的规则支配下，参赛者形成复杂的人际关系，从而使每个参赛者既要面对自然的场景，又要面对复杂的人际关系，这就构成了节目总的情境。这个总情境显然是因人为规则而形成的。

例如，美国全国广播公司（NBC）的真人秀节目《为爱情还是金钱》，有着这样的规则：在一幢豪华别墅里，一位来自达拉斯的单身律师与15个单身女子相处，通过不同形式的集体活动或者单独约会，律师将在六期节目当中，淘汰女子中的14位，并向最后一位姑娘求婚。但律师并不知道，女孩子在参加节目的时候就被告知，被律师找到的那位“意中人”将赢得100万美元。参加竞争的女孩子不得不使出浑身解数来讨好这位律师，当其他女孩陆陆续续被淘汰，最后只剩下两名女孩的时候，两名女孩会被告知：当她们中的某一位最终被律师选择之后，她还将面临一次选择，在通过激烈竞争得到的爱人和100万美元之间，只能选择一项，从而被置于“为了爱情还是金钱”的巨大困境之中，两难处境构成巨大的挑战，也构成节目最具吸引力的高潮。一次，一位最后的胜出者踌躇再三，决定选择100万美元，这时，她被告知，其实如果她选择律师，她同样可以获得那100万美元。节目中的选手们所面临的处境，以及由此构成的具有极大吸引力的戏剧性情景，不可能集中地出现在生活常态中，它们是人为创造的结果，是一种戏剧化的艺术处理，只不过在这里，戏剧性不是发生在由演员扮演的角色身上，而是发生在自己扮演自己的真实人物身上。究其根本，一切都由规则的设计而促成。①

其三，真人秀节目大量采用艺术加工。在各类真人秀节目中，为了强化节目的魅力，制作者往往会采取很多艺术加工的手段，对节目进行处理。这些处理，涵盖了节目进行的过程和后期制作等各个阶段。

作为节目过程的艺术加工，我们先以《幸存者》第37天的部落

① 上面这个例子来自于张小琴、王彩平：《电视节目新形态》，中国广播电视出版社2007年版，第214～215页。

会议为例。在主题音乐《部落声音》中，最后四名幸存者手执一根长长的火炬在夜幕中行走。他们穿过茂密丛林，来到一个原始风味的会场，这是他们进行投票的重要场所。会场是一个被布置成“溶洞”的普通山洞。“溶洞”入口处悬挂着一面铜锣，往里有一架藤条编成的吊桥伸向会场，会场内照明昏暗，石凳围着熊熊燃烧的篝火，还有为投票准备的陶罐、木炭笔、草纸以及颁发给获胜者的贝壳项链等等。四个参赛者每人敲击了一下会场入口的锣，随后坐在大石头上，点燃的火炬插在身后，身前则是熊熊的篝火。他们接受了主持人的提问，然后将答案用炭笔一类的东西写在外表粗糙的大草纸本上，向主持人展示。其中一位答对了最多的题，从而获得豁免权，可以在当天免于被淘汰；接下来四个人背对他人、面向摄像机在纸条上写下自己认为应该淘汰的人的名字，然后将纸条投进古朴的陶罐中，决出两名被淘汰者。整个仪式原始古朴，充满神圣的宗教仪式感。①

上面的例子具备打动人心的效果，这显然得力于编导在节目进行环节的艺术加工。

至于后期制作中的艺术加工，在《交换空间》和《饭没了秀》中就表现得很充分：卡通化的画面包装，关键环节用音乐音响营造气氛，为压缩时空而采取的延时摄影（快动作）剪辑处理等等，随处可见。这些艺术加工的人为性十分明显，对增强节目魅力发挥了重要作用。

由此可见，真人秀节目就是这样一种在形式上同时具备纪实性和戏剧性的新兴节目类型。

（3）传播：观看与参与的互动。

电视真人秀节目是迄今为止参与性最强的电视节目。这使得这类节目在传播上具有明显的观看与参与互动的特征。一方面，观众中的一部分直接参与到节目当中，例如《超级女声》的零门槛参与规则与海选直播的结合，使成千上万的女孩子得以直接参加到节目当中，这

---

① 见周庆安：《Survivor：从象征与仪式，到游戏与传媒权力》，中华传媒网：http://academic.mediachina.net。

构成“直接参与”；一方面，观众以特定的方式对竞赛结果等节目内容发生影响，例如赛程后期“短信投票支持喜爱的选手”对最后获胜者的产生发挥决定作用，这构成“间接参与”。

真人秀节目是在新媒体迅速发展时代诞生的节目形态，所以，它的传播不仅仅限于电视频道，还可以通过互联网站、手机媒体等多种媒体形式进行。这就使得真人秀的互动拥有了多元而畅通的渠道。例如，手机媒体不但可以提供短信、彩信等观众参与的方式，甚至可以直接成为节目观看的终端。《幸存者》、《老大哥》都拥有自己的互联网站，英国 O_2 公司、环球音乐和安迪摩尔公司（Endemol）还联合出品了手机“真人秀”节目“Get Close to……”系列。该系列是《老大哥》的创意人 Peter Bazalgette 的作品。这部手机“真人秀”以其独特的创意获得了许多奖项，包括 2006 年 11 月的英国移动营销奖和 2007 年 6 月的英国移动音乐奖等。“Get Close to……”在英国获得成功后，西班牙语版本的“YO! Melendi”与诺基亚手机携手，风靡欧洲。

观众观看真人秀节目的内容，参与到节目中去影响内容，然后继续关注后续内容，接着再以适当方式影响内容，从而形成了相当独特的传播模式。

（二）真人秀的构成要素

根据尹鸿、冉儒学、陆虹的研究成果，电视真人秀的构成要素有七类，它们是把握、理解和策划真人秀节目的关键所在。根据我们的理解和综合，我们为这七类构成要素作如下命名：参与者、行为目的、竞争环节、淘汰与选拔机制、特定时空、真实记录、艺术加工。下面分别阐述各构成要素的主要内涵。[①]

1. 参与者。

真人秀节目通常是一个由真实人物按照特定规则从事竞争行动而形成的一个有头有尾的完整的故事。志愿参与者就是其中的故事主人

① 尹红、冉儒学、陆虹：《娱乐旋风——认识电视真人秀》，中国广播电视出版社 2006 年版，第 77～106 页。

公。与电视剧不同的是，电视剧的主角是虚构的，而真人秀的主角却始终是真实的。主人公在故事中的命运，可以延伸到实际生活当中，例如，李宇春在《超级女声》这个节目中的成功，可以实际地改变她在生活中的命运，让她从默默无闻而成长为万人瞩目的明星。这正是真人秀节目的魅力所在。

传统的歌手比赛节目、游戏节目，人本身在节目中并不重要，节目强调和着重表现的要么是比赛的结果，例如谁谁谁获得了第一、二、三名；要么是游戏的过程，至于是谁参加游戏并不重要。

而真人秀节目的参与者是节目的主角，节目的其他元素是为他们的成长服务的，参与者的个人的性格、心灵、气质、秉性、才艺等在节目过程中展现出来，是节目的关注重点。最后胜出者的胜利，不仅仅是参加一次比赛的胜利，而且是一个人从默默无闻到走向辉煌的人生命运的嬗变。真人秀特别看重表现这个嬗变的过程以及其中的人物成长的环节与细节。《超级女声》之后，李宇春之所以享有一般歌手大奖赛获奖选手完全不同的地位，主要原因就在于她的成长通过《超级女声》被亿万观众见证和认可，从而获得了观众情感上的真诚接纳。这既是李宇春个人的成功，也是真人秀节目理念和模式的成功。

2. 行为目的。

真人秀节目讲述的是一个故事，而且这个故事是按照标准的电影故事片或电视连续剧等影视艺术的戏剧规律来设计的。与影视剧等虚构的作品不同，真人秀的戏剧性主要体现在一些人为的设计上，这些设计包括行为目的的设定、行动时空的设定、竞争环节的设定、胜负规则的设定等等，而这些设定都围绕着挑起和激化参与者的竞争行为来进行，而竞争行为是为了呈现冲突场面或场景，而冲突是戏剧魅力的核心。

行为目的是真人秀戏剧性设计的第一个因素。按照悉德·菲尔德和罗伯特·麦基等人的编剧理论，通常电影故事片的情节模式是“激励事件出现，打破生活的平衡，促使主人公产生动机—主人公动机指向追逐特定目标—在动机的驱使下产生追逐目标的行动—遭遇障碍或反行动，形成冲突—冲突导致主人公的命运发生按照‘两极价值’

(即故事价值）模式的转折—主人公通过艰苦努力，最后克服障碍或战胜反行动，取得不可逆转的胜利（或失败），故事获得一个不可逆转的结局”。根据这个情节模式，要让参与者在故事中行动起来，就必须让参与者产生一个能够驱使自己去行动并且为观众所理解的动机。设定行为目标，就是为了促使参与者产生这样的动机。

正是出于这种戏剧性方面的考虑，真人秀节目往往在节目中设置两种目标：

其一，是外显的、可以供人观看的行为目标。例如，到达某个地点，取得某种胜利，获得某种位置，等等。

其二，是内在的、真正促使参与者动机产生的奖励目标。因为，如果只有行为目标，参与者不一定去追求这个目标，参与者凭什么要去追求这个目标？行为目标是供人观看的外显目标，并不是参与者动机的投射对象。奖励目标才具有真正的激发动机的作用。例如，巨额金钱、房子、汽车、高级用品、特殊体验的机会、高薪职位，甚至优秀异性，等等。参与者正是在这个目标的驱使下产生动机，去努力争取“行为目标”。

3. 竞争环节。

前面提到，真人秀节目是按照戏剧原理来设计的。根据戏剧原理，在人物动机和目标确立之后，接下来就要让人物去行动。这个人物行动的过程，必须是一系列有因果关系的、包含“看点”的事件，也就是所谓情节。根据前面提到的情节模式，参赛者作为节目的主人公，在行动的时候必须遭遇障碍和反行动，他必须在与障碍和反行动冲突的过程中取胜，从而获得进入下一阶段的机会；当然，如果他在这个过程中失败，就被淘汰出局，失去机会。

真人秀节目的人为性在这个环节充分地体现出来。如果不进行设计，不管把参赛者放在什么时空中，都不会有好看的情节集中出现。于是，节目的制作方必须要设计一些环节，来为参赛者提供集中而好看的竞争。这样，竞争环节就作为真人秀的一个要素，而被纳入节目内容设计的范畴之中。

竞争环节根据节目类型的不同，而被设计成不同的形式。例如：

在《幸存者》中，竞争环节主要设计为每一集里的2~3个游戏性任务。例如，第一系列第6集记录了8位女性和8位男性在挪威一个小岛上生存第16天到第18天的情形。第16天，安排了两个小部落之间的竞赛游戏，选手们必须通过两个小跷跷板，两个需要钻越的框架性障碍物共四关，完成装满椰汁的任务，再沿原路跑回。第18天，则要求选手用弹弓射穿4×5厘米的20张方形瓷片，最先完成的一组获胜。①

在《学徒》里，要求被分成两组的选手（8男8女），到纽约工商界去，在短短几天时间内，完成一些不可思议的高难度动作。这些动作涉及销售、行销、促销、慈善捐助、房地产交易、财政、广告策划和设备管理等许多方面。②

《奇异旅程》是一档旅行竞赛类的真人秀节目。这档节目的竞赛环节是要通过12个中途站，节目的每一集到达一个中途站，并设置2到4个寻找地点、发现线索之类的任务，最后一组到达中途站的队伍被淘汰。进入决赛的选手总计行程达到7.2万公里。各个竞赛环节被安排在全球各地的风景点或奇异场景。

具备冲突元素，只是真人秀节目产生吸引力的基础；而竞赛环节本身应具有可看性，并让冲突原理通过这种具有可看性的竞赛环节表现出来，这才是真人秀所追求的。因此，凡成功的真人秀无不注重竞赛环节本身的设计。

4. 淘汰与选拔机制。

真人秀的冲突与竞赛环节结合之后，推动着情节向前发展，对于参与冲突的主体——参与者来说，会导致两种不同的戏剧命运。

一种是有冲突，但没有淘汰或胜出，参与者的行为都导向了最后目标的实现，结局对参与者是一样的。例如，深圳卫视的《饭没了

---

① 尹红、冉儒学、陆虹：《娱乐旋风——认识电视真人秀》，中国广播电视出版社2006年版，第236页。

② 尹红、冉儒学、陆虹：《娱乐旋风——认识电视真人秀》，中国广播电视出版社2006年版，第125页。

秀》，两组幼年的孩子（每组一男一女），以“找妈妈”为动机，以“找到妈妈”为目标，独自踏上寻找之旅，其间经历各种与环境障碍的冲突。主要竞争环节包括：乘坐飞机、指定购物、打的、寻找指定地点、使用手机或互联网联络，等等。最后，两组孩子都能到达指定地点，找到妈妈。对于3~5岁的孩子来说，这些竞赛环节具有足够的挑战性。节目没有被淘汰者和胜利者，吸引观众内容的主要是节目前半段孩子的才艺展示，演播现场孩子与主持人妙趣横生的对答，以及幼童独自上路令人担心的经历。又如中央电视台的《交换空间》，红、蓝两队交换装修对方的房屋，最后的结局是各自对房屋验收时的满意度，也没有淘汰与胜出的机制设计。节目的吸引力，主要来源于由交换装修所带来的“结果如何”的悬念，以及在“48小时”有限时间内完成艰巨的装修任务所造成的悬念，以及设计师在色彩、用料、布局等方面通过透露/扣押信息而形成的悬念。上两类节目采取的是一种温和的模式，事实证明，这种模式也有相当的吸引力。

另一种是，有冲突，有竞争环节，也有淘汰与胜出的机制设计。参赛者在参与冲突的过程中，通过在各个竞争环节的表现，来决定自己的命运。通常，在竞赛环节表现不佳，在人际关系方面协调不好，甚至运气不佳，都可能导致被淘汰。由于有淘汰/胜出的机制设计，导致每一个阶段（例如每一集节目）都有一次决定参与者命运的考验，这种考验的失败与成功的几率严重不对等，败多胜少是基本格局。惟其这样，最后的胜出才显得弥足珍贵，最后胜出的选手才显得不同凡响。因此，引入淘汰/胜出机制的真人秀节目设计出“以淘汰为主”的机制。“现在的真人秀却更加重视被淘汰者的失败，因为失败是创造情感强度的重要手段。真人秀往往都喜欢让淘汰者（loser）在众目睽睽之下走出，增加失败对观众心理的冲击，用失败者的痛苦来唤起观众的同情。胜利创造欢乐，淘汰创造痛苦，而正是节目中的这种情感，给观众带来心理上的冲击和快乐。”①这是真人秀在不同的

① 尹红、冉儒学、陆虹：《娱乐旋风——认识电视真人秀》，中国广播电视出版社2006年版，第95页。

国家，常常能够创造“万人瞩目”景观的重要原因。从各国真人秀的实际情况来看，具有淘汰/胜出机制的节目在影响力、吸引力、冲击力等方面，优于没有这种机制的节目。中国迄今为止影响力最大的真人秀节目《超级女声》，就具有这种机制。究其原因，在具有这种机制的节目里，参与者的命运有着更多的变数，这更符合真人秀“纪实性+戏剧性”的本质。

那么，淘汰与胜出的机制包含一些什么元素呢？主要有以下三种：[①]

（1）淘汰还是胜出。

大多数真人秀节目不但有一个总的、最后的胜出目标，而且设计了各个阶段的竞赛环节。每个竞赛环节都有一些具体目标，实现或接近目标者获胜，反之则失败。这是淘汰与胜出机制包含的第一个元素。但到底是把重心放在让失败者出局，还是渲染让胜出者留下，或在淘汰者出局的同时胜出者留下并享有某种奖励，这是可以供策划人员选择的。在具体的节目中，这个元素又表现为三种不同的实现形式：

第一，重心放在淘汰失败者上。被淘汰者可以是一个人，也可以是几个人；被淘汰者出局。

第二，重心放在选拔胜利者上。胜利者可以是一个人，也可以是几个人；被选拔的胜利者获得更高级别的荣誉或奖励，其余选手可以留下。例如，被选拔者获一、二、三等奖，其余获优秀奖、各类单项奖等。皆大欢喜。

第三，既淘汰，又选拔。被淘汰者黯然离场；被选拔者不但留下，还获得某种特权，例如获得免于淘汰的“豁免权”，或淘汰别人的“决定权”，等等。

至于在节目中采用何种实现形式，需要结合节目的具体情况和编导思想来决定。

---

① 尹红、冉儒学、陆虹：《娱乐旋风——认识电视真人秀》，中国广播电视出版社2006年版，第96～98页。

（2）如何决定成败。

在具体的真人秀节目中，都有一个用何种方式来决定成败的问题。例如，选手在竞赛环节的表现，怎样认定他（她）接近目标的程度？对于一些具体的竞赛目标，这不成问题，例如用弹弓击穿瓷片，只需要累积击穿瓷片的数量就可以决定；但有的竞赛，例如唱歌，就不是那么容易决定了。这时，就需要确定如何决定成败的方式、途径，这就构成淘汰与胜出规则的第二个元素。在这一点上，有两种具体的方式：

第一，规则判决式。这种方式是评委、评审团等具有资格的主体，依据规则和自己的主观感受，给以判决。例如，《学徒》、《中国达人秀》等就采取的这种方式。

第二，民主票决式。让选手、观众通过投票的方式来决定，有时与评委判决结合起来，各自规定不同的权重。这种决定成败的方式不但能够引发广泛的参与热情（如2005年第二届《超级女声》的例子）；而且能够强化节目冲突的复杂性（如《幸存者》竞赛环节的失败部落自己投票选出一名被淘汰者）。

（3）谁来决定成败。

这是淘汰与胜出规则包含的第三个元素。这个元素主要指决定成败的主体是谁。通常有三类：

第一，裁判。裁判是外于节目参与者的第三方力量，通常由专家、主持人或者评审组来担任。裁判依照规则，根据选手的表现来决定参赛者的失败或胜利。

第二，参与者。一些真人秀节目，赋予选手淘汰权。选手淘汰别的选手，既能决定别人的成败，也将自己置于尴尬的人际关系中从而有可能引发与他人的冲突，具有双重意义。

第三，观众。目前不少真人秀节目都将观众纳入决定成败的主体范畴，有时甚至赋予观众以最后决定权。例如，《老大哥》的最后胜出者，就由观众投票产生。当今通讯手段的发达，为观众参与提供了技术前提。

5. 特定时空。

如前所述，真人秀也需要像戏剧那样，通过对参与者活动的时间和空间进行限定，形成特定的时空环境，以使参与者按照规则和节目冲突元素的要求，在其间依循戏剧规律行动，从而保证参与者的表现能够成为可供观赏的“秀”——表演。

（1）时间的限定。

时间的限定包括单一环节的进行时间和整体活动的进行时间。前者通常表现为节目的一集，后者表现为节目的一个序列，或者一个赛季。

当时间被限定之后，很多可以利用的戏剧性元素就被制造出来了，例如：

赛季的第一天、最后的一天，最后的机会，倒计时、读秒，等等，这些增强吸引力的处理，都以限定的时间为前提；

由于有了限定的时间，“在规定的时间完成艰巨的任务”的悬念设置技巧得以采用，真人秀节目往往大量使用这个技巧。

参与者在节目中从事实际活动的时间与节目分段播出的安排对应考虑，能够使参与者的活动产生类似于电视连续剧那样的进程性和连续性，这对于真人秀节目与观众观赏习惯契合，能起很好的作用。

（2）空间的限定。

真人秀节目参赛者的活动空间，有的在室内，有的在室外。但由于节目中的空间是参赛者活动的平台，所以空间的选择、创造或指定，都应遵循一定的限定原则，即节目中的空间必须有利于节目规则实施、冲突展开、竞赛环节实现，它应该围绕节目的要求进行严格的选择和限定。随机存在的自然空间本身并不能成为节目所要求的空间。

具体说来，在空间的限定上，需要注意以下几方面：

第一，封闭。通常，在室内或人工创造场所展开的真人秀，需要选择一个与外部世界隔绝的封闭空间。例如，《老大哥》、《阁楼故事》中参赛者生活的公寓，或者中央电视台《交换空间》中相互交换装修的房间，或者《超级女声》的初赛、决赛赛场等，就属于这种情况。

第二，模拟。室内真人秀往往模拟日常生活环境，生活设施等都按照日常生活的常态来设计和安排；但我们之所以称其为“模拟”，是因为节目中的那个环境与现实生活的真实环境还是有差异的。例如，它的与世隔绝性，就是现实中所不具备的，而是节目制作需要人为设定的。

户外展开的真人秀节目，则常常通过景点选择和适度改造，来模拟某种特定的生活场景。例如《幸存者》中，茂密的丛林，溶洞般的山洞，土陶的投票罐，熊熊燃烧的篝火等，就是按照现代人心中关于原始、蛮荒的意象所进行的模拟。

第三，集中。所谓集中，是指在并不封闭的空间当中，按照节目的需要，对参赛者所涉及的空间，进行以“集中”为特点的限制。

例如，《饭没了秀》里，寻找妈妈的小孩踏上寻找之路，面对的仿佛是一个开放的世界；但每期节目具体涉及的活动空间，却集中在有限的交通工具或有限的活动场所里，如飞机、大巴、出租车上，或者某条街道、某个商店、某处园林景点之内。这样，就构成了一种虽不封闭，但却集中的限定空间。

《学徒》当中，虽然参赛者身处纽约这样的繁华都市，但节目涉及的环境并不是漫无边际的，而是集中在与商业性竞争环节有关的场景。

《奇异旅程》虽然最后获胜者行程可以达到 7 万多公里，但其参赛者的活动空间仍然被集中在与旅游有关的地点或奇异场景之中。

第四，奇观。由于真人秀节目是做给观众观看的，所以，其中所有因素，都需要从有利于吸引注意力的角度来考虑。除了其他法宝，根据节目内容，融入奇特、奇异的景观，是一个不错的选择。尤其在野外生存型真人秀中，这种特点表现得尤其充分。《幸存者》中的南太平洋荒岛的热带雨林，澳大利亚僻壤的悬崖飞瀑，非洲肯尼亚大草原的飞禽走兽；《生存大挑战》“重走长征路”中的雪山、草地，等等，无不出于提供“奇观”的考虑。

6. 真实记录。

当真人秀节目的参赛者按照规则，在限定的时间和空间中，开始“表现”的时候，通过视频拍摄、音频采集进行真实记录，就成为摄制组的主要工作了。在这个过程中，如实地记录下参赛者的活动情况，不进行人为的干预，不摆拍，不留下人为的痕迹，让镜头下的一切，呈现出纪录片一样的特性："真实、自然、随机、开放、难以预测，出人预料……"[①]，是真人秀节目的基本要求。这个元素，是保持真人秀纪实特性和记录审美魅力的主要元素。

需要强调的是，在真实记录的过程中，由于真人秀有通过真实人物的表现来刻画人物性格、表达人物成长的使命，所以，细节的抓拍成为能否实现这个目标的最重要的关键之一。很多时候，现场随机抓拍的生活细节、表情细节、语言细节等，成为后期制作中，凸现人物、活跃气氛、增强感染力的重要元素。例如，前面提到的央视《交换空间》节目里最后蒙眼验收的环节，深圳卫视《饭没了秀》小小参赛者们令人忍俊不禁的言行，无不得益于摄像师对细节抓拍的职业敏感和娴熟操作。它们都为塑造人物或增强感染力发挥了作用。

7. 艺术加工。

在真人秀节目中，从参赛者行动规则的拟定，到行动过程的推动和拍摄，到视频、音频的后期制作，无处不渗透着制作者艺术加工的心血。正是这些艺术加工的努力与节目真实元素的结合，才使真人秀具备了一般电视节目所不具备的魅力。

这种艺术加工表现在如下几个方面：[②]

(1) 对参与者的包装。成熟的真人秀节目都重视对参与者的包装。在节目开始之前至开始之后，通过采访、造型、画面表现等方式，用各种传播渠道，突出表现选手的家庭背景、个人特征、兴趣爱好等，力求将现实中普通的参赛者通过包装暗示为某一类角色，然后借助他（她）在节目中的表现和后期制作的处理，将其转化为观众所认可的某一类人物，完成对参赛者"角色化"的转化。很多参赛者经

① 尹红、冉儒学、陆虹：《娱乐旋风——认识电视真人秀》，中国广播电视出版社2006年版，第104页。

② 尹红、冉儒学、陆虹：《娱乐旋风——认识电视真人秀》，中国广播电视出版社2006年版，第106～107页。

过这样的包装，一跃而成为大众瞩目的“明星选手”。

(2) 对竞赛过程的干预。真人秀节目标榜的基本原则是公开、公平、公正。制作方通常不会去挑战这些原则而甘冒遭受观众不满甚至唾弃的风险。但在一些时候，对竞赛过程的干预是存在的。例如：

对于观众所喜爱的某位选手，通过某种方式予以保护，让其不至于过早被淘汰，以保持观众对其本人的关注，进而保持对节目的关注。

在一些具体环节，进行艺术设计，让这些环节更具有可看性。例如，前面提到的《幸存者》第 37 天的部落会议的场景改造和进程处理，就充满了艺术创造的色彩。

(3) 对视听艺术手段的运用。真人秀节目虽然具备一定的纪实性，但又与纪录片很不相同。一些视听艺术手段在节目中被大量应用，以增强节目的艺术感染力。

例如，蒙太奇手段的运用。由于真人秀节目大量采用多机拍摄，所以后期蒙太奇剪辑几乎是主要的剪辑手段。这样，通过蒙太奇手段来压缩或延伸时间空间，渲染紧张气氛，延宕悬念破解进程，等等，都成为普遍的做法。

此外，快慢放、电脑特技的画面包装，音乐的烘托、音响的冲击，诸如此类的在电视剧中采用的艺术手段，也在真人秀的后期制作中广泛运用。

正是这些艺术处理，才使得真人秀节目常常具有不同一般纪实节目的魅力。

第二节　电视真人秀节目策划要点

上面对真人秀节目作了一个基本的介绍。而我们了解这一切的目的，是要利用这些知识来进行真人秀节目的策划。那么，真人秀节目的策划有些什么要点呢？尽管真人秀节目在中国的发展还处于初级阶段，这方面成功的经验并不太多，但根据已有的研究成果，结合业界人士有限的经验，我们仍然可以提出如下策划要点，供广电专业的同学们参考。[①]

一、明确节目类型

进行真人秀节目策划，首先要考虑的是准备策划一档什么类型的节目。如前面所介绍的，真人秀是一个庞大的节目家族。这个家族中的各个节目类型，除了基本元素相同或相近以外，在具体的内容形式上可以有非常大的差异，而且所需要投入的人力、物力、财力，所需要的条件都很不一样，最后的播出效果差异也很大。这就需要根据所面临的实际情况，对所需要策划的节目类型做出明确的考虑，这是基础性和前提性的工作。

通常，野外生存类节目要求的制作条件很高，一般的节目制作公司和电视结构难以独立运作；而表演选秀型节目在国内面临的限制较多，要做好不太容易。相比之下，技能应试型、身份置换型、益智闯关型、游戏比赛型、异性约会型、生活技艺型等类型的真人秀节目比较容易运作，而且可以根据本地的条件进行改造变化。因此，不妨在这些品类上多考虑考虑。

二、设置竞赛目的

一旦确定了你准备策划的节目类型，就要考虑竞赛目的的设置了。按照我们在前面的介绍，竞赛目的需要同时设置两个：动作目的和奖励目的。

动作目的根据节目具体情况的不同而有所不同。例如，表演选秀节目“获得第一名”是动作目的，身份置换节目以“融入对方环境”为动作目的，野外生存节目以“避免淘汰、幸存到底”为目的，技能应试节目以“完成各种复杂的任务、到达终点”为动作目的，等等。

奖励目的是激励参赛者行动的目标，如大额金钱、贵重物品、名望地位、优秀异性等，一般是在动作目的实现后同步获得。

---

① 以下内容部分参阅了尹红、冉儒学、陆虹：《娱乐旋风——认识电视真人秀》，中国广播电视出版社 2006 年版，第 149~152 页。

在国内，有一些看似没有奖励目的的真人秀节目，如中央电视台的《交换空间》和深圳卫视的《饭没了秀》。两个节目在结局部分都没有奖励目的的设置。但如果细加分析，可以发现其奖励目的还是有的：《交换空间》的参加者房屋主人获得了免费装修，设计师获得了通过央视平台展示自己技能水平的机会，这无疑将带来有利于其今后业务拓展的回报。而《饭没了秀》中，让孩子在卫视露脸参加节目制作，这对孩子的成长是一个无法估价的奖励，很多家长在节目最后环节毫不掩饰地吐露了这一点。

需要强调的是，设置动作目的应简单明确。目的越明确，动作的意义就越能被观众感觉到。至于奖励目的的设置，则须考虑不但这个目的对参赛者要有吸引力，同时对观众也要有吸引力。只有当参赛者去追求观众也认为价值重大的东西，观众才会关注参赛者的行动。

三、选择参赛选手

首先应该明确：真人秀的参赛选手是节目的“演员”。即便像表演选秀类真人秀节目，以报名的“零门槛”作为宣传炒点，但它的主要目的也不是遴选艺术人才，而是表现参赛者作为角色的成长过程。进入竞赛最后阶段的选手，一般都具备类似演员般的特质。

根据不同的节目，参赛选手的遴选标准也不一样，但是，作为共同的要求，需要考虑选手的代表性、均衡性、差异性、戏剧潜力等。

代表性指的是，选手代表特定观众群的属性。这种代表性，可能与地域有关，如表演选秀节目的成都赛区选手、武汉赛区选手；也可能与社会地位有关，如超市购物竞赛节目的普通家庭参赛者、名人家庭参赛者；也可能与性别有关，如女性选手、男性选手；也可能与年龄有关，如老年参赛者、青年参赛者，等等。选手由于具备上面提到的这些背景因素，所以其具有某些方面、某些领域的代表性。选手具有代表性可以获得所代表观众群的特殊关注，选手阵容一旦具有广泛的代表性，就可以保证节目获得广泛的关注。

均衡性是指选手之间在某些比例上要实现均衡。例如，有的节目采取男女各一半的方式配置选手，有的节目既包括蓝领选手，也包括白领选手，就是出于这种考虑。

差异性主要是指选手之间在性格、背景、地域、教养、禀赋等方面的差异。这种差异可以使未来选手的表现过程充满变化，多彩多姿。这是节目魅力的来源之一。如果选手众人一面，性格相同、教养相似、背景雷同，可以断言，未来的节目一定是沉闷而缺乏变化的。

戏剧潜力是指选手在外形外貌、语言状态、应对冲突、协调人际关系等方面所表现出的具有戏剧角色意义的潜在能力。这种潜力是节目中人物出现戏剧性反应或作出戏剧性表现的基础之一。例如，有的人天然地就外貌奇特、语言幽默、反应敏捷、善于与人相处，这样的选手就比外貌平平、语言木讷、反应迟钝、不善与人相处的人更有戏剧潜力，因而也更容易在节目中“出戏”，甚至更容易赢得观众的关注和喜爱。

如果我们按照上面的要求遴选到了合适的选手，未来节目的成功就有了重要的保障。

四、设计竞争环节

竞争环节不但让真人秀节目的内在冲突显性化，赋予冲突外在形式，其本身的优劣也直接决定节目的观赏价值。例如，奥运会前夕，湖南卫视推出游戏冲关类真人秀节目《奥运向前冲》空前火爆。随后，国内诞生了一大批同质节目，但这些后起的节目很多都无法达到《奥运向前冲》的高度，其主要原因之一就在于后起节目的游戏环节设计与《奥运向前冲》差距太大。

竞争环节的设计是高度考验策划者创意能力、创造思维能力和艺术想象力。成功真人秀节目的策划者们，无不在这个领域殚精竭虑、呕心沥血，以求获得出人意表的创意成果。

竞争环节的设计需要注意几个原则：①

1. 新颖：道具、场景、路径等，越新颖，效果越好。

---

① 尹红、冉儒学、陆虹：《娱乐旋风——认识电视真人秀》，中国广播电视出版社2006年版，第150页。

2. 强度：通常，竞争环节强度越大，越是挑战极限，越是超越常规，效果越好。

3. 简单紧凑：竞赛的过程可以复杂曲折，但每一个具体环节应简单紧凑，让观众一下就能明白，这个环节比什么，赛什么。不能让观众费神，这是所有娱乐节目的共同要求，真人秀节目也不例外。

4. 要给选手的自我表现和自我表白等留出空间：真人秀节目与早期游戏节目的最大不同，就是早期游戏节目只重视游戏过程不重视人，而真人秀既重视游戏过程也重视人，甚至将游戏过程作为人物展现自我、逐步成长的平台。所以，要考虑给参赛者留出一定的空间。

五、设置竞赛规则

竞赛规则的核心是失败和胜利的规则。不包含胜负的竞赛，不是完整意义上的竞赛。严格意义上的真人秀节目，一定要有竞赛环节，因此一定要有胜负结果。竞赛规则，是确定胜利者和失败者的规则。

在设置竞赛规则的时候，需要注意两点：①

其一，变优胜规则为淘汰规则。优胜规则是强调强者的规则，淘汰规则是强调弱者的规则。人们的天性是同情弱者。将优胜规则变为淘汰规则，导致节目的重心向弱者倾斜，这能大大激发观众的同情心。成功的经验告诉我们，由此激发起的观众对“谁将被淘汰”的关注，往往超过对“谁将胜出”的关注。中央电视台3套《星光大道》每一关的结果出来以后，主持人都会宣布：“胜出者下去准备，被淘汰者留在台上作告别感言。”想想这种处理在观众中所唤起的情绪反应，就很容易理解“优胜变淘汰”规则改变的魅力了。这是当代西方真人秀节目在规则设置方面的一大成功经验，值得借鉴效仿。

其二，将游戏结果决定成败的规则，修改为“投票”决定成败。游戏结果决定成败，是单纯的体力和智力因素在发挥作用，这不能提供更多的变数和悬念；更重要的是，按照这个规则，人物的行动缺乏

① 尹红、冉儒学、陆虹：《娱乐旋风——认识电视真人秀》，中国广播电视出版社2006年版，第150页。

充满复杂关系的冲突情景，因而难以实现人物在节目中的成长。但改为“投票”决定成败，并且在此基础上衍生出更多复杂的规则，例如“失败团队投票决定一人淘汰出局”，就会产生相当不同的结果：一是增加了淘汰的变数，使得选手单单具有体力和智力的优势并不能免于被淘汰，从而增加了节目的悬念；二是把游戏结果转化为检验选手人际关系的动力，将选手置于充满复杂人际关系的冲突情景之中，从而使人物在游戏过程中得以逐渐展示复杂的自我，在观众眼中实现性格的成长；三是在关键环节把投票决定胜负的权力交给观众，可以大大增加节目的参与性。

还需要说明的是，由于节目各个环节、各个阶段的规则是不同的，所以，制定竞赛规则需要针对整个节目作通盘考虑。

六、设计节目结构

真人秀节目通常涉及两个方面的结构考虑：参加节目的人物的活动阶段和最后完成节目的结构。由此而来，有两个方面的工作要做：一是对节目结构作出设计，二是决定活动的阶段、日程。例如，西方的真人秀节目常常以系列的方式出现，如一个系列含 16 集节目，每周播一集，则选手往往被安排参加 16 周，也就是差不多 4 个月的活动。

还有一种是以栏目的形式出现的真人秀节目，如《星光大道》、《非诚勿扰》等。这种节目模版一致，只是每一期的参加者不同。

在策划真人秀节目的时候，要根据所策划节目的具体情况，参照上面提到的办法，作出你的设计。

七、考虑拍摄制作条件

不管制作什么真人秀节目，都要涉及一些有特殊要求的制作条件。例如，有的真人秀节目的空间，不可能选择电视演播厅，而要选择合适的其他场地；拍摄的时候，需要对选手活动进行抓拍，这样，对摄像、照明、录音的设备都有比较高的要求，对摄像师也有特殊的业务要求；而真人秀节目的制作费用也往往会高于新闻消息类节目，等等。诸如此类的条件方面的问题，都需要在策划的时候作一个通盘考虑。

八、落实节目主持人

真人秀节目的主持人通常需要有一些特点，例如思路敏捷、反应机敏、有亲和力、有个性，等等。例如，《非诚勿扰》的孟非和固定嘉宾乐嘉，《星光大道》的毕福剑，《交换空间》的王小骞，《饭没了秀》的强子等，就是一些对该节目而言非常合适的主持人。他们所在节目的成功，无疑包含着他们个人从主持角度的贡献。因此，在策划的时候，需要根据节目的内容形式，对主持人提出要求、做出设想，以之作为遴选时的参考，为最后节目主持人的落实提供指导。

九、参考优秀范例

真人秀是舶来品。国外在真人秀的开发上，已经达到了很高的水平；而国内在这方面还存在较大差距。为了开阔眼界、学习借鉴，我们建议应该经常性地观看和研究国外的优秀真人秀节目，从具体节目中感受真人秀的魅力，发现那些体现真人秀真谛的元素。这是提高真人秀策划水平的一条有效的途径。

十、注意国情差异

真人秀节目因国情的不同，而在传播效果上呈现出相当大的差异。《美国偶像》和《超级女声》分别在美国和中国都取得成功，说明了这类节目既适合美国国情，也适合中国国情；而《阁楼故事》在法国广受欢迎，但湖南电视台的《完美假期》却遭遇严厉的批评和抵制，反映着这类节目在中国的文化背景下遭遇水土不服的尴尬。这些情况提醒国内的策划人：策划真人秀节目，需要注意国情的差异。

第三节　真人秀节目赏析

这里，我们以深圳卫视 2011 年 4 月 23 日播出的一期《饭没了秀》，作为赏析对象。

（请学生在课前观看2011年4月23日播出的《饭没了秀》“魔力宝宝找妈妈上海专场”）

赏析：

《饭没了秀》是深圳卫视一个以小朋友为主要参与者的真人秀节目。这期节目制作播出于2011年4月23日。这期节目有如下值得注意的特点：

1. 这期节目具有改版前《饭没了秀》的统一模板，由三个板块组成：在演播厅内，魔力宝宝表演、访谈构成前半部分；魔力宝宝踏上“寻找妈妈”旅途的户外真人秀，构成中间部分；演播厅内家长抒发感受的结尾部分。遵循真人秀是纪实性与戏剧性结合的属性要求，这三个板块的功能意义在于：

前半部分，给魔力宝宝搭建一个表现自己的平台，通过宝宝们多才多艺的表演，妙趣横生的对答，让观众认识几位小主人公，为后面户外真人秀的展开提供一个前提和基础。前面我们提到过，真人秀节目不但看重过程的有趣，也重视人物在过程中的成长。这个部分正是按照这个要求，为孩子们提供一个表现自己的舞台，让观众对几个孩子的特点乃至性格有一个初步的印象。经过挑选的宝宝果然不负众望，表现令人印象深刻。上海宝宝朱颖（小名颖颖）“旗袍小达人”的故作姿态令人忍俊不禁，深圳宝宝倪南的聪颖乖巧令人疼爱，深圳宝宝杨思益回答问题的聪明伶俐给人留下深刻印象，上海宝宝常呈悦（小名小宝）傻乎乎中透着机智也让人有所留意。正是在这一部分的表现，让观众初步认识了四个宝宝，而不会把他们混同起来。

中间部分，鲜明地体现出纪实性与戏剧性结合的特色。为了追求戏剧性，节目以“寻找妈妈”作为宝宝们的行为动机和行动目标，宝宝们为寻找妈妈展开行动。他们分两个组踏上旅途，最后在上海旗袍店找到妈妈。为了增强冲突，节目特地安排了若干障碍，包括乘飞机、打的、向大人问路、找路、找旗袍店、问价格、换一个旗袍店、比对信物（纨扇）、发现妈妈所在地线索等等。对于这些三四岁的孩子来说，独立面对上面的任务，无疑将面临一个个巨大的障碍。孩子们在克服这些障碍的过程中一步步前进，而由此激发的冲突正是戏剧性的主要含义。同时，为了体现纪实性，作者忠实记录了宝宝们旅途中的主要环节，记录了他们克服一个个障碍的过程，作者一直隐藏在画面以外，从不露面，从而让观众完全忘记摄像机后面有成年人在现场，时时为孩子们的安危捏一把汗。经过中间这一个充满戏剧性和纪实性的真人秀过程展示，孩子们的性格呈现在观众面前。几个孩子中，最出彩的是上海宝宝朱颖，她乖巧的性格，甜甜的小嘴，给人留下最为深刻的印象。

结尾部分，几乎和每一期节目一样，家长热泪盈眶地诉说着对孩子旅途表现的惊讶和感动，主持人强子则在节目行将结束的时候顺势作出具有励志意涵的归纳。这个部分不但是节目非常感人的一个环节，也是不露痕迹地让这档娱乐节目体现出一定思想内涵的重要构成部分。《饭没了秀》之所以能够受到各界人士几乎没有异议的好评和肯定，这体现在最后阶段里的“娱乐与思想意涵统一”的追求，无疑发挥了重要作用。在中国的社会文化背景下，这个节目的启示意义应该引起娱乐节目策划者足够重视。

2. 这个节目的摄像师对细节具有非常敏锐的意识，同时也是抓拍细节的高手。这种业务素质显然对节目的成功发挥了极大的作用。只要注意一下节目中朱颖的那些表现，像在旗袍店与营业员的对话、在大街上称赞“美女”，以及“真是太美太美啦，美得让人受不了啦”的极其“大人化”的感慨，就能感受到摄像师抓拍细节的能力和这些细节对于让朱颖这个宝宝在观众印象中鲜活起来的价值。

3. 作者采用大量艺术处理的手法来包装节目。用得最多的，是根据具体情景，结合孩子们的话语配上卡通字幕。例如，思益讲出不标准的普通话“我穿了羽绒湖呢”，屏幕上这时叠加一个彩色的“湖”字，调侃孩子对“服”的发音不准；旗袍店营业员问朱颖：“深圳宝宝的妈妈长得什么样?”朱颖回答：“瘦瘦的——我也不知道”，屏幕上马上打出这自相矛盾的字幕，并配上诙谐的音乐。每当这样的字幕出现，现场立刻一片哄堂大笑。诸如此类的处理甚多，这对于节目的有趣好玩，发挥了很好的作用。另外，在宝宝们获得线索，结伴而行，去完成寻找妈妈的最后旅程时，节目进行了慢放处理，并配上略带伤感的温情音乐，很好地酝酿了氛围。这样，当最后孩子与妈妈相见的时候，一种感人情绪便油然而生。这些艺术处理，充分体现了真人秀节目的特点。

4. 这个节目没有胜负的规则设计，但仍然有很强的观赏性，究其原因，主要是题材具有特殊性。三四岁的儿童作为主人公去完成那些无法想象的任务，通过似乎注定无法通过的环节，这本身就具有足够的悬念强度；而找妈妈的动机和目标，也能提供足够的行动动力。这样，即便没有胜负设计，孩子的命运仍然为成年人观众关心。只要能够唤起观众对人物命运的关心，节目就注定具有吸引力。

思考和练习

1. 《超级女声》与《非诚勿扰》都是真人秀节目，试概括它们的共同元素。

2. 如何理解真人秀是纪录性与戏剧性的结合？

3. 请结合具体例子，谈谈将胜出规则改变为淘汰规则的意义。

4. 真人秀节目中的参赛者仅仅是一个追求成功的选手吗？为什么？

5. 试谈谈你对发展中国真人秀节目的建议。

第十三章 电视晚会策划

第一节 电视晚会概述

一、电视晚会与电视文艺晚会、电视综艺晚会

在基层电视机构，有时会举办电视晚会，而这些机构一般没有设置晚会导演的专门职位，通常由栏目编导来承担这方面的工作。所以，本章专门介绍一下这类电视节目的策划。

所谓电视晚会，“是一种在某一特殊时间，为营造某种氛围，以配合某一重大主题内容的宣传，而特别组织的以综合性文艺表演为主的电视娱乐节目形态”。[①] 电视晚会可以直播，也可以录播。

电视晚会也被称做电视文艺晚会，或电视综艺晚会。如张燕、谭政就提出：“电视综艺晚会也称文艺晚会，是指围绕一定的主题，将音乐、舞蹈、曲艺、杂技、戏剧等多种艺术形式的节目组合编排在一个或几个固定的场所演出的电视节目。”[②] 但我们在这里使用电视晚会的概念，而不使用电视文艺晚会或电视综艺晚会的概念，是基于如下理由：

电视文艺晚会以“主持人+单个文艺节目”的组合为内容，而我

① 孙宝国：《中国电视娱乐节目形态学》，新华出版社 2009 年版，第 89 页。

② 张燕、谭政编著：《影视概论教程》，北京师范大学出版社 2004 年版，第 191 页。

们所说的电视晚会固然很多时候也以这类内容为主，但也有例外。例如，在某些行业晚会和颁奖晚会中，完全有可能不以文艺节目为主，而把插片、现场谈话、非文艺性的表演（如技艺展示）和庄重的仪式作为晚会的主要内容。对于这些例外的情形，把它们称作“文艺晚会”显然是不合适的。

至于电视综艺晚会，与电视晚会或电视文艺晚会的差异就更大。这种差异既表现在内容上，也表现在形式上，更表现在功能上。以国内成熟的综艺晚会节目《快乐大本营》为例，该节目的口号是“快乐大本营，天天好心情”，“不是简单地迎合或浅薄地配合‘政治任务’，而是定位于‘大众娱乐’，力求乐得火爆，乐得痛快，让观众明‘道’于欢声笑语之中”。[①] 在节目中，主持人之间、主持人与嘉宾之间，大量安排插科打诨以激发笑声，节目构成更以游戏搞笑节目为主，辅以轻松快乐短小精悍的歌舞和表演片断。《快乐大本营》早期制片人汪炳文认为，该节目是综合“游艺”节目，而不是综合“文艺”节目。他的观点对于我们区分综艺节目和文艺节目很有启发价值。[②] 电视综艺晚会追求搞笑、猎奇、煽情，合格的综艺晚会应该具有娱乐节目所特有的宣泄感、释放感；而电视晚会则不然，电视晚会当然需要适度娱乐，但在国内基层电视机构的具体实践中，积极配合中心工作或宣传某个主题，具有庄重的风格、规范的形式，是电视晚会无法回避的任务和职责。后者与综艺晚会的差异是显而易见的。

综上所述，我们在本章使用“电视晚会”的概念。

二、电视晚会的分类

对电视晚会可以做多样的分类。这里，我们根据基层电视机构的具体情况，将电视晚会分为四类，即节庆晚会、专题晚会、行业晚会、颁奖晚会。

---

① 梅文慧、何春耕：《综艺大本营——〈快乐大本营〉的娱乐模式》，中国传媒大学出版社 2007 年版，第 35 页。

② 同上，参见第 207~209 页。

所谓节庆晚会，是在重大节日或重大庆典活动到来之际，为了欢度节日、庆祝盛典所准备的晚会。如元旦、春节、清明节、端午节、中秋节等民俗节日，“五一”、“七一”、“十一”等政治节日，抗战胜利××年、改革开放××年等重大纪念日，等等，在这些日子到来的时候所举办的晚会，就是节庆晚会。

专题晚会也被称作“主题晚会”，是“有着较为单一的鲜明的专门主题表达，而非多主题并存的晚会，带有鲜明的目的性”。① 基层电视机构的专题晚会一般紧密配合当地的中心工作，宣传色彩浓厚。如为“3·15 消费者权益日”举办的消费者维权晚会、成都电视台为配合建设“国际田园城市”的启动而举办的晚会等等，就属于这一类。

行业晚会是按照某一行业的要求，以推广企业形象、打造企业品牌、扩大企业影响为基本特点的晚会。行业晚会的经费往往由企业承担。

颁奖晚会是各类评奖活动结束之际作为奖项颁发盛典的晚会。“较大型的评奖活动之后，往往要举办一台文艺演出，以示评奖活动告一段落。在进行颁奖的同时，让电视观众欣赏文艺节目表演。”②

上述各类晚会中的前三类，具有相似的面貌，在艺术精神和格调上也比较相近，颁奖晚会则特别一些。但具体到每一台晚会，则由于艺术创造本身对创新的特别注重，而使得优秀的晚会往往因创造性智慧的作用而闪现出耀眼的个性化光芒。

第二节 电视晚会策划要点

关于电视晚会的策划，需要说明如下几点：

第一，电视晚会专业性很强，晚会导演和其中不同节目的导演以及其他编创人员在晚会诞生的过程中发挥着重要作用。我们在这里所

---

① 徐舫州、徐帆：《电视节目类型学》，浙江大学出版社 2006 年版，第 95 页。

② 韩青、郑蔚：《电视娱乐节目新论》，中国广播电视出版社 2005 年版，第 93 页。

说的策划，主要指为晚会的内容和形式定位、定性、定走向的创造性活动；而具体文艺节目的编创等，其本身实际上也存在策划的问题，但一般不包括在我们所说的策划范畴之内。

第二，电视晚会是包含很多要素，牵涉很多方面的大型工作项目，其策划常常和筹备紧密联系、相互交融，很难独立于实际操作之外，在基层电视机构尤其是这样。因此，后面我们对晚会策划要点的介绍一般都紧密联系具体工作环节来进行。

第三，不同种类电视晚会的策划、筹备过程是相似的，这使得我们可以为电视晚会的策划寻找到某种较为通用的模式。后文的内容是从基层电视机构的实际工作需要出发，对电视晚会的一般性策划和筹备的要点，做一些介绍；对一些比较特殊的晚会类型，则在具体环节的内容中适度予以说明。

首先要指出的是，尽管电视晚会更多的是将已有文艺节目或其他既有元素与主持人元素组合加工后而形成的，但它同样需要创造。对电视晚会来说，创造、创新，应该是不懈追求的目标，更是策划人所追求的目标。

一、确定晚会的主题和内容范畴

策划一台电视晚会，首要的工作，是确定晚会的主题和内容范畴。一般来说，晚会的主题和内容范畴是紧密联系在一起的。例如，一台纪念“五一”劳动节的节庆晚会，它的主题通常是“赞美劳动者和劳动的价值”，它的内容范畴是反映或讴歌劳动者或劳动的文艺节目的组合；一台在“3·15”消费者权益日举办的专题晚会，其主题往往是“抨击揭露对消费者的侵权行径，赞美维护消费者权益的正义行为”，其内容范畴可以是批评曝光侵权行径和赞美讴歌维权行为的各类插片、访谈和文艺节目的组合；一台为某高科技企业举办的行业晚会，它的主题往往是“展示企业形象、推广企业品牌”，它的内容范畴可以是反映企业昂扬向上精神、严整规范状态、卓有成效的社会贡献的文艺节目和典型报道的组合，其中的文艺节目可以由专业人士演出，也可以由企业职工出演。一台“社区好人”评选活动的颁奖晚会，其主题可以是“回顾活动过程，弘扬活动提倡的精神，为活动画上圆满句号”，其内容范畴可以是与活动内容或基本精神有关的文艺节目、典型报道插片、活动回顾插片、现场访谈、颁奖环节等元素的有机组合。

从上面的介绍可以看出，所谓电视晚会的主题，实际上是可以用简略的语言予以表达的关于晚会主旨和核心的概括，它比较抽象；而内容范畴，则是赖以抽象出这概括的具体节目和内容的领域，它比较具体。离开内容范畴的孤立的主题表达没有意义，而缺乏主题指引的内容范畴将杂乱无章、目标不明。

在实际工作中，当我们接受了一台电视晚会的策划任务，并启动创意思维的时候，这两者通常是密切联系地进入我们的脑海，进入我们的视野。常见的程序是这样的：接受任务—根据晚会的性质和基本要求构拟出其内容范畴—为晚会确立主题并做出概括表述—进入后续工作环节—在后续工作中进一步完善策划。在这个过程中，主题的确立和内容范畴的构拟是相辅相成的：内容范畴可以根据主题进行调整，主题可以在内容范畴的基础上进一步细化、明确。

构拟晚会内容范畴，需要考虑晚会举办的背景、功能，以及由此而来的晚会的性质和要求；确立晚会主题，则需要结合所构拟的晚会内容范畴。例如，利用“6·26”禁毒日这个契机举办的宣传禁毒的晚会，其内容范畴一定离不开揭露贩毒罪恶、揭示吸毒危害、歌颂禁毒努力、展示禁毒成果的文艺节目和插片、访谈等元素；而它的主题通常可以概括为“揭露贩毒罪恶、揭示吸毒危害、歌颂禁毒努力、显示禁毒成效”。

在最后的策划方案中，主题可以用“晚会主旨”、“晚会主题”的项目予以表述，而内容范畴则不必付诸书面表达，但会反映在最后的节目清单中。

二、确定晚会的风格基调

在确定了主题和内容范畴之后，接下来的工作就是晚会的风格基调定位。一台合格的电视晚会，一定是风格基调统一的节目组合，而一定不会是风格迥异节目的杂凑。风格基调的一致和统一，既是电视晚会必需实现的艺术目标，也是后面遴选编创节目的前提要求：因为只有确定了晚会的风格基调，才能明确需要什么样的单个节目。

所谓晚会的风格基调，指的是晚会经由内容和形式的融合而呈现出来的风貌格调和基本调性。风格基调可以用一些虽然语表模糊但语义确定的形容性词语来描述。例如，我们可以这样来描述电视晚会的风格基调：中性的、喜庆的、激越的、细腻的、高雅的、奔放的、喜剧的、谐谑的、悲怆的、压抑的，或者“多种风格组合的”等等。

确定风格基调需要考虑这样几个因素：

第一，晚会的背景因素。晚会是在什么背景下举办的，制约着它的风格基调。例如，庆祝春节的电视晚会肯定是“喜庆的、热烈的、民俗的、欢乐的”，而同样是节庆晚会，纪念“十一”国庆节的晚会通常是“热烈的、恢宏的、追怀的、隆重的”。至于“6·26”禁毒晚会，则往往是“沉郁的、严肃的、感人的、压抑的”，等等。

第二，晚会的内容因素。晚会采取什么元素来构成内容，也会影响到风格基调。例如，大量采取歌舞类文艺节目，其风格基调必然是“热烈的、欢乐的、喧闹的”；而大量采取小品、曲艺等节目，晚会的风格基调很可能是“喜剧的、谐谑的、幽默的”；如果晚会中运用大量的纪实插片和现场访谈，则其风格基调很可能是“纪实的、冷静的、沉思的”。

第三，晚会的形式因素。电视晚会的形式可以涉及很多方面，例如，晚会采用的单个节目本身有其固有的形式，与主持人组合之后会形成晚会的结构形式，利用电视手段对晚会进行包装也会赋予它外部形式，这些都会对风格基调的形成发生影响。以对晚会的包装为例，包装可以是“炫彩的、前卫的”，也可以是“传统的、庄重的”。在确定晚会风格基调的时候，需要将形式因素纳入统一考虑。

第四，艺术追求的因素。电视晚会有浓厚的艺术创造色彩，这为策划人和编导者留下了进行艺术创造的空间。作为创作主体在从事创造时的艺术追求，也会对晚会的风格基调发生影响。例如，禁毒晚会的策划人和编导者突破这类晚会通常“揭露吸毒罪恶、歌颂禁毒典型”的定势，而采用吸毒者沦落和戒毒后新生的系列小品配诗意述说来结构晚会，在其中贯穿着“以情动人、以情感人、以理服人”的追求，则晚会就会呈现出“细腻的、感人的、深思的”这样的风格基调。此外，即便是针对完全相同的节目内容，在电视直播（录播）的镜头处理上、在包装和细节处理上，编导者的艺术创造也可能导致晚会风格基调的明显差异。例如，对盛大的歌舞场面，如果导播大量采用摇臂、移动轨进行大景别的俯瞰摇摄、平行移摄，就会产生“恢宏”的效果；而采用斯坦尼康与固定镜头进行小景别的短促剪辑配以镜头急推，则有“跳跃”的感觉。虽然追根溯源，艺术追求最后还是得通过内容或形式表现出来，但晚会创作人员主观创造所表现出的不确定性，使我们认为将艺术追求的因素作为影响风格基调形成的一类独立因素是恰当的。

一旦在策划中通过深思熟虑确定了晚会的风格基调，就可以采用贴切的文字表述方式，将其反映在策划文案之中，以便全体工作人员遵行、参考。

三、节目的遴选和编创

大多数电视晚会都需要组合为数不少的文艺节目，有时，在完成了前面环节的工作之后，策划人需要与编导人员一道，着手节目的遴选和编创。

单个文艺节目是电视晚会最重要的构成单元。在通常情况下，进入电视文艺晚会的节目有三种产生方式：从已有节目中遴选，遴选与改编相结合，编创新的节目。

一般来说，遴选或改编已有节目，由于节目是现成的，故对节目的质量比较有把握，经费上的耗费也比较低；编创节目则费用较高，节目质量的风险也比较大。因此，在基层电视机构的实际工作中，遴选和遴选加改编为主，编创为辅，是比较常见的选择。

（一）电视节目的遴选

在遴选文艺节目的时候，除了文艺节目本身质量必须达到播出水准、必须有特点等一般性要求之外，还需要考虑以下两个方面的要求：

1. 入选节目应与晚会的主题、内容范畴和风格基调吻合。

在这个环节，前面提到的主题、内容范畴和风格基调的定位，开始发挥重要作用。入选的作品既要符合主题或内容范畴的要求，又要与所设想的风格基调吻合。比如，一台晚会，主题是热烈喜庆的，则其作品的内容往往就离不了欢乐的舞蹈、热烈的合唱、活泼的舞伴歌、开心的喜剧小品等，其风格基调就应该明朗、亮丽；而以禁毒为主题的晚会，则可能选择表现与命运搏斗的现代舞、沉郁的独唱、悲剧性小品等，这些节目应该具有压抑、收敛的色彩。

2. 入选节目应考虑品类的搭配和协调。

除了从主题、内容范畴和风格的角度来确定节目，还得考虑节目品类的搭配。一台晚会，如果不是单一体裁的专场晚会（如个人独唱音乐会、诗歌朗诵会之类），通常都会追求节目品类的丰富多彩。节目品类的丰富多彩，一方面可以使晚会远离枯燥，同时也便于进行灵活的结构设计和进行必要的节奏安排。

常常在电视晚会中出现的节目品类包括：大型情绪型舞蹈，单人、双人、三人的情绪型或情节型舞蹈，大型歌伴舞，小品，戏曲片段，魔术，杂技，某些曲艺形式，等等。

3. 在选择节目的时候，要考虑到未来晚会对节目的需求。

有些节目是举办晚会必不可少的。例如，一台节庆晚会，开场的大型歌舞，压轴的大型歌伴舞，通常是少不了的；为了制造“笑点”或“泪点”，喜剧小品或悲情小品是不能缺的；为了丰富色彩，魔术和杂技也是可以选择的，戏曲片段也是可以考虑的；诸如此类，不一而足。

（二）电视节目的创编

完成了节目的遴选，接下来通常需要对节目进行改编，遴选不到的节目则需要编创。

经遴选而确定的节目，完全符合特定晚会要求的并不多，相当一部分现成节目需要改编才能满足需要。有的时候，对于一场晚会当中的重点节目，比如体现主题的开场节目或场面恢弘的压轴节目，以及一些难有成品的特殊节目，就需要编创。在这方面，上面提到的遴选节目的两方面要求也适用于此，除此之外，还需要注意以下几点：

1. 掌握专业人才信息。

电视机构举办电视晚会，为了保证文艺节目的专业水准，通常都要延请专业作者来完成文艺节目的改编和创作。这些专业作者通常是不同业务领域的人才，并且，往往一个节目就会涉及若干位不同领域的人才。例如，小品会涉及编剧、节目导演和演员，大型歌舞涉及编舞、舞蹈演员、曲作者、词作者、歌唱演员、录音合成师，等等。作为策划人，应该对本地区这方面的人才了然于心，这样才能使策划过程中所设想的节目具备得以实现的条件。

一般而言，通过所在地区的文化管理部门、文化团体、文化演艺公司等等，可以比较容易地获取本地区这方面的人才信息。

2. 进行充分的沟通。

在延请到合适的编创人才之后，策划人和电视晚会的编导者需要与他们进行沟通。在沟通过程中，需要详细地介绍晚会的主题、内容范畴、风格基调，然后就需要改变或创作的节目提出基本要求，阐述对未来节目成品的期许。这时，往往还需要应编创者的要求提供一些参考资料和其他帮助。

在具体的改编和创作过程中，沟通应该是随时进行的，这样可以避免在节目进入编排阶段、基本成形之后，出现大的遗憾。

3. 对单个节目逐个审核打磨。

通常，单个节目被改编或被创作出来以后，其状态与策划人和晚会编导者的要求会有一定的距离，这些距离可能表现在内容上，也可能表现在形式上，还可能表现在风格基调上。因此，通过审看节目，提出修改要求，不断修改完善，是不可缺少的环节。这在业内被称为“打磨”。

经过了上述工作，晚会所需要的文艺节目就基本准备就绪了。这个环节的工作，策划人可以不全程介入，但电视晚会文案的形成，需要尽可能地反映来自节目编创方面的最新成果。

四、非文艺节目组成元素的准备

电视晚会除了要组合不少文艺节目以外，有的时候，还会出于发挥电视特长丰富内容、调剂节奏、修饰风格基调等方面的考虑，准备一些非文艺节目的内容元素。这些元素包括视频插片、现场访谈，以及颁奖晚会的颁奖仪式等。

一些专题晚会、行业晚会和颁奖晚会，通常都会使用视频插片（VCR）。这些视频插片往往用于背景信息的补充、典型人和事的介绍、获奖项目的推介等。插片的内容需要根据具体的晚会内容来确定，总原则是：内容短小精悍，形式精心包装。内容的短小精悍是为了不让插片拖累晚会的节奏，精心包装则是出于电视晚会艺术属性的要求，应尽可能通过包装让插片与晚会的风格基调一致。

在专题晚会、行业晚会和颁奖晚会中，或许会安排现场访谈。这种访谈可以在舞台上进行，也可以在被采访者的坐席处进行。通常，在舞台上进行的采访具有仪式感，是节目总环节的一个部分，分量很重；在坐席处采访，则感觉是节目总环节暂时中断后的一个插入性结构，较为随意。如何处理安排，需要根据实际情况来决定。

现在谈谈颁奖晚会的颁奖环节的策划。在电视颁奖晚会中，颁奖环节是整台晚会的重心，所有节目元素都围绕它来展开，这是颁奖晚会不同于其他类型晚会的地方。那么，颁奖环节的策划需要注意些什么呢？可以从以下几个角度去考虑：

（一）由低到高，注重悬念

按照预设的程序，把有关奖项颁发出去，这是颁奖晚会的基本内容元素。这个基本元素贯穿整个晚会，成为鲜明的主轴。其间，往往穿插少量文艺节目或者插片、现场采访，起到补充信息、渲染情绪、调节节奏、增强可视性等作用。

程序的预先设计是颁奖晚会策划的重要工作。程序设计的基本模式是，先颁发低级别的奖项，再颁发次高级别的奖项，最后颁发最高奖。这样处理的好处是，能够扣押“最高奖花落谁家”的信息直到最后，从而构成晚会最大的一个悬念。而此前每一个较低级别奖项的未揭晓结果都构成悬念，整台晚会就由这一个个悬念及其破解所形成的叙述动力驱动着向前发展，直到晚会高潮的到来。

正由于颁奖晚会具备未揭晓的获奖结果这样的天然悬念，策划人应该充分利用这个资源。例如，在每个环节的颁奖结果揭晓之前，让主持人与颁奖嘉宾配合，适当"延宕"揭晓时刻的到来，以充分利用悬念的价值。我们一定在影视作品的颁奖晚会上见到过善于表演的嘉宾，如何卖关子、弄玄虚，延缓谜底揭晓最后时刻的到来，其中就渗透着对延宕技巧的理解和运用。

（二）强化仪式感

正由于颁奖晚会的主要目标是颁奖，同时颁奖晚会又是一次评奖活动完美谢幕的高潮部分，所以对颁奖环节就不能粗率为之、草草了事。通常，各个颁奖环节都应该按照强化仪式感的要求精心设计。例如，主持人上场的时机和他（她）在此刻的串联词，负责宣布结果的嘉宾的遴选、着装要求和上场时机，印刷着奖项结果的卡片、信封，获奖者上场顺序及发表感言，颁奖者的确定，礼仪小姐的遴选和装束等，都需要纳入策划范畴，预先精心设计。当所有事项考虑停当，还需要在彩排中予以演练（获奖者、嘉宾、颁奖者可由工作人员"扮演"）；通过演练磨合出最佳状态，以保证正式出场时不出纰漏。通常颁奖晚会还需要对主要出席者提出着装要求，以便营造出强烈的氛围，保证晚会仪式感的完美实现。

五、晚会结构的设计

晚会结构的设计，是晚会策划的重要内容。这项工作是把单个的节目、插片和采访（如果有的话）与主持人的串场部分按照一定的思路或原则编列成一个整体的过程。在结构设计的时候，需要重点考虑的环节是：开头和结尾，内容上的调节和整合，形式上的搭配，节奏的设计等。下面分别介绍。

（一）重视开头和结尾

电视晚会的开头和结尾是晚会结构设计的重点之一。通常的原则是，开头部分要引人注目，要有利于迅速激发起观众的观赏热情；结尾部分要形成全场情绪的最高点，具备“压轴”的效果。因此，电视晚会不管是热热闹闹地开场，还是清清淡淡地切入，都追求迅速集中观众的注意力、尽快激发观众的情绪。因为只有当观众的情绪进入热烈、激越状态，晚会才能获得好的效果。至于结尾部分，常常安排那些场面、气氛、规模等强度最大的节目，以形成高潮，发挥“压轴”作用，实现晚会的圆满结束。

（二）内容上的调节和整合

内容上的调节和整合，指将不同内容的文艺节目，与节目之外的元素，如插片、现场采访、电话采访等，有机地组合在一起，形成一个个内容单元，并为每一个内容单元安排一个恰当的位置和衔接点。

一般而言，文艺节目是电视晚会的主干内容，其余元素是辅助内容，所以，内容的调节、整合需要以文艺节目为核心。通常，可以把晚会设计成3~4个章节，以章节为单元，根据文艺节目及其他元素的性质将它们归入不同的章节，然后按照先轻后重的原则进行排序，进而形成整台晚会的结构。在这个过程中，需要对节目的数量进行调节，使各个章节的内容比例大致相当，从而实现晚会内容的均衡。

（三）形式上的搭配

形式上的搭配，主要是将各种品类、各类形式的节目交错安排，避免体裁相同或形式相近的节目凑在一块儿引发“审美疲劳”。例如，不能一连几个节目都是歌唱，或都是舞蹈，而应该将歌唱、小品、相声、舞蹈、大型舞蹈等节目交错安排，将热烈的、冷静的、诙谐的、肃穆的作品交替搭配。

（四）节奏设计

电视晚会的节奏设计主要是指，根据进入晚会的各个单元内和单元之间内容上的不同和形式上的差异，按照一定的模式，就晚会的内容强弱、情绪高低、色彩冷暖以及形式方面的张弛错落等对比，做出统一安排，从而使整台晚会形成一种符合审美要求的充满动态起伏变化的韵律。

可以作为节奏实现手段的因素包括：

内容上的差异。如大型歌舞与独舞，合唱与独唱，喜剧小品与悲情小品等。

品类上的差异。如歌舞与相声，歌唱与纪实插片等。

风格基调上的差异。如欢乐与忧伤，宏大与细腻等。

色彩上的差异。如舞美照明上的大面积暖色调配红色、橙色的服装和置景，与大面积冷色调配蓝色、白色的服装和置景。

形式上的差异。如欢歌笑语、满台生辉的视觉处理，与沉郁压抑、如泣如诉的舞台效果，等等。

还可以列入不少。在节奏设计的环节，需要按照一定的模式，对上述元素进行排列组合，从而为晚会寻求一种有序的起伏韵律。

电视晚会通常的节奏模式为"小高潮（开头）—平稳发展（前部）—小高潮（中部）—向上发展（后部）—高潮（压轴）"。具体处理则可以因策划、编导人员指导思想和艺术追求的不同，因晚会主题和内容范畴的不同，因节目内容形式的不同，以及其他方面的不同，而呈现相当大的创造空间。但一台60分钟左右的晚会，至少应该在前部、中部和结尾分别安排三次情绪和强度的高点，而在高点之前则需要设计低点来铺垫。

六、就晚会舞美、照明和化妆、服装、道具等事宜提出建议

电视晚会最重要的形式元素，是舞台美术（简称"舞美"）的设计制作和照明的设计实施，以及化妆、服装、道具等方面的准备工作。由于这些工作的专业性非常强，其最后确定通常由晚会导演、文艺节目编导和相关的专业人员来负责。策划人的职责是，从整台晚会的基本要求出发，提出原则建议。

舞台美术是晚会重要的形式元素，主要包括舞台上的视觉元素处理，也包括观众席上的视觉元素处理（例如有的晚会所安排的观众手持荧光棒、高举支持牌的处理）。策划人员的建议主要包括一些涉及风格基调的要求，例如，"舞美应该热烈、激越，充满暖色调的民俗元素，在舞台正中安排LED显示屏播放具有写意风格的节庆活动画面"，等等，作出诸如此类的表述。

照明设计又叫灯光设计，是影响舞台形式效果的另一个重要元

素。照明与舞美配合，能够在晚会艺术氛围的营造上发挥非常明显的作用。策划人的建议需要结合对舞美的设想来进行。例如，结合上面提到的那种风格基调的舞美设计，对照明的建议可以这样来考虑：舞台的照明设计应该与舞美风格一致，应该考虑节目的特点；开场和压轴歌舞的热烈、激越、宏大应该有充分的照度保证；中间部分体现情绪低点的双人舞在总体低影调的基本处理上，应有足够的造型灯光设计；需要按照舞美的精神和整台晚会的基调就各照明组在节奏方面的作用作出设计；提示经通盘考虑后决定是否使用电脑灯和激光照明设备，等等。

对于化妆和服装，策划人员主要应针对主持人、嘉宾等提出建议。例如，主持人的造型和服装是端庄秀丽的，还是华丽高贵的，或是前卫时尚的；嘉宾应该着正装还是着生活装，等等，都应该根据晚会的性质提出建议。

如果晚会涉及一些特殊的道具，例如，颁发给荣誉市民的金钥匙、授予特定对象的牌匾等等，就需要策划人做出说明。

总而言之，舞美设计与制作，照明设计及实施，以及化妆、服装和道具的落实，是专业性非常强的工作。因此，策划人员为保证所提建议能够具备较高的专业水准，除了策划人员个人需要通过不断学习和经验积累来提高自己以外，在每一场晚会的策划实施之前，与文艺节目编导和舞美师、灯光师、化妆师、服装师以及道具负责人及时沟通，当面说明策划人的思路、考虑、意图，虚心听取上述专业人员的意见，然后提出建议，往往是行之有效的做法。

七、对其他事项提出设想、要求、建议

除了上述事项，电视晚会的策划还涉及如下几个方面：

第一，落实晚会的场地。举办一台电视晚会的场地，是选择电视演播厅，还是选择剧场，抑或在体育场馆搭建舞台，都需要策划人做出选择、提出建议。场地不同，对晚会规模的支撑会有很大差异，对舞美、照明和经费等的要求都不一样，甚至对于晚会的风格基调都会发生影响。例如，几十人上台表演的大型歌舞，通常的几百平方米的

演播厅就很难容纳得下；而在体育场馆搭建舞台，照明系统、舞美部分水涨船高，成本较之演播厅会大幅度增加；而在正规歌舞剧院举办晚会就比露天舞台的晚会更显得庄重、典雅、华贵。由于有这些限制，策划人有责任在把握一台晚会基本精神的基础上，就晚会场地提出建议。

第二，落实晚会举办的日期和时间。一台晚会由于涉及很多方面的准备工作，涉及主持人、嘉宾和演员的档期，涉及直播时频道资源的动用，这就需要为它确定一个具体的日期和举办时间。这需要细化到某年某月某日的某一时刻。当日期时间确定以后，才能倒排日程，全面展开筹备工作。

第三，落实晚会的插片。如果晚会需要使用插片，在策划环节，就需要围绕插片的内容和形式提出要求，以便安排人员拍摄制作。

第四，落实主持人和嘉宾。晚会的主持人是很重要的，策划环节需要就主持人作出设想，提出建议。例如，需要什么风格、什么性别的主持人，主持人的数量是1人还是多人，等等。对于嘉宾，也应围绕嘉宾的职业、身份、年龄、性别、在晚会中承担的职责等，提出建议。

第五，落实晚会所需要的技术条件。电视晚会中是否穿插现场文艺节目以外的其他电视信号，比如播放插片，现场接打热线或接收短信，同步播发微博，等等；是否在舞台上安装LED大屏幕；晚会是直播还是录播，如果是直播采取什么技术路径，等等，都需要考虑清楚，并明确地提出来。

第六，落实电视晚会的工作班子。电视晚会的工作班子包括晚会导演、撰稿人员、文艺节目编导、音乐编辑、照明师、舞美师、录音师、制片负责人、剧务负责人、制片及剧务工作人员等。策划人可以根据具体晚会的规模和性质，提出组建晚会工作班子的建议。

第七，落实人员撰写主持人串联词。电视文艺晚会主持人串联词与报幕员的报幕词有很大差异。主持人串词不但起着把单个的内容单元串联为整体的作用，其本身也是晚会内容的构成因素。出色的主持人根据晚会的内容，或诙谐，或庄重，或深沉，或激越，对晚会的情绪调节起着很大的作用；同时，许多内容还可以直接由主持人在主持过程中予以介绍。所以，主持人串联词的撰写是一项很重要的工作，在很多情况下，节目组甚至会延请专门的诗人或散文作家来承担这项工作。这项工作一般由晚会编导来做，但策划人可以就串联词的风格、主旨、要点，提出建议。

第八，拟定电视晚会的“场序表”。场序表的意义和具体拟定方法，请参见第十四章《电视现场直播策划》中的有关内容。

八、拟定晚会的预算

电视晚会需要经费保证。工作进行到这一步，一台晚会的大致费用就可以计算出来了，此时，就需要编制预算。预算通常由策划人员会同晚会编导来进行；预算最后要形成书面文本《预算表》。《预算表》既是供上级进行经费审核的依据，也是后来工作中花钱的依据。预算通常需要考虑如下项目：

1. 单个文艺节目的费用。例如，改编一个大型舞蹈，需要支付舞蹈编导的编创费、演员排练和演出的劳务费、服装道具的制作或租赁费、舞蹈音乐的制作费、演职员的餐饮及交通费，等等；编创一个小品，会涉及编剧稿酬、导演劳务费、演员劳务费、服装道具制作或租赁费、演职员误餐费，等等。通常，为了简化程序，可以采取将上述费用打包计算，按某个节目支付多少费用来处理。

2. 非文艺性节目的制作费用。比如，拍摄制作插片的费用。

3. 音乐创作或使用权购买，歌唱节目先期录音，以及电脑工作站合成制作音乐的费用。

4. 舞美设计与制作的费用。

5. 照明设计与实施的费用。这项费用与舞美设计制作费用因为直接牵涉到晚会的效果，加之电视晚会追求视觉冲击力，所以往往在经费中所占比例较大。

6. 直播或录播设备设施的费用，如：直播（录像）车，或切换装置、摄像机、长摇臂、斯坦尼康、微波传输装置、卫星传输装置等的租赁费用。

7. 场地租赁费用。

8. 电视晚会工作人员所涉及的成本，包括劳务费、误餐费、差旅费，等等。

9. 其他不可预算开支。

将上列项目逐项敲定，最后计算出费用总额，就可以完成预算，并撰写《预算表》了。

九、完成策划方案

在对上述主要环节的构拟、设计和筹备完成之后，需要形成一份电视晚会的《策划方案》。从实际工作中的情形来看，电视晚会策划方案的结构、行文与前面我们介绍的策划方案有一些不同，所以在这里予以专门介绍。

通常，策划方案应包括“晚会名称”、“晚会主题”、“晚会风格基调”、“晚会举办场地”、“晚会举办日期时间”、“晚会形式上的要求”、“特殊事项说明”、“晚会节目构成及节目说明”，以及“晚会预算”等部分。下面分别略加说明：

1. 晚会名称：任何晚会都需要一个名称，策划人需要为所策划的晚会取一个名。例如，“天涯共此时——××××年中秋晚会”之类。

2. 晚会主题：在这一部分，用简明的语言将策划人对晚会主题的思考和理解表述出来，供节目组工作人员参考。

3. 晚会风格基调：策划人员对晚会风格基调的理解和定位，在这一部分进行描述。这个描述将为有关编创人员把握未来晚会的风格基调提供帮助。

4. 晚会形式上的要求：这一部分就晚会的舞美、照明、化妆、服装、道具以及其他形式元素进行说明。其中，需要充分反映出策划人员在上述诸方面的创意思维成果。这一部分的文字将对晚会导演、文艺节目和非文艺节目编导、音乐编辑、舞美、照明、化妆、服装、道具等方面专业人员的后续工作发挥重要影响。

5. 晚会举办场地：电视晚会的举办场地，不但要满足其中包含的文艺节目的要求，也要满足电视直播或录播的要求。因此，确定晚会举办场地，应该纳入策划考虑的范畴。

6. 晚会举办日期时间：举办日期是安排工作日程的重要依据，对电视晚会这样需要调动来自各方面的大量资源的项目来说，明确晚会举办的日期和时间，是策划人必须考虑的。

7. 晚会时间长度：这一部分需要注明晚会的时间长度。有经验的晚会编导从晚会的时间长度上，就能大致估计出需要多少数量的节目；而晚会节奏等元素的设计，也与时间长度密切相关；预算规模也与晚会的时间长度有关。所以这一部分不可或缺。

8. 特殊事项说明：是就晚会在背景、内容、形式、基调、效果、技术、外联等方面的特殊事项，进行说明。例如，晚会准备邀请某特定嘉宾以传达某特殊的意义，晚会举办期间将针对某对象进行跨国电话连线，晚会中某个节目将采取异地连线直播的方式播出，晚会全程将采取电视、网络、微博同步直播，等等。这些特殊事项常常是晚会出人意表的因素，但又无法简单地归纳到上面的项目中，所以单列出来，自成一个部分。

9. 晚会节目构成及节目说明：这一部分是晚会策划方案的重点，常常占据主要的篇幅。如果晚会划分了章节，需要在这里反映出来；而对各个章节在晚会中的地位、意义，也需要略加描述。被调节整合在各个章节里的文艺节目和非文艺性节目元素，都需要以它们最后在晚会中出现的顺序，一一列出，并对每一个节目元素作简要的说明，以传达出策划人对未来这些节目或元素的理解、要求和期许。

10. 晚会预算：将完成的《预算表》整合进这个部分。

策划方案的文本完成之后，有必要进行一些包装，赋予其具有艺术韵味的面孔。

十、在后续工作中完善策划方案

策划方案完成之后，通常就交付晚会工作小组付诸实施。但在基层电视机构，晚会编导人员往往也参与策划，而策划人员在晚会正式举办之前通常也涉足一些筹备工作以完善方案。因此，在这里我们有必要介绍在电视晚会正式播出之前的两个必不可少的工作环节：联排和彩排。

联排是把一场电视晚会的全部组成部分，以节目为主干，按照场序表的顺序，全面地在演播现场排练和预演。这种预演往往会进行若干次。通过联排，可以使各个环节的工作人员对场序表上所反映的晚会实际内容有明晰的感性认识，对各自所承担的表演或辅助工作能够更加娴熟地去完成，同时发现问题以便在剩下的日程里予以解决。联排时，对所有的节目和辅助元素，包括照明操作、效果控制、舞蹈音乐播放、歌曲伴奏带播放、插片播放等技术元素，都要预演一遍。演员不需要化妆，对有把握的节目和现场采访、热线接入等环节，只需就衔接点在现场略作表示即可，而并不需要全面预演一次（何况有的因素是无法预演的）。对有的节目，还可以在这个过程中当场修改和进行强化性排练。在联排之后，通常需要召开一个全体人员参加的小结会，在会上，编导、导播和制片负责人，常常分别就晚会内容、拍摄录制工作和综合条件保障方面暴露出的问题进行说明，并提出改进和完善的要求。如果做出了较大变动，策划人员就需要修改方案文稿并提交新的版本。有的时候，一些复杂的电视晚会，从策划方案初稿到最后定稿，可能会有若干个版本产生。

最后，在正式播出之前（通常是前一天，因为需要为最后的修改和完善留出一点时间），还得进行一次带机彩排。带机彩排通常是这样操作的：演员按演出标准化妆，舞美、照明、服装、道具和其他能够到位的元素全部到位，摄录系统按实际播出采集图像和声音，整台晚会完全按照实际播出的情形，预演一次。唯一与正式播出不同的是，彩排的信号只需录制下来，并不播放出去（如果本台晚会是采用直播方式的话）。

在进行了上面所有的基础性工作之后，一台电视文艺晚会就可以进入实际举办和播出环节了。策划工作到此便画上句号。

第二节　电视晚会策划文案赏析

这里，我们以成都电视台节庆晚会《永恒的承诺》策划方案[①]作为赏析对象。

庆祝成都市第十一届党代会开幕晚会
策划方案

一、晚会名称

本台晚会命名为《永恒的承诺》，寓意成都市党组织过去、现在和未来所做的一切，均为了履行对民族振兴、国家富强、人民幸福所做的历史承诺。

二、宗旨、主题

这是一台庆祝成都市第十一届党代会召开的、具有庆典意义的晚会。

这是一台展示中共成都市委、成都市政府带领我们在“十五时期”和“十一五”规划建设中取得辉煌成就的晚会。

晚会将以电视文艺的特有形式，围绕中共成都市第十届市委带领全市人民实施成都发展战略的主线，热情讴歌和表现在探索并推进以城乡一体化为核心、以规范化服务型政府建设和基层民主政治建设为保障的城乡统筹、“四位一体”科学发展总体战略的过程中，在创“三新”、奔“三最”过程中，在党的基层组织建设过程中，所取得的有目共睹的巨大成就，用艺术的震撼力和感染力，增强信心，鼓舞干劲，动员全市党员、干部和全市人民为实现成都发展新目标而共同奋斗。

---

① 本策划方案由曾渝陵、郭宁撰稿，冉光泽审定。

三、风格基调

本台晚会的基本风格基调是光明、喜庆、热烈、欢腾，同时应具备气势磅礴、恢弘大气的底蕴，实现振奋人心的舞台效果，以便更充分地体现主题所要求的庆典感和史诗感。

四、舞美照明

舞美设计要紧扣晚会风格基调的要求，展现出奋发激越的时代风貌，庄重恢弘的史诗气度，祥和温暖的吉庆氛围。

照明设计上要有强烈的时代感、要有丰富的变化以及层次感和立体感。要设计使用充足的电脑灯、定位灯、成像灯等，调动各种照明语言，配合舞美营造氛围。

五、演出场地

为了满足晚会恢宏的气势、庄重的氛围等艺术要求，同时，考虑到现场观众系参加党代会的代表，有近千人数，故拟选择成都会展中心的金色歌剧院，作为晚会演出场地。

我台已在该场地进行过多次现场直播，各项条件能满足电视直播的要求。

六、演出日期

2007年3月下旬（根据党代会召开时间决定）

七、晚会长度

约70分钟。

八、节目构成及说明

序

1. 舞蹈《重任》

【舞台深处红光闪烁，铿锵有力的音乐响起，似心跳、似奋进的脚步……

【一面巨大的红旗从天幕降下，覆盖整个舞台，舞蹈演员们在明快而有力的节奏中起舞，情绪饱满热情，昂扬向上，象征成都蓬勃发展的火焰正在这片土地上熊熊燃烧……

『音乐声中，主持人上场。主持词中应包含对成都市第十届市委带领全市党员、干部和全市人民走过历程的总体评价，提及保先教育对保持党员队伍战斗力的巨大作用，并引出下面的节目……

第一篇章　忠　诚

2. 歌伴舞《党旗飘飘》

【提示：这是一首歌唱共产党人崇高理想的歌曲

【演唱："超级女声"亚军获得者谭维维

【歌词：春风吹开花季的笑容，你用慷慨播种大地葱茏。秋色装点生活的绚丽，你用智慧收获盛世丰盈。冬雪弥漫征程的寒意，你用温暖召唤士气从容。夏雨挥洒炽热的激情，你用晴朗绘出东方彩虹。党旗飘飘四季如歌，你伴我们走过岁月峥嵘。党旗飘飘江山如画，你领我们奔向时代高峰……

【演唱中加入伴舞

3. 情景诗舞《心路》

【主旨：通过典型，塑造在推进城乡一体化过程中涌现出来的优秀共产党员形象，歌颂新时期成都市共产党人对党和人民事业的忠诚和为成都发展表现出的奉献精神。而市委的正确领导和党员队伍的忠诚与奉献精神，正是成都市"四位一体"和谐发展的重要政治保证和精神保证。

【内容：近两年来，成都市的共产党人在市委领导之下，以对人民事业高度负责的精神，积极投身城乡一体化工作，为成都市各项事业的发展努力工作，做出巨大贡献。他们中间涌现出了向志雄、陈光泽、谭有林等优秀儿女。本节目以谭有林带领全村人民一心一意为改变贫困山村面貌，生命不息、奋斗不止，最终牺牲在工作岗位上的事迹为素材，用艺术概括的手法，表达主题。

【艺术形式：以一条长长的绸子作为重要舞台符号，喻义基层党组织的干部们在为老百姓铺就金光大道的过程中，呕心沥血、不怕艰辛，甚至贡献出了自己生命的这种崇高革命精神。节目中，多种舞蹈语汇与戏剧元素巧妙相融合，有机打造出一个唯美、写意、震撼的作品。

第二篇章 创 造

4. 歌组合《咱成都的精气神》

【解说词：需要点明近几年成都若干个创举（城乡一体化、“三新”措施和“三最”目标、规范化服务型政府建设、基层民主政治建设、东郊工业调整“腾笼换鸟”、心系就业、为民办实事更细更具体，等等），使成都市出现了“风正人和事业兴”，城乡“同发展共繁荣”的良好局面。正如成都城市精神主题词所表达的，历史见证着成都的“精气神”……

【歌词：……山一样的豪气，海一般的胸襟，南腔北调来汇集，唱出昆高胡弹灯，天下滋味成川菜，五湖四海一家亲，同发展、共繁荣，风正人和事业兴，风流当代成都人，齐心建设新蓉城。和谐——包容——咱成都的精气神！

云一样的绚丽，水一般的灵性，草船借箭诸葛亮，制服龙王是李冰，文翁办学司马赋，诗圣茅屋千秋情，神舟六号游太空，歼十战机传英名，贫困孩子上大学，政府一诺胜千金。智慧——诚信——咱成都的精气神！

风一样的活力，火一般的激情，沙河清清映楼盘，工业搬迁大调整，引来金凤五百强，城乡一体共振兴，三个集中开先河，敢走新路敢追寻，全国最佳创品牌，老外也把拇指伸；务实——创新——咱成都的精气神！……

『音乐声中，主持人上场。主持词中应提及成都市推进城乡一体化，开展“三个集中”、“三大工程”，以规范化服务型政府建设和基层民主政治建设为保障，实施城乡统筹、“四位一体”总体战略部署，改变着农村的面貌，统领着成都市和谐发展的全局。由此引出以下节目……

5. 音乐小品《搬家》

【内容：通过一家三口搬家的情景，艺术的表现“三个集中”战略思想在成都“建设社会主义新农村”中的创造性作用。借助艺术形式，回答“钱从哪里来?”“人到哪里去?”的问题，生动地展示“城乡一体化”给城乡面貌和农民生活带来的变化。

【音乐及对白需具有川西特色，歌舞轻松活泼。

6. 歌舞《金花绽放》

【主旨：在推进城乡一体化的进程中，规范化服务化型政府逐步完善，基层民主作风转变。成都的新农村呈现出一片生机勃勃的新气象。

【艺术手法：

（1）把具有强烈川西民俗色彩的曲艺形式如清音、盘子等，与现代艺术融合，以电子合成音乐对民间曲艺的旋律进行包装。

（2）整个舞台上下呈现出一片花的海洋，在节目进行到高潮时，天幕上、舞台上都被纷纷飘落的花瓣所笼罩，营造出一幅人间仙境的美丽景色……

【舞蹈共分三段：

（1）民间器乐演奏：锦上添花（在表演中进行）。

（2）川味歌曲：春满人间。

（3）群舞。

『主持人上场。主持词中应涉及对成都市加快发展工作的回顾，包括：2005 项目年，2006 加快产业发展年，明确 6 大产业支柱，产业积聚效应明显，初步形成产业集群，招商引资结硕果，等等。由此引出下面的节目……

7. 现代杂技《今天·明天》

【主旨：通过艺术概括，虚拟表现成都市的现代活力和都市脉搏，表现成都市逐渐成为工业强市和西部科技产业龙头的趋势，并憧憬城市的现代化前景。

【艺术手法：运用音乐剧的形式，结合现代舞和时尚的动漫、卡通人物，以杂技技巧为骨干艺术元素，在舞台上呈现一个有虚幻感的世界。当该节目结束时，舞台上极尽眼花缭乱、斑斓绚丽……把晚会推向高潮。

8. 车灯表演《逛成都》①

【提示：通过具有民俗风格的演唱形式，表现来自外地甚至外国的游客逛成都的新奇感受。用他们的视角将近几年成都城市变化与人民生活水平的提高生动地表现出来。

『音乐声中，主持人上场。主持词中引出下面的节目……

9. 歌曲《天府颂》

【演唱者：成都籍著名歌唱家廖昌永

【演唱的同时，背景画面展示天府景观；同时，融入伴舞进行烘托。

『音乐声中，主持人上场。主持词中引出节目……

第三篇章　承　诺

10. 舞蹈《展望》

【提示：这是一段激情澎湃的情绪型舞蹈，在音乐声和舞动中，展示新时期共产党人以更加饱满的革命热情去创造更加辉煌的未来……

【歌舞定格在共产党人面对党旗庄严宣誓的神圣场面中……

11. 配乐朗诵《嘱托》

【提示：这是接近尾声时的一个朗诵节目，演员将老百姓与党代

① “车灯”，是川西地区的一种民间说唱曲艺形式，音乐旋律轻松优美。

表的对话诗意化，表现人民群众对新一届市委和政府的期许与嘱托，将老百姓与现场党代表的互动融入节目。同时以舞蹈元素加以烘托。

【要求：大气、厚重，追求震撼力。

12. 歌曲《永恒的承诺》（结束歌舞）

【提示：这是一首歌唱共产党人的歌曲，作词：叶旭全（金威啤酒董事长，也是歌曲《春天的故事》的词作者）

【演唱：廖昌永、谭维维

【歌词：世上的诺言有许多，许多，你可曾见过这样一种，那是一个永恒的承诺，人民的期望尽在其中。共产党人，你看千万个共产党人，他是人民的代表，肩负起重任。共产党人，你看千万个共产党人，他为人民谋幸福，让中国走向锦绣前程……

【艺术要求：恢宏的伴舞衬托，照明、舞美手段营造辉煌氛围……在强烈的情绪中结束晚会。

九、晚会预算：（略）

2007年3月6日拟稿

赏析：

成都电视台拟举办的电视晚会《永恒的承诺》，是庆祝成都市第十一届党代会召开的晚会，属于节庆晚会。上面所列就是为举办这个晚会而拟定的策划方案。在中国基层电视机构的实践中，这样的晚会很有代表性，所以我们在这里把它作为赏析对象。对这份策划方案，我们可以从如下角度去解读：

1. 方案的拟订者既是策划人，也是编导者，这在基层电视机构是较为普遍的现象。由于有这个特点，所以晚会中的一些节目就设想得很细，有的歌舞节目甚至还创作了歌词，而通常策划人员是不承担这样具体的工作的。

2. 这份策划方案包含了我们前面介绍的电视晚会策划方案的主要结构，但在“晚会形式上的要求”这个部分，作者只就最基本的舞美和照明作了说明，提了要求，而由于作者兼做电视晚会的编导，具体节目的化妆、服装、道具方面的要求，已经与具体节目的编创者作了沟通，因此不需再反映在这里。而由于本场晚会没有采用插片、热线接入等特殊手段，所以也没有“特殊事项说明”的部分。

3. 方案中“节目构成及说明”这一部分是重点，需要我们特别留意。从这一部分，我们不但能够看到未来晚会的基本结构，也能从字里行间感受到一个个具体节目的状貌，甚至能感受到扑面而来的艺术气息。这样的文字表述正是整个晚会的工作班子所需要的，它不但能在不同的编创者和工作人员那里唤起对晚会的共识，也能为具体节目的编创人员提供非常有可操作性的语言提示。节目“1. 舞蹈《重任》、2. 情景诗舞《心路》、3. 歌组合《咱成都的精气神》、4. 音乐小品《搬家》、5. 歌舞《金花绽放》、6. 现代杂技《今天·明天》、7. 车灯表演《逛成都》、8. 舞蹈《展望》、9. 配乐朗诵《嘱托》”，都是根据本场晚会的特点而需要特别编创的节目，方案中的文字分别为它们提出了要求、建议，对个别节目还撰写了歌词。大家可以细细体会，从中发现在晚会节目的策划表述中，应该使用怎样的一种行文风格，这对于掌握并娴熟运用这种风格去完成这一类文案撰写，是非常有帮助的。

4. 由于这份策划方案所涉及的晚会具有特殊性，方案对舞美、照明提出了特殊的要求，如果我们把“四、舞美照明”中的一般要求与后面一些节目中的具体舞美照明要求进行对比，就会发现它们之间的联系。这种联系体现着一种重要的形式上的统一感，作为策划人需要通过创造性的形象思维在方案中提供这种统一感。这对于指导舞美、照明领域的编创人员提供符合要求的工作成果是非常必要的。

5. 从方案中我们还可以发现策划者在结构设计方面的考虑。例如，开头使用舞蹈《重任》，内容紧扣晚会主题，并伴有强烈的听觉和视觉冲击，这有助于迅速激发观众的情绪；结尾是歌伴舞《永恒的承诺》，不但提升主题至最高境界，也用整台晚会的辉煌最高点，营造出强烈的足以“压轴”的气氛。纵观整个节目结构，其中对节目品类如歌舞、曲艺、杂技的搭配，以及通过欢快、细腻、辉煌等情绪交错组合而形成的节奏，都能被感觉到。这值得我们去体味和借鉴。

6. 本策划方案的文本形式总的来说是比较规范的，但也并不完全整齐划一，但这丝毫不影响其成为一份完全可供操作的文案。这反映着一个基本事实：在电视机构的各类实践中，策划方案的文本需要规范，但不能拘泥，最核心的要求是要能够具有可操作性，能够对工作发挥指导作用。

思考和练习

1. 试说明电视晚会与电视文艺晚会、电视综艺晚会的异同。
2. 在电视晚会的策划过程中，确定晚会的风格基调有什么意义?
3. 为什么必须重视一场电视晚会的开头和结尾?
4. 试就非文艺性节目元素在电视晚会中的应用，举一个例子。
5. 请自拟主题和内容范畴，撰写一份电视晚会的策划方案提纲。

第十四章 电视现场直播策划

第一节 电视现场直播概述

电视现场直播是电视节目的特殊品类，它是运用电视摄录手段同步记录、同步播放特定传播对象的电视节目形态。“时间的同一性、记录的同步性和传播的同时性构成了电视现场直播的特有属性。”①

电视在问世之初，记录图像的手段只有采用电影摄影机进行胶片拍摄一种。由于胶片拍摄非常昂贵，为节省成本，当时很多节目，包括室内电视剧，都是采用直播方式播出。后来，摄像机和磁带录像技术问世，电视节目开始大量采用录播方式制作。近年来，随着技术的发展，为了体现电视媒体的传播优势，直播又重新被重视。今天，电视直播的应用越来越普遍，例如，在新闻节目、谈话节目、真人秀节目、文艺晚会、体育比赛中，都大量而经常地运用直播手段。可以预见，电视直播在未来的电视节目生产和播出中，将有更为广阔的运用空间；与之相伴随，电视现场直播的策划，也将成为业界常见的工作。

下面，我们简单地介绍一些与策划有关的关于电视直播的主要信息。

---

① 沈忱：《中国电视新闻现场直播——导演手记》，中国广播电视出版社 2004 年版，第 2 页。

一、电视直播的分类

电视现场直播可以按照内容和技术传输方式的不同分为两大类。

（一）按照内容的不同分类

按照直播内容的不同，可以分为文艺现场直播、体育现场直播、新闻现场直播等具体类型。

文艺现场直播包括对文艺晚会、综艺节目等的直播。在所有直播当中，这类直播最能按照预设方案进行，可控性最强。文艺现场直播内容体现出较强的文艺方面的专业性，所以，在信号摄取时对工作人员的专业性要求也比较高。

体育现场直播的很大一部分也能基本按照预设方案进行，有一定的可控性；同时，也体现出体育方面的专业性，这对摄像、导播等工作人员也有专业方面的要求。

新闻现场直播的差异比较大：重大活动、仪式性活动等，通常能大致按照预设方案进行，但存在变数，可控性不太强；至于对突发新闻事件等的直播，则无法按照预设方案进行，其可控性非常弱。

在当前的现场直播当中，出现了一些新的形态，分别对应新出现的内容，例如真人秀节目、情感谈话节目等的直播就属于这种情况。但这些新出现的形态在具体实施过程中往往与上面三种类型中的某一类相似，例如：真人秀节目的直播与娱乐节目和体育节目的直播相似，情感谈话节目的直播与新闻访谈节目的直播相似，等等。这可以通过“举一反三”来应对。

电视直播因内容的不同，而对拍摄、编辑、处理等方面的要求不同，需要区别不同情况进行处理。

（二）按照技术的不同分类

1. 现场直播与现场录播。

在现场直播过程中，有的时候，现场信号摄取下来之后马上就传播出去，这是严格意义的“现场直播”；有时，信号摄取下来之后没有立即播放，而是录制下来供今后播出，这是“现场录播”。

现场直播与现场录播在整个现场信号的摄取、处理方面几乎一样，制作方式基本相同，播出观感基本一致，唯一不同的是在信号最后传输和播出环节的差异。从策划的角度来看，二者大同小异。

2. 现场直播播出的三种技术实现方式。

现场摄取的电视信号经处理后进行播出，可以有三种技术实现方式。

一种是线缆传输方式。这种方式是将现场经过处理的信号通过线缆直接传输到播出控制中心，由播出控制中心将信号播放出去。在电视台的室内演播厅进行的现场直播，一般使用这种方式。

一种是地面微波传输方式。这种方式是用微波传输接收系统，将现场摄录设备与播控中心衔接起来，通过微波将现场信号送达播控中心实现播出。对于野外的电视直播项目，如果直播现场与播控中心相距不太远，通常采用这种方式。

还有一种是卫星微波传输方式。这种方式是利用通信卫星作为中转平台，使用地面卫星发送接收装置，将现场信号经卫星中转后送达播控中心而实现播出。对于直播现场与播控中心相距较远，或者虽然相距较近但不满足地面微波装置架设条件的，常常采用这种方式。

三种技术实现方式常常牵涉较大的工作方式和工作条件差异，我们对此应该有所了解。

二、电视直播的系统

任何电视现场直播都是系统协同运作的结果。直播需要硬件的支撑和技术工作人员对硬件的维护管理；同时，还需要编采工作人员完成对图像、声音信号的采集、处理，这样，就形成了电视直播的技术系统和编播系统。两大系统分别从技术支撑和信号采集处理的角度保障直播进行。

（一）技术系统

技术系统由技术部门负责创建，其功能是为现场直播搭建技术平台。技术系统的功能主要包括视频采集和处理、音频采集和处理、工作人员之间的通讯、现场信号的录制或转播，以及为技术系统的运转提供动力，等等。

技术系统可以将摄像机、录音话筒、字幕与特技设备、切换台、录像设备、通讯设备、微波或线缆传输设备等，根据现场直播需要临时组合，也可以将上述设备集成组合在车体内，构成可以随时移动使用的技术系统。后者就是所谓的“现场直播车”。

在很多时候，现场直播只需要若干台摄像机、录音话筒配合一台切换装置就能完成，例如使用一台直播车或组装一套 EFP 来进行的现场直播，这时的技术系统，就叫做“单一系统”。①

偶尔，由于现场直播所涉及的对象场面大、内容多，就需要将多个单一系统与更高级别的切换装置组合，这个时候的系统被称为“多级系统”。在多级系统中，切换台是各个“级”的核心设备，若干单一系统的切换台构成“一级切换”，将“一级切换”信号汇总后输入的切换台叫“二级切换”。②

技术系统是现场直播的物质保证。

（二）编播系统

编播系统由编播部门负责创建，由节目制作人员承担岗位责任。编播系统是节目制作的系统，包括策划、导播、摄像师、编辑、出镜记者、音响师、照明师、演播主持人、播音员、美术师、包装制作人员等具体岗位工作人员。

编播系统的职责是，在技术系统的基础上，将现场内容转换成电视信号、制作成电视节目，通过技术通道实现播放。

三、电视直播的机位设置

所谓机位设置，是电视现场直播对摄像机位置的安排。由于电视直播的核心任务就是将现场内容以位于不同位置的摄像机摄取下来，变成电视画面输送到切换台，由切换人员选取后，叠加包装、字幕等

---

① 沈忱：《中国电视新闻现场直播——导演手记》，中国广播电视出版社 2004 年版，第 40 页。

② 沈忱：《中国电视新闻现场直播——导演手记》，中国广播电视出版社 2004 年版，第 41 页。

元素，最后以直播信号的形式播送出去，所以，机位的设置很大程度上决定着未来直播画面的状况。由此，机位设置是策划阶段要考虑的重要内容，是导演前期筹备工作的重点之一。

机位设置需要考虑如下因素。

（一）拍摄位置

拍摄位置考虑的是摄像机安放在什么位置上进行拍摄。通常的原则是，摄像机位置的安排应保证参与拍摄的若干台摄像机能够通过画面搭配，将现场内容的全部和局部有效地摄取下来。

（二）拍摄高度

参与现场直播的摄像机，既有在平地上架设的，也有在搭建的高台上架设的，还有在建筑物顶部等制高点上架设的。在平地上架设的机位有利于近距离展示现场对象，在制高点上架设的有利于全景式鸟瞰现场情景。后者能获得具有强烈陌生化感觉的镜头。

特别需要提及的是，长摇臂摄像机能获得运动中的俯瞰镜头，具有不可替代的表现力，所以，长摇臂在电视现场直播中使用得非常普遍。

（三）固定机位和游动机位

通常，在电视现场直播中设置的机位，既有固定机位，也有游动机位。

固定机位的作用在于从预定的角度拍摄对象。

游动机位的作用在于随机抓取重要的细节。例如，在交响音乐会的现场直播中，游动机位常常抓拍某些担任主奏任务的乐器的特写；拍摄行进中的队伍，游动机位可以随着队伍的前行而跟拍。

为了保持游动机位的稳定，摄像人员常常使用被叫做“斯坦尼康”的稳定器。这是一种捆绑在摄像师身上、安放摄像机的装置，重达几十公斤，由摄像师操作。它能保证不管摄像师怎样跑动，都能保持镜头的流畅平滑。

四、电视直播的镜头

电视直播的画面是由一台台摄像机拍摄之后形成的。这些由摄像机拍摄出来的画面，有的是从下往上拍，有的是从上往下拍；有的表现的是局部，有的表现的是全貌；有的摄像机本身是静止的，有的摄像机则处于运动之中。这些体现在画面上的差异，就是镜头的差异。镜头是摄像机与被摄对象之间的关系体现在画面上的一个概念。

决定镜头差异的元素，被称为镜头基本元素。镜头基本元素包括以下三种。

（一）镜头角度

所谓镜头角度，指的是镜头与被摄对象在方位上的关系。包括正面、背面、侧面、俯视、仰视等等。

（二）镜头景别

镜头景别是镜头与被摄对象在空间距离上的不同，而导致对象在画面上所占比例不同的一个概念。主要包括远景、全景、中景、近景、特写，等等。镜头景别可以通过镜头焦距的变化来实现，而并不一定通过改变摄像机与被摄物体的实际距离来完成。

（三）镜头形态

镜头形态是表示镜头相对于被摄对象是否运动的一个概念。包括固定镜头和运动镜头。

运动镜头包括：推进、拉开、摇摄、移摄、跟拍等等。移摄又包括平行移摄、上升和下降移摄等。

上面三种镜头基本元素是电视现场直播与画面关系最为密切的因素。如何将三种元素综合运用，以获得最佳的表现效果，常常是摄像师和导播精心考虑和设计的问题，理应引起策划人员的重视。

五、电视直播的操控台

由摄像机摄取的图像信号和录音话筒所采集的声音信号，都被送到操控台上进行处理。对于电视直播车来说，操控台安装在直播车上。

简单地说，操控台上有这样一些与节目制作有关的设备或装置：

监视器。操控台的前方有一组监视器，其中，小监视器是各个机位拍回的信号；两台大监视器，其中一台显示的是此刻导播选择的机位送来的信号，另一台是播出的返回信号。这样的监视器组合，能让导播将各台摄像机拍摄的画面、目前选用的画面和播出后的画面全面纳入视野，做到对图像表达系统的全局把握。

通话设备。通话设备由一个开关按钮控制，按下按钮，打开通话通道，导播可以与配带耳机、耳麦的各个机位的摄像师通话，下达指令、说明意图，以便摄像师能按照导播的意图进行画面拍摄。

切换台。切换台的主要功能是对各个机位送回的画面进行选择，并提供一些简单的画面转换方式。例如，按下切换按键，就能从一个画面切到另一个画面，推拉控制杆，就能完成两个画面的叠化、帘出帘入等转换。

调音台。调音台的功能是对现场采集的音频信号进行处理，保证其以完美的形态出现在节目当中。

字幕电脑。字幕电脑是配有特殊软件的电脑，主要功能是对选中的画面叠加字幕，同时可以进行简单的美术处理和视觉包装，例如提供字幕衬底，叠加活动的标识，等等。

六、电视直播的信号源

在任何一场电视现场直播的过程中，实际上存在不同的信号源。这些信号源通过切换台的选择，最后被整合在一个节目中。这些信号源包括以下几种。

（一）现场信号源

所谓现场信号源，指的是在现场由摄像机所摄取的图像、由录音话筒所采集的声音所组成的信号源。

（二）演播室信号源

很多情况下，一台完整的现场直播节目，都要设立演播室。主持人在演播室里把握节目流程，串接节目板块，介绍背景信息，采访各类嘉宾。这样，就出现了与现场信号源不同的另一路信号源。

（三）视频插片（VCR）信号源

在很多现场直播节目中，经常还需要播放一些插片，用于说明背景、补充信息等等。这些插片在现场直播过程中，属于独立于前两类信号源的另一路信号源。

导播的职责包括将这些信号源整合在一个节目里，让它们构成一个整体。

上面我们介绍了电视现场直播的一些基本元素。现场直播策划的任务，是要创造性地运用这些元素，根据现场直播的规律和具体的直播内容，完成一个个特定现场直播工作蓝图的创意设计。

第二节　电视新闻现场直播策划要点

前面我们提到电视现场直播有着不同的类型。各种不同类型的直播，基本操作大同小异。掌握了其中的一种，就能通过举一反三，推及其他类型的操作上去。

目前，在基层电视台，文艺晚会、体育节目的现场直播较为少见，最为常见、直播过程中变数最大、掌握以后最有利于举一反三的类型是新闻现场直播。一些地方电视台购置了现场直播车，经常进行各类新闻性现场直播，有的电视机构还出现将民生新闻的现场直播常态化的趋势，市场对这方面的人才需求日益增加。因此，我们在这里重点介绍电视新闻现场直播。

电视新闻现场直播策划有哪些要点呢？从有利于培养实际工作能力出发，结合基层电视机构的实际情况，我们认为可以从以下角度去考虑。

一、注重直播内容的新闻价值

任何现场直播首先要确定播什么，也就是确定直播的内容。这是整个直播策划的基础环节。大量新闻现场直播的实际案例告诉我们，作为直播内容的新闻性事件，可以分为三种类型：

一种是即将自然发生的、可预期的、由电视台予以直播的事件。如“成都市国际旅游节开幕式”、“××乡汉代古墓考古发掘”，等等。

一种是由电视台策划、整合社会力量实施的以直播为目标的事件。如“提倡健康生活方式、拒绝不良生活习惯大型广场活动”

之类。

还有一种是重大突发事件。近年来，随着电视机构拥有的频道资源和传播渠道的增加，以及直播硬件的普及，越来越多的突发事件被纳入电视现场直播范畴。2008年“5·12汶川地震”之后，很多省级卫视和成都电视台等机构，都派出直播车大量地直播抗震救灾事件。现在不少电视台的民生新闻栏目将现场直播常态化，更大大降低了突发事件的直播门槛。

电视新闻现场直播是电视新闻节目中的重武器。它既要耗费大量的人力、财力、物力，又要占用不少频道资源。因此，能够符合直播标准的事件，一定具备显著的、甚至是重大的新闻价值。

例如，在中央电视台这样的国家级电视机构，能够跨进直播门槛的事件，一般都是重大新闻事件，如“新中国建立60周年庆典活动”、“三峡大坝合龙”、“香港回归仪式”等等。

地方电视台在现场直播的事件遴选方面，也遵循前述原则。例如，“5·12汶川地震”期间四川电视台对救援现场的直播、对唐家山堰塞湖排险行动的直播，以及其后对“奥运会火炬传递成都站交接仪式”的直播，成都电视台对“成都市熊猫节开幕式”的直播，等等。

内容上具备显著的、重要的甚至重大的新闻价值，这是直播策划首先要考虑的。

二、重视直播内容的进程性

电视现场直播是一个以视音频信号即时传播为特点的线性过程，所以，可供直播的内容通常是一个因果关系完备、具有进程性的事件。

实际经验告诉我们，如果电视直播的内容是进程性很强的事件，比如“国庆阅兵式”，整个直播过程就会非常实在，有非常鲜明的脉络感，各个内容环节的展示就能逐一推进、有条不紊；而如果对一个缺乏进程性的静止事实进行直播，例如“一次摄影作品展览”，就会让人感到无从下手。所以，内容的进程性是电视直播过程中非常重要的特性。

供直播的事件本身具备鲜明的进程性固然最好，但随着现场直播在新闻事件中的运用越来越多，有的时候，我们不得不面对一些进程性不那么明显的事件。当遇到这种情况而又必须完成直播任务时，就需要采取措施，赋予事件以进程性。

比如，当我们不得不对某重要的摄影作品展览进行现场直播，就可以选择该摄影展的开幕仪式作为直播内容。因为展览本身是静止的，但开幕仪式具备进程性。在开幕仪式之后，则可以通过交替安排现场采访、作品分类介绍、播放背景插片等方式，把静止的展览内容转化为一个层层递进的直播过程。这种处理方法时常被人们采用，目前一些民生新闻策划社区活动时，经常会设计现场问答、现场抽奖等环节，这其实就出于赋予沉闷的活动以进程性的考虑。

有的时候，我们还得面对进程缓慢的事件，例如对考古发掘的现场直播。在这种情况下强化进程性的处理方式，通常是把漫长的对发掘过程的直播，与大量插片（VCR）和专家的现场评说等结合起来，以插片和专家评说来“填充”发掘过程，使发掘过程的背景、意义等信息得到逐层披露，而显示出进程性。

不过需要强调的是，具有新闻价值、同时具备天然进程性的事件，始终是实施电视新闻现场直播的首选。国际上近来有影响的直播，比如对“9·11事件”、“伊拉克战争”、“俄罗斯拯救被绑架人质”等的直播，以及国内在“5·12地震”中对重要救援行动的直播，都证明了这一点。

三、重视现场直播内容的视觉依托

除了上面提到的内容，作为直播对象的事件是否具备视觉上的依托，即是否具备丰富的可视元素，也应受到重视。

电视直播，声画并茂，但以画面为主；其基本的媒介特点，在于画面的同步传播。因此，值得直播的新闻事件，一定要包含丰富的可供观看的画面。比如，像“国庆阅兵”、“三峡截流”、“驾驶摩托车飞越黄河”等事件，就充满了可视元素。而一次可能具有重大考古意义的水下沉船打捞行动，如果没有水下摄像的同步传输手段，就不宜将其列为直播对象：无法设想没有一个水下打捞的工作镜头，就可以构成所谓的“电视现场直播”。

策划时，对直播内容视觉依托的考虑，常常需要根据电视节目的特点，对视觉元素进行要么增强要么集中的强化处理。除了一些人为痕迹很重、刻意安排的仪式性事件，大部分自然发生的事件，其状态往往是松散的、随机的，甚至一些似乎应该惊心动魄的事件，也并不包含人们所想象的那种惊心动魄。这从美国电视媒体对第二次伊拉克战争所作的战地直播就可以看出来：士兵们蹲在掩蔽物后面，紧一枪、慢一枪地射击，半天没有一点进展。其实，真实作战过程中，很多时候都是这样。电影故事片和电视剧中的火爆情节较难在现实中上演。

但电视现场直播毕竟是电视节目的一种，观众期待看到丰富而有吸引力的画面的愿望应该满足，否则他们会放弃收看。因此，不少现场直播都采取多种手段来丰富直播过程中的视觉信息。例如，成都电视台制作的获得“四川电视奖·现场直播类”一等奖的18小时大直播《世纪见证》，是一个在2000年12月31日早晨7：00至2001年1月1日凌晨1：00期间播出的大型电视直播节目。该节目的进程性元素是20世纪与21世纪交会那一天时间的流淌。为了使这场直播节目具备可视性元素，节目的策划人员对节目做了如下设计：以演播室访谈为线索，以“市民看成都”参观团一天的行程为进程性事件，穿插100多条20世纪四川重要历史事件回顾的电视短片和近百个与四川历史和文化有关的文艺节目，组合进12场以20世纪四川文化回顾和文化演进为内容的谈话节目以及从上午到下午的5场外景直播（如新婚夫妇在府南河边栽种世纪树、在文化公园组织“打金章”武术擂台赛等等），最后由一场迎接新世纪的新年音乐会作为高潮部分结束全部直播。这台庞大的现场直播节目在电视屏幕上构建了一个视觉信息丰富多彩的视觉大餐。

归纳一下，在新闻性现场直播中，常用的丰富视觉信息的手段包括：

使用视频插片（VCR）。插片可以用来提供可视的背景信息、来自场外的可视信息，以及历史性可视信息等等，起到丰富直播节目信息和画面的双重作用。

安排现场访谈。现场访谈既可以补充信息，也可以为观众提供深度分析等服务。如果访谈本身的话题精彩，嘉宾善于表达，那么其本身会具有独特的视觉吸引力。

运用电脑特技。在一些特殊的现场直播中，例如对卫星发射和大江截流的直播，可以采用电脑特技来丰富画面。因为在这些事件的直播中，要么火箭发射升空以后就难以直接摄取生动的图像，要么工程的意义难以用单纯的现场画面表达清楚，这时运用电脑特技制作画面，来演示火箭运行轨迹，说明深奥的工程原理，就能既形象地表达不易表达的意义，又丰富节目的视觉信息。

四、评估直播的技术可行性

这是策划的基础性工作之一。一个新闻事件具备了前面我们提到的条件，并不意味着就一定可以进行现场直播，因为这里牵涉到技术可行性问题。

例如，对水下考古活动，如果没有水下摄像设备，直播就无法进行；

新闻事件发生的场地，距离微波接收系统太远，中间又难以安装差转装置或无条件使用通讯卫星传输信号，直播也无法进行；

新闻事件的现场过于偏远，处于没有公路的崇山峻岭，直播车或设备载运车无法驶入，直播也无法进行；

有时，事件发生的时候正是晚间黄金时间，而事件本身的新闻价值又不足以导致取消同时段的正常节目，也可能就因为播出时间的冲突而使得直播无法进行；

甚至事件现场无法解决电源，而又没有符合要求的发电车（注：一台六讯道的直播车，需要能提供 20 千瓦电能的动力电源，如果还要进行现场照明，则要求更高），也可能使直播无法进行。

这许许多多的技术限制，只要遇到一项无法解决，就可以使直播计划流产。所以，在决定是否进行直播之前，就不能不考虑技术方面的可行性。通常，需要考虑的技术问题至少包括：

有没有合适的摄像、采音和切换设备？

各个岗位间有没有良好的通讯设备？

直播现场到播控中心的信号传输能否解决？

电源能否解决？

场地是否适合直播？

天气条件是否符合直播要求？

直播时段能否落实？

如果上面这些问题能够得到肯定的回答，则直播就具备技术可行性。

五、察看现场

对于可以预知的新闻事件，例如“仪式”、“活动”等，在策划实施前，需要到现场察看。察看的主要内容包括：

（一）熟悉场地

通过实地察看，了解未来直播时所涉及的场地是一个什么情况，例如：场地的具体位置，场地的朝向（与日光照明有关），建筑物的空间分布，有没有临时搭建的设施如临时主席台之类。通过这个环节，对整个场地的基本情况做到心中有数。

（二）了解布局

这里所说的布局，主要是指新闻事件各个环节所涉及的活动区域的分布、人员等的分布等。例如，一个仪式中，主席台的位置、方块队的位置、气球悬挂标语的位置、军乐队的位置等。

（三）了解工作条件

这个方面，主要要求查看可以用来保障直播进行的各类条件。例如，可供架设摄像机的位置，设置切换控制中心的位置或转播车的停放位置，设置主持人演播环境的位置，可以作为演员换装室（如果有演员的话）、嘉宾休息接待室的房间，电源的位置及电能承载力，机动车停车场，等等。

在察看过程中，最好有场地管理方面的权威人士陪同，以便回答咨询、解决问题。

直播当天的天气情况，也需要了解。

六、了解直播对象的详细情况

在实施直播策划前，对于可以预知的直播对象，要详细了解其情况；对于突发事件，也应在转播车到达之前，尽可能了解事件的大致情况和最新动态。通过了解，做到对直播对象心中有数。

这里以实际工作中比较常见的可预知事件的直播为例。例如直播一次大型活动的启动仪式，需要了解如下情况：

仪式举办的日期、时间、地点；

仪式的主办方及负责人；

仪式的参与者是谁，有无值得关注的重要人物；

仪式的主要环节是什么，各环节包括什么主要内容；

仪式中有无需要强调的关键环节，若有，关键环节是什么内容；

仪式主办方负责宣传事务和直播联络工作的专人是谁，他们的联络方法，等等。

要了解上面这些内容，有两份文字材料必须获得（具体直播项目中，这两份文字资料的叫法可能不同，但性质和作用是一致的）：

其一，是仪式的《实施方案》。这个方案是仪式主办方所拟定的，汇集了仪式主要信息的文稿。绝大多数仪式、活动等可以预先筹划的新闻事件，主办方都会拟定这样一份文稿。这份文稿是指挥、协调仪式组织、实施工作的权威性书面文本。拿到这样一份文本，也就获得了直播对象的主要信息。

其二，是仪式司仪或主持人的串联词文字稿本。《实施方案》通常信息完备，但很多背景性的工作也被描述在内，显得比较庞杂；而串联词文字稿本通常清晰地反映着仪式呈现在场面上的内容，包含仪式举办时各个环节的起承转合节点等信息，这对直播工作有着重要参考价值。

有了上面两个书面材料，在认真阅读之后，还需要向主办方的负责人或直播联络人询问不明确的地方，从而获取关于直播对象的完整信息。

七、结合直播对象的情况，考虑镜头组合和机位分布设计

这是在完成了上面提到的基础性、前提性工作之后，接下来电视直播策划所要考虑的内容。

作为直播对象的新闻事件，往往情况各异。例如，有的事件，只在一个相对封闭的狭小空间发生，例如一场室内的记者招待会；有的事件，则牵涉到比较大的场面，例如群众性广场活动；有的事件，可能还包含几个不同的发生地点，如设立了分会场的大型招聘会，等等。每一个具体的事件，因它的具体情况不同，而对直播工作有着不同的要求，这也鲜明地体现在镜头组合和机位分布的设计中。直播过程中镜头的组合、机位的分布，需要根据直播对象的具体情况来确定。

（一）镜头组合

任何一场现场直播，从最后节目的呈现形态来说，都是采用一个个镜头的组合，来分解表现现场的实际情景。除了偶尔的例外，如将四个画面通过特技手段集中在同一幅画面之内，大多数情况下，直播节目都是由单个镜头先后串缀而成，而且这些单个镜头还要受到电视机显示屏画幅的限制。于是就出现了这样的情况：现场事件的实际情景不等于现场直播节目在电视屏幕上所呈现的状态。有的时候，气势磅礴、场面宏大的现场事件，却被直播节目表现得小气、呆板、支离破碎；而有的时候，并不怎么生动的现场事件，却因人为的处理而在直播节目中表现得有声有色。导致这种差异的主要因素，是切换导演对镜头的运用和选择，以及摄像师拍摄画面的质量。而策划阶段对镜头组合的考虑，会对最后的结果产生明显影响。缺乏整体考虑，漫不经心、仓促上阵，无法获得上乘的画面和优良的镜头组合。

现场直播意义上的镜头组合，是指切换导演根据直播对象的实际情况，按照预先设定的机位，通过通讯系统指挥各个摄像机位拍摄画面，然后根据直播总体思路和审美需要对画面作出选择、进行组接处

理，最后形成连贯的节目画面的过程。直播之前的策划，需要对未来直播过程中的镜头组合作出基本的考虑。考虑的原则包括：

1. 整体画面和局部画面结合。任何一场新闻事件的直播，都需要将整体画面（如仪式现场的全景）呈现给观众，这是为了让观众了解事件的全貌；同时，也需要将重要的局部画面（如参加仪式的名人近景）呈现给观众，这是为了让观众了解重要的细节。因此，在考虑镜头组合的时候，要就未来的直播节目需要通过屏幕呈现怎样的整体画面和局部画面，做出一个设想。

2. 固定画面和运动画面结合。在现场直播中，既需要大量固定画面，作为表现现场情景的基本手段，也需要一些移动画面，以适应表现运动对象的需要，以及节奏方面的需要。

3. 平视画面和俯瞰画面结合。在现场直播中，通常是以平视画面为主，但有条件的时候，也需要考虑俯瞰画面。在交代直播对象的全貌方面，俯瞰画面有着不可替代的价值，同时也具备艺术表现上提供新异感觉的“陌生化”意义。因此，在有条件的时候，需要将二者结合起来考虑。

（二）机位分布

在现场直播中，镜头组合以机位分布为基础，因此，当我们按照上面“三个结合”初步形成了镜头组合的基本思路之后，接下来就可以进行机位分布的设计了。机位分布设计需要注意以下几点：

1. 根据摄像机数量来考虑分布方案。一般的基层电视机构，可以纳入直播系统的摄像机通常为 3~8 台。3 台是最基本要求，而由于条件限制，往往难以超过 8 台。

这些摄像机，大部分由线缆与切换台连接，并各自对应连接一台监视器供切换导演观看，以便决定画面的选择。

有的系统，可以采用无线方式将 1~2 台摄像机与切换台和监视器连接起来。无线连接方式的主要优势在于，摄像机可以自由运动，并且可以在较远的地方使用。例如，在线缆难以到达的制高点设置机位，在无法实施线缆传输的热气球吊篮里设置机位，都可以考虑使用无线连接方式的摄像机。

最基本的机位是用3台摄像机对准拍摄对象，呈扇面分布。其中，左侧的一台从左向右进行拍摄，负责提供左侧视角的画面；中间的一台正面拍摄，负责提供全景画面；右边的一台从右向左进行拍摄，负责提供右侧视角的画面。这样，就构成了对现场画面信息的基本表达格局。

在此基础上，如果还有一台被连接到切换台的摄像机，则往往将它安排到关键区域，配合移动轨，负责关键区域局部画面的摄取，如特写镜头的拍摄等。

如果还有一台摄像机，则可以考虑安装在长摇臂上，用来拍摄运动的俯瞰镜头。

如果还有一台可用的摄像机，可以考虑与斯坦尼康配合，作为游动摄像机，专门负责抓取特殊视角的画面，或处于运动状态对象的画面。

2. 绘制机位分布图。

上述考虑成熟之后，应该绘出一张“直播现场机位分布图”，用来统一摄像师、技术人员和切换台工作人员的认识，指挥现场机位的摆放。

机位确定之后，需要为机位编号，并与切换台监视器编号对应。编号通常采用阿拉伯数字，分别称之为“1号机（位）”、“2号机（位）”……以此类推。

对于分级切换来说，可以将现场机位按其与特定切换台的关系，分为A、B、C等区域，然后再用区域代号A、B、C与阿拉伯数字配合编号。例如，A区域的摄像机编号为“A1”、“A2”，B区域的编号为“B1”、“B2”，等等。

最后，根据现场情况和直播需要，确定是否为各个机位搭设高台，若需搭设则要考虑高台的高度，还要考虑安装移动轨和长摇臂的地点（见图14-1）。

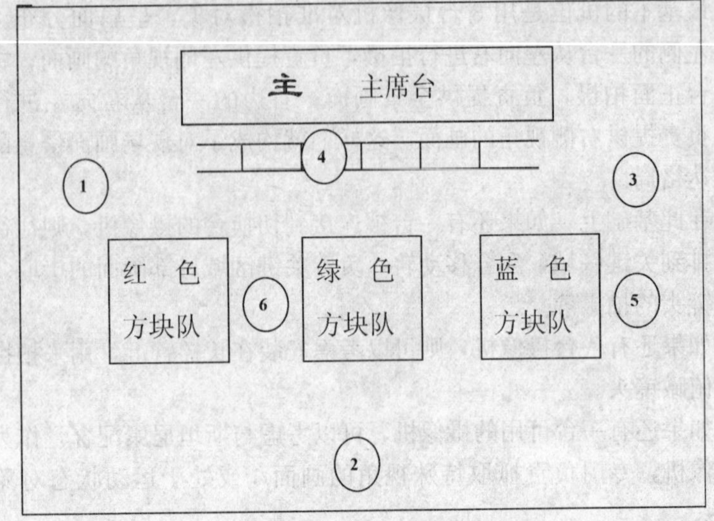

图 14－1《直播现场机位分布图》示例

说明：1、2、3 号，固定机位；4 号，移动轨机位；5 号，长摇臂机位；6 号，斯坦尼康移动机位。

八、通盘考虑直播的各项保障条件和具体工作内容

要使现场直播从设想变成现实，策划人还需要考虑保障条件和有关具体工作内容。经过这一步工作，策划方案就接近完成了。

所谓保障条件，包括：现场直播使用的摄像机、录音话筒、照明灯具，切换装置或转播车，电源保障，微波传输设备设施，可用于演播室设置的条件，两大通讯系统（摄录人员、切换导演之间的通讯系统和全体人员之间的通讯系统）的设备设施，交通工具，等等。

由于不同的直播项目本身差异很大，使得实际工作内容往往呈现很大的不同。不过，下列工作通常都会涉及：与直播对象主办方的接洽，技术部门和编播部门各自的准备工作以及两个部门的分工协调会，直播系统进场时间，技术、编播两大系统之间的磨合演练，仪式或活动的排练，直播实施时各种要求的拟定和落实，后勤保障（如饮食安排、通行证发放、车辆停放），等等。一场直播牵涉很多环节，

有时一些细节问题，例如出入证未发放到位导致工作人员无法按时进场，或汽车无法停放导致工作人员无法到位，等等，都可能对工作全局发生不利影响。因此，实际工作内容的考虑要非常细心，力求周密。

九、对可能发生的变数和意外做出防范设计

任何直播都可能出现与预先设想不一致的情况，其中，尤其以新闻事件的现场直播为最。就算是仪式、活动这一类可以预见、预计的直播对象，也会出现一些变数。有的时候，还会出现一些意想不到的情况。这些都需要预先做出防范设计，形成预案。例如：

气象变数。直播时下雨怎么办？——需要为人员和设备准备雨具或改期举办。

人物变数。需要用字幕予以特别介绍的人物，如领导、名人等，直播时因各种原因（例如航班取消）没能出场，或者张三没来李四却来了，怎么办？——需要就重要人物到场问题派专人落实，并根据人物变化由专人提供最后到场者的名单，以便安排座次、变更座牌、更改字幕。

新闻事件如仪式、活动之类在实际进行时，有关环节没有按预定方案展开，例如原定的先放气球、后放鸽子变成了先放鸽子、后放气球，怎么办？——需要预先考虑到出现这种情况的可能，在策划方案中指出并给出应对建议，让现场摄像师、录音师和切换导演都心中有数，一旦真的发生，沉着应对。

由于具体的现场直播所涉及的情况非常复杂，诸如此类的变数或意外无法一一列举，上面只是略微举例，让大家了解这方面工作的重要性和细心、责任感等素质的价值。防范设计做得越细，现场风险越小。

十、拟定现场直播实施方案和现场直播场序表

前面我们提到过，电视现场直播是一个涉及人、财、物资源综合运用的系统工程。为了成功实施，需要确立一个基本观念，就是“用

书面方案指挥人的行动”。无数成功的经验和失败教训都告诉我们，这一点至关重要，一旦有了完备的方案，并且这个方案为全体直播参加者熟悉，则直播成功的把握就大大增加。作为规范的电视现场直播，至少有两个书面文本是必须拟定的，下面我们分别介绍。

（一）现场直播实施方案

现场直播实施方案是电视现场直播的核心文本，是指挥、协调各环节工作的总计划。这个计划把此前各种相关不相关的因素组合进本次直播工作系统当中，是使直播工作得以有条不紊、忙而不乱地展开的关键手段，非常重要。

方案包括“直播内容及构成”、“直播日期及时间”、“直播技术要求”、“直播准备工作”、“直播分工及人员职责”、“直播筹备日程”、“直播经费预算”等内容。下面具体介绍各个内容的具体要求。

1. 直播内容及构成。这一部分简介直播所要涉及的内容。这里所说的内容并不仅仅指新闻事件本身，还包括主持人的主持、插片、专家采访等部分，是对准备通过直播传输出去的内容的总的简略介绍。这一部分的意义在于，让审定方案的上级和所有即将参加直播工作的人员明了，本次直播到底要向公众传播些什么，从而建立对工作目标的基础印象。

2. 直播日期及时间。这一部分列出直播在几月几日进行，从当天的什么时间开始、什么时间结束。如：“2010 年 11 月 26 日，下午 19：00 至 19：50”。

3. 直播技术要求。这一部分旨在表明，本次直播需要什么样的技术保障。比如，对转播车（或组装式切换系统）视频讯道数量的要求、参与直播的摄像机数量和摄像机的信号传输方式（例如是线缆传输还是无线传输）、有无插片、字幕及特技的技术要求，等等，还需要注明“在××××频道播出”。这方面的工作专业性很强，通常需要会同技术保障部门的专业人员一道确定。

4. 直播准备工作。任何一场现场直播，都需要做大量的准备工作。这些准备工作，既有涉及直播内容方面的，也包括直播系统运行本身的，牵涉许多方面。参与直播的各有关人员不但能够从这一部分明了为完成这一次直播需要做些什么准备工作，而且能够知道应该由什么人去实施这些准备工作、自己在其中应该承担什么工作。经验告诉我们，准备工作的质量直接影响直播的质量；而是否对准备工作有一个清醒而完整的认识，以及是否能够在方案中将这种认识反映出来，则是搞好准备工作的重要前提。所以，这一部分应该受到策划人的足够重视。

5. 直播分工及人员职责。这是将直播工作按照岗位进行分解，并与参加工作的人头挂钩，从而明确工作人员的任务及职责的一个部分。任何工作都是人做的，而人只有在一定的组织框架内、在特定的岗位上、在明确了任务和职责之后，才能很好地开展工作。许多时候，一些复杂工作的组织者似乎并不明了这一点，他们忽略岗位的合理设置和任务、职责的明确化，将一大群人乱哄哄地安排在头绪纷乱的工作丛林中，结果是工作一旦展开，常常伴随混乱。电视直播是一个需要严格分工、严密纪律、严谨配合的系统工程，所以，岗位的合理设置和任务、职责的明确化，是非常重要的一环，必须高度重视。

在直播工作中，通常先将工作分解成“现场协调及组织”、“拍摄录制”、“技术保障”、“后勤及综合保障”等部分；然后，围绕这些工作分别设置“现场组”、“录制组”、“技术保障组”、“后勤保障组”等工作机构，其中，“录制组”居于核心地位。

接下来，需要根据各组承担的工作职能，设置相应的岗位。

例如，“现场组”的职能是对作为直播对象的事件的相关方进行协调。以一次大型庆典仪式为例，要与现场所有参加单位和参加者联系、协调，并将现场变化及时反馈到录制组的责任机构，就是现场组。因此，现场组通常需要设置“领导及重要人士接待”、“参与单位接待”、“乐队、氛围营造人员联络”、“鲜花、花环发放”、“汽车停车调度”等等包含明确工作职责的岗位。

“录制组”负责整个直播过程视音频信号的采集和处理，负责如下工作职责和岗位的集成调用和管理：摄像、录音、照明、特技、字幕等环节的相应岗位，主持人、现场记者、出镜记者、切换导演、总编导等工作岗位，还负责插片的拍摄、编辑、遴选和播放。由于拍摄和选择现场画面并将其组合成节目是整个直播工作的核心内容，所以录制组的工作在整个工作系统中居于关键位置，其他各部分工作围绕着它而展开。需要说明的是，其中总编导是直播节目方面的总负责人，切换导演是对画面拍摄进行指导并做出选择、组合的直接操作者。

“技术保障组”负责直播工作中的全部技术保障，包括保证转播车上的全部技术设备处于良好状态，足以满足直播的需要，保证转播车上的信号能够被顺利地传输到目的地等等。于是，这个组自然会设置“电源保障人员”、“音频工程师”、“视频工程师”、“技术总协调”等岗位。

“后勤保障组”负责为直播成功提供后勤保障，包括证件提供、交通安排、饮食提供，等等。

所有上面的分组和岗位确定之后，还需要简略地描述每个岗位所需要履行的职责，比如，“专家接待员”的职责是“负责接待专家并将专家引领至指定位置，并向主持人通报专家最终出席情况”；“出镜记者”的职责是“在指定位置，按照场序表的安排，面对镜头完成特定采访任务”，等等。

最后一个步骤，是将具体的人员姓名安排到岗位之中。

6. 直播筹备日程。这一部分是将全部准备工作按人头分解之后，按倒计时的模式结构出来的日程表。通常，这个日程是以时间为经、以何人完成何事为纬、以直播实施时间为终点而编制的。通过这个日程，从事各项准备工作的人员可以清楚地了解自己所承担工作的进展要求，而整个直播准备工作的进展脉络也可以反映出来。对于比较复杂的直播活动，还需要根据这个日程拟定一份“直播筹备进度表”，详列工作项目在倒计时体系中的每日进展情况，张挂于办公室显要之处，供各环节工作人员和工作总负责人参考。

7. 直播经费预算。电视节目制作是需要经费的，任何与节目制作有关的工作计划，都必须考虑得花多少钱的问题。在项目启动之前，预先测算、评估大约会花去多少钱，并将这个测算和评估的结果形诸书面，就形成“经费预算”。

直播活动的经费数额，因直播具体内容的不同而呈现很大的差异，但在费用产生的项目上，还是有一定的常规可循。通常，直播工作可能发生的费用包括：

设备的费用（包括转播车、微波传输设备、扩音设备、照明设备等的租用费）；

场地租用费（如果涉及场地租用的话）；

舞美设计制作费（主持人演播区域的舞美设计制作，现场标语制作，各种指示牌的制作，等等）；

现场工作人员的餐饮费用；

人员劳务费，以及不可预算开支，等等。

经费预算的编制，需要根据具体的直播项目，经过认真细致的分解、计算，方能产生。

（二）现场直播场序表

现场直播场序表，是直播当天用来指挥直播实施的工作流程文本，是直播当天的直播实施计划。当天所有参加直播的人员，都是在这个文件的指挥下开展工作；如果没有这份文件，则直播活动就可能陷入混乱。所以，这是一份很重要的文本。

这份文本通常采用"表格式"的格式。具体说来，是以时间为纵列因素，项目为横列因素来结构。横列的项目包括："序号"、"内容"、"信号来源"、"字幕内容"、"特技要求"、"时间长度"、"其他"、"备注"等。下面分别说明横列各个项目的具体要求。

1. "序号"。这是在整个直播过程中，各内容单元的播出顺序。按"1、2、3……"进行标注。凡是一个独立的内容单元，哪怕是5秒的标版或10秒的广告，也需要将它单独列出，纳入顺序，并为它确定一个序号。"序号"反映着未来直播过程中各个内容单元的播出顺序。

2. "内容"。这是直播时播出的来自现场的内容及其他信号提供的内容。这些内容通常包括："片头"、"点播广告"、"主持人串联词"、"现场A区实况"、"主持人对专家访谈"、"插片1"、"现场B区实况"、"观众热线电话接入"等。

3. “信号来源”。是指“内容”的技术来源。比如，“片头”对应“放像1号机”、“点播广告”对应“放像2号机”，“主持人串联词”、“现场A区实况”对应“现场信号”，“观众热线电话接入”对应“×号摄像机拍摄热线电话接打实况”，等等。

4. “字幕内容”。是事先储存在电脑字幕机里、将要在直播过程中在特定画面上打出的字幕的提示性文字，它的作用是提示在什么顺序位置的信号出现时打出什么字幕。通常是将电脑字幕文件编上号，这样便于检索调用。比如，在某专家出现时使用的字幕，注明“专家身份字幕A1”；在歌曲出现的时候，注明“歌词字幕B1组”等等，直播时直接按照A1和B1的编号从字幕电脑中调用。

5. “特技要求”。是对重要的特技处理进行提示。例如在“观众热线电话接入”的过程中，注明“叠印人气指数电脑显示”；在专家访谈过程中注明“在屏幕左侧开小画框接入现场A区信号”等等。间歇性地叠印台标和直播名称标记，也可以在这一项目中注明。

6. “其他”。这个项目下容纳非常设性因素的标注。比如，在居于情绪高点的内容后面注明“渐入《爱的奉献》歌声约20秒”，等。

7. “备注”。用于容纳其他无法进入上列项目而又必须标注的事项。比如，“观众热线电话接入”项目之后，可能在这一项目里注明“用国际长话信号”等等。

由上面的内容可以发现，这个“直播进程表”汇集了直播过程的主要工作因素，能非常清晰地显示直播的主要内容及构成。保证让这个进程表在主要工作人员那里人手一册，能大大提高整体合作的效率。

所有上面的工作完成之后，电视现场直播的策划就告一段落。接下来，将《现场直播实施方案》和《现场直播场序表》交付现场直播工作组，策划工作就告一段落了。在具体实施的时候，还需要进行一些工作环节，如召开协调会，现场磨合演练，带机彩排，最后是直播实施。这些后续工作已经不在策划的工作范畴，而属于操作领域了。

第三节　新闻性现场直播节目赏析

这里，以2007—2008年度中国广播电视大奖获奖作品《节能减排第一爆》作为赏析对象。

（请学生在课前观看《节能减排第一爆》）

赏析：

《节能减排第一爆》是山东电视台的作品。这是一个新闻性电视现场直播节目。节目全长54分钟，题材是山东省内四个热电企业响应国家节能减排号召，对自己高能耗、高污染、低效率的热电设施进行爆破拆除这一新闻事件。该作品有如下特点：

1. 题材重大。节能减排是新世纪国家经济发展战略部署的重要一环，逐步淘汰高耗低效的生产设施是节能减排部署的重要内容。而这项工作牵涉面广，困难很大，对地方政府、企业和职工都构成巨大挑战。山东省作为工业大省，一次性对四个企业的四处设施进行爆破拆除，实属不易，因此，这是一个具有重大经济新闻价值的事件。选择这一事件进行直播，符合新闻性现场直播的基本要求。

2. 具有进程性。爆破拆除淘汰设施这一事件，天然具备“准备、检验、倒计时、爆破”的进程性，这符合新闻性现场直播的另一个要求。该直播将直播启动时刻设立在即将实施爆破之前几十分钟，围绕爆破的发生组织内容，将爆破那一刻安排在结束阶段直播，很好地利用了“各项工作趋向爆破”的事件进程性，为直播的进行创造了叙述动力。

3. 视觉元素较为丰富。为了使这次现场直播具有可视性，节目组用很多方法来创造或利用视觉元素。直播时，设立了演播室，演播室内由一名主持人和两名专家承担对直播过程的串接、说明等职责；在四个爆破点安排现场出镜记者，介绍来自各个现场的情况，并进行现场采访；在四个爆破点安排多个机位，从不同角度拍摄准备过程和最后爆破的场面。在直播过程中，还安排了四条插片，介绍本次爆破的来龙去脉；安排了若干电脑动画，说明爆破的技术原理；同时通过大量的专家访谈、现场采访等，披露围绕爆破的种种背后信息。这样，使整个爆破过程的直播具有坚实的视觉依托。

4. 技术手段完备。《节能减排第一爆》除了设置在济南的演播室外，还设立了四个外景直播点，分别位于微山、滕州、东营、淄博。为了把这五个直播涉及的地点组合进本次直播的信号系统当中，节目组动用了光纤、微波和卫星三种传输方式。在直播过程中，动用了电脑动画软件制作动画，使用了四分画面、二分画面、主画面内开小画框等技术手段，使用了大量字幕。这些技术手段为直播的成功提供了强有力的技术保障。

5. 通过节目观赏我们可以发现，要把上述分布于五个直播点，具有固定发生时刻的、具有不同来源的信号（现场、插片、电脑动画、字幕）有序地组合进一个节目，没有一个直播方案是无法想象的，而一个反映直播顺序的场序表也是必不可少的。整个直播过程中，场地的转换、内容的出现，应该都经过了预先设计，并反映在上面提到的两个文本中。

6. 从节目中还可以看出，一次成功的现场直播，需要各个环节密切的配合，需要各个岗位保持畅通的通讯联络，需要认真细致的工作态度和高度的责任感，需要周密的策划，需要一定的工作经验。这些都告诉我们，要掌握从事现场直播的技能，离不开认真学习、积极实践。

思考和练习

1. 电视现场直播为什么要重视直播内容的进程性？

2. 试谈谈你将怎样去判断一个新闻事件的直播价值。

3. 为什么要为现场直播拟定机位分布图？

4. 请试为学校运动会开幕式拟定一份《现场录播实施方案提纲》。

第十五章　电视社会活动策划

第一节　认识电视社会活动

电视社会活动，是由电视机构面向社会举办的，以扩大影响、打造品牌为目标的大型活动。通常这种活动都与电视播出资源的使用密切相关。

电视社会活动是各级电视机构的重要工作内容，因而也是电视策划的重要内容。

一、社会活动与电视社会活动

（一）社会活动

社会活动是一种能够创造广泛影响的有效形式，政府机构用它来推动工作，民间组织用它来扩大影响，企业用它来打造品牌，总之，一直受到各个方面的欢迎。各类活动的举办早已成为蔚为大观的社会现象。这方面成功的例子随处可见。为了进一步了解社会活动的具体情况，我们随机选择了若干公益活动的例子供参考：

1. “成长心连心”公益活动①。

“成长心连心”是一项社会公益活动，由黄荣华女士创建。它的目的是增强老师、学生、家长之间的沟通、互信和关怀，促进三者的

① 见 http://baike.baidu.com/view/2139870.htm，百度百科。

关系。它以生动活泼的体验式活动的形式来落实素质教育的内涵，使得参加者可以从提升自我素质开始，开创未来美好、优质的生活。

“成长心连心”引用了体验式学习方式作为活动的基础模式，透过不同类型的练习与分享，从体验中学习人与人之间的良好的沟通、信任、支持和欣赏，从而为社会新一代创造一个更有效、更好的发展环境，社会整体素质因此得以提升。

参与者会通过一连串不同形式的活动，从体验中学习优质的沟通、信任、支持和欣赏，从而为社会新一代创造一个更佳的成长环境，社会的素质得以提升。学生、家长、老师会聚集在一起，放下平时的身份、角色，回到最根本的人与人之间的关系，通过整个活动发掘平日的沟通模式，从而重新发现彼此之间更有效而密切的沟通与关系。

2. “吉祥中国·共建和谐社会”兴边助教大型公益活动[①]。

这个公益活动致力于创建西藏兴边富民发展基金，并为该发展基金募集种子基金；通过公益慈善捐助活动募集资金，支持西藏地区教育人才培养，为西藏中小学和各边远地区教师培训募集资金，捐助边疆地区中小学教师到内地大专院校和北京的重点中学接受专业培训，安排他们到国外大专院校学习、交流，开阔眼界；在西藏本地，为西藏大学的教学楼、试验楼、图书楼组织慈善捐助，促进地区教育事业发展。

组委会还将组织全国性汽车巡回大型公益慈善宣传活动，公益爱心宣传车队8月将从北京启程驶往拉萨，在布达拉宫广场举行爱心捐赠大型交接仪式，向西藏自治区政府献茶、捐车、捐赠服装等。随后宣传车队将进行全国巡回爱心万里行宣传，行程15000多公里，涉及12个大型城市，历时70多天，声势浩大全国首创。

3. “2005关注中国大学生就业”系列公益活动[②]。

---

① 见http://news.sina.com.cn/o/2006－07－26/15039574093s.shtml，新浪网，原文载《北京晚报》2006年07月26日。

② 见http://www.jiaodong.net/news/system/2005/05/28/000733776.shtml。

本活动由教育部全国高等学校学生信息咨询与就业指导中心主办，人事部全国人才流动中心、劳动和社会保障部职业技能鉴定指导中心支持，中国人力资源开发网（中人网）和《大学生就业》杂志社承办，是一项全国性的公益活动。

“2005关注中国大学生就业”系列活动将发挥活动形式多样、覆盖面广、持续时间长的特点，将利用电视、报纸、杂志、网站等多种媒体，以主题讲座、问卷调查、现场咨询等方式，全面反映当前高校毕业生求职的经历、存在的问题和挑战，从而引起社会对高校毕业生就业问题的全面关注，促进形成有利于高校毕业生就业的社会环境。

本次系列活动包括“大学生就业校园公益巡讲”、“大学生就业首选企业调查”、“大学生就业实习计划”等内容。“大学生就业校园公益巡讲”以职业生涯发展为主题，将邀请职业生涯规划师、就业指导专家、企业家、人力资源总监、著名学者教授等组成专家团队，与大学生现场交流，帮助大学生认识自我、深入进行职业素质测评和岗位技能的训练。为培养大学生创新意识和实践能力，还将实施“暑期实习计划”和“2006届毕业生见习计划”，在全国各地建立一批实习、见习基地，为大学生提供深入了解社会和企业的机会。

4. “多背一公斤”活动①。

这个活动是民间发起的公益旅游活动。这个活动鼓励旅游者在旅途中以举手之劳的公益举动，来帮助贫困落后地区的孩子。“多背一公斤”通过传递-交流-分享三个简单的步骤为旅游者带来丰富的旅游体验，并实现良性的公益循环。三个步骤的要求是：

传递-出行时多背一公斤，把文具或书籍等带给沿途贫困落后地区的学校或孩子；

交流-旅途中与孩子们进行面对面的交流，开阔彼此的视野，激发信心和想象力；

分享-归来后通过1kg. cn网站分享学校信息和活动经验，发动更多朋友参与。

---

① 见http://baike.baidu.com/view/24618.htm，百度百科。

社会活动非常的多，有关资料在互联网上很容易查到，这里就不赘述了。

（二）电视社会活动

电视社会活动是由电视机构举办的社会活动。由于社会活动具有特殊魅力，国内电视机构一方面积极介入由政府机关、社会机构和企业举办的活动，一方面自行举办各类活动。在电视台日常的策划工作中，社会活动的策划往往占据重要位置。

我们在这里以成都电视台所举办的社会活动为例，来了解电视社会活动的一些基本情况。

1.“主持人大赛”活动。

该活动曾于1998年、1999年和2001年先后举办了三届，参赛选手来自全国各地。这个活动在当地造成了轰动效应，一些胜出的选手通过这个平台走上多家电视台的主持人工作岗位。活动由初赛、复赛、半决赛和决赛四个阶段构成，初赛阶段进行一般性的报道，复赛和半决赛阶段进行密集的电视报道，决赛实施现场直播。

2.“再就业工程现场会”活动。

该活动系成都电视台与成都市劳动局、成都市下岗工人再就业办公室联合举办。活动内容是，利用电视台的影响力，联络、召集近千家企业提供数万就业岗位，在成都市体育中心开展为期一天的现场招聘会；同时启动救助生活困难下岗职工的公益活动。该活动全程实施电视直播。直播期间大量穿插反映下岗工人实际困难、呼吁社会关注的电视节目和表现下岗再就业成功案例的电视短片，以及专家解读有关优惠政策的现场访谈等内容。该活动除了为数万名下岗工人提供了新的就业机会外，还在全市范围内营造了关注、理解、支持下岗工人再就业的舆论氛围。

3.“今日成都”大型异地采访活动。

该活动由成都市人民政府与中央电视台联合举办，成都电视台与中央电视台海外中心承办。先后于1995年、2000年和2003年举办了三届。以2000年那一届为例，活动邀请了30多家国内电视台，16家来自法国、德国、俄罗斯的国外电视台和来自香港、澳门的境外电视台，齐聚成都，集中采访、拍摄。活动为期一周，通过抽签的方式，请各个电视台从不同的角度拍摄一部关于成都的15分钟以内的电视片，各台返回后在各自的电视频道播出，其中一部分集中在中央电视台4套节目播出。全部节目曾在中国黄河电视台、澳洲悉尼中文电视台等平台集中播出，并在国航西南公司、四川航空公司的航班和成都至各地长途客车上不定期播放。成都电视台拥有其间所拍摄制作的所有节目的播映权。活动开始，在成都市中心举办了大型的开机仪式；活动过程中，有大量的跟进报道。一时成为成都市很有影响的新闻事件。

4. “百名山区少年儿童游成都”活动。

2005年春节前夕，由成都电视台第4频道与成都市教育局联合举办，该频道名牌少儿节目《陈岳叔叔讲故事》与市教育局普教一处和宣教处承办。这个活动的内容是，通过多种方式，遴选100名成都市属山区农村的品学兼优的小学生，其中大部分是从来没有到过成都市区的贫困家庭的孩子，在100名成都市区优秀小学生“一对一”的陪伴下，到成都进行为期一天的游览。游览的内容既包括传统景点如武侯祠、杜甫草堂，也包括新景观如大熊猫繁育研究中心、天府广场、三瓦窑污水处理厂、双流国际机场、高新技术开发区等等。与全天活动配套，在成都电视台第4频道设立直播间，播出“百名山区少年儿童游成都”直播节目，每隔一小时，插播从外景地送回的刚刚拍摄编辑而成的电视片。这个活动，为加深了城乡孩子的沟通理解搭建了平台，也从特殊的角度展示了成都市传统景观的新变化和城市建设的新发展。

5. “寻找成都知青的故事”大型活动。

2004年由成都电视台第4频道主办。这次活动的内容是在当年成都上山下乡知识青年当中，通过观众自荐或推荐的方式，寻找、征集有意义、有趣味、有吸引力的知青生活故事，然后组织专家评选，对优秀的故事给予奖励。而活动的主要目的，是利用这些故事资源完成一档系列谈话节目。在活动最后阶段，电视台将评选出的知青故事主人公请到演播现场，参与录制大型访谈节目《成都知青的故事》。

该节目的舞美设计采用农村院落的风貌格调，访谈者在具有浓厚乡村怀旧色彩的场景氛围中讲述自己年轻时的故事。节目播出后在当时造成较大的轰动效应。

上面所介绍的例子向我们提供了电视社会活动的一些信息，下面我们就结合更广泛的情况，进一步解读电视社会活动。

二、解读电视社会活动

通过对全国各地电视台所参与的、所主办的一些社会活动的分析观察，可以对电视社会活动的特点作如下归纳：

（一）突出公益性

电视台属于大众传媒，因此，电视台大多数社会活动都非常注意突出公益性。因为按照社会心理的一般性期待，对于电视台这样的机构，通常只有具备公益性的活动项目，才能够为观众所认同和接纳。

像上面提到的成都视台所举办的电视社会活动中，“再就业工程现场会”、“百名山区少年儿童游成都”、“今日成都大型异地采访”等，都具备鲜明的公益性；而“寻找成都知青的故事”，也以公众关心的内容作为活动的核心。所以，突出公益性是电视社会活动的鲜明的特点之一。

当然，无可否认，在国内媒体公益性与市场化并存的大背景下，电视社会活动中也有一些纯商业性的项目，例如由电视台的广告中心与社会机构联合主办的“购房直通车”（团购房产）之类的项目，但这并不足以改变基本的格局。更多的情形是，这类活动通过尽可能地提供优惠和细心的服务而带有强烈的服务性色彩。这其实可以看做公益性的另一种表现。

（二）追求创新性

电视机构的基本定位是新闻媒体，其求新求异与生俱来。同时，媒体也汇聚了不少有思想、有能力的高素质人才，有实力来实现社会活动创新的目标。因此，电视台策划举办社会活动的时候都非常注意追求创新性。中央电视台“心连心”艺术演出活动，四川电视台“重走长征路”活动，在推出当时都具有创新的意义。

再举一个例子。2000年12月31日到2001年1月1日，是20世纪和21世纪交会的时刻。各类活动如雨后春笋，纷纷举办。面对推介自己的好时机，成都电视台当然不甘落后，但又不愿意随波逐流。经过反复考虑，筛选了多个创意思路，最后从自己的媒体特点出发，策划出《世纪见证》大直播活动。这个活动于2000年12月31日早晨7：00开始，至2001年1月1日凌晨1：00结束。其间组合进100多条回顾四川历史的电视短片、11场大型现场访谈节目，以及大量具有四川特点的文艺节目。如此规模和时长的直播在四川电视传播历史上是首次，这保证了活动的创新地位。不但如此，与直播配套的几个子活动，如“府南河边新婚夫妇栽种世纪见证树”、“新华公园‘打金章’武术擂台赛”、“市民参观团游览新成都新景观”等活动，在当时都具有创新意义。

通常，电视社会活动的策划人在追求活动的创新性上是不遗余力的。

（三）明确目的性

这里所说的目的性，是指电视社会活动具有清晰而明确的目的这样一种特性。一般而言，社会机构举办的活动，有的目的性很明确，有的就不一定具备明确的目的性。例如，学校举办“读书月”活动，其目的是培养学生树立良好的读书习惯，提高他们阅读的层次，增强他们的阅读素养，等等。这些目的是一些隐性的标的，边界和旨归都模糊不明。又比如工厂举办“我爱人人、人人爱我”活动，目的是增进职工之间的沟通，融洽职工之间的关系，这个标的也是散漫的、隐性的、边缘轮廓不清晰的。

而电视社会活动的策划和举办，大都与明确的目的相联系。例如，2003年“非典”肆虐期间，成都电视台举办了“拒绝不良生活习惯，战胜非典”大型活动，目的是宣传预防“非典”的科学知识，为战胜“非典”造舆论之势；成都电视台栏目《今晚8：00》“关心贫困学子”活动则以寻求社会捐助以帮助考上大学而无力承担学费的学子为目的；“主持人大赛”的目的，则是遴选合格的主持人，并扩大电视台的影响，同时制作有吸引力的半决赛、决赛直播节目，等等。

正因为电视社会活动具有明确的目的性，所以，电视机构策划的活动往往具有一定的时效性，很多活动是“一次过”的，效果立竿见影，目的在短期内就能实现。与此相伴随，电视台一般很少举办那些旷日持久的活动，例如“希望工程”、“幸福工程”那样的活动。

（四）考虑可视性

可视性是电视社会活动区别于其他社会活动的最显著的形式特征。电视人策划活动，往往同时考虑活动在电视媒介上的表现和对节目的贡献。因此，电视社会活动的策划一般都会在寻求视觉表达、利用电视资源等方面，花费大的力气。究其原因，一方面是由于电视社会活动的主办方都会充分利用手中的电视资源去获得最大的影响，另一方面则是出于这样的考虑：耗费了人、财、物成本的社会活动不能对节目播出毫无贡献。

在电视社会活动策划之初，往往就把活动与电视节目的密切互动纳入考虑范畴。通常，不但最后阶段需要设计一个可供电视现场直播的重要部分，就连一些过程环节，也要考虑用电视表达它们。如此一来，可视性便在事实上成为电视社会活动鲜明的特征。

例如，前面提到的成都电视台《世纪见证》跨世纪 18 小时大直播活动，其中配套的“迎接新世纪”系列子活动，在策划时就充分考虑了它们各自的可视性。“府南河边新婚夫妇栽种世纪见证树”，是组织百名当天举行婚礼的新人，乘坐很有地方特色的三轮车来到被誉为“成都母亲河”的南河边栽种树木，见证新世纪的到来，这个活动具有很强的仪式感，具体情景鲜丽、热闹，可视性很强。“新华公园‘打金章’武术擂台赛”，复活了已经沉寂七十多年的名为“打金章”的迎新年群众体育活动。“打金章”是一种开放式的武术擂台赛，获胜者将获得金质奖章的奖励，20 世纪早期，这项活动在成都广受欢迎，有一定的民俗学意义，其场景充满搏击的激烈感和胜负的悬念，也很有可视性。“市民参观团游览新成都新景观”，则更是“游览一处拍摄一处”，随着参观团游览路线的延伸，随团记者不断发回最新报道在直播过程中插播，为电视大直播活动注入进程性可视元素。

（五）企望轰动性

电视社会活动由媒体策划举办，又大量动用电视资源等进行包装、推广、炒作，所以往往能在一定时间和一定范围内产生轰动效应。因此其策划人无不企望通过种种努力把产生轰动效应作为追求目标。而社会机构举办的各类活动，除了某些财大气粗的公司举办的活动或由政府主导的活动项目能够实现轰动性的目标，大部分社会机构主办的活动，像无处不在的商场促销、住宅开盘等，都只能产生一定影响，无法实现轰动。所以可以把轰动性看做是电视社会活动的又一个特点。

例如，2000 年 5 月，由中央电视台海外中心和成都电视台承办的“今日成都”大型异地采访活动，于活动伊始，就在市中心人民南路广场举办了盛大的开机仪式并现场直播，四川省、成都市两级官员和文化、传媒界名流到场，还组织了群众方阵，使活动刚开始就产生了一定影响；活动正式展开后，中央电视台、四川电视台报道了活动举办的消息，成都电视台各频道每天大幅报道各摄制组的工作进程和拍摄花絮，使活动持续升温；活动行将结束，成都电视台各类电视栏目、成都地区各平面媒体、主要知名网站，集中报道各个拍摄点的选题完成情况，并大量报道拍摄者和市民的反应；最后是将各个电视台所拍的节目进行为期两周的展播。通过这样的努力，这个活动从预热到高潮形成，一时间成为成都市民街谈巷议的重要话题。

上面归纳的电视活动特性为我们进行电视社会活动策划，提供了可以参考的基本信息。

第二节　电视社会活动策划要点

前面我们简单介绍了若干社会活动及电视社会活动的个案，归纳了电视社会活动的特点，为的是通过了解这些信息帮助我们去掌握电视社会活动的策划。那么，策划一个电视社会活动，需要我们做哪些工作呢？

通常，我们完成一个电视社会活动，一般要从七个方面去考虑工作的推展，即“做什么、谁来做、怎样做、什么时候做、在哪里做、靠什么条件做、做成什么”。如果以前面提到的“今日成都”大型异地采访活动为例，就可以将其分解为如下七个方面：

第一，做什么？——邀请成都以外的境内外电视媒体，汇聚成都进行异地采访拍摄。

第二，谁来做？——由中央电视台和成都市人民政府主办，中央电视台海外中心与成都市对外宣传办公室、成都电视台承办。组建专门的活动领导小组负责活动的组织，设立办公室作为日常办事机构。

第三，怎样做？——包括：(1) 受邀电视媒体在成都抽签确定拍摄选题，每家电视机构围绕所抽取的一个选题，独立拍摄、制作，完成 10 分钟的电视片。(2) 各家电视机构拍摄的电视片在各自的播出平台播出，遴选优秀节目在中央电视台有关栏目播出，全部节目在成都电视台以“‘今日成都’异地采访节目展播周”的名义集中播出，通过航空、列车、户外显示屏等平台循环播出，并翻译为外语版在澳大利亚、美国等国外电视频道播出。(3) 伴随活动的举办展开声势浩大的宣传攻势。例如，在活动举办前利用多种媒体进行造势宣传，活动启动时举办盛大的开机仪式，活动推进过程中安排密集的跟进报道，活动结束后展开不同渠道和平台的广泛传播。

第四，什么时候做？——活动于 2000 年 5 月 10 日至 5 月 18 日期间举办。其间，报到和离会各一天，工作时间七天。

第五，在哪里做？——主要拍摄区域分布在成都市行政区域内。具体的拍摄点包括推荐拍摄点 40 多个，以及应摄制组要求而产生的自拟选题所涉及的拍摄地点。

第六，靠什么条件做？——活动领导小组要求，各参加电视机构派出摄制组，自带拍摄设备；主办方负责提供拍摄用交通工具，安排协助拍摄的工作人员，安排工作期间的食宿，提供往返机票。为此，需要一笔由政府拨款和赞助商赞助构成的活动经费，需要各拍摄点提供拍摄便利，需要准备足够的汽车，等等。

第七，做成什么？——首先，借助外部力量获得几十部视角独特、风格各异、具有陌生化效应、质量上乘的宣传成都的电视片；其次，借助围绕活动的宣传造势，使活动成为新闻事件而产生轰动效应；再次，对活动进行以“开放的姿态、开阔的胸怀、开拓的精神”为内容的文化解读，将活动作为塑造成都市对外形象品牌的举措之一。

可以看出，上述七个方面构成了电视社会活动的主要内容。由此，我们可以把上述七个方面看做是举办电视社会活动的七个要素，由此形成一个策划模版。策划时依据这个模板，按照逐条回答的方式来展开创意、从事策划，是一个简便易行的方法。下面，我们就按照这个思路来结构学习内容。

一、做什么：关于电视社会活动内容的策划

在策划一个电视社会活动的时候，首先需要确定一个创意的出发点和思维的基本走向。一般而言，可以把这个出发点和思维走向选择在“做什么”上，即选择在对活动内容的确定上。做这样的确定，可以为创意和策划定性，这有利于后续策划的顺利进行。

对于电视社会活动，在思考“做什么”的时候，可以从如下角度切入。

（一）活动应具备鲜明的正面价值

电视台不是一般的社会机构或者工商企业，而有着特殊的地位和影响力，因而电视台所举办的活动，应该具备鲜明的正面价值。这既是电视台的性质使然，也反映着公众的期待。这种正面价值，毫无疑问通过公益性表现出来是最理想的状态。但有的时候，也有不以公益性为主要特征的电视社会活动，例如由电视台主办的某些商业色彩很浓的活动。按照正面价值的要求，即便是后面这一类活动，也应表现出正面的、积极的意义。这是一个基本要求。

电视社会活动的正面价值有哪些具体表现呢？通常表现在如下几个方面：

1. 配合中心工作。由于电视台在国内宣传体系中的特殊地位，电视台所举办的活动常常与中心工作有着密切的联系，配合中心工作成为电视社会活动公益性的重要实现形式。例如，春节前夕，当“关

心贫困人群，保证贫困人群能过好春节”成为中心工作，电视台会举办“送温暖大型活动”；当“提高成都知名度以便扩大开放、加快发展”成为中心工作，就有了“今日成都”大型异地采访活动。

2. 关注弱势群体。围绕维护弱势群体权益、为弱势群体或特殊困难人群提供帮助而举办各类活动，是受到电视社会活动策划人关注的另一正面价值实现方式。对弱势群体的关爱既是媒体责任使然，也是电视台树立自身良好公众形象的较好途径。上面提到的“再就业工程现场会”，以及涵盖关注贫困大学生、关注留守儿童、关注贫困山区人们的生存环境、关注妇女权益、关注农民工等许多领域的社会活动，就体现着这方面的正面价值。

3. 推广先进文化。电视台既是媒体机构，又是文化传播平台，拥有巨大影响力，在社会文化建设中责无旁贷。利用电视机构自身的优势条件，策划举办一些旨在推广先进文化的活动，也是体现正面价值的选择。中央电视台“心连心”演出活动，就是以文艺演出为基本载体的影响广泛的文化活动。一些电视台与文化局等机构联合举办的以送电影、书籍和演出下农村、进社区为内容的“文化大篷车”活动，就是这方面不错的案例。

4. 促进科技普及。在一些二线城市和县级、区级行政区域，有时当地的电视机构会举办一些农业科技下乡方面的社会活动。在分散经营仍然是农业经营的主要形式，农业劳动力素质普遍不高的背景下，这种活动致力于科技普及，往往受到农村朋友的欢迎。此外，不少电视机构围绕普及互联网和计算机的使用、加强新媒体条件下的人际沟通而策划的一些活动，也具有普及科学技术的意义。这些都具有正面价值。

5. 加强社会沟通。在当前社会转型的过程中，不同的社会群体或阶层由于利益分化，会产生一些隔阂。加强这些群体或阶层的沟通，是社会和谐发展的题中应有之意。电视台这样的公共媒体机构，应该也可以在这方面发挥积极作用。发挥作用的方式之一，就是举办旨在加强社会沟通的活动。一些电视台策划举办的东、西部少年儿童“一对一”结对子相互帮助活动，成都电视台举办的百名成都小学生一对一接待百名山区儿童“游成都”活动，就体现着主办方这方面的追求。

6. 助力经济发展。电视台的一些具有商业色彩的活动，虽然不讳言其中也有赢利的诉求，但通常应坚持对经济发展有正面贡献这样的基本原则。例如，“市民购房直通车”活动，通过组织团购提升交易规模、降低房产单价，这既有利于房地产开发商，也有利于消费者，客观上起着推动经济发展、促进经济繁荣的作用，由此体现出活动的正面价值。

在策划活动时考虑赋予内容以正面价值，有着广阔的创意空间。上面列出的六个方面较为常见，可以为我们提供启发和借鉴。

（二）活动应具备创造性智慧

本来任何策划活动都追求创意价值，但在人们心目中，电视台以传播为己任，人才荟萃，创意策划方面自然是高手云集，这种印象在一定程度上提升了人们对电视社会活动创造性的期待值。一旦由电视机构策划的社会活动没有能够满足人们的期待，就会招致广泛的恶评；当然，如果活动充满创意智慧，令人耳目一新，则又会在一片赞誉声中为举办方带来品牌上的好处。因此，如何使活动具备创造性智慧、令其具备亮点、令其与众不同，常常是电视活动策划人殚精竭虑追求的目标。

要做到这一点，可以有各种各样的方法，在前面的章节里我们也曾涉及这方面的内容。下面，我们从某些成功的电视社会活动案例中归纳出一些有益的经验，以开阔视野、提供启示：

1. 追求第一。凡是具备“第一”特质的活动，一定与众不同。“市民参观团游览新成都”、“跨世纪 18 小时大直播”等活动，在刚举办时都具有“第一”的特质，因而都与众不同。

2. 元素组合。有的情况下，将已有元素进行组合，也可以获得与众不同的效果，让创造性智慧得到突出表现。例如，电视媒体进行大型异地采访已经不新鲜，但“今日成都”大型采访活动将通常只邀请国内媒体，拓展为也邀请境外媒体，这样，在参加活动的成分上组合进新的元素，就形成了与众不同的结果。再就业工程并不新鲜，但是将再就业、现场会和电视直播进行越界组合，形成“再就业工程现场会”电视直播活动，也就获得了与众不同的结果。

3. 规模取胜。由于电视台具有较强的调动社会资源的能力，利用这个优势，在寻常活动中将规模扩大到非同寻常的地步，就可以获得与众不同的效果。例如，20 世纪 90 年代成都出现的“千名少年儿童同绘一幅画”活动，就是通过千名儿童在同一张巨大的白布幅上作题为“我心中的太阳”的绘画，以参与者规模赋予活动以区别特征。

4. 利用优势。这里所说的优势，是指电视台本身所具有的媒体优势。很多活动，一旦利用电视优势，马上就会形成鲜明的特点。例如，成都电视台公共频道民生新闻与社区管理机构合作，在社区开展“寻找身边好人”的活动，发动居民推荐“身边好人”，经过一定程序的评选认定，对其中事迹突出者利用电视频道的相关栏目进行介绍。这样的活动，由于利用了电视的资源优势，因而具有其他社会机构或纸质媒体无法替代的特点。

上面所列，旨在提供一些启示。需要强调的是，创造性智慧的开发运用空间非常广阔，因为对无限可能的追求是创意思维最基本的属性之一。

（三）活动应与电视传播关系密切

与电视传播保持密切关系，这是电视社会活动的特点之一，是其无可替代的优势，也是丰富电视节目的有效途径，故应在策划时予以充分考虑。而电视社会活动的内容设计，直接关系到能否充分利用电视资源。例如，很多社会机构策划的活动，为了很好地利用电视资源来掀起高潮，往往要在结局阶段安排一台主题文艺晚会以便电视直播。毫无疑问，电视社会活动的内容设计更应该考虑对电视资源的充分利用。所谓充分利用，是指对电视资源大量地、全程地使用。这可以从以下几点去考虑：

1. 从使用电视资源的角度。

电视社会活动对电视资源的使用不是局部的、点缀性的，而是全面的、大量的。这样，在策划活动内容的时候，就要将电视表达纳入活动的有机组成部分予以通盘考虑；换句话说，电视资源的使用、电视表现的纳入，是电视社会活动内容的一部分。这是电视社会活动策划与一般社会活动策划不太相同的地方。

2. 从适合电视表现的角度。

社会活动要适合电视表现，其内容应该具备一些视觉方面的特征。这些特征可以用如下几个关键词来概括：

外显。所谓外显，主要是指活动具有鲜明的看得见的外部形态或形式。有些活动，如“讲文明、树新风”道德提升活动，就比较缺乏外显性，这样的活动要么表现为个人心灵素质的变化，要么被淹没于广泛而散在的个人善举（例如礼貌讲话、不随地吐痰等等）之中。但城市孩子陪同山区孩子游览城市新景点，就非常具有外显性，孩子们游览的行程可以集中地呈现在镜头前面。毫无疑问，电视社会活动的内容应该具有外显的特征方能有利于电视表现。

动感。适合电视媒体表现的活动，还应该具备动感的特点，也就是不要让活动静静发生、死气沉沉，而要让它活起来、动起来。例如，社区围棋大赛活动，与社区健身舞大赛活动，前者比较缺乏动感，而后者动感十足。所以，策划电视社会活动时，需要考虑“动感”的因素。例如，在策划“百名山区少年儿童游成都”活动时，最初的创意是请山区孩子们来成都参加一个迎新春联欢会，后来改成乘车游览成都代表性景点，其中对“动感”的考虑是导致改变创意的主要因素之一。

集中。集中特点指的是，电视社会活动的主要环节，应该集中进行，以利于电视表现。散在的、弥漫性分布的活动，不适合作为电视活动的主要形式。例如，一般性提倡读书的“读书月”活动，就不适合电视表现；但如果在其间设计几个集中环节，如开始时安排一个启动仪式，进行中有一个读书演讲比赛，结局有一个捐赠社区图书馆加颁奖的仪式，就比较适合电视表现了。

仪式化。仪式化是电视社会活动为增强可视性而在策划时常常考虑的问题。所谓仪式化，就是在活动的某些关键环节，采用仪式的方式来进行。例如，成都电视台“全景展示社会主义新农村”大型报道活动与“今日成都”大型异地采访活动，都安排了声势浩大的开机仪式；“抗非典培养良好生活习惯”广场活动，则安排了万人签名拒吃野生动物和鸟类放归大自然等仪式环节，等等，就属于仪式化的个案。仪式化有利于电视的视觉表现，对活动本身也常常能够起到画龙点睛的作用。

（四）活动应具备适当的进程

电视社会活动要产生较大影响，就应该具备适当的进程。进程太短、太长都不合适，过程松散乏力也不恰当。一般来说，电视社会活动不会迁延太久，太久会使观众的热情回落，这不利于电视表达和迅速形成热点。例如，像帮助贫困学生的希望工程、帮助西部母亲的幸福工程那种常年的活动，一般不会由电视台来主办。但是太短也不行，时间太短，难以形成热潮。

另外，活动安排紧凑与否，也是与时间关系密切的进程性因素。只有当紧凑的安排与适当的时间延续结合起来，才能保证活动具备适当的进程。

那么，到底多长时间对于一个活动是比较适宜的呢？这因活动性质而异，没有一定的标准。但从实践中成功的案例来看，以启动到结束计，从7天到一个月的似乎比较常见。

（五）活动应具备可操作性

可操作性也需要在策划活动内容时纳入考虑。有时，活动创意很好，但要求过高，难以实施；有时，活动创意不错，要求也恰如其分，但时机又不合适等等。这就需要进行可操作性评估。

可操作性评估通常是结合活动内容可能动用的人、财、物资源和可能涉及的政策、环境、时机等要素进行分析，看准备举办的活动能否在上述各方面都能够承受或通过。能够承受和通过的，就具备可操作性，反之则不具备。

当我们在策划过程中对上面提到的五项要求都进行了充分考虑并形成了关于活动内容的初步策划成果，电视社会活动的后续策划就可以进行了。

二、谁来做：关于电视社会活动运作主体的策划

一旦电视社会活动的内容大致确定，接下来就会遇到活动由谁来操办的问题。“谁来做”就是要考虑由谁来充当活动的运作主体。这里面往往包含某些复杂的情况。

活动主体由以下部分构成：主办者、承办者、联办者、协办者。活动的举办通常还得有运作机构来实施，运作机构包括活动组织委员会，简称“组委会”；组委会下面设有办公室，办公室下面又划分若干工作部（组）。下面分别作具体说明。

1. 主办者：顾名思义，主办者就是活动的主办方，但实际情况并不是这样简单。有的时候，主办者是活动的实际运作者；而有的时候，主办者只是为了提升活动档次而进行的一种名义授权。不少大型活动冠以“省、市政府主办”，往往属于这种情况。但一些中小型活动，其主办者就是实际运作者。

2. 承办者：是活动的实际运作者。在标明了“××××主办、××××承办”的活动中，承办者就是实际的运作者。

3. 联办者和协办者：联办者和协办者都是承担部分运作任务的主办参与者。联办者的署名层级高于协办者，它们与主办者、承办者的署名层级顺序是：主办者、承办者、联办者、协办者。

联办者和协办者所承担的任务中，包括提供经费赞助和其他工作条件。很多为电视台主办的公益性活动提供经费赞助的活动参与者，常常在联办者或协办者中列名。

除了联办者或协办者以外，有时，对于为活动提供某些一次性次要帮助或小额赞助的参与者，还可以使用“友情协助”、“友情赞助”之类的署名方式，这在后面将要提到。

4. 组委会：组委会是“活动组织委员会”的简称。通常，大型活动的组委会只是活动总牵头机构和名义机构，不承担具体的活动组织工作。但有的中小型活动的组委会，也可能介入一些宏观的组织工作，如召开协调会、记者招待会等等，但一般情况下不承担具体工作。

5. 办公室：办公室是组委会下设的常设办事机构，是代表组委会从事活动组织日常工作的具体运作部门。办公室下面往往会根据工作需要，设立若干工作部门来负责某一方面的具体工作。例如：

综合部（组）负责日常事务；

外联部（组）负责对外联络及嘉宾接待；

宣传部（组）负责对外宣传、氛围营造等；

保障部（组）负责寻求赞助；

后勤部（组）负责车辆、食宿等庶务。

上列各部在办公室的统辖之下展开工作。至于这些部门叫“部”还是叫“组”，需视活动规模而定：大型活动通常叫部，小型活动一般叫组，但其功能基本上是一致的。

对于迁延时间比较长的大型活动，为了能独立开展工作，办公室还需要在履行了一定手续之后，刊刻活动公章，供活动中使用。活动结束，公章即行注销。

对于各个部门的工作人员，要按照有责任心、头脑清醒、善于与人沟通和积极勤勉的要求精心遴选。因为，事情是人做的，再好的策划方案也要由优秀的人员来实施。细节决定成败，而人员素质是非常重要的细节之一。

三、怎么做：关于电视社会活动具体运作方式和环节的策划

当对一个电视社会活动确定了它的内容、落实了其运作主体之后，就要考虑“怎么做”的问题了。回答“怎么做”的问题，也就是对活动具体的运作方式、具体的实施环节等方面进行策划。

关于怎么做的策划，可以从以下几点去着手。

（一）具体过程和环节的设计追求“新”、“特”、“异”

在考虑“做什么”的时候，通常只考虑了活动的大致轮廓，这里面固然需要追求独有的创意，对此我们在前面已经有所论述；但一个电视社会活动，其创意智慧发挥的空间，不但表现在做什么上，也表现在怎么做上。例如，当年由四川媒体策划的“四川球迷赴西安为全兴队客场助威”活动，后来演变为“球迷包专列前往”，再后来演变

为“球迷包专机前往”，仅仅在交通工具上，就能做出这么富有特色的文章，更不用说其他方面的创意空间了。

上面的例子给我们一个启发，那就是，在具体的过程、具体的环节甚至组合因素上发挥创意智慧，去实现新颖、特出、不同凡响的目标，往往是比较可行的办法。略举几例：

在时间上发挥创意的，如 18 小时迎接新世纪系列接力活动；

在空间上发挥创意的，如涵盖广州、成都、杭州、洛阳等十几座城市的“花开中国”大型电视并网同步直播活动；

在时间、空间的双重结合上发挥创意的，如涵盖黄河沿岸若干代表性地点的“黄河一小时”大型电视直播活动；

在数字上发挥创意的，如“十（场大型健康演讲会）、百（名健康咨询服务专家）、千（本健康公益图书）、万（人健康生活宣言签名）”健康生活公益活动；

在数量规模上发挥创意的，如千名少年儿童同绘“我心中的太阳”巨型画幅、万名小学生齐声诵读唐诗；

在交通工具上发挥创意的，如“中秋夜包机赏月”活动；

在地域文化方面发挥创意的，如“双城记·成都杭州两个相似城市对话”电视直播活动；

在物品形态方面发挥创意的，如“电脑赠贫困山区学校”、“山区孩子每天一个鸡蛋”等活动；

在仪式性道具方面发挥创意的，如“栽种世纪见证树”、“抗震救灾好人勒名碑”等等。

还可以列举很多，难以一一尽述。从上面的罗列中可以看出，在过程、环节等领域的创意空间是非常广阔的。这个领域的创意成果对活动最后特色的形成能起到非常明显的作用，因而这项工作应该引起策划人的足够重视。

（二）精心设计进程环节

一个电视社会活动，一定表现为外显形式清晰的、起讫日期明确的一个动态进程，这个进程可以分解为开始阶段、中间环节和结束阶段。策划的时候，要对各个阶段、环节逐一设计、反复推敲，最后形成清晰、合理的蓝图。具体说来，需要关注如下几个方面：

1. 起讫日期。电视社会活动需要有一个明晰的起讫期。这个开始、结束日期是活动的其他计划如宣传推广计划、赞助计划产生的基础，也是一个重要的对外概念。有了这个起讫期，社会公众才会形成一个关于活动的明晰的印象。

活动的起讫日期视具体的情况而定，但前面我们已经提到过，不能过长和过于松散，最好紧凑一些。

2. 开始阶段。开始阶段设计得好，能够收到先声夺人的效果。如果能够在开始阶段设计一个有特点的仪式，即采用“仪式化”的开头来启动活动，往往既有利于电视表现，又能引起公众的关注，是一个比较好的做法。很多电视社会活动都采取这种方式开头。例如：

“重走长征路”活动的出发仪式；

“今日成都”大型异地采访活动的开机仪式；

“科技普及”活动周的电子揭幕仪式；

“图书下乡”活动的首批图书捐赠暨启动仪式，等等。

有的活动，例如“主持人大赛”，开始于报名环节，所以难以有一个仪式性的开端。在这种情况下，可以将“报名第一天”作为宣传推介的切入点，让其发挥活动开端的作用。

总而言之，策划过程中对开头阶段的设计重点，是要积极寻求一种鲜明的、可视的、有可能被人一下子就记住的标示活动启动的外显形式。

3. 中间环节。中间环节是电视社会活动的主要构成部分，也是策划设计的重点。有的社会活动，在启动仪式之后，就进入隐性的、例行的日常工作之中，例如帮助西部母亲的“幸福工程”，启动之后，就是例行的、泛在的善款筹集、水窖修建的日常工作了。电视社会活动的特殊性决定了，它的中间进程必须有具体而实在的内容，有集中而可以视觉表现的动态事件作为中间环节的支点。例如：

“百名山区少年儿童游成都”活动在启动仪式之后，紧接着就是对自来水六厂、三瓦窑污水处理厂、大熊猫繁育研究中心等景点的参观；

"今日成都"大型异地采访活动启动之后，各摄制组就奔赴三十几个拍摄点进行采访拍摄，每个拍摄点的具体拍摄过程都是活动进行的事件支点；

"主持人大赛"在报名之后，接着就是初赛、复赛，以及半决赛和决赛，决赛前夕还有一些选手从事公益活动或接受培训，这些动态事件构成该活动的中间环节；

具体活动的内容差别很大，而策划时设计出动态的、集中的、具有可视性的事件，构成进程环节的一个个支点是普遍的要求。

4. 结束阶段。结束阶段是活动的高潮部分，不管从何种意义上看，都是电视社会活动的重中之重，都需要精心策划。通行的做法是设计一个仪式化的结局，例如，以一台现场直播的晚会作为结局，像"寻找成都知青的故事"以大型情景式访谈节目作为结尾，"主持人大赛"以总决赛晚会作为结尾，等等，就属于这种情况。

在结束阶段的仪式或晚会中，应对活动中的主要构成要素作出回应或者交代。例如，"评选魅力小镇"活动的结束晚会，就需要把各个入选小镇的名称、它的主要特点、入选理由等等，做一个总的交代和介绍。

很多时候，由于结束阶段和开始阶段的仪式或晚会具有重要地位，同时，它们在活动中显示出相对的独立性，对它们的组织工作也较为繁难、自成一体，所以往往为它们单独撰写策划文案。

（三）电视表达全程伴随

前面提到，电视社会活动的优势之一，就是对电视资源的充分利用。因此，在策划如何展开活动的时候，将电视表达贯穿整个过程，是需要重点考虑的方面。那么，如何着手让电视表达全程伴随呢？从电视社会活动的成功经验来看，可以考虑如下几点：

1. 在活动的开始阶段，用电视资源制造声势。任何社会活动在推出的时候，都需要向社会公众广而告之，电视社会活动也不例外。策划时应该从一开始就考虑利用电视资源来制造声势。例如，通过活动前期宣传片、活动筹备花絮新闻，甚至开设针对活动的临时性电视栏目等，来展开宣传攻势。

2. 在活动进行阶段，用电视节目跟进报道。在活动进行阶段，可以借助多种电视资源平台，例如新闻节目、电视栏目等，进行跟进报道。例如，在新闻节目中设置“来自活动现场的报道”板块，邀请活动涉及的重要人物作为嘉宾参与谈话节目；在专为活动开设的临时栏目中安排专题节目介绍活动进程中有价值的人和事；在节目中开辟观众参与板块，吸引观众参与节目、关心活动等，都是常见的做法。经过这样的密集传播，活动的氛围很快就能在电视信号覆盖区域内形成。

3. 在活动结局阶段，用现场直播等方式掀起高潮。任何活动都有一个结局，结局要引人注目，要强有力。为此，一个集中而具有结束意义的活动通常是必不可少的：要么发奖，要么命名，要么达成某种预设目标——结局的具体形式可以多种多样。而对结局阶段的这种集中活动进行电视表现，常用的方式是进行现场直播。实际经验告诉我们，现场直播介入活动结束具有不可替代的价值。

4. 在活动结束之后，视情况酌情进行后续报道。有的活动，在进程达到结局的高点之后，经过现场直播就圆满收场；有的活动，例如一些包含长效公益诉求的活动，像再就业、帮扶贫困人群等，在阶段性进程结束之后，还会有后续效益的追踪问题，于是就引出了后续报道的问题。是否进行后续报道、怎样进行后续报道，都应该在策划时纳入电视资源使用的总体考虑之中。

5. 传播渠道：全媒体传播。在当今的传播环境中，电视活动除了充分利用电视资源外，还需要利用互联网和手机媒体等资源。基层电视台一般本身没有强大的网站平台，可以与一些强势网站合作，还可以利用微博客等新媒体形式，来实现对电视社会活动的多渠道、多模式传播。这方面也应纳入策划工作的总体考虑。

四、什么时候做：关于电视社会活动举办时机和时间的策划

电视社会活动在什么时间举办是适宜的？这不是一个可以随意回答的简单问题，因为这实际上牵涉到活动举办的时机和其他一些制约因素。

（一）时机的选择

很多活动，只有与在恰当的时机举办，才会产生最大的影响。例如：

与儿童有关的活动选择在“六一”前夕启动，在“六一”当天结束；

维护消费者权益活动选择在“3·15”消费者权益日举办，就显得合于时宜，容易造成影响；

春节前夕常常举办为弱势群体送温暖的活动，这更符合中国人的习俗传统，容易引起广泛的认同；

一些配合中心工作的活动，则需要紧扣中心工作的推进而举办，如“再就业工程现场会”一定是在大力推进下岗工人再就业工作的高潮中举办。

因此，任何电视社会活动策划过程中对举办时间的确定，都需要考虑时机的问题。

（二）忙闲的考虑

所谓忙闲的考虑，是指电视台本身的工作状态对选择活动举办时间的影响。通常，每年的春节之后到“十一”国庆节之前这段时期，电视台的工作状态相对“闲”一些，所以有余力来举办大型活动；而国庆之后到次年春节之前，工作非常繁忙，如不是特别需要，一般不在这段时间举办时间跨度大、动用资源多的大型活动。

（三）条件的制约

这里所说的条件，是指可能影响活动举办时间的条件。例如：

涉及中、小学在校学生的活动，最好在寒暑假或节假日举办，以避开上课时间，保证有足够的参加者；

准备进行现场直播的仪式或大型演出最好在晚上举办，晚上是电视节目播出的黄金时段，这可以保证直播获得较高的收视率，从而产生更大的影响；

如果选择在户外举办广场活动，则需要考虑天气情况，当天气预报有暴风雨的时候，活动就得改期。

诸如此类的制约因素，在确定活动举办日期和时间的时候，都必须考虑到。

五、在哪里做：关于电视社会活动举办地点和平台的策划

任何电视社会活动都会涉及活动举办地点和平台的问题。所谓地点，是指活动举办的具体区域，例如是在一个城市举办，还是在几个城市举办；是只在主城区举办，还是也在郊区举办，等等。所谓平台，是指活动举办的具体场所，例如启动仪式，是在市中心广场举办，还是在歌剧院室内举办，等等。

电视社会活动注重视觉表现，这要求其举办地点和平台必须非常具体；同时，在什么地点和平台举办活动，往往牵涉到人、财、物条件和环境条件、外部条件的制约，牵涉到电视直播工作方面的限制，所以，策划的时候应该把这些都纳入通盘考虑的范畴，经过比对评估，最后形成基本思路反映在策划结果中。

例如，在某一个地域举办活动，与在若干地域举办活动，需要的人员、经费、设备设施是完全不同的。如果某些环节（如启动仪式）在若干地域同时举行并进行同步现场直播，还牵涉复杂的多地信号采集和传输的问题。

从平台的角度说，如果在户外市中心广场举行启动仪式，如当年“今日成都”大型异地采访活动所做过的那样，则需要在一定时段阻断交通，这不但需要履行复杂的报批手续，还牵涉大量使用交通警力从事保障的问题，无疑将大大增加工作难度。假如在歌剧院室内举办晚会，则一会遇到歌剧院档期安排能否满足要求的问题，二会遇到场地租金等问题，后者会增加经费方面的压力。

总之，选择活动举办地点或平台，既要考虑尽量扩大活动影响的需要，也要考虑可操作性，这并不是一个可以等闲视之的小问题，应该认真对待，细心策划。

六、靠什么条件做：关于电视社会活动保障因素的策划

任何活动，都需要一定的保障条件才能举办，电视社会活动更是如此。这些保障条件包括：人员、物资、周边条件、政策支持和经费

等因素。下面分别说明。

（一）人员

这里所说的人员，既包括前面所提到的活动主办方的工作人员，也包括活动其他环节牵涉到的人力。例如，启动仪式方块队的成员，大型招聘活动中招聘方的工作人员和应聘的参与人员，活动结束阶段电视晚会的演、职员，甚至在关键环节出席的领导、专家、名人等。所有这些人士都应纳入“人员”的范畴在策划时一一考虑，以便组织、邀请和接待。

（二）物资

举办活动，往往会涉及一些特殊物资的使用。除开电视直播所需要的转播车、摄像设备等不论，还可能涉及其他物质。例如，为启动仪式搭建的舞台，喷绘行架、气球标语、方队服装、手持花环、礼花烟筒，乃至交通工具等。由于活动性质的不同，所需物质五花八门，难以尽述。这都需要一一考虑到，并在策划文案中反映出来。

（三）周边条件

周边条件指的是活动举办所需要的来自其他方面的影响因素。例如，“寻找身边的好人”社区活动，必须获得社区管理层方面的支持；再就业工程方面的活动，必须取得政府有关管理部门、企业、商家和下岗工人的支持、认可和响应。这些都是与相应活动成败攸关的因素，在策划时就应纳入统一考虑。

（四）政策支持

有的公益活动，如果取得政府方面的政策支持，往往能大大提高效率。例如，成都电视台举办的“再就业工程现场会”活动，由于该活动有大量支持下岗工人再就业的政府政策作为背景，所以其间调动各类资源非常容易，活动的各个项目进行得非常顺利，最后活动取得很大成功。

不言而喻，争取政策支持，是公益性活动策划不应忽略的问题。

（五）经费

任何活动，包括公益性活动，都需要经费。经费从哪里来？如果仅仅依靠电视台自身提供，或依靠政府拨款，都不是可持续的办法。

最为常见的做法是，寻求赞助，借助社会资金，来保证或补充活动所需要的经费。

在基层电视台举办社会活动，几乎经常会遇到寻求赞助的问题。这里重点讲一讲。

1. 关于“拉赞助”。

寻求赞助，民间叫做“拉赞助”。那么，“拉赞助”是怎么回事呢？赞，襄赞，“帮助”的文言说法。“赞助”字面意义是“帮助”，这里特指从经济上帮助。拉赞助就是寻求经济帮助的意思。

绝大多数电视台，通常无力完全独自承担所有大型活动或大型节目的费用。而由于电视媒体的特殊地位，电视领域的大型活动或大型节目，一旦问世，往往会产生很大的社会影响。这是电视台所拥有的优势。

社会上具有实力的企业往往不缺经费，但它们缺乏造成巨大社会影响的手段。通过常规广告投放，可以满足日常营销和一般企业形象塑造的要求，但难于造成轰动效应。大型企业要在品牌塑造或企业形象方面有大的提升，借助具有轰动效应的大型项目，不失为一种有效的做法。于是，就有电视媒体与企业利用各自优势的“赞助”合作：企业出钱，电视台出资源，共同完成大型项目；其间，企业从中获得巨大社会影响，电视机构则获得节目和收视率。这就是所谓赞助的实质。

赞助是一项发生于电视机构与企业之间的互利行为。企业出钱，电视台出资源；电视台办活动、出节目，企业借此推介自身的良好形象、辐射自己的优势信息，最终从形象推介和信息辐射所带来的商业回报中获得利益。这是拉赞助过程中双方遵循的基本规则。

2. “拉赞助”的要点。

从电视台这一方来看，拉赞助的要点是什么呢？主要有以下几点：

(1) 明确拉赞助的核心项目。寻求赞助不是空手套钱，它一定得有一个载体，即核心项目。比如，这个核心项目可以是一个活动，一个大型节目，也可以是一次大型拍摄行动，等等。不管什么项目，只有当它具备了几个特点，寻求赞助才是比较容易成功的。这些特点是：有特色、影响大、范围广、周期长。有特色，才能保证赞助方所需要推介的信息能够有一个比较醒目的平台，这对在信息泛滥的情况下提高信息传播的有效性是至关重要的。影响大，才能保证赞助方寻求轰动效应的诉求能够成功，从而获得与常规广告投放不同的回报效果；范围广，能够保证赞助方推介的信息作用于更加广阔的空间，产生更好的传播效果；周期长，才能保证赞助方的信息辐射有必要的时间延续。总而言之，这四者的综合，才能对赞助方产生吸引力。

（2）确定需要寻求的赞助额度，以及可能向赞助商提供的回报条件。确定额度和设计回报条件，是紧密相连的两个问题。在确定额度的时候，如果额度过高，企业难于承受，可以将额度分解，然后分别向几个对象征集。比如，通常的做法是，征集“联办”赞助商一个，“协办”伙伴若干，等等。

在确定赞助额度的同时，需要考虑回报的问题。惯常的做法是，设计一个包含常规回报项目和特殊回报项目的套餐，提交给赞助方供对方研究，并作为谈判的基础。常规回报项目主要是指标准的广告，这是有固定价格的回报项目，一般在回报套餐中要占一定比例。特殊回报项目主要是指冠名、指定使用产品、在美术因素中嵌入赞助方信息、请赞助方高层人士参与重要活动项目（如颁奖）等非广告回报因素。通常，在回报手段中，特殊回报项目因核心项目的特色、影响、范围、周期等的不同，往往呈现“无定价、价差大”的特点。经验告诉我们，在寻求赞助的谈判中，特殊回报项目对最后谈成的赞助额度往往影响明显；而能对赞助方产生特殊吸引力的，往往也是特殊回报项目。所以，在设计回报套餐的时候，对特殊回报项目要尽可能认真细致地推敲，并发挥创意，力争设计出有特色、有吸引力的特殊回报方式。

在回报套餐方案产生之后，要与所需求的经费额度相比对，做到二者相匹配，从而增加成功的可能性。

（3）拟定一份“赞助征集书”之类的书面文本。任何赞助行为都是企业经营活动的一部分。通常，企业在决定是否参与赞助的时候，都有一个严格的分析、评估过程。所以，如果要使你的寻求赞助的努力成功，必须向企业提交一份包含赞助主要事项的文本。这份文本的内容包括：

对寻求赞助的核心项目的简要描述，对项目本身特色、影响、涉及范围和延续周期的描述，拟寻求的赞助金额，对回报套餐的表述，对回报效果的评估和预测，等等。

这份文本是企业决策的基础，所以必须高度重视。文本的各项内容要力求简明扼要，对回报效果的预测要积极而实在，力避虚夸不实之词；文本的书面美术包装乃至装帧形式也要列入考虑，因为从某种意义上说这份文本是核心项目的第一幅面孔，是核心项目的包装元素之一。如果能让人从这份文本上看到活动主办方的严谨和品位，从而增强投入资金的信心，那正是我们所企盼的。

（4）双方的磋商、谈判甚至讨价还价。这个过程不会很简单，往往要经历若干往复才能最终达成共识。其间，变动金额和修改回报条件是很平常的事，谈判失败也是常见的事。所以，在寻求赞助的时候，往往是“提前行动、广泛征集、重点争取”，以降低全面失败的风险。

（5）签订协议或合同。赞助的协议与合同是明确双方责、权、利的书面文本，其中要将双方的责权利做出明确的表述；对一些未尽事宜、不可预计情形，以及一旦遭遇不可抗力时各自的责任，都需要做出约定。协议经双方协商后，由各自具有签约资格的代表人签署，加盖公章生效。

（6）付款。付款通常由赞助方以支票转账的方式，将经费支付到管理项目经费的指定账户上。

所有这些完成之后，项目就可以启动了。

3．拉赞助的注意事项。

（1）不管以什么方式联系赞助，最后签订合同一定得由经工商部门核准的专门的广告业务员来进行。不具有广告业务员资格的人士签订广告合同，是违规行为；这样的合同如果出现纠纷，将无法利用法律来捍卫自己的合法利益。

（2）赞助款属广告收入，应依法纳税。从另一个角度看，寻求到的赞助款需要扣除纳税部分，剩下的部分才是可以使用的；所以，在对核心项目进行预算的时候，需要将税款部分扣除。

（3）在回报项目的设计上需要注意，有一些产品既不能做常规广告，也不能在特殊回报项目中出现。比如，烟草产品。

（4）对实物赞助，如对活动赞助奖品，规范的做法是用赞助方提供的经费购买特定的实物。所谓“由×××公司赞助奖品×××”的提法不过是作为特殊回报方式的一种表述而已。因为，大规模地以实物代替现款进行赞助，于赞助方可能涉嫌偷漏销售环节的税款，于接受赞助方可能因资金未入账而涉嫌偷漏广告营业税和所得税。这轻则违法，重则犯罪，所以一定得依法慎重处理。

（5）在特殊回报方式的设计上，要规避有偿新闻。通常，利用对内容不发生影响的形式因素设计回报方式，具有广阔的选择空间。比如前面提到的冠名权使用，“×××活动指定产品”称谓的使用，“本活动由×××赞助（联办、协办）”名义的使用，在相关节目的舞美设计中融合进赞助方的标识，节目播出时在屏幕中一定位置打出赞助方的特定标识，相关人员在一定场合穿着与赞助方有联系的特定服装，在报纸、网站等媒体刊载的活动广告中嵌入赞助方的视觉元素等，都是常见的做法。贺岁电影故事片《手机》，全片使用中国移动的手机服务作为戏剧元素，嵌入到剧情中，推动一系列悲欢离合的故事，这是利用形式元素的深度“植入广告”，是一个很好的可资借鉴的创意。但是，不能把新闻内容作为回报赞助方的条件，如果这样做，就是搞有偿新闻。而有偿新闻轻则违背新闻职业道德、败坏新闻节目声誉，重则违规违法，是应该严厉禁止的。

七、做成什么：关于电视社会活动预期目标和效果的策划

回答“做成什么”，是指策划时对活动的预期目标或者企盼效果提出基本要求。电视社会活动往往消耗不少人、财、物资源和电视资源，要尽力避免劳而无功。为此，需要专门把活动举办之后可能实现的预期目标、希望产生的效果进行预测，并将其描述在策划文案中。

很多时候，一份策划文案能否被通过，文案所反映的活动能否举办，这一部分的描述将对决策者产生较大影响。同时，当策划文案被付诸实施，这一部分的内容可以对实施者起到凝聚共识、督促目标和效果实现的作用。同时，这一部分的描述还有利于反过来对活动的各个环节进行优化设计。因为，在我们最后判定某环节设计是否合理、某内容是否恰当时，评判的标准之一，当然是该环节或内容是否有利于达成预期的效果或预设的目标。

那么，设定预期目标和预测效果需要从哪几方面去考虑呢？可以从如下几个角度去考虑。

（一）把活动的直接目标明晰化

任何电视社会活动，都应该为它明晰地设定一个需要实现的直接目标。例如：

“再就业工程现场会”大型电视直播活动的直接目标，是为下岗职工提供数量可观的就业岗位，介绍若干下岗不丧志、自谋职业成功的典型案例，解读有关方面对下岗工人再就业的优惠政策和扶持措施，反映下岗工人的困难并呼吁社会理解支持，等等。

“寻找成都知青的故事”活动的直接目标，是寻求到若干生动并具有一定意义的故事，并遴选到合适的故事主人公作为嘉宾，以便完成“成都知青的故事”大型情景式访谈晚会的录制。

“世纪见证”大型电视直播活动的直接目标，是准备足够的视频节目和进程性事件支撑跨世纪 18 小时电视大直播，倡导一种“缅怀历史、见证今天、迎接未来”的积极人生态度，以之作为对世纪交汇时刻的纪念。

“主持人大赛”活动是要向观众展示神秘的主持人产生过程，遴选 2~3 名优秀的男女主持人进入电视台主持人工作岗位，等等。

活动的直接目标实际上在确定活动内容时就已经纳入考虑了，这个部分的策划任务是将直接目标明晰化，并且用清晰的语言表述出来。一旦完成了这项工作，整个活动策划的方向感就增强了，对策划所涉及的各类要素的要求也更具体。这对于策划的成功是非常有益的。

（二）明确活动的宣传目标

宣传目标旨在通过活动实现某些宣传意图，是电视机构以特殊方式履行宣传职责的工作目标。它是电视社会活动的重要伴随目标。前面提到的电视社会活动策划的一些要求，例如全程电视传播等等，其指向就是宣传目标的实现。为了便于理解，我们仍以上面提到的那几个活动来说明它们的宣传目标。

“再就业工程现场会”的宣传目标，是集中而高调地向全社会宣传再就业工程的重要性，唤起社会各方面对这个问题的普遍关注，并在活动中介绍这方面的工作进展，解读有关再就业的优惠政策，推广一些再就业的励志典型以鼓舞人心，为推进这项工作营造良好的舆论氛围。

“寻找成都知青的故事”的宣传目标，是传达对那一代人曾经的生存状态的关注，并从中体现出媒体的一种深厚的人文关怀理念。

“世纪见证”大型电视直播活动的宣传目标，是利用新世纪到来的节点，从“打金章”的历史再现到“新婚夫妇栽种世纪见证树”的现实仪式，传达一种在历史和现实交汇点上的积极人生姿态，履行媒体机构在时代发展上的文化责任。

“主持人大赛”是要利用人们对主持人“诞生”的关注，加深观众对电视机构的了解，在媒体和受众之间建立亲和关系，从而增强观众对电视机构的信赖和喜爱，为实现更好的传播效果做基础性的工作。

宣传目标是间接目标，但其重要性并不亚于直接目标。

（三）考虑活动的效益目标

毋庸讳言，电视社会活动还需要追求效益，这是电视社会活动策划的另一个目标。效益目标是电视社会活动的间接目标。效益目标主要由以下几方面构成：

1. 制造轰动效应，扩大影响，为电视机构品牌塑造提供助力。这是电视社会活动的主要利益目标之一。电视机构要形成品牌，一靠优质节目，二靠成功的社会活动。这从湖南卫视的成功中可以得到证明。湖南卫视在年轻活跃人群中具有无可争辩的品牌影响力，其地位的获得，既有《快乐大本营》和《天天向上》等娱乐节目的贡献，也有“超级女声”、“快乐男声”等与节目结合的大型活动的贡献。

2. 聚集人气，吸引眼球，提高节目收视率，进而提高广告收益。这是经济收益方面的利益目标。成功的社会活动能够有效地吸引公众注意力，与之配套的节目也能获得较高的收视率，这不但对赞助商，对一般的广告商也有吸引力，所以，电视社会活动的成功举办与广告收入的增加存在明显的正比关系。

3. 丰富节目品类，增加节目数量。伴随电视社会活动可以制作不少具有特点的电视节目，尤其是活动本身以节目的形成为主要内容的项目（如前面提到过的“寻找身边的好人”活动）更是这样。在节目制作成本越来越高，节目竞争越来越激烈的情况下，这个效益目标越来越受到人们的重视。

在当今电视媒体的政治属性、公共属性、市场属性并存的时代，追求效益是必然的逻辑结果。在策划时，应充分考虑这方面的可能性，并按照效益最大化的要求，作出具有创意的设计和规划。

（四）对效果作出预测

电视社会活动举办之后，都会产生一定的效果。在策划阶段，由于一个活动的效果属于未来时，对它进行预测不是件很容易的事情，所以有的时候策划案并不对效果进行描述。但这一项工作其实是应该做的。当整个策划接近完成，策划人有责任根据活动的性质、范围、目标等因素，结合自己的经验，对效果进行预测。在接受商业委托而策划的电视社会活动的策划书中，以及需要寻求赞助而提供给赞助方的书面文本中，效果预测和描述很重要，它是委托方或赞助方判定未来活动的价值和策划案价值的重要评判因素。

对效果的预测，可以从作用、影响、收益等角度来进行。

“作用”角度主要是预测一个电视社会活动举办之后，它能够在哪些方面发挥作用，从而体现出它的价值。例如，“再就业工程现场会”在提供再就业机会、对再就业人员进行政策辅导、对贫困下岗家庭提供救助等方面可以发挥什么样的作用；“主持人大赛”在遴选主持人的范围、质量上可能达到一个什么样的程度，等等。

“影响”角度主要是结合活动本身的情况和宣传设计，对活动举办期间和举办之后所造成的积极舆论反响进行预测。例如，“再就业工程现场会”对营造全社会支持再就业工程舆论氛围方面所可能造成的舆论影响；“大型异地采访”在树立当地开放形象、借助活动将各选题点进行对外推介方面所可能产生的影响；“主持人大赛”在关心主持人产生过程的观众中所可能引起的关注和反响，等等，对上述方面的影响进行预测，就属于这一部分的内容。

“收益”角度主要包括针对活动举办之后可能为主办方带来的各类效益进行预测。这些效益包括知名度、美誉度方面的收益乃至品牌收益，以及经济收益。例如，成都电视台“《世纪见证》18 小时电视大直播”活动的举办，直播延续时间之长、其中组合的活动之多、对四川 20 世纪进行总回顾的节目数量之丰富、节目内容和形式之新颖，在当时四川地区都是非常引人注目的。因此，这个活动为成都电视台带来的美誉度是不言而喻的，为成都电视台寻求在当地文化体系中占有一席之地的努力也必然会有贡献，为成都电视台作为西部重要省会电视台的品牌塑造也有裨益；而活动有这样的规模和影响，也很容易寻求到赞助，这样就会带来经济收益。

完成了上面这个环节的工作，电视社会活动的策划就告一段落了。在各个环节完成之后，还需要撰写一个活动策划文案，文案的撰写可以参考前面关于策划文案写作方面的内容，并结合电视社会活动的实际进行调整。

第三节　大型社会活动策划文本赏析

在这里，我们以成都电视台 2006 年策划的一个公益性电视社会活动的策划提纲作为赏析对象。

“成都电视20年”纪念性公益活动项目
《共享繁荣——城乡沟通大穿越》策划提纲①

一、活动背景

成都电视台重建于1986年，2006年为重建20周年纪念年份。本活动旨在以“纪念”为契机，结合当前中心工作，通过具有特色的活动形式，形成宣传攻势，扩大电视台影响。

二、策划原则

活动应具备公益性和时代特点，体现电视媒体优势；能产生较大社会影响；与“成都电视20年”纪念主题有密切联系；具有视觉表达空间，可以形成系列节目。

三、活动名称

共享繁荣——城乡沟通大穿越

四、活动主题

在成都市推进“城乡一体化、同繁荣共发展”工作的大背景下，通过新闻回顾（时间穿越）、车队下乡（空间穿越），由城市对乡村进行文化、科技、卫生、投资等反哺，并借由具备典型意义的“共同的家园”城乡公益项目共建，体现城乡一体、共谋发展、共享繁荣的成都大和谐理念。

五、活动基本组成部分

活动由三个子活动组成。

1. “时间大穿越”报道子活动：与活动配套，在成都电视台各主

---

① 参加策划人员：冉光泽、韩剑、万文、周轶芳、王善忠、魏学明、黄翱、钟颖娅；文案撰写由冉光泽执笔。

要新闻节目中，设置“时空大穿越”板块或栏目，选取成都市境内曾被纳入我台报道对象的农村“城乡一体化”典型，予以集中报道。采取新旧图像资料交错使用、历史回顾与现实采访交汇出现的方式，实现时间穿越。通过信息的全景式梳理和展示，在穿越中完成对我市农村与城市共同发展局面和态势的全景介绍，并反映工作中需要解决的问题，为推动有关工作营造良好舆论氛围，并借此诠释成都电视台重建20周年以来对成都市社会经济文化发展的媒体贡献以及从中体现出的媒体价值。

2.“空间大穿越”车队下乡子活动：组织包括有关部门（如民政、文化、科技、医疗）的代表，市民代表（如年龄刚满20岁的成都城市青年、在成都生活刚好20年的外地人、离开学校参加工作刚好满20年的人士、进入成都城区打拼达20年的农村人士等），投资者代表，近郊“三个集中”先进典型代表（如红砂村、幸福梅林、汤营公司等），与我台记者一道，组成车队，分片逐一前往“时间穿越”中涉及的农村典型所在村镇，从事送温暖、送文艺演出、送电影放映、送医疗服务、送科技咨询、送先进经验、送投资搭桥等服务，实现文化、科技、医疗、投资等的对农支持和城乡沟通。

3.“共同的家园”城乡公益项目共建活动：在每个农村典型所在村镇，确定一个投资控制在10万元以内的、能发挥作用的文体、科普方面的公益建设项目；同时，通过征集遴选，在主城区选择若干社区，与建设公益项目的农村村镇结成对子，负责提供文体人才以及文娱培训、科普解答方面的日常帮助。由我台出面组织有意提供资助的商家、厂家或单位，通过活动结束之际的一场电视晚会，经过一定的PK程序，产生出农村10家接受资助的对象和与农村结对子的10个城市社区，由抽签产生城乡“一对一”的对子并当场公布。

电视晚会将通过现场视频插片播放、现场访谈、典型人物露面等方式对整个“共享繁荣——城乡沟通大穿越”活动进行总结，并适当安排文艺节目。

电视晚会同时融入纪念成都电视台重建20周年的内容。

六、活动的组织实施

1. 成立由台长为总负责人的活动领导小组，下设领导小组办公室负责活动具体事务的处理。办公室设在台总编室。

2. 由成都电视台新闻综合频道、经济资讯频道、都市生活频道、公共频道等四个频道，分别组织一个记者组，分东、南、西、北四条路线，实施空间穿越，并承担各自路线上各个拍摄点的节目拍摄，播出由台总编室统一安排，在各个频道的节目平台错时播出。

3. 由成都电视台办公室负责与政府部门、厂商、单位的接洽、联络。

4. 由新闻综合频道负责历史图像资料的收集和派送、回收、归还。

5. 由经济资讯频道负责市民代表遴选和农村公益项目的确定，并负责联络准备参加“结对子”的城市社区。

6. 由影视文艺频道负责电视直播晚会的组织、实施。

7. 未尽事宜由活动领导小组委托台总编室负责解释处理。

七、活动的电视节目表达

1. 活动前后及进行期间，制作 2~3 条宣传片高密度播出。

2. 活动期间，承担穿越任务的频道，使用统一的模板，在各自新闻性栏目中推出“时空大穿越”专栏，播出来自活动的新闻节目。

3. 活动结束时的电视直播晚会在 4 个频道实施并机同步播出。

4. 所有报道和视频同时通过成都电视台官网播出。

5. 活动开始前、进行中和结束阶段晚会，编发若干文字稿件在本地主要报纸刊载。

八、活动经费保障

1. 由成都电视台划拨专项经费用于活动。

2. 由台广告中心寻求赞助，补充经费之不足。

3. 由台广告中心联系落实有意提供公益项目建设资金的商家、

厂家或单位，解决公益项目的经费问题。

九、活动阶段及进程安排

待本方案提纲获通过后，在正式策划文案中拟定。

(2006 年 7 月 4 日拟稿)

赏析：

成都电视台成立于 1960 年 5 月，是国内最早成立的电视台之一，1971 年改名为“四川电视台”。1986 年 10 月，成都电视台重新建立。因此，2006 年是该台重建 20 周年的年份，成都电视台举办了若干纪念活动。上面这个公益活动策划提纲，就是出于纪念目的而策划的。这份提纲有如下特点：

1. 公益性特点鲜明。电视台举办活动，需要体现公益性。虽然本策划提纲是为纪念电视台重建而拟定，但如果单纯地将活动定位于电视台为自己“祝寿”、“庆生”，那是会引起公众厌恶的。因此，这个活动以“公益”作为策划时的基本原则，从而形成了现在这个鲜明特点。以公益作为特点还有一个原因，那就是“大众媒体”这样的公益属性，是电视台存在的理由。

2. 力图追求个性。这份策划提纲，以三个子活动来支撑总的活动。其中，前两个子活动以“时间、空间穿越”作为基本结构元素，在当时是具备一定新意的。

3. 注重视觉呈现。整个活动充满进程性、动感，因而极具可视性。时间穿越大量运用视觉资料，空间穿越的车队下乡，城乡结对子，建设文体公益项目，等等，都能找到视觉呈现的支点。

4. 电视表现贯穿。活动的全部内容，都围绕便于电视节目表现来设计，电视节目从头到尾伴随活动。最终以电视直播晚会作结，也体现出策划者对电视表达的重视和强调。

这份策划提纲是供报送审批和征求意见用的，它的价值在于，策划的主要内容包含于其中，但篇幅不长。一旦获得原则批准，则可进一步丰富完善；如果未获批准，也不至于耗费太多的无用功。可供借鉴。

思考和练习

1. 为什么说电视社会活动要突出公益性?

2. 怎样实现电视社会活动的差异化?

3. 试设想一下，你可以通过哪些措施来强化对电视社会活动的视觉表现?

4. 电视社会活动的时机选择应该注意哪些方面?

5. 如果要你去为电视社会活动拉赞助，你将怎么去做? 试作设想。

6. 自拟题目和范围，拟定一份电视社会活动策划提纲。

第十六章　电视包装策划

第一节　品牌战略、CIS 理论与电视包装

一、什么是品牌战略

（一）麦当劳：一个品牌战略的经典战例

要深入理解电视包装策划的有关原理，我们先从麦当劳的成功说起。麦当劳从街边小食店成为全球巨无霸，主要原因之一，是因为选择了品牌战略。

1928 年，刚从高中毕业的小麦当劳（Mcdonald），因为找不到工作，前往加利福尼亚州投奔他的哥哥大麦当劳。两兄弟在街上摆摊设点，卖热狗、卖薯条和汉堡包，做点小生意。1948 年，在这方面积累了经验的麦当劳兄弟，创立了第一家快餐店餐厅。

1954 年，现代麦当劳创始人雷·柯洛克（Ray A. Kroc）初遇麦当劳兄弟。雷·柯洛克是一位芝加哥批发商，他很看好麦当劳的前景，于是与麦氏兄弟合作，于 1955 年成为麦当劳的第一位加盟经营者，在美国伊利诺伊州 Des Plaines 成立了第一家加盟连锁店。

1961 年，雷·柯洛克以 200 万美金买进了麦当劳的商标权和经营权，开始以现代企业的管理方式经营麦当劳。这套管理方式包含三个要点“金色拱门标志＋美味汉堡＋亲切的服务”。

1965 年，麦当劳股票正式上市。

1967 年，美国以外的第一家麦当劳店在加拿大成立。

其后，其势头一发而不可收。直到现在，麦当劳快餐店已遍及全世界，且数目仍在持续增加中。这家于 1955 年开业，当初只是美国伊利诺伊州 Des Plaines 的普通街坊餐厅，如今已经成为了世界零售食品服务业的领先者。它拥有 3 万多家麦当劳连锁餐厅，每天为 120 多个国家的 4700 万消费者服务。

促成麦当劳成功的三个经营要点中，“美味汉堡”代表实物商品质量，“亲切的服务”代表服务商品质量，“金色拱门标志”代表品牌战略。

具体说来，品牌战略对麦当劳有着如下的意义：

麦当劳的扩张，实行的是连锁经营模式，即按照统一的商品质量标准和服务质量标准吸收加盟者。在这个过程中，如何让消费者认同加盟店是麦当劳快餐店而不是其他什么快餐店呢？如何让消费者认可麦当劳的质量并且相信不管在哪一个地方的麦当劳都具备同样的商品和服务质量呢？麦当劳以自己的经营实践告诉人们：优异的商品和服务质量靠消费者亲身体验来认可，而广泛的公众认同则来自于品牌战略。在品牌战略指导下，品牌推广将“金色拱形门”推向全球，这个标识成为麦当劳的象征，它为消费者提供了认同麦当劳的视觉载体。认同之后是信赖、偏好和再消费。

品牌战略的奥妙在于，它还能先于消费体验创造信赖者。如麦当劳在日本、中国等地首度开张的时候，从没有品尝过的消费者慕名而来，形成非常热闹的场面。

在 20 世纪消费社会发展的背景下，通过品牌战略将商品或服务品牌化，已成为当代商业等领域宣传推广的最高目标。

（二）关于品牌和品牌化

1. 什么是品牌。

关于品牌有着多种多样的定义，其中，美国营销协会是这样定义的：品牌是一种名称、术语、标记、符号或设计，或是它们的组合运用。其目的是借以辨认某个销售者或某群销售者的产品及服务，并使之与竞争对手的产品和服务区别开来。①

品牌的实质是一种给拥有者带来溢价、产生增值的无形资产，增值的源泉来自于消费者心中形成的关于其“形式”方面的印象以及对与该印象相联系的产品或服务质量的信赖。所以，“品牌”与商标的概念并不是一回事。只有当商标与“带来溢价”、“产生增值”、“成为消费者信赖的象征”这些概念联系在一起，它才成为品牌的组成部分。

人们一般认为品牌包含如下两种要素：

品牌的基础要素是品牌所包含的产品或服务的“质量”，如：使用价值、质量、售后服务、价格、文化因素等。例如，麦当劳品牌的基础要素，是其汉堡的质量和就餐环境的整洁、明快，以及标准、人性化的服务等等。

品牌起标识作用的要素是品牌的“形式”，包括名称、术语、标识、符号、设计及其总和。例如，“麦当劳”（Mcdonald）的名称、金色拱门的标识、统一的食品包装设计、统一的店堂装潢装饰设计等的总和，构成“麦当劳”品牌的“形式”方面。

2. 什么是品牌化。

当今社会里的商品或服务可谓是种类繁多，数量庞大，其中大多数商品和服务虽然拥有商标，但不意味着拥有品牌；拥有品牌的只是其中的一小部分。所谓品牌化，是一个过程，一个将不拥有品牌的商品或服务变为拥有品牌的商品或服务的过程。品牌化包含三个方面：

第一，通过努力，使自己的商品和服务具备成为品牌的资质。

这既涉及实物商品从原料采购、研发、生产、批发、分销等整个过程的严格努力，也涉及服务商品为提供优质服务所作的全部努力。

第二，确立独特的名称和标识系统。

这需要明确自身的市场定位和文化定位，围绕名称和标识系统，构思出形象表达方式。

例如“万宝路”香烟，它的名称为“万宝路”（Marlboro），市场

① 见“百度知道”。

定位为中青年男性，由此衍生出该产品粗犷、豪放、坚毅的文化定位，并选取西部牛仔作为其文化属性的象征形象，几种因素结合，构成该品牌的形象表达方式。

“星巴克”（Starbucks）咖啡公司，其名称来源于美国白领艺术小说、19世纪美国文坛杰出大师赫尔曼·梅尔维尔的经典作品——《白鲸——莫比·迪克》的主人公。其市场定位为白领和年轻知识阶层，文化定位为浪漫、品质和咖啡宗教（类似于茶道之类的概念）。其咖啡店常设于超市附近，装潢装饰注重厚重古朴情调，在美国和加拿大的学生和城市白领中非常流行，其标识犹如贵族族徽，具备古朴、高贵的色彩。

第三，利用媒介发布推广。

一旦品牌的名称和标识系统确立，就需要在周密方案的指导下向公众发布，从而在目标受众（潜在消费者）那里建立起对自身品牌的认知、美誉、忠诚、偏好。

通常，各机构、公司市场推广部门的主要工作，就是与广告公司、市场调查公司以及媒体合作，研究如何通过电视、报纸、广播、杂志等传统媒体，互联网等新型媒体，户外广告（路牌、灯箱、车身、户外显示屏等）、型录（DM、投寄或随报）等载体，发布经过精心筛选和处理的信息。

我们所说的“包装”，主要是指品牌化过程中涉及上面所提到的第二、第三项工作的内容。其中，第二项是包装的创意和设计，第三项是对包装成果的推广。而第二项中的关键工作项目，是称谓的确定和标识的设计，这就涉及CIS这个随着西方现代市场经济发展起来的理论。

二、什么是CIS理论

所谓CIS，是英文Corporate Identity System的缩写，中文的意思是“企业识别系统”。围绕CIS，有着一整套理论。CIS理论与电视包装有着密切的联系，所以，下面我们简单地介绍一下这个理论中的一些要点。

（一）CIS 理论的产生

西方进入工业社会之后，市场经济极为繁荣。这种繁荣的标志之一，就是商品数量的丰富、商品种类的繁多、商品生产主体和经销主体的众多以及服务商品化之后的服务种类、数量的大量增加。与农耕时代相比，这是个令人眼花缭乱的时代。

在农耕时代，有句谚语，叫做“酒好不怕巷子深”，之所以会出现这样的情况，是因为农耕时代商品数量有限，一种质量优异的商品出现之后，很容易就会被消费者知晓并寻找到。

但在发达的市场经济时代，商品数量众多，以酒类为例，只要到大型超市去逛一下，就可以发现，各类酒品琳琅满目，令人目不暇接。在这种情况下，将自己生产的商品与别人的商品区别开来，就成了每一个商品生产者的愿望。于是，“商标”应运而生。商标是人们赋予某一种商品的人为标记，通常由特定的名称和图案组成，商标的基本作用是为了让人们能够识别某种商品。例如，大白兔奶糖、凤凰牌自行车、凯歌牌电视机，等等。“大白兔”、“凤凰牌”、“凯歌牌”分别是三种商品的商标，起着让人们识别它们的作用，这种作用使得人们能够将它们与其他工厂生产的奶糖、自行车和电视机区分开来。

第二次世界大战以后，西方社会逐步向后工业社会演进，以消费为核心的消费主义价值观成为社会的主流价值观。这时，一方面各类商品和服务尤其是与人们消费有关的商品和服务继续大大增加，一方面涵盖各个商品生产和服务提供领域的大型企业甚至跨国公司开始大量出现。这些大型的企业往往同时生产品类丰富、种类繁多的商品。例如，日本“三菱”企业，生产从载重汽车、轿车、家用冰箱、彩电、录像机、大型工业机械到食品罐头等在内的种类繁多的商品。这时候，仅仅依靠为单一品种的商品提供识别作用的商标，显然不能适应这种新的形势的需要，市场需要一种新的识别方法，以便人们对某一个企业生产的一系列产品产生认同感，进而对生产它们的企业产生认同感，并将它们与其他企业及由后者生产的商品区分开来，于是，CIS 便产生了。

CIS 正是这样一种为企业和商品提供系统识别的方式。尽管提供系统识别的CIS与单纯的商标有相似之处，但也有很多不同。这些不同表现在：

第一，通常商标只用在实物商品上，而CIS则既用于实物商品，也用于服务商品。例如，超市、物流公司、饮食店等，都可以拥有自己的CIS系统。

第二，商标往往只用于某一种商品，而CIS可以用于某一类、甚至某一大类商品或服务。例如，“P & G”（宝洁公司）的标识可以用于该公司一个庞大的洗涤用品家族。

第三，商标与CIS最大的不同是，商标只与商品的质量有关，而CIS既与企业生产的商品有关，更与生产这些商品的企业状况，包括企业的理念、企业的活动等等，这样一些“软件”的元素有关。

20世纪90年代中期，CIS被介绍到中国，企业采用或引进CIS的行为被使用了一个新词语“导入”。一时间，“导入CIS”成为非常时髦而热门的概念。

（二）CIS理论的几个要点

自从CIS理论被引进到中国，出现了不少介绍书籍。下面，我们综合有关论述，介绍与本章内容有关的几个CIS理论要点。

1. CIS的子系统。

CIS是一个总的系统，它的下面包含三个子系统，分别是：视觉识别系统，简称“VIS”（Visual Identity System）；理念识别系统，简称“MIS”（Mind Identity System）；活动识别系统，简称“BIS”（Behavior Identity System）。下面分别作简单介绍。

（1）视觉识别系统（VIS）。视觉识别系统是CIS系统的外显成分，是拥有特定CIS系统的主体与公众和外界进行交流的形式元素。VIS是人为设计的符号标识系列，是外界识别CIS主体的主要元素。

视觉识别系统的符号序列包含的主要元素包括：企业名称、企业和品牌的标识、企业和品牌的标准字体、企业专用的印刷字体、企业标准色、企业形象徽记的造型和图案、企业宣传标语和口号等。这些元素通过符合美术规律的专业设计而被赋予固定的形式。

视觉识别系统的应用领域包括：企业生产的商品、事务用品、办公室器具和设备，招牌、旗帜和标识牌，衣着和制服，建筑外貌和橱窗，交通工具车标涂绘，包装用品，广告传播，展示和陈列设计，等等。

（2）理念识别系统（MIS）。所谓 CIS 的理念识别系统，是指以 VIS 为表达载体，借助 VIS 表达出来，同时借以凝聚企业内部人心、达成文化共识的 CIS 构成元素。它包括企业的战略目标、价值追求和行为准则。"所谓理念识别就是指一个企业经营理念的定位，形成企业颇具个性的经营理念，区别于其他同类企业的精神形态和定势，从而创立企业在市场上的形象。"① 实际上，理念识别系统是企业在推广 VIS 的时候，出于同步推广自己企业精神价值的目的，供企业内部遵循和推广者把握的"概念系统"。它不像 VIS 表现为具体的符号序列，它只存在于企业内部的文件里和员工的心中，只有在适当的推广场合，才被提及。例如，麦当劳连锁店的 MIS 被表述为（Q、S、C、V），包括：品质（Quality）、服务（Service）、整洁（Clean）、价值（Value）。

（3）活动识别系统（BIS）。活动识别系统是指企业在经营理念的指引下，所表现出的具有特色的一套经营行为规范。例如，麦当劳连锁店的 BIS 被表述为（三 S），即简单化（Simplification）、标准化（Standardization）、专业化（Specialization），具体表现为一套规范的生产规程和接待准则。

在销售环节的活动识别系统与视觉识别系统，都会直接作用于消费者，共同为企业的形象塑造和企业品牌战略的实现发挥着作用。

2. CIS 系统引入和推广原则。

任何一个企业在引入了 CIS 系统以后，都要按照品牌战略的要求，对这个系统进行面向消费者的推广。在引入和推广的时候，要遵

---

① 董锡健、潘肖珏主编：《CIS：中国企业形象战略》，复旦大学出版社 1995 年版，第 10 页。

循三个原则：①

（1）独特识别原则。独特识别原则是指企业所创制的CIS系统，具备视觉上和听觉上的差异性，从而能够很容易被识别。具体包括语言识别、图形识别和色彩识别。

语言识别是配合特定的视觉识别符号，在推广的时候所使用的具有独特识别价值的话语。例如，早期丰田汽车广告中国版的广告口号“车到山前必有路，有路必有丰田车”就是一个例子。有的时候，还为话语配上音乐使之成为歌曲乐句，如日本东芝电器的中国广告配唱的“TOSHIBA、TOSHIBA，新时代的东芝”。

图形识别是指采用独特的图形设计，使之具备个性，与其他商品或服务所采用的图形设计形成区别。例如，麦当劳的拱形门，肯德基的上校木刻头像配横条纹背景，等等。

色彩识别是指采用独特的、与图案图形等相配合的标准色。例如，麦当劳的拱形门的金色，以及在装潢、装修中处处体现的金色，是麦当劳的标准色，也是它的独特颜色。而肯德基的蓝色木刻上校头像、红色横条纹和白色背景，构成肯德基独特的标准色。

（2）同一系统原则。所谓同一系统原则，包括表现上的同一性和传播上的整合性。

表现上的同一性，是指企业一旦采用某CIS系统之后，就要在对外推广中做到空间上的处处一致和时间上的前后一致。图形和标准色一经确定，就必须一直坚持，除非经评估后决定更改。例如，麦当劳不管是在美国本土，还是在日本、在中国，其CIS的基本元素是完全一致的；而肯德基的CIS在时间的长河中虽然有过调整，但其标识中的蓝色上校头像、白色衬底和红色横条纹却是基本不变的。

传播上的整合性，是指在CIS推广的过程中，尽量将各种元素整合传播。例如，将名称、图形、标准色和行为特征，融合在一条广告中传播；或通过广告、媒体冠名、大型活动、公益事业等进行立体

① 董锡健、潘肖珏主编：《CIS：中国企业形象战略》，复旦大学出版社1995年版，第26～40页。

传播。

（3）连续一贯原则。连续一贯原则包括时间上的长期性和运作上的一致性。

时间上的长期性，是指在目前的传播环境和市场环境下，任何品牌战略的实施都不可能一蹴而就，任何 CIS 系统的推广都需要一个较长时期。明了这一点，就需要对 CIS 的传播进行较长期的规划，并投入相应的财力物力资源予以保障。

运作上的一致性，是指不管在什么时候，也不管是谁来对外发布信息，在涉及推广 CIS 的领域，必须保持一致，一致对外发布统一规范的信息。

以上这些要点，已经深深地渗透进电视包装的工作中，影响着电视包装的基本理念。

三、什么是电视包装

所谓“包装”，是借自市场经济的一个概念。在市场经济中，一种产品在进入市场成为商品之前，需要给它们设计一个精美的外罩。这个外罩的作用，是让消费者从视觉上被吸引，产生好感，进而能够识别并记住这种商品，并在不知不觉中把从外罩所获得的良好印象与该种商品的属性、质量、信誉、层次、格调等因素联系起来，并经过一定时间的累积，树立起对这种商品的信赖。这个过程，就是所谓包装。

电视包装，则是指电视人围绕频道、栏目、节目或主持人，为了实现争取稳定的目标观众群、增强自身竞争实力等传播或营销意图，根据频道、栏目、节目或主持人的特点，使用视觉和听觉等领域的艺术手段，对它（他）们进行形象美化、特征强化的系统工程。

包装的目的是，使频道、节目更加便于识别，使主持人的形象更加鲜明，使观众对频道产生稳定的好感和深深的信赖，对主持人产生类似明星崇拜的心理效应。

电视包装是电视台品牌战略的组成部分，其最终目标是实现电视频道、栏目、节目等的品牌化；在具体操作上，受 CIS 理论的影响。

第二节 电视包装策划要点

电视台的包装工作，主要涉及频道包装、栏目包装、节目包装三个层次，以及主持人包装和延伸包装等领域。下面分别介绍各类包装的策划要点。

一、频道包装

鉴于“频道”这个概念的真实意义实际上是指频道节目的总和，所以，频道包装实际上是对频道节目总序列的包装。离开节目，就无所谓频道。

频道包装通常包含这些内容：

（一）确定台标或频道标识

作为电视台标识而供其所属频道使用的共用标识，是台标；在某个频道固定使用的，是频道标识。这种标识通常是频道形象的核心形式因素之一，它常常以电脑图案的方式被放置在屏幕的一角。但不论是台标还是频道标识，只能放置一个，否则视觉上感到杂乱，信息会相互抵消。

由于台标或频道标识并不单是一个普通的符号，而是台或频道的视觉识别系统的组成要件，所以，对台标的设计应该遵循“企业识别系统”（CIS）的设计原则，按照其中“视觉识别系统”（VIS）的要求来进行。

简要地讲，就是要美观（符合审美要求）、规范（在各种情况下使用均保持感觉上的一致性）、醒目（包含形式的差异性从而便于与别的标识区别）、现代（体现电视媒体的高科技特性），以及便于应用（容易在各种环境中及各种平台上使用）；如有可能，还应体现出台或频道的文化倾向或文化含义。比如，崇尚严谨还是随顺自然，看重刚劲还是珍视温婉，或者蕴涵某种特殊的文化含义，等等，都可以通过色彩、线条乃至图案的创造性组合表现出来。如上海东方卫视台标的时尚，四川电视台台标的飘逸，成都电视台太阳神鸟衍生图案的文化含义，就是这方面比较好的例子。

（二）制作台或频道的形象片、推介片

台的形象片和频道形象片，都是致力于在观众中构建和强化其对台或频道基本印象的短片，通常时间不超过30秒。

形象片的构思与台或频道本身的定位密切相关，因为它的作用在于强化人们对台或频道的基本印象。为了获得视觉冲击力，恢弘大气、节奏强烈是常见的选择。

在形象片的构成要素中，台标或频道标识占有重要地位，对它们的突出和强调通常是必不可少的。至于进入形象片的其他具体内容，则要根据台或频道的职能、定位才能确定。例如，新闻频道为了突出纪实风格，就可能选择黑白影像资料、重大新闻事件图像资料、城市街景和立交桥等基础设施的图像资料；而影视频道则可能偏爱包含明星倩影、影视片段的镜头；体育频道则把激烈精彩的竞技场面作为首选；文艺频道则可能将舞蹈、演出等元素融入，等等。

完全以台标或频道标识的推广为目标的台（频道）标识片，也应属于形象片的范畴。这类短片长度在10秒以内，通常其构思只涉及台（频道）标识的出现方式和背景的选择及变化。

推介片与形象片既有联系，也有区别。联系在于：二者都致力于塑造台或频道的公众形象。区别在于：形象片重在塑造频道总体形象，所以在表现上一般都围绕频道的特点或频道涵盖的生活领域来考虑；而推介片则以增进频道与观众的亲和力为目标，所以在表现上往往选择点上突破、艺术铺陈等手段，并不像形象片那样直接与节目特征挂钩。从实际工作中的情况看来，将其与形象片区分，单列为一类较为适宜。

台或频道推介片，常常在艺术表现上花费很多心血。在很多时候，推介片与电视台或频道似乎并不相干，只是在最后时刻，随着与电视台或频道有关联的因素的出现，方才彰显出它的推介意涵。比如，雕塑般的开山勇士，挥汗如雨、奋力开凿，劈开悬崖、拂尽浮沙，一尊金色浮雕般的台标在金光中赫然显现。这样的短片，就属于推介片。中央电视台3套节目的“成熟麦田与戏曲角色”的短片，也属于该频道的推介片。

台或频道推介片，通常由若干条构成一个系列。系列内的短片，可以从季节的不同切入，也可以从不同情绪（例如温馨、热烈、冷静等）着手，也可以从自然地理特征切入（比如名山、名水、特征植物等）……方式多种多样，难以尽述。关键在于立意的精妙和创作的细致。

（三）制作节目预告标版和分段“开关标志”短片

节目预告标版是电视频道在播出电视节目的过程中，不时出现的预告节目并显示当前节目的短片；“开关标识”短片是指在编组广告节目播出时，放在开头和结尾起区隔作用的短片。这两种短片都只有短短的几秒钟，但它们出现频率很高，视觉影响大；同时又无法归入“节目包装”一类，所以纳入频道包装的类别比较合适。

在实际工作中，有的电视台和频道对这两类短片重视不够，构思简陋、粗制滥造的例子比比皆是。这是一个误区。对这两类短片，同样应该在台或频道包装的统一考虑之下，认真构思，精心制作。

在构思、制作这两类短片的时候，需要注意：

一要考虑其风格须与频道的风格一致。如果在新闻频道用卡通式的节目预告，在动漫频道用警匪冲突作衬底制作开关标志，都是不协调的。

二要精心构思、设计画面和声音。诸如色彩、字体、背景、音乐、动感等，都是需要精心考虑的因素；将这些因素综合成一个和谐的整体，应该是追求的目标。

二、栏目包装

栏目包装需要照顾栏目的内容及风格特点，同时需要考虑整个频道的总体包装风格，还要顾及与其他栏目的区别。对栏目包装的处理，同样需要兼顾微观的具体设计与宏观的总体把握。栏目包装通常包含以下项目。

（一）设计制作片头和片尾，以及分隔短片

片头是栏目的脸面，是栏目包装的重点。片头长度通常在 15 秒左右。一个好的片头，常常能够先声夺人，一下就把观众注意力紧紧抓住。

片头的构思要紧密结合栏目的内容特点和风格特点。例如，新闻性栏目片头往往强调纪实性，综艺类栏目片头常常表现出炫彩的特色，文艺类栏目片头离不开载歌载舞，等等。至于形式的处理，则又常常在上述内容的基础上融进多种强化节奏、丰富色彩的因素，还可以借助电脑特技设备将电脑动画与实景融合在一起，等等。精心构思的方案经过艺术、技术专门人才的创造性劳动，常常创造出震撼人心的视觉听觉效果。

在片头制作中，音乐或音响是重要的构成元素。与平面视觉系统不同的是，电视栏目片头既包含动态的栏目视觉识别标识，也包括音乐音响等听觉识别标识。例如，当你在厨房做饭，客厅里传来《新闻联播》的片头音乐，你就会意识到《新闻联播》开播了。这里，该栏目的片头音乐实际上发挥着栏目标识的作用。因此，对片头音乐、音响应该非常在意，请专业人员精心创作和制作是通常的选择。

片尾往往是用来播映演职员字幕的衬底，可以是动态的，也可以是静止的。鉴于片尾与片头的风格必须高度统一（很难设想一个栏目以卡通式片头开始，却以水墨国画做片尾），所以，通常在设计制作片头的时候，就将片尾一并考虑。如果片尾使用静态画面，则从片头截取一帧画面是比较经济的做法（要知道，在节目制作市场上，电视片头的制作费每秒达到数百元甚至上千元）。

分隔短片一般长度为 5 秒，主要用在节目中，起分隔不同段落、调节节奏、提示节目名称的作用。它往往是片头创意的一个缩略版。

（二）确定字幕形式及设计字幕衬底

在电视栏目中，字幕是不可或缺的。由于节目中字幕的数量很大，所以，从形式上来看，它也是栏目的重要标识性因素。

对字幕本身，包装涉及的因素主要有字体的选择和搭配，文字颜色的选择等等。

选择字体，既要考虑美观、协调，也要考虑与内容的匹配。比如，隶书、魏碑字体古拙沉重，适合历史考古方面的节目；幼圆、中圆活泼现代，适合青春型、文艺类节目；黑体庄重，适合严肃的题材；宋体通俗，适用范围广阔。至于广告体、彩云体、童稚体、竹节体、贱狗体等，或俏皮、或幽默、或怪异，适合游戏节目、少儿节目、喜剧性节目、某些真人秀节目等。

字体的搭配，主要是为了区别文字的不同应用意涵。比如，“说什么话打什么字”的话语对应字幕（“唱词字幕”）如果采用宋体，那么，说明性字幕最好采用其他字体；如果“张××”采用黑体，则“大学教授”就用宋体，等等。

文字颜色也可以具有区别意义。比如，字体不变，但话语对应字幕用白色，说明性字幕用黄色；被采访者的话语对应字幕用白色，记者的提问话语用黄色，等等，都可以实现区别。

当前电视节目中的字幕，除了话语对应字幕以外，大部分其他用途的字幕，比如人物身份标示字幕、特殊因素说明字幕等等，往往还得设计一个字幕衬底与其搭配。比如，为“张×× 大学教授”字幕衬上一条灰色背底，左边沿再镶一条装饰性红线，就属于这种情况。这一切，都应纳入包装的范畴予以考虑。

由于衬底是反复出现的，其视觉影响比较明显，所以需要精心设计。衬底设计的要求是：美观、协调、规范、统一。

美观就是要符合审美要求，要看着顺眼。

协调有两层意思：一是衬底本身如果由两种以上色块组成，则这些色块的颜色、灰度、透明度等因素的搭配要协调；二是衬底与画面和字幕要协调。

规范的含义是，在一个栏目的不同出现场合，衬底的基本格式，如边框比例、色彩性质等，应该是一致的，不能随意变动。

统一指的是衬底一经确定，那么，在同一期节目中，以及在两次改版的稳定期内的所有节目中，都应该使用经过确定的那个统一的衬底，而不能任意更改。

（三）设计确定栏目标识或栏目名称标准字样

在栏目内容播出的时候，有时需要在屏幕的一角打出栏目标识或栏目名称标准字样；在演播室的背景中，也需要使用它们。栏目的标识和需要反复使用的栏目名称标准字样，同样属于包装考虑的范围。

栏目标识和栏目名称标准字样因为要频繁地通过电脑叠加到节目画面上去，所以一般需要根据栏目的内容及形式特征，在电脑上设计完成，并且以可复制保存的文件形态进行储存。

有的栏目既包括标识也包括栏目名称的标准字样，例如中央电视台《探索·发现》，其标识是符号化的“指南勺”，而“探索发现”四个字设计了标准字样。有的栏目没有标识，而是将栏目名称的标准字样进行了非常风格化的专门设计，从而使其同时具有了标识和标准字的意义。例如中央电视台《交换空间》栏目的标准字样。

在设计标识和字样的时候，除了标识符号和字体的形态以外，颜色也需要确定。颜色一旦经过审核批准正式确定下来，就成为“标准色”。例如，“交换空间”选择的绿色，“超级女声”选择的粉红，都是它们的标准色。

由于栏目名称的标识、文字形式和标准色是栏目最主要的识别要素，所以，一经设计确定，就需要在两次改版之间保持稳定，并且在各个使用场合保持统一。

由于电脑在处理图案和字样的时候，并不是万能的，因此，栏目标识、名称标准字样和标准色的设计，除了遵循“视觉识别系统”设计中关于图案和文字设计的规则外，还必须考虑电脑字幕的技术特性。

（四）设计制作演播环境

通常栏目都离不开演播环境。现场综艺节目、谈话节目等的演播环境往往在节目中全程贯通；“主持人＋单条节目”形态的栏目，在主持人出现时也有演播环境。演播环境的设计、制作是栏目包装的重要环节。

演播环境的构建，目前有实景和虚拟演播室两种方式。

实景成本高，但真实感强，适合人数众多的节目；

虚拟演播室成本较低，可供选择的余地大，但至少目前国内的技术水平还不足以提供非常逼真的场景，而且由于处理透视关系存在问题，所以不太适合人数众多的节目。

在设计演播环境的时候，首先要根据栏目的特点，确定选择哪一种类型的演播环境。

如果选择实景演播环境，则需要请舞美人员来设计制作；

如果选择虚拟演播室，需要在实际演播室的摄录设备中，添加专门的电脑和软件，由专业技术人员根据编导提出的要求来完成。

不管选用哪一种类型，在确定演播环境的时候，都需要遵循与内容相符、有特色、有品位等原则；同时，还要考虑与灯光环境相配套、与主持人造型相协调，以及充分照顾电视的技术特性，等等。

与内容相符，就是要使演播室的风格与内容一致。比如，新闻、专题等纪实性节目的演播环境，可以是充满摄影感和黑白元素的，内敛而纪实的，而综艺节目的环境一般是花哨的、夸饰的、卡通的，等等。

有特色则要求在演播室设计的过程中，尽可能地强调差异性、个别性。电视栏目制作相互因袭模仿的风气很盛，强势媒体有什么成功的栏目或节目，往往引来跟风者一片。由于栏目的演播环境是节目中分量很重的形式因素，缺乏个性，与某些成功栏目雷同，会很容易地被观众解读为缺乏创造力和想象力，这对于栏目名牌化的努力是非常有害的。所以，应该尽可能地通过具有创造性的策划，通过与美工设计制作人员的密切合作，使演播环境具备与众不同的特点。

有品位主要是指演播环境要有一定的格调。电视节目要面对大批挑剔的观众，观众中更不乏审美能力较强的人士。如果演播环境品位不够、粗糙俗气，就可能把整个栏目的档次拉下来。因此，策划者要对演播环境提出格调方面的要求和设想，并邀请熟悉电视媒体艺术和技术、有水准的舞美专家来设计施工。

演播环境还需要与照明环境相协调。照明状况与演播环境关系极大，例如，演播现场的照度不足，那么，环境设计成深蓝色为主的低影调场景，就会让人感到亮度不够，人物的面部就会显得苍老、不洁净。在这一点上，策划者应该多听取舞美、照明方面专业人员的意见。

演播环境还需要与主持人的造型相协调。如果主持人的发式和服装是流行时尚的感觉，那么，演播环境就不能太刻板；而中式红木家具配古典陈设的演播环境，主持人似乎着唐装才合适。

技术因素也是需要考虑的。电视摄像技术在还原色彩时，对红色的还原力较弱，这会影响到清晰度，因此，除非有特殊的理由，将整个演播环境处理成接近红色的暖调从技术上说是不适宜的。至于制作虚拟演播室，技术上的要求和限制就更多了。鉴于此，在设计演播环境的时候，不但要尊重艺术人员的意见，虚心听取技术人员的意见也是十分必要的。

（五）设计制作话筒卡罩

话筒卡罩是套在话筒防风罩上的四面体、三面体或异型体物件，通常在其周围的面上饰以栏目标识和名称字样，以便在采访的时候，让观众知道是谁在工作。在电视圈内，又因话筒别名“麦克风”而与“标识”综合，故将其简称为“麦标”。别小看这个玩意儿，它出现的频率很高，尤其在一组话筒伸向采访对象、各位摄像记者没法规避这些话筒的时候，麦标的主人正可以借此推销自己。

设计话筒罩图案和文字字样的时候，一要注意简洁，因为话筒卡罩的面积有限，可以容纳的图案和文字不多，唯有简洁，才能醒目；二是必须采用栏目标识和栏目的标准字，因为，在所有关键的地方出现栏目标识和栏目标准字，是包装工作的基本要求。

（六）设计统一的记者服装

如果需要大量地在栏目中让记者出镜，为记者设计统一的出镜服装是值得考虑的。

这种统一的服装作为栏目的一种形式包装因素，有助于强化观众对节目的印象；同时，统一的服装还有助于强化记者的角色认同。这种角色认同对记者团队意识的形成有积极心理影响。这是伴随“企业识别系统”（CIS）的研究而很早就被发现的事实。实行统一着装的人群，比如军人、警察、运动员等，他们强烈的团队精神与统一着装关系密切。

三、节目包装

单个节目本身的包装，基本原理同于栏目包装，可结合上面的论述举一反三，这里只介绍通常用于单个节目推介的“推介短片”的设计制作。

推介短片是片长数十秒的短片，其作用是推介特定的节目。其播出周期比较短，但频率比较集中。

推介短片的功能在于向观众推荐介绍特定的节目，从而激起观众收看该节目的愿望。对它的策划、拍摄和制作需要紧扣这个基本点。具体操作的时候应该注意以下几点：

（一）浓缩内容

所谓浓缩内容，就是对所推介节目的内容进行区别不同情况的浓缩。可以是归纳内容要点；也可以是强调某些特点，如对电视剧强调剧情看点和参加演出的明星，对电视决赛突出谁将是最后胜出者，对法制节目突出涉及犯罪惊悚场景和犯罪嫌疑人的悬念信息，等等。浓缩的方式，通常的做法是精心选取具有冲击力的典型画面，配上简洁有力的字幕、解说和渲染气氛的音响效果与音乐。

（二）精细制作

推介片的制作，在艺术和技术上往往参照广告制作的标准。推介片虽然篇幅短小，但需要表现的内容却不少，同时还必须具有冲击力、感染力、吸引力。于是，精心构思、精心表现就必不可少了。在许多电视机构，往往有专门的美术人员来从事这项工作；有的机构甚至在重要节目和栏目的拍摄制作之前和之中，就要求有关人员收集和保留今后可能用于推介片的重要图像资料，以满足精细制作的要求。

（三）看重创意

实际工作中，受平庸的思维定势及工作惯性的影响，在推介片中堆砌图像、硬凑四言八句等做法并不鲜见。因此尤其需要强调推介片制作中创意的价值。从整体构思，到图像拍摄，到画面剪辑和后期包装，到字幕及解说词撰写，再到音乐与音响效果的选用，整个流程，都需要发挥创意思维的作用。通过创意思维，寻求具有特色或独创性的表现途径和表现方式，是对推介片的常规性要求。

（四）节奏紧凑

推介片节奏处理的基本要求是紧凑。通常一个短片表现为一个紧凑的节奏段落。在绝大多数情况下，它的节奏都采取逐渐加强直至推出重点的模式。有的时候，有的推介片仿佛采用一种舒缓或凝重的节奏类型，但往往通过镜头内部的运动或平滑的外部组接令其浑然一体，这其实也可以理解为紧凑节奏的一种特殊的表现形式。

（五）安排播出

当推介片制作完成后，需要制订播出计划。一般来说，对重点节目的推介片，往往在节目播出前一周或前十天左右，安排较为频密的播出。太早或太晚都不适当：太早，观众容易出现审美疲劳，气氛会拖得疲软；太晚，则难以在短时间内形成声势。

四、主持人包装

主持人包装是电视台包装工作中的重要组成部分。由于电视台的节目绝大多数都实行了“栏目化”，而主持人又是栏目的灵魂性因素，他们是电视台节目体系中最引人注目的一群人士。在他们身上，不但有节目赋予的职业属性所具有的魅力，更有属于明星的个人魅力。对主持人的包装不像电视台的其他包装工作，仅仅是一种针对“物”的包装，对主持人的包装是针对“人”的包装工作。鉴于对人的包装所需要的智慧和措施远比对物的包装复杂，所以，对主持人的包装是电视台包装工作中最值得关注、最需要重视的课题之一。

在实际工作中，通常，对主持人的包装包括内涵包装、形象包装和重点推介等环节。

（一）内涵包装

内涵包装，是指策划人或编导者所从事的这样一项工作：根据电视栏目（节目）的内容特点和形式特点，结合主持人的个人特质，围绕打造名牌主持人的目标，通过多种方式和途径最大限度地凸显主持人对栏目有利的内涵要素，包括知识结构、气质风度、情感状态、性格特征、志趣爱好等。

如果某位主持人在这些内涵要素的各个方面，都处于比较理想的状态，而他（她）的这些状态又与栏目的特点、要求高度一致，那当然是最理想的。但在实际工作中，这种情形并不多见。一般说来，主持人具备一些栏目要求的基本素质，其气质性格与所主持栏目大致吻合，这类情况更为普遍。

在对主持人进行内涵包装之前，首先需要保证所遴选主持人的内涵与栏目内容和形式的风格尽可能接近。比如，庄重严肃的新闻节目，就需要主持人具有成熟、沉稳、深厚等基本气质；而欢快的娱乐节目，则需要主持人具有新潮、活泼好动、情绪外露、机智聪明的基本素质；情感谈话节目的主持人则需要情感丰富、具有较高艺术修养、气质高雅或高贵，等等。

接下来，就可以着手考虑对他（她）的内涵要素进行强化设计和展现、凸显。

为了便于理解，我们以益智游戏节目主持人的内涵包装为例，来说明具体的操作步骤。

首先，对与其内涵有关联的要素进行设计。

益智游戏节目主持人的重要内涵要素之一，是他（她）的知识结构。主持人的知识结构本来是一种隐性的内在素质，但节目要求主持人应该表现出能够让观众感觉到的知识结构，于是，这种能够为观众所感知的知识结构，便需要通过设计来实现了。这是可以办到的，比如，将益智游戏节目主持人设计为具备百科型、广博型的知识结构，等等。

气质风度这一先天禀赋应该在遴选主持人的时候就予以考虑。当益智游戏节目主持人具备这方面的基本条件之后，可以对其进行强化设计。例如，将其设计成活泼好动、喜欢挑战、热爱生活的类型，并在服装、发型和形体动作方面按照这一设计提出原则要求。

情感状态是主持人魅力的组成部分，也应该纳入设计范畴予以通盘考虑。对益智游戏节目主持人的情感状态，可以设计为开朗、友善、对别人的成功充满喜悦，而对失败者表现出由衷的惋惜（而不是报以嘲笑），并始终不忘鼓励弱者，诸如此类的一些状态。

至于性格特征，则可以通过提示，使主持人尽量朝着幽默风趣、言语速率高、喜欢剖露内心等状态靠拢。

志趣爱好方面，可以考虑让主持人向喜欢阅读、喜欢旅游、热爱自己的职业、喜欢玩、喜欢音乐等方面倾斜。

对主持人内涵要素的设计基本确定之后，节目所要求的该主持人的内涵构成的轮廓就形成了。

其次，需要按照已经确定的设计去展现、凸显主持人的内涵。

这包括四个方面的工作：

一是与主持人本人达成共识，要求他（她）按照设计去塑造自己。能够在日常生活中朝设计的方向去努力最好，至少也要在制作节目、参加公关活动等领域按照设计去表现自己。

二是节目组的主要成员都要了解对主持人的这个设计，并在节目制作的各个环节，把落实对主持人的设计作为自己的基本职责之一。撰稿要为表现其知识结构花费心思，节目策划要为展现其内涵设计平台，形体动作设计师要为其设计适宜的形体动作，化妆师要为其设计恰当发型，服装师要为其选择或设计缝制得体的服装，导播和摄像师要通过场面的调度和镜头运动来强化其性格气质，等等。

三是需要考虑在节目或栏目中为展现和凸显主持人内涵留足时间和空间。主持人的内涵要得到充分展现，必须让节目或栏目为他们留出供表现和发挥的足够空间。在益智游戏节目中，这些空间分布于出题时卖关子、点评结果、与选手交流等诸多环节。策划节目的时候，就应该考虑在这些环节留下让主持人发挥和表现的空白，为其内涵的外显提供平台。在时间方面，由于节目或栏目的总时间一般都很有限，而节目内容又必定会占去绝大多数时间，在这种情况下，辟出属于主持人的专门时间往往限制比较大。有一种做法，即将主持人的表现与节目内容紧密结合起来，在节目进行的同时完成对主持人内涵的展示，应该是值得推荐的方案。像《开心辞典》与王小丫、《非常6+1》与李咏，以及深圳卫视《年代秀》与赵忆鸥，就属于这种情况。

四是采取一些特殊的处理来凸显主持人的内涵。要将主持人包装成明星，一定要让他（她）表现出过人之处，而这除了常规的做法之外，特殊的处理必不可少。例如，益智游戏节目中，在答题的时候让主持人作出出人意表的解读；或者，采用脑筋急转弯之类的方式来展现才华；或者，在重要胜负关口让主持人把握好节奏、卖足关子；或者，直接让主持人在语言和动作上表现出很高的素养——如不经意脱口而出的带有出处的格言警句，以及信手挥就的速写、书法等等。

总而言之，主持人内涵包装的要点在于妥善设计其内涵要素，并通过各种方式予以展现和凸显，最后，使观众从接纳其内涵到喜爱主持人，最终导向喜爱其所主持的节目。

（二）形象包装

形象包装是在对主持人进行内涵要素的设计之后，结合这种设计而进行的针对发型、服装和节目中的形体动作等外在形象因素的设计和实施。

主持人的发型是形象包装中非常重要的一环。通常，主持人的发型需要结合节目的性质、主持人的性别和气质禀赋等，进行精心设计。例如，新闻类节目主持人的发型就比较端庄大方，而娱乐类节目主持人的发型就可以有多样的选择：从王小丫在《开心辞典》里的秀美短发，到《天天向上》各位年轻主持人的时尚活泼发型，变化的幅度是比较大的。

服装也是体现主持人特点的非常重要的一环。一旦确定了主持人的发型，接下来就需要请服装师为他们选配合适的服装。在这个环节，策划人的工作，是要对适合主持人的服装提出一些款式、审美、文化风格方面的原则性要求，供服装师参考或遵循。为了保持主持人服装常换常新，与一些符合要求的服装品牌商进行合作，由其提供做节目时的主持人工作服装，是常见的做法。

需要强调的是，主持人在节目里的着装权和发型选择权不属于个人，而属于节目和电视机构，是节目知识产权的一部分。因此，主持人保持什么发型，做节目时选择什么服装，决定权在节目组或电视台，而不在主持人个人。这是必须明确的。

视觉识别系统（CIS）的规范统一原理，也适用于形象包装领域。主持人发型和服装风格一经确定，就应该长期坚持。唯有如此，才能使主持人的发型和服装成为恒定印象的基础，而这是形成品牌的前提条件。大家可以想一想，王小丫在《开心辞典》里的秀美短发和李咏在《非常6+1》中的披肩卷发，都是他们形象包装的特征性因素；如果在两位主持人形象已经定型的情况下，把王小丫换成披肩长发，让李咏留小平头，相信绝大多数观众是无法接受的。

具有形象包装意义的形体动作设计，既包括大幅度的外在形体动作，也包括反映内心变化的经常性面部表情，甚至包括无碍的下意识表情。李咏在节目里的大幅度形体动作已经成为他的标志性特征，而崔永元微笑时的下意识咧嘴，以及吴小莉近乎程式化的微笑，也作为构成他们美好形象的标志性特征，而长久地留在观众的记忆中。从包装的角度意识到这些，可以帮助策划人和当事主持人去强化某些看似无意义的因素，使其成为对形象包装有意义的元素。

（三）重点推介

主持人的主要表现平台是其所主持的节目或栏目。每当节目或栏目播出之日，便是主持人推介之时。为了加大对主持人的推介力度，人们常常在此之外另行采取一些举措，对其进行重点推介。这些举措包括拍摄推介短片、举办社会活动、参加社交活动、设计制作纪念品和包含主持人形象的商品，以及编写书籍、开办博客、QQ、微博客，等等。

1. 拍摄推介短片。

推介短片的长度及制作方式与频道推介短片、节目推介短片相类似，但以主持人为表现对象、以包装主持人为目的。这种短片，要么强调主持人与节目的联系，要么强化主持人容易唤起观众好感的特点（比如对不幸者的关爱），要么表现其他有助于突出主持人正面形象的信息，等等。这种短片的一般特点，是利用电视艺术的表现手段，最大限度地渲染、凸显、展现主持人的魅力。推介短片像其他包装片一样，通过长期频密的播出发挥作用。

主持人推介短片以人物为主要表现对象，在策划和拍摄时具有如下特点：

第一，根据主持人个人形象气质特点和节目特点，设计出主持人外部形貌的基本轮廓。如发型样式、服装款式等等。

第二，构思推介片的基本内容。主持人推介片通常都要将主持人放在特定的情景、过程中来表现，例如，让主持人在爱心公益情节中行动，或在体现深刻思想（如人与自然和谐相处）的情景中表现。这就需要在拍片之前先行构思出未来推介片的基本内容。

第三，确定推介片的形式、风格。推介片可以有水墨、重彩、纪实、卡通等不同形式，可以有热烈、冷静、欢乐、哲思等各种风格。在策划时，要对此进行思考，最后确定在即将拍摄制作的短片中所选择的类型。

第四，设想未来推介片的节奏。推介片篇幅短小，其本身应是一个完整的节奏段落。在拍摄制作之前，策划者就应该对它的节奏做出要求，以便在具体拍摄制作中体现为对工作人员的要求。

第五，对关键环节的主持人姿势、造型和照明处理做出设想。主持人在未来推介片中的形象，既取决于他们在发型、服装等方面的状貌，也取决于其在短片中的姿势、造型，还取决于照明的处理。尤其是照明处理，对于主持人最后形象的形成具有明显的影响。这都需要策划人与有关专业人员会商，为之提出一揽子处理设想。

第六，落实拍摄、制作、化妆、服装、道具、形体、照明等工作环节的种种条件。这一点，可以参见前面章节的有关论述。

经过上述努力，我们才能为一条合格的主持人推介片的诞生准备好基本条件。

2. 策划能突出主持人的社会活动。

围绕主持人策划特定的社会活动，是推介主持人的另一种重要方式。这类活动以包装主持人为重要考虑，主持人在其中不但担任主持工作，还可以担任其他更重要的角色，比如，策划一个“爱心助残大行动”，让主持人在其中担任“爱心天使”，等等。如果社会活动本身有足够的影响和良好的效果，主持人在其中的位置也与他们在节目中的形象定位吻合，则这样的活动对包装主持人能起到很好的作用。

3. 安排主持人参加恰当的社交活动。

社交活动一般规模不大，但参与者地位通常比较特殊，例如，某些特殊专业领域的专家或演艺界、体育界的明星，等等。因此，这是向特定社交圈子推介主持人的平台，而有些领域（如演艺界、体育界）的社交活动，本身就具有一定的社会影响力。这些社交活动为了造势，常常会向主持人发出邀请。对主持人是否参加这些社交活动，应纳入主持人包装的范畴予以同意考虑。凡是该社交活动积极健康，与主持人包装的总体要求一致的，就可以安排参加。例如，少儿节目主持人参加少儿公益社交活动，新闻节目主持人参加社会救助社交活动，等等，就可以放心参加。但对于大量存在的商业性社交活动，例如商家的开业剪彩仪式（当事者常常邀请主持人出席以壮行色），就应该慎重，不宜有请必到。参与或者不参与某个社交活动，是主持人包装工作通盘考虑的内容，很多电视机构或经纪公司对此都有严格的规定，主持人个人往往是无权决定的。

一旦确定主持人参加某社交活动，就应将其视为他（她）的特殊工作任务。这时，需要就主持人的着装、发型及化妆，做出要求，而要求的依据就是该主持人的形象设计方案。即便是纯粹业余的社交活动，也与主持人包装密切相关，也应要求主持人参照自己的形象设计方案来处理发型和着装，而不应纯粹当做私人事务来任意处置。

4. 设计制作推介纪念品。

推介纪念品包括个性名片、小礼品等等。处理得好，可以为主持人的推介增色不少。一些成功的经验告诉我们，对旨在推介主持人的纪念品的设计和制作，应该追求精巧、特色、个性。例如，对于名片这样普通的交际物品，就可以将其外观异形化，并印上主持人的工作照或漫画像；对女性主持人还可以将其设计成淡彩色，并为签名留下空白，以使名片显得更友善、更具收藏价值，等等。另外，还可以制作融入主持人形象的实用小礼品，如镶嵌有主持人卡通形象的钥匙挂饰等。20 世纪 90 年代，成都电视台的少儿节目《五彩路》曾经推出一个木偶主持人“路卡”，后以其为形象制作了大量乖巧的木偶玩具作为礼品，受到小观众的热烈欢迎。

5. 主持人形象使用权销售。

对于某些节目，例如一些经济类、服务类、旅游类节目，将其中的主持人形象使用权售予某些特定的商品，具有双重意义：一方面，这是电视领域的经营行为，可以为节目所属机构和主持人本人带来经济效益；另一方面，也通过另类的方式实现了对主持人的包装推介。比如，烹饪节目主持人刘仪伟，其形象被方便面、名牌酱油使用，即属于这方面的例子。

6. 出版推介主持人的书籍。

通过出版书籍来推介主持人，是近年来非常流行的一种做法。这其中又包括主持人自撰书籍和以主持人为表现对象的书籍。利用书籍来推介主持人，容易理解，这里就不赘述了。

7. 利用新媒体平台进行推介。

所谓新媒体，主要包括在互联网平台上衍生的互联网媒体群、以手机及平板电脑等手持移动设备为终端的媒体群和数字电视、户外新媒体等新型、新兴媒体形式。从近年来的情况看，可以作为主持人重点推介平台的新媒体形式主要包括博客、QQ、微博客等。

博客是依托互联网的个人信息表达空间，可以容纳长篇文章和大量图片甚至少量视频，可以及时更新，并提供了访客留言评论的功能，是非常好的表达自我、进行互动交流的平台。由主持人或以主持人的名义开设博客，可以为主持人的自我推介发挥很好的作用。

QQ 是腾讯公司开发的即时通讯产品，在中国影响巨大。QQ 提供了多种即时交流功能，能为主持人提供与观众进行即时互动交流的渠道。

微博客是将手机媒体与互联网媒体结合起来的迄今为止最成功的新媒体形式。由于微博客具有不限量的“粉丝”关注功能，使得它实际上成为了具有大众传播功能的“自媒体”形式。由于主持人具有广泛的影响力，通常开设微博客会拥有数量庞大的粉丝群体，所以，它是一种非常有效的推介主持人的工具，值得高度关注。

上面介绍了一些重点推介主持人的举措或形式，只要掌握了其中包含的原理，相信人们还可以策划出更多的推介方式。

如果一位主持人具有专业的语言水平，具有成熟、娴静、英俊、靓丽的容貌，拥有浑厚、沉稳，或明朗、甜美的嗓音，经过上面介绍的方式去包装推介，经过一段时间的积累，他（她）一定会成为一位受欢迎的主持人。

一旦主持人受欢迎，他（她）所主持的节目在同等情况下会比别人主持的节目更受欢迎；如果节目本身质量也不错，则主持人也会因此受到更多的关注和喜爱。当主持人与节目的这种水涨船高式的良性互动局面一旦形成，主持人就距离明星不远了，而节目则距离名牌节目更近了。

五、延伸包装

延伸包装指未反映在节目里的包装。例如，电视转播车车身外观的形象设计，电视台专用稿纸的形式设计，员工名片的格式及美术处理，办公场地外观设计，办公室标牌设计，等等。限于篇幅，这里就不一一列举了。

从总体上说，延伸包装是电视台或频道包装的组成部分。对其进行把握的要点在于，应该在设计电视台或频道形象系统的同时，就将这部分的设计通盘考虑，以保证屏幕形象系统与实景形象系统的统一；而这种屏幕内外的形象统一是包装追求的基本目标之一。作为保证统一的另一个措施是，延伸包装的设计一经确定，就要长期坚持，直至下一次重新设计。

思考和练习

1. 请认真观看中央电视台1套综合频道、3套综艺频道和9套纪录频道的频道形象短片、频道推介短片和栏目、节目推介短片，以及其演播环境和主持人形貌设计，然后以小组为单位进行讨论。讨论话题：

（1）三个频道的包装各有什么特点？

（2）9套纪录频道的包装给你留下了什么印象？你认为这个频道为什么要这样去设计它的包装？

（3）结合三个频道的包装，探讨它们各自的包装对于观众印象的形成有什么影响。

(4) 选择一条频道形象或推介短片，就其编导者为什么采取这样的表现方式，谈谈你对其策划意图的分析。

2. 自拟一份电视栏目的包装策划方案提纲。

参考文献

国内文献

董锡健，潘肖珏主编. CIS：中国企业形象战略. 上海：复旦大学出版社，1995
陆晔，赵民主编. 当代广播电视概论. 上海：复旦大学出版社，2002
孟建，黄灿. 当代广播电视概论. 北京：中国传媒大学出版社，2011
徐舫州，徐帆. 电视节目类型学. 杭州：浙江大学出版社，2006
孙宝国. 电视娱乐节目形态学. 北京：新华出版社，2009
项仲平. 电视节目策划. 北京：中国广播电视出版社，2002
张静民. 电视节目策划与编导. 广州：暨南大学出版社，2007
詹成大编. 电视媒体策划. 北京：中国广播电视出版社，2002
许永. 电视策划与撰稿. 北京：中国广播电视出版社，2001
张联. 电视节目策划技巧. 北京：中国广播电视出版社，2002
程鹤麟，张绍刚. 电视策划新论. 北京：中国广播电视出版社，2002
袁靖华. 电视节目模式创意. 北京：中国广播电视出版社，2010
游洁. 电视媒体策划新论. 北京：中国国际广播出版社，2009
胡智锋主编. 电视节目策划学. 上海：复旦大学出版社，2009
徐帆，徐舫州. 电视策划与写作十讲. 杭州：浙江大学出版社，2009
张绍刚. 电视节目策划笔记. 北京：新星出版社，2010
童宁. 电视节目结构方法. 北京：中国广播电视出版社，2004
张云，方世彤. 电视品牌战. 广州：广东经济出版社，2004

张小琴，王彩平．电视节目新形态．北京：中国广播电视出版社，2007
宗匠．电视娱乐节目：理念、设计与制作．北京：中国广播电视出版社，2003
王阳．电视新闻节目中的创新思维．北京：中国广播电视出版社，2004
石屹．电视纪录片——艺术、手法与中外观照．上海：复旦大学出版社，2000
韩青，郑蔚．电视娱乐节目新论．北京：中国广播电视出版社，2005
吴玉玲主编．广播电视概论．北京：中国传媒大学出版社，2007
胡智锋．会诊中国电视．北京：文化艺术出版社，2005
潘知常，孔德明主编．讲“好故事”与“讲好”故事：从电视叙事看电视节目的策划．北京：中国广播电视出版社，2007
Annette Hill．流行真人秀——真实电视节目受众的定性与定量研究．赵彦华，译．北京：中国国际广播出版社，2008
苗棣等．美国经典电视栏目．北京：中国广播电视出版社，2006
雷蔚真．名牌栏目的策略与衍变．北京：中国人民大学出版社，2005
刘江贤主编．农业电视节目策划 36 计．北京：中国传媒大学出版社，2007
刘昶，甘露，黄慰汕．欧洲优秀电视节目模式解析．北京：中国广播电视出版社，2010
王彩平，池建新，李洁．频道先锋——电视频道运营攻略．上海：复旦大学出版社，2006
雷晓明，李忠鹏，王诗建．企业迈向 CI 时代．成都：成都科技大学出版社，1994
黄晓阳．魏文彬和他的电视湘军．北京：新华出版社，2006
王彩平，钱淑芳．外国经典节目的中国化改造·电视变形计．广州：南方日报出版社，2008
韩彪．现场直播：新闻改革的标尺．北京：当代中国出版社，2007
谭君强．叙事学导论：从经典叙事到后经典叙事．北京：高等教育出

版社，2008
宋家玲．影视叙事学．北京：中国传媒大学出版社，2007
尹兴．影视叙事学研究．成都：四川大学出版社，2011
魏国．100 个成功的品牌策划．北京：机械工业出版社，2002
胡智锋．中国电视策划与设计．北京：中国广播电视出版社，2004
沈忱．中国电视新闻现场直播——导演手记．北京：中国广播电视出版社，2004
张海潮．中国电视节目分类体系．北京：中国传媒大学出版社，2007
梅文慧，何春耕．综艺大本营：《快乐大本营》的娱乐模式．北京：中国传媒大学出版社，2007
尹鸿，冉儒学，陆虹．娱乐旋风——认识电视真人秀．北京：中国广播电视出版社，2006
谢耘耕，陈虹．真人秀节目：理论、形态和创新．上海：复旦大学出版社，2007
阚乃庆，谢来．最新欧美电视节目模式．北京：中国广播电视出版社，2008
崔莹．做最创意的节目：对话英国权威电视制片人．广州：南方日报出版社，2008
张凤铸．影视艺术新论．北京：北京广播学院出版社，2000

翻译文献

［美］温迪·简·汉森．编剧：步步为营（重订本）．郝哲，柳青，译．北京：世界图书出版公司，2010
［美］James Phelan PeterJ. Rabinowitz 主编．当代叙事理论指南．申丹，马海良，宁一中，乔国强，陈永国，周靖波，译．北京：北京大学出版社，2007
［美］詹尼弗·范茜秋．电影化叙事——电影人必须了解的 100 个最有力的电影手法．王旭锋，译．桂林：广西师范大学出版社，2009
［美］悉德·菲尔德．电影剧作问题攻略（悉德·菲尔德经典剧作教

程3). 钟大丰，鲍玉珩，译. 北京：世界图书出版公司，2012

［美］悉德·菲尔德. 电影剧本写作基础（悉德·菲尔德经典剧作教程3). 钟大丰，鲍玉珩，译. 北京：世界图书出版公司，2012

［英］艾弗·约克. 电视新闻实用技巧. 叶周，译. 北京：新华出版社，2000

［美］维基·金. 21天搞定电影剧本. 周舟，译. 北京：世界图书出版社，2010

［美］罗伯特·麦基. 故事——材质、结构、风格和银幕剧作原理. 周铁东，译. 北京：中国电影出版社，2003

［法］皮埃尔·让. 剧作技巧. 高虹，译. 北京：中国电影出版社，2005

［美］希拉·柯伦·伯纳德. 纪录片也要讲故事（第2版）. 孙红云，译. 北京：世界图书出版公司，2011

布莱克·斯奈德. 救猫咪！电影编剧宝典. 王旭锋，译. 杭州：浙江大学出版社，2011

［美］帕梅拉·道格拉斯. 美剧编剧入门. 严敏，译. 上海：三联书店，2009

［加］安德烈·戈德罗，［法］弗朗索瓦·若斯特. 什么是叙事学. 刘云舟，译. 北京：商务印书馆，2005

［加］安德烈·戈德罗，［法］弗朗索瓦·若斯特. 什么是电影叙事学. 刘云舟，译. 北京：商务印书馆，2005

［美］吉妮·格拉汉姆·斯克特. 脱口秀——广播电视谈话节目的威力与影响. 苗棣，译. 北京：新华出版社，1999

后 记

2010年年中，我们决定编写这本教材，随后开始收集资料，于年末动手写作。从2011年开始，我们一边写作，一边在教学中试用，一边修改。教学过程中反馈的信息说明，试用效果良好，我们的设想初步得以实现。其间经过两个年级教学的检验，并反复修改，形成了书稿现在的格局。到今天算是告一段落，得以付梓。在写作过程中，由冉光泽承担主要撰写工作，周建华讲师承担了部分资料收集工作并撰写了第三章和第四章；张友俊教授、陈臻讲师对多章内容提出了宝贵的建议和意见。另外，本书的出版得到了四川大学出版社的大力支持，语言与教育编辑室的徐燕主任、责任编辑王冰女士为本书的出版倾注了大量心血。在此，谨向她们表示衷心的感谢！

教材编写历来是只有更好、没有最好。尽管我们在编撰过程中把保证质量作为座右铭，时时提醒自己；尽管我们在撰写过程中小心翼翼、如履薄冰，但由于种种主客观条件的限制，限于水平、囿于视野，加之我们是在走一条别人少走的路子，所以错讹纰缪在所难免。在此，我们恳请各位方家不吝赐教，以便今后有机会时，对教材作进一步完善。

冉光泽

2012年10月25日